云南省普通高等学校“十二五”规划教材
21世纪高等院校财经管理系列实用规划教材

东南亚南亚商务环境概论(第2版)

主　编　韩　越
副主编　张光平　杨晓辉

U0825652

北京大学出版社
PEKING UNIVERSITY PRESS

内容简介

本书以培养熟悉东南亚和南亚国家贸易体系的专业人才为目的编写，具有很强的针对性和实用性。

全书分为东南亚国家商务环境和南亚国家商务环境两大部分。每一部分中均分国别介绍了各国的整体情况，从简史、自然环境、政治环境、经济环境、社会环境、文化环境、商业环境7个方面进行了系统阐述，使读者对各国的商务环境形成全面认知。另外，本书还介绍了东南亚地区和南亚地区经济一体化的知识。在每章末附有思考题，以便读者复习巩固所学知识。

本书理论体系严谨、数据较新，不仅适合作为高校相关专业的教材，也适合作为面向东南亚、南亚开展合作的政府、企业人员培训的教材。

图书在版编目(CIP)数据

东南亚南亚商务环境概论/韩越主编. —2版. —北京：北京大学出版社，2015.6
（21世纪高等院校财经管理系列实用规划教材）
ISBN 978-7-301-25823-1

Ⅰ. ①东… Ⅱ. ①韩… Ⅲ. ①国际商务—经济环境—研究—东南亚—高等学校—教材 ②国际商务—经济环境—研究—南亚—高等学校—教材 Ⅳ. ①F733

中国版本图书馆CIP数据核字（2015）第097101号

书　　名　东南亚南亚商务环境概论（第2版）
著作责任者　韩　越　主编
策划编辑　李　虎　王显超
责任编辑　翟　源
标准书号　ISBN 978-7-301-25823-1
出版发行　北京大学出版社
地　　址　北京市海淀区成府路205号　100871
网　　址　http://www.pup.cn　新浪微博：@北京大学出版社
电子信箱　pup_6@163.com
电　　话　邮购部62752015　发行部62750672　编辑部62750667
印 刷 者　北京虎彩文化传播有限公司
经 销 者　新华书店
787毫米×1092毫米　16开本　20印张　461千字
2010年2月第1版
2015年6月第2版　2021年1月第4次印刷
定　　价　42.00元

未经许可，不得以任何方式复制或抄袭本书之部分或全部内容。
版权所有，侵权必究
举报电话：010-62752024　电子信箱：fd@pup.pku.edu.cn
图书如有印装质量问题，请与出版部联系，电话：010-62756370

21世纪全国高等院校财经管理系列实用规划教材

专家编审委员会

主 任 委 员　刘诗白

副主任委员　（按拼音排序）

韩传模	李全喜	王宗萍
颜爱民	曾　旗	朱廷珺

顾　　　问　（按拼音排序）

高俊山	郭复初	胡运权
万后芬	张　强	

委　　　员　（按拼音排序）

程春梅	邓德胜	范　徵
冯根尧	冯雷鸣	黄解宇
李柏生	李定珍	李相合
李小红	刘志超	沈爱华
王富华	吴宝华	张淑敏
赵邦宏	赵　宏	赵秀玲

法 律 顾 问　杨士富

丛 书 序

我国越来越多的高等院校设置了经济管理类学科专业，这是一个包括理论经济学、应用经济学、管理科学与工程、工商管理、公共管理、农林经济管理、图书馆、情报与档案管理 7 个一级学科门类和 31 个专业的庞大学科体系。2006 年教育部的数据表明，在全国普通高校中，经济类专业布点 1518 个，管理类专业布点 4328 个。其中除少量院校设置的经济管理专业偏重理论教学外，绝大部分属于应用型专业。经济管理类应用型专业主要着眼于培养社会主义国民经济发展所需要的德智体全面发展的高素质专门人才，要求既具有比较扎实的理论功底和良好的发展后劲，又具有较强的职业技能，并且又要求具有较好的创新精神和实践能力。

在当前开拓新型工业化道路，推进全面小康社会建设的新时期，进一步加强经济管理人才的培养，注重经济理论的系统化学习，特别是现代财经管理理论的学习，提高学生的专业理论素质和应用实践能力，培养出一大批高水平、高素质的经济管理人才，越来越成为提升我国经济竞争力、保证国民经济持续健康发展的重要前提。这就要求高等财经教育要更加注重依据国内外社会经济条件的变化，适时变革和调整教育目标和教学内容；要求经济管理学科专业更加注重应用、注重实践、注重规范、注重国际交流；要求经济管理学科专业与其他学科专业相互交融与协调发展；要求高等财经教育培养的人才具有更加丰富的社会知识和较强的人文素质及创新精神。要完成上述任务，各所高等院校需要进行深入的教学改革和创新，特别是要搞好有较高质量的教材的编写和创新工作。

出版社的领导和编辑通过对国内大学经济管理学科教材实际情况的调研，在与众多专家学者讨论的基础上，决定编写和出版一套面向经济管理学科专业的应用型系列教材，这是一项有利于促进高校教学改革发展的重要措施。

本系列教材是按照高等学校经济类和管理类学科本科专业规范、培养方案，以及课程教学大纲的要求，合理定位，由长期在教学第一线从事教学工作的教师编写，立足于 21 世纪经济管理类学科发展的需要，深入分析经济管理类专业本科学生现状及存在的问题，探索经济管理类专业本科学生综合素质培养的途径，以科学性、先进性、系统性和实用性为目标，其编写的特色主要体现在以下几个方面：

（1）关注经济管理学科发展的大背景，拓宽理论基础和专业知识，着眼于增强教学内容与实际的联系和应用性，突出创造能力和创新意识。

（2）体系完整、严密。系列涵盖经济类、管理类相关专业以及与经管相关的部分法律类课程，并把握相关课程之间的关系，整个系列丛书形成一套完整、严密的知识结构体系。

（3）内容新颖。借鉴国外最新的教材，融会当前有关经济管理学科的最新理论和实践经验，用最新知识充实教材内容。

（4）合作交流的成果。本系列教材是由全国上百所高校教师共同编写而成，在相互进行学术交流、经验借鉴、取长补短、集思广益的基础上，形成编写大纲。最终融合了各地特点，具有较强的适应性。

（5）案例教学。教材融入了大量案例研究分析内容，让学生在学习过程中理论联系实际，特别列举了我国经济管理工作中的大量实际案例，这可大大增强学生的实际操作能力。

（6）注重能力培养。力求做到不断强化自我学习能力、思维能力、创造性解决问题的能力以及不断自我更新知识的能力，促进学生向着富有鲜明个性的方向发展。

作为高要求，经济管理类教材应在基本理论上做到以马克思主义为指导，结合我国财经工作的新实践，充分汲取中华民族优秀文化和西方科学管理思想，形成具有中国特色的创新教材。这一目标不可能一蹴而就，需要作者通过长期艰苦的学术劳动和不断地进行教材内容的更新才能达成。我希望这一系列教材的编写，将是我国拥有较高质量的高校财经管理学科应用型教材建设工程的新尝试和新起点。

我要感谢参加本系列教材编写和审稿的各位老师所付出的大量卓有成效的辛勤劳动。由于编写时间紧、相互协调难度大等原因，本系列教材肯定还存在一些不足和错漏。我相信，在各位老师的关心和帮助下，本系列教材一定能不断地改进和完善，并在我国大学经济管理类学科专业的教学改革和课程体系建设中起到应有的促进作用。

刘诗白

2007 年 8 月

刘诗白　现任西南财经大学名誉校长、教授，博士生导师，四川省社会科学联合会主席，《经济学家》杂志主编，全国高等财经院校《资本论》研究会会长，学术团体“新知研究院”院长。

前 言

随着中国对外开放的不断深入，东南亚南亚地区与中国的经济贸易合作关系日益加深，双方的经济、贸易、投资、商务往来、文化交流日益增多。但是，能适应这种国际化发展的人才十分紧缺，存在着对东南亚南亚地区国家的基本状况、政治法律、经济贸易与投资市场环境、社会文化环境缺乏系统的了解以及经济贸易及商务知识积累不足的状况，这已经成为对外开放和企业走出去的制约因素。

国内对东南亚南亚的研究主要分布于社会科学院系统、政府研究机构、高校学术研究机构以及旅游、新闻媒体、出版机构等部门。主要研究成果也根据研究机构的性质、专业、需要有所侧重。例如，社会科学院系统的研究主要是对政治、经济、社会、历史、文化进行学术探讨，其成果主要发表于各专业研究所的学术刊物和年鉴；政府部门的研究成果主要集中于对外开放所需要的基础材料、形势、政策及专门调研报告；高校则主要根据教学要求和科研计划有针对性地进行研究，其成果主要发表于高校学报、专业期刊和学术专著；此外，旅游部门、新闻媒体、出版机构则根据社会需要编辑并出版知识性、普及性和学术性成果。

国外在东南亚南亚方面的研究成果也十分丰富。除了东南亚南亚本地区的研究机构、高校及其研究成果外，美、日和欧洲的许多国家都有专门的独立研究机构，许多国外的高校也设有东南亚南亚专业研究所和地区专门化课程。国外研究机构的大部分研究成果也都由各类出版公司和相关的出版机构公开出版。此外，一些国际机构每年还出版年鉴和统计类书籍，如世界银行、亚洲开发银行、联合国系统的专业出版物等。但是，这些成果比较分散，无法作为高校课程的教材进行使用。

究其原因，主要有以下几点。

(1) 目前，对东南亚南亚的研究仅集中在基础材料、宏观层面、国际关系、社会文化知识、经济贸易投资政策、区域合作、地区国际组织等领域，大部分属于基础性研究、学术性探讨和政策性调研。

(2) 研究成果分散在各个不同部门和机构中，如社会科学院的学术研究机构、高校研究机构、政府的政策研究机构等，研究成果主要服务于决策。

(3) 大量的知识性普及材料散见于互联网、报纸、期刊、旅游指南等。虽然对东南亚南亚的研究已经很多，但是到目前为止全国几乎没有一本专门针对高校专业人才培养和企业国际化的教科书。

本书出版的意义在于综合已有的研究成果，将积累的知识系统化、课程化，以特色人才的培养为目的，以填补此类专业人才培养的空白。2010 年第 1 版出版时，正处在中国构建沿边开放新格局的重要历史阶段。云南、新疆、黑龙江成为中国面向西南、西北和东北开放的“桥头堡”，形成了沿边陆路开放战略布局的三个重要方向。几年来，东南亚、南亚国家的商务环境发生了许多变化，中国与东南亚、南亚国家间的经贸合作也日益紧密。因此，我们需要对第 1 版教材中的内容做出相应的补充和修订。

本书作为国内第一本面向东南亚南亚商务环境领域的教材，理论体系严密，体例新颖，内容涵盖历史、地理、政治、经济、社会、文化、商业七大方面的知识，数据较新。同时，本书具备国际化视野，为培养熟悉东南亚和南亚国家贸易体系专业人才提供了合理的知识结构和有效的途径，具有很强的针对性和实用性，不仅适合作为高校相关专业的教材，也适合作为从事面向东南亚南亚开展合作的政府、企业人员培训的教材。

本书分为东南亚国家商务环境和南亚国家商务环境两大部分。

第1部分(第2章～第13章)包括了第1篇(中南半岛湄公河流域国家)和第2篇(东南亚海岛国家)，讲述了东南亚各国的经济贸易、市场和商务环境特点。

第2部分(第14章～第22章)介绍了南亚各国的经济贸易、市场及商务环境特点。

每一部分中均分国别介绍了各国的整体情况，并且针对每个国家的商务环境，从简史、自然环境、政治环境、经济环境、社会环境、文化环境、商业环境7个方面进行了系统阐述。另外，还介绍了东南亚地区和南亚地区经济一体化的知识。在每个国家的章节末附有思考题，以便读者复习巩固所学知识。

本书由韩越担任主编，张光平、杨晓辉担任副主编。张光平、文淑惠编写了绪论、第1、7、8、9、10、11、12、13章，涂进编写了第2、3、4、5、6章，杨晓辉编写了第14、20、21、22章，廖四华编写了第15、16、17章，熊彬编写了第18、19章。全书由韩越统稿。

由于时间仓促，书中难免有疏漏之处，恳请广大读者批评指正。

编　者

2015年3月

目　录

第 1 部分

东南亚国家商务环境

第1章 东南亚国家经济贸易、市场及商务环境特点

东南亚是第二次世界大战后期才出现的一个新的地区名称，它指亚洲东南部，包括越南、老挝、柬埔寨、泰国、缅甸、马来西亚、新加坡、印度尼西亚、文莱、菲律宾和东帝汶 11 个国家。国际上习惯把越南、老挝、柬埔寨、泰国和缅甸 5 个国家称为东南亚的“陆地国家”或“中南半岛国家”，而将马来西亚、新加坡、印度尼西亚、文莱、菲律宾和东帝汶 6 个国家称为东南亚的“海岛国家”。

东南亚北接东亚大陆，南眺澳大利亚，东濒太平洋，西临印度洋，毗邻南亚的孟加拉国和印度，是连接三大洲(亚洲、非洲、大洋洲)、两大洋(太平洋、印度洋)的桥梁和结合部。东南亚的陆地面积约为 449 万平方千米，人口约为 5.5 亿。除老挝外，东南亚其他国家都是沿海国家或岛国。印度尼西亚有 1.7 万多个岛屿，被誉为“万岛之国”。从地形地貌上看，东南亚明显分为大陆(半岛)和海岛两大部分。半岛面积约为 210 万平方千米，约占东南亚总面积的 45%，地势北高南低，多山地、高原，山脉呈南北走向，河流大多自北向南流。海岛散布在太平洋和印度洋海域，火山众多。东南亚群岛区和半岛南部属热带雨林气候，高温多雨，终年无雪，四季不分；半岛北部山区属亚热带森林气候。

东南亚地处热带，自然资源丰富，它是世界上稻米的主产区，泰国、越南、缅甸有“世界三大谷仓”的美誉。东南亚的矿产、石油等资源储量大，印度尼西亚是石油输出国；马来西亚、泰国、印度尼西亚是世界上天然橡胶的主产国。

第二次世界大战结束后，东南亚各国先后取得独立。由于长期受外来文化，特别是宗教文化的影响，加之后期的殖民统治，使得东南亚国家的政治体制类型呈现多样性、复杂性和多变性的特点。目前东南亚政治体制大体可以分为 4 种类型：①实行人民代表大会制度和共产党一党执政的社会主义国家，如越南和老挝；②实行议会共和制，如新加坡、印度尼西亚、菲律宾和东帝汶；③实行君主制或君主立宪制，如文莱、泰国、柬埔寨和马来西亚；④实行联邦议会制，如缅甸。首先，东南亚 11 个国家就存在 4 种不同类型的政体，即使是同一类型的政体，由于国家间经济、社会发展状况的差异，国家机构组织形式、权利来源方式、职位任期等方面也有所不同。因此，多样性的政治体制是东南亚国家的一个

鲜明特点。其次，东南亚各国汇集了世界三大宗教：伊斯兰教、佛教和基督教。在东南亚的一些国家中，宗教与政治体制相结合，宗教影响着国家的政体，这种影响是从外来宗教传入东南亚各国的时候就开始的，它与各国政治体制有着根深蒂固的关系，从而导致了东南亚政治体制的复杂性。再次，东南亚的政治体制正处于剧烈变革的时期。由于很大程度上受独立前宗主国政治体制的影响，加上东南亚各国经济发展较快，使原本就存在的民族矛盾、社会矛盾更加突出，导致政体和政府的不稳定和多变性。

出于对地区安全和发展的考虑，东南亚国家为解决区域内政体多样性带来的矛盾和冲突，于 1967 年 8 月建立了“东南亚国家联盟”(简称东盟)，最初的 5 个创始成员国分别是：印度尼西亚、马来西亚、菲律宾、新加坡和泰国。随后文莱、越南、老挝、缅甸、柬埔寨也相继加入。截至 2014 年 8 月，东南亚 10 个国家已成为东盟的成员国。图 1.1 所示为 2007 年东盟第 13 届首脑会议。东盟以促进地区经济一体化、社会、文化和科技发展为目标，平等协作，互相支援，与其他国际和地区组织保持紧密、互利的合作，在充分利用农业和工业、扩大贸易、改善交通运输、提高人民生活水平等方面发挥着重要作用。正如前联合国秘书长科菲·安南所说：“今天的东盟不仅是这个地区功能健全、不可或缺的实体，还被看成是远远超越这个地区的一股真正力量。她还是联合国在发展领域中可以信赖的伙伴。”

东盟国家的经济自 20 世纪 60 年代中期以来保持持续增长，20 世纪 70 年代的年均增长率达到 7.4%，80 年代中期有所放缓，经过调整后，80 年代末年均增长率达 8.6%，居世界前列。至 20 世纪 90 年代，东南亚经济发展迅猛，区域合作迅速加强，成为世界经济增长最快的地区之一。“亚洲四小龙”之一的新加坡已进入中等发达国家的行列，马来西亚、泰国的现代化建设突飞猛进，被誉为亚洲“新的小虎”。20 世纪 80 年代以来，越南、老挝、柬埔寨以及缅甸的政局趋于稳定，经济逐步好转，开始走上改革开放和向市场经济过渡的发展道路。

图 1.1　2007 年东盟第 13 届首脑会议

1997 年，由于受亚洲金融危机的影响，东盟国家出现了严重的经济衰退。导致金融危机的根本原因有 4 个方面：①以出口为导向的劳动密集型工业发展优势逐渐丧失，产业结构调整滞后，致使竞争力下降，出口增长缓慢，经常项目赤字居高不下；②经济增长过分依赖外资和国际市场，债务负担加重；③金融改革和金融管理混乱；④在开放条件和应对全球化的管理能力尚不充分的情况下开放金融市场，在面临危机时措施不力等。在金融危机的冲击之后，为尽快摆脱经济衰退，东盟国家出台了一系列战略调整措施，包括：调整产业结构、加快发展科技和教育、加强区域经济合作、继续对外开放、强化金融改革、进行资本重组、完善监管机制、削减预算赤字、降低利率、刺激内需等。经过各国的努力，至 2000 年，绝大多数东南亚国家经济恢复增长，并开始进入新一轮快速增长期，越南、新加坡、马来西亚的年经济增长率均超过 7%，老挝和柬埔寨也分别达到了 6.5%和 4.6%，其余大部分国家的经济增长水平超过同期世界平均水平。

进入 21 世纪，东南亚国家加快了区域经济一体化进程，进一步优化产业结构，加大对知识密集型产业的投资引导，大力发展科教事业，许多国家采取的刺激内需措施已初见成效，整个区域的经济实力在不断增强。

根据国际货币基金组织测算，东南亚地区 2007 年的经济增长率约为 7.4%。其中，柬埔寨经济增长速度最快，达到 9.6%，其次是越南，达到 8.5%，新加坡、菲律宾、老挝、印度尼西亚等也都保持较快的经济增长。究其原因，旺盛的内需是东南亚经济保持稳定增长的主要因素，多元化的对外贸易也有效缓解了因美国贸易下滑带来的不利影响。

由于独立后政治体制和经济发展道路的不同，使东南亚各国经济发展不平衡，差距较大。总体来看，新加坡、马来西亚、泰国、菲律宾、印度尼西亚、文莱 6 个老东盟国家的经济发展水平要远远高于越南、老挝、柬埔寨、缅甸 4 个国家，至于 1997 年亚洲金融危机后才独立的东帝汶，则排在 11 国之末。从地理上看，大致呈“南富北穷”的状况。东南亚国家的经济体制大体上分为两大类：一是实行市场经济体制的国家，如：新加坡、马来西亚、泰国、菲律宾、印度尼西亚和东帝汶；二是从计划经济向市场经济过渡的国家，如：越南、老挝、柬埔寨、缅甸。根据经济发展水平，东南亚 11 个国家按收入状况大体可以分为 3 个层次：高收入国家，如新加坡和文莱；中等收入国家，如马来西亚、泰国、菲律宾和印度尼西亚；低收入国家，如越南、柬埔寨、老挝、缅甸和东帝汶。

从经济结构上来看，除新加坡外，在东南亚各国中，农业基本是基础产业。2000 年，老挝、柬埔寨和缅甸 3 国的农业产值占 GDP 的比重超过 50%，仍然是典型的农业国家，其他国家的农业比重都已降低，工业和服务业的比重不断上升。虽然东南亚各国都进行了经济结构的调整，但仍存在工业结构单一、工业创新能力弱、总体竞争力差等问题。在东南亚国家中，新加坡和菲律宾的服务业比重较高，分别占本国 GDP 的 60%和 50%以上。柬埔寨、马来西亚和越南的服务业增长较快。2007 年以来，各国部门经济增长情况呈现以下特点：①普遍加大了对农业的投资力度，加快了对传统农业的改造，农业仍保持着在经济发展中的基础作用；②工业方面，几乎所有东南亚国家都加快了现代工业化的进程，制造业、出口加工业在经济发展中占据主导地位，发展迅猛；③产业结构不断升级和软化，服务业发展较快。

在贸易方面，东盟国家纷纷采取措施促进对外开放，加快了建立东盟自由贸易区①和投

① 东盟自由贸易区(AFTA)是东南亚国家联盟于 1992 年正式提出并开始建设的以消除区域内关税及非关税壁垒、促进区域内贸易和投资为目的的区域经济合作组织。

资区的步伐，减低关税和减少非关税壁垒，东盟自由贸易区通过《共同有效特惠关税税率(CEPT)计划》，各成员国已经在降低地区内关税税率方面取得显著进展。在《东盟六国(文莱、印度尼西亚、马来西亚、菲律宾、新加坡和泰国)共同有效特惠关税税率包含物清单》中，99%以上的产品税率已经降低到0～5%。由于东盟经济的持续增长，各国的贸易也快速增长，但发展不均衡。2008年，东盟十国进出口贸易总额达到1.71万亿美元。东南亚地区的对外贸易中，随着欧美经济下滑，电子产品的进出口波动较大，反而一些传统或具有资源禀赋优势的产品出口发展较快。新加坡是东南亚对外贸易依存度最高的国家，其进出口贸易的主要商品是电子产品，2007年增长率为-4.7%，但对外贸易总体仍增长6.6%。同年，菲律宾对外贸易总额首次突破千亿美元大关，印度尼西亚、老挝、泰国、越南4国的对外贸易增速分别达到14.7%、13%、15%和28.9%。从商品出口目的地来看，美国和欧盟仍然是东南亚国家的主要出口目的地。随着中国经济的持续高速增长和中国东盟自由贸易区的建立，中国与东盟经贸合作进一步加深，中国在东南亚地区国际贸易中的地位不断上升。2007年，印度尼西亚、老挝、泰国、越南对中国的对外贸易都实现高速增长，增速分别为14.7%、13.9%、26.5%和51.9%。同年，中国已经跃升为菲律宾的第3大贸易伙伴国，对外贸易额达到97.5亿美元。东盟区域内贸易也发展迅速，泰国的第一大贸易伙伴就是东盟，菲律宾、马来西亚、缅甸等国在区域内贸易中发展迅速。到2012年东盟与中国之间的贸易总额突破了4000亿美元。图1.2所示为东盟—中国主要进出口商品。

图1.2　东盟—中国主要进出口商品

在利用外资方面，东南亚各国积极改善国内投资环境，放松对投资领域的限制，充分利用外资作为本国经济发展的基础条件。东南亚各国利用外资的过程大体可以分为3个阶段：从各国独立到20世纪60年代中期为第一阶段，这一时期，东南亚的投资来源主要是英国、法国、美国及荷兰等原殖民地宗主国，投资领域集中在采矿业、经济作物种植业和商业、服务业等方面；20世纪60年代中期至20世纪80年代初为第二阶段，东南亚国家先后颁布了一系列有关外资的法令、法规，以更大限度地吸引外资，同时加强交通、通信和能源等基础设施建设，改善投资环境；20世纪80年代初至今为第三阶段，投资来源发生改变，日本和亚洲“四小龙”(新加坡、中国香港、中国台湾和韩国)的资金比重增加较快，美国和英国的投资所占比例下降。1987年，日本取代美国成为新加坡的最大投资国，1986年起，日本又陆续成为其他东盟国家的最大投资国。随后缅甸、老挝、越南等国纷纷开放市场，颁布外商投资法，吸引外资，振兴本国经济。1998年，越南颁布《外国在越南投资法》，其条件优惠、形式灵活、吸引外资的领域广泛、向外资企业所征收的所得税低，被西方人士誉为“亚洲最自由的外资法”。缅甸在20世纪80年代中期，受国内外形势变化的压力，开始走向对外开放，逐步开始吸引外资；老挝于1988年颁布《外国在老挝投资法》；从外资投入的部门结构看，主要集中在制造业，特别是化学、纤维、电子电气等部门增长最快。利用外资对东南亚国家的经济发展起到了重要作用，成为东南亚经济增长的直接动因之一。外资的进入有效地弥补了东南亚国家的资金短缺，同时还带来了先进的生产技术、专业知识、管理经验和情报信息，并为东南亚各国提供了从原料采购到商品销售的全球性网络。其次，外资进入到生产出口产品的部门，这种直接投资的方式促进了东南亚国家的出口增长，从而推动了经济的快速增长。

自古以来，东南亚与中国就有着密切的联系。中国与东南亚的交往始于汉代，海上丝绸之路的开辟，更促进了中国与东南亚经济、文化和宗教等方面的交流。20 世纪 90 年代以来，随着大湄公河次区域经济合作(Great Mekong Sub-region Economic Cooperation，GMS)、东盟—中国自由贸易区建设以及孟中印缅地区经济合作的不断加强，东南亚与中国在基础设施、贸易、投资、能源、人力资源开发、环境保护、航运等诸多领域开展合作(图 1.3)。目前，东南亚与中国的合作领域不断向纵深发展，已经成为世界经济快速发展的一个重要部分和热点，对亚太和东亚地区的经济增长起到积极的推动作用，也为中国西部大开发和西部对外开放产生了重大影响。

图 1.3　泛亚铁路示意图(部分)

东南亚地区是华侨华人人数最多、分布最密的地区。经过数百年的发展，华侨华人已经形成强大的社会力量。特别是 20 世纪 60 年代中后期以来，华侨华人经济得到了长足的发展。1992 年，英国《经济人》杂志首次公布其对华人资产的评估，指出东南亚地区华人财富估计达到 4 000 亿美元。华人经济在东南亚地区已占该地区经济总量的一半以上，对当地经济的控制力也在 50%以上。东南亚华人资本的经营领域从流通领域转移到生产领域，投资由单一行业向多元化转变，投资地点遍及亚洲各国及北美、欧洲等国。由于东南亚是华侨华人居住的主要地区，其经济资源相对来说比较大。根据 2002 年泰国《亚洲时报》统计资料显示，在全世界约 3 000 万华侨华人中，居留在东南亚各国华侨华人人口总数有 2 452 万左右，约占世界总量的 70%以上，其经济实力估计为 1 500 亿～2 000 亿美元，约为全球华侨华人经济资源的 70%以上。总之，华人资本经历了同当地民族资本由对立到融合的过程，东南亚各国对华人资本也由排斥、限制到认同和支持。这一转变使东南亚华人资本有了巨大的发展。从整个东南亚来看，华侨华人资本在东南亚各国整个国民经济中尚未占支配地位，但经济实力相对于当地资本而言却占有较大比重，对促进东南亚各国经济发展做出了巨大贡献。

东南亚各国在长期的历史发展过程中，形成了不同的文化习俗和价值取向，成为一个极富多样性的地区。民族文化表现为人种多样性、民族多样性、语言多样性和宗教多样性等，有学者形象地把东南亚称为“世界民族博物馆”。东南亚地区生活着上百民族，分布在不同的国家里，其中民族较多的国家有印度尼西亚、菲律宾、老挝、泰国和马来西亚。印度尼西亚就有 100 多个民族，菲律宾有 90 多个民族，老挝也有 68 个民族。按照人种可以分为 4 类：南蒙古利亚人种；马来人、印度尼西亚人种；巴布亚人种和土著人种。东南亚地处两大洲、两大洋交叉的十字路口，是一个文化多样性十分突出的地区，历史上中国文化、印度文化、阿拉伯文化和西方文化都对这一地区产生过影响，世界三大宗教在东南亚均有传播，同时各民族都有自己的传统文化。东南亚民族文化从形成之初就受到外来文化的影响，经过长期的发展，对来自世界不同地方的文化进行融合，逐渐形成具有本地区特色的、丰富多彩的民族文化。东南亚国家共有 25 种语言和 250 多种方言。在文化方面，新加坡深受中国传统文化影响，印度尼西亚、马来西亚和文莱受印度文化和伊斯兰文化影响，菲律宾受西方文化影响较大。在宗教方面，各国往往以一种宗教为主，同时又多种宗教并存。柬埔寨、缅甸、泰国和老挝是典型的佛教国家，同时国内还存在伊斯兰教、基督教、印度教等一些宗教。菲律宾 90%的人都信仰天主教。虽然东南亚各国社会具有多样性和差异性，但文化方面还是具有整体性的，各国在一些民族习俗和信仰上有许多相同之处，如妇女地位较高、万物有灵和祖先崇拜等。东南亚国家吸收外来文化，同时又具有鲜明的地区特征，如以水稻种植为特征的农业文明长期延续下来，形成现代东南亚发达的稻作文化；村社文化长期存在，是东南亚社会结构的重要特征。

东盟作为一个整体参与国际政治、经济、文化活动，提升了东南亚各国参与国际化竞争的实力，极大地促进了地区经济的发展，为推动世界经济发展发挥了重要作用，东南亚地区将因此受到世界各国更多的关注。

第1篇　中南半岛湄公河流域国家

第2章　泰　国

泰国全称为泰王国(The Kingdom of Thailand)。

2.1　简　史

泰国古称暹罗。13世纪前，在泰国领土上生存的孟人曾建立林阳、金邻、狼牙修、固罗、堕罗钵底、哈里奔猜、罗斛等一系列小国家。1238年，散居在东南亚的泰人开始在泰国北部聚居，建立了第一个较为统一的国家——素可泰王朝(Sukhotai Dynasty)。其后历经阿瑜陀耶王朝(Ayuttaya Dynasty，又称大城王朝)和吞武里王朝(Thonburi Dynasty)。从16世纪起，葡萄牙、荷兰、英国、法国等殖民主义者先后入侵泰国。1782年，披耶·却克里(Chao Phraya Charkri)登上王位，史称拉玛一世(Rama I)。拉玛一世迁都至曼谷，建立了曼谷王朝(又叫却克里王朝)。19世纪末，曼谷王朝四世王开始实行对外开放，五世王朱拉隆功(King of Chulalongkorn)大量吸收西方经验进行社会改革，对泰国的现代化发展产生了重大影响。1896年，英法签订条约，规定暹罗为英属缅甸和法属印度支那之间的缓冲国，成为东南亚唯一能维持独立而不曾沦为殖民地的国家。1932年6月，拉玛七世王(Rama VII)时期，民党发动政变，改君主专制为君主立宪制。1938年，銮披汶·颂堪(Lung Piborn)执政，次年6月改暹罗为泰国(Muang Thai/Prathet Thai)，意为“自由之国”。1946年，普密蓬·阿杜德(Bhumibol Adulyadej)登基，为拉玛九世王(Rama IX)，在位至今。

2.2　自然环境

1. 位置与面积

泰国位于中南半岛中南部，国土面积约为51.31万平方千米，形状如象头。它东连柬埔寨，东北面与老挝交界，西北接缅甸，南连马来西亚，南北距离1 648千米，东西宽780

千米。东南濒临泰国湾，西南面向印度洋的安达曼海，海岸线长 2 600 千米。泰国湾海岸线和太平洋海岸线 1 874.8 千米，印度洋海岸线 739.6 千米。泰国在地理上具有非常重要的战略位置，是东南亚与南亚、东方与西方文化的主要交汇点。

2. 地形和地貌

泰国地形地貌特征是北高南低，由西北向东南倾斜，平原低地约占国土面积的一半以上。北部、西部为山地，北部因他暖山(Inthanon Mountain)海拔 2 595 米，为全国最高峰。中部河网密集，湄南河(Chao Phraya River)纵贯南北，为全国第一大河，有难河、宾河、汪河、荣河等 4 条较知名的支流，其流域土地肥沃，盛产水稻，素有“泰国粮仓”之称。东北部是呵叻(Khorat)高原，北到湄南河，南到柬埔寨边境的扁担山。东南沿海地区有著名的旅游胜地帕塔亚(Pattaya)。南部遍布无数海滩与岛屿，形成了南部半岛。

3. 气候与降水

泰国地处热带，夏、冬两季陆地和海洋的气温和气压十分悬殊，为典型的热带气候。全年分为三季：热季(2 月中旬—5 月)、雨季(5 月—10 月中旬)、凉季(11 月—翌年 2 月)，凉季和热季很少下雨，因此也叫干季或旱季。泰国年平均气温为 24～30℃，由于地形不同，全国各地气温有一定差异。以首都曼谷为中心的中部地区年平均最高气温为 32℃，凉季的平均最低温度为 31℃。南部半岛地区属海洋性气候，终年温暖湿润，且年温差小，年平均气温为 26～27℃；北部气温要低于其他地区，最高约 20℃，一些山区最低气温会达到 0℃。

泰国的降雨量比东南亚其他国家少，中部地区的年平均降水量不到 1 500 毫米，东北部地区年平均降水量为 1 000 毫米。降水量最大的两个地区是东南沿海地区的达叻，南部半岛的拉侬，年平均降水量均在 4 500 毫米以上。

4. 资源禀赋

泰国的自然资源主要有矿产资源、森林资源和水力资源。

1) 矿产资源

泰国的矿产资源分为 3 类，即燃料矿、金属矿和非金属矿。燃料矿有天然气、石油、煤炭和油页岩。金属矿有锡、钨、锑、铅、锰、铁、锌、铜、钼、镍、铬、铀、钍等。非金属矿有萤石、重晶石、石膏、岩盐、杂盐(光卤石)、磷酸盐、高岑土、石墨、石棉、石灰岩和大理石。

2) 森林资源

泰国现有森林面积 1 440 万公顷(1 公顷=0.01 平方千米)，占全国土地面积的 28%，北部森林最多，约占全国森林面积的 43%，其次为东北部和中部，分别占 23%和 20%，南部森林少，约占 12%。森林主要有常绿林和落叶林两大类，常绿林约占森林面积的一半，其余为落叶林和其他树林。常绿林又可分为热带常绿林、松柏林和红树林 3 类。树种有野黄兰、三条筋树、陀螺状龙脑香(央树)、香灰莉、安息香、南海蒲桃及兰科植物、藓类植物、棕榈、各种竹、藤，以及红树属、苏铁和聂帕桐等；落叶林分为混合落叶林和塞尼亚属、娑罗树属、白柳安属树林，树种有：柚木、心叶水杨梅、槟榔青、榄仁树、娑罗树、青龙木、瘤龙脑香、紫檀、黄檀及塞尼亚属、栎属树木等。除上述几类林木外，还有沼泽林和海滩林，树种有：黄豆树、大风子、乌檀属、木麻黄和桐棉等。

3) 水力资源

泰国的水力资源约为 2 417 万千瓦，[①] 主要分布在湄南河上游、湄公河直流、夜功河上游以及南部北大年河等处。

泰国能源主要包括石油和天然气、生物能源、煤炭和水力发电。石油和天然气国内储量和开发都不足，主要依靠进口。生物能源(如柴、木炭和米糠)都是在国内生产，而水电有本地的也有购自缅甸和老挝的。自1986年开始，泰国的能源消耗量以大约每年10%～12%的速度增长，预计今后15年内，对电力的需求将会倍增。泰国电力为220V、50Hz交流电。泰国最缺乏的是石油资源，长期依靠进口。据世界银行估计，20 世纪 80 年代以来在泰国的泰国湾和内陆先后发现的天然气的最大储量为5 465亿立方米，石油(包括天然气冷凝液)的最大储量为1.64亿吨。[②]

5. 人口

全国总人口约为 6 450 万，人口密度较高，为 132 人/平方千米。其中就业人口 3 938 万人，农业就业人口 1 654 万人。全国共有 30 多个民族，泰族为主要民族，占人口总数的40%。泰语为官方语言，佛教为国教，94%的居民信仰佛教。

6. 首都和主要城市

首都曼谷(Bangkok)是泰国最大的城市，也是泰国的政治、经济、文化中心，面积 1 568 平方千米，人口约为800万(2012年8月)，占全国总人口的11.87%，是泰国主要的人口集中地(图2.1)。第二大城市是北部的清迈，截至2011年人口为117万。南部的合艾是宋卡府的一个特别市，人口约有14万。[③]其他主要城市还有清莱、喃邦、孔敬、春武里、普吉等。

图2.1 曼谷

① 各国手册丛书，《泰国》，上海辞书出版社1988年9月版，第7页。

② 朱振明主编，《当代泰国》，四川人民出版社1993年版，第8页。各国手册丛书，《泰国》，上海辞书出版社1988年9月版，第7页。

③ [澳]Bea Toews & Robert McGregor著，《商业制胜之泰国》，中国水利水电出版社2004年版，第5页。

7. 行政区划

泰国全国分中部、南部、东部、北部、和东北部 5 个地区，以府(Changwat)作为基本的行政区划，由中央政府直接管辖。府下设县(Amphur)、区(Tambon)、村(Muban)。泰国现有 76 个府、675 个县、6 812 个区、60 536 个村。[①]府是泰国最大的地方行政区划，由中央政府直接管辖。府的地方行政长官为公务员，称为“府尹”，各府府尹由内务部直接任命；县是隶属于府的行政区划，县长由内务部直接任命；区是隶属于县的农村行政区划，区长由村长会议选举产生，区委会每 5 年选举一次；村是最基层的行政单位，村长由全村居民直接选举产生，无固定任期。

曼谷是唯一的中央直辖市，曼谷市市长由直选产生，任期 5 年。

2.3 政 治 环 境

1. 政治体制

1932 年以前的泰国是一个君主专制的封建国家，王室控制国家权力。1932 年 6 月，民党发动政变，推翻君主制，实行君主立宪政体，国王仍然是国家元首，但更多时候国王只是国家团结和统一的象征，其权力受宪法限制，国家权力转到国会、内阁、法院方面，由国会(分上议院和下议院)[②]行使立法权，内阁对国会负责行使行政权，法院代表国王行使司法权。

根据泰国新宪法规定，国会上、下议院均来自民选，内阁(政府)成员不超过 35 人。除总理一人外，设若干名副总理，其余为内阁各部部长、副部长。每届内阁的正常任期是 4 年。政府总理来自下议院，并须经下议院半数以上表决通过，由下议院议长呈国王任命。总理在解散议会前需得到内阁批准；在不信任案期间不得解散议会。总理和内阁成员随着内阁更迭而换人，但是负责政府日常行政和业务工作的政府各部常务次长以下官员一般不受内阁更迭的影响，以保证政府职能机制的正常运转。担任内阁成员须辞去议员资格，阁员上任、卸任须公布个人财产。上议员不得隶属政党，不得担任内阁成员。

泰国的内阁由总理府、国防、财政、外交、农业与合作、交通、商业、内务、司法、科技与能源、教育、卫生、工业、大学事务部 14 个部组成，每一个部又下辖若干厅局。

2. 政党

1946 年 4 月，泰国颁布新宪法，扩大公民的权利，允许成立政党。政党与政府、政党与军人、政党与政党间的矛盾斗争十分激烈。政党的发展历经了一个宪法允许成立、被政府取消、再允许成立、再被取消的曲折漫长的发展过程。随着泰国经济的迅速发展，政党势力越来越壮大，成为泰国政治中的一支重要力量。

目前，在内政部合法登记注册的政党共有 44 个，其中主要政党有：为泰党、民主党、自豪泰党、泰国发展党、为国发展党等。

① 朱振明主编，《当代泰国》，四川人民出版社 1993 年版，第 14 页。

② 即众议院和参议院。

第二次世界大战后泰国一度由军人集团执政，政府更迭频繁。从20世纪90年代开始，军人开始渐渐淡出政坛。2001 年泰爱泰党在全国大选中获胜，他信担任总理后又于 2005 年连任；2006年9月发动军事政变后他信下台，2007年全国大选中人民党获胜后又于2008年 12 月因该党贿选罪成立被法院宣布解散；2011 年 7 月的大选中，为泰党胜出，由他信妹妹英拉担任总理。2014 年 2 月 2 日下议院举行大选，因反对派抵制，部分地区投票未能顺利进行，3 月 21 日宪法法院宣布大选无效，5 月 22 日军方接管政权，英拉被停职。7 月 22 日泰国颁布临时宪法，8 月 21 日陆军司令巴育成为新总理，新内阁组成。

3. 司法体制

1932 年 6 月，泰国颁布了第一部宪法。至 2007 年，泰国共颁布了 18 部宪法。由于泰国政治发展经常变动和起伏，泰国宪法的变化也非常大，多数宪法生效的时间仅为 2～3 年。

法院是国家行使司法权的唯一机构。一切法院对案件的审理均以国王的名义进行，并对国王负责。泰国有两套独立的司法机构领导法院，即司法部与司法委员会。司法部负责领导法院的行政事务，司法委员会是司法界的最高权威机构，负责领导法院的业务工作。

泰国的法院按其职能分为 4 种：宪法法院、行政法院、军事法院和司法法院。宪法法院主要对部分议员或总理质疑违宪的但已经通过国会审议的法案以及政客涉嫌隐瞒资产案等进行终审裁定。行政法院主要审理涉及国家机关、国有企业及地方政府等的诉讼。军事法院主要审理军事犯罪和法律规定的其他案件。司法法院主要审理不属于其他 3 种法院审理的所有案件。

司法法院分为3级：初级法院、上诉法院和最高法院。最高法院是审判的最高权威机构。

4. 对外关系

泰国奉行独立自主的外交政策和全方位的外交方针，以东盟为依托，在保持与美国传统盟友关系的同时，注重发展同中国、日本和印度的关系，维持大国平衡。其基本指导思想是：实行全方位开放；坚持和平，反对侵略战争；扩大同世界各国的交往，使外交为和平、安全、发展服务。泰国重视国际及区域合作，积极参加亚太经济合作组织、亚欧会议、世贸组织、东盟地区论坛等国际组织的活动；积极支持“10+1”与“10+3”合作和东盟经济共同体的建立，发展并完善亚洲合作对话机制。泰国是东盟创始成员国之一，重视同东盟各国的友好合作，与除菲律宾外的其他 8 个东盟成员国建立了内阁联席会议机制，与老挝、柬埔寨、缅甸、越南 4 国合作，推动泰马、泰缅、泰老边境经济区发展。积极开展与有关国家在经贸、投资、禁毒、消除贫困、打击跨国犯罪、湄公河开发等领域的交流与合作。主张在和平共处五项原则的基础上，同包括意识形态和社会制度不同的所有国家建立联系，增进同它们的友谊。重视经济外交，强调外交政策要与国际经济形势相适应并服务于国内经济建设。反对发达国家的贸易保护主义，主张建立平等互利的经济新秩序。

泰中两国自 1975 年 7 月 1 日建交以来，在友好、平等、互利、互惠基础上，双方在政治、经济、贸易、军事、教育、科技等各个领域的友好合作关系得到顺利的发展。目前，中国已成为继美、日之后泰国的第3大贸易伙伴国。随着中国—东盟自由贸易区的建立，两国经贸往来还将进一步加强。由于泰国是东南亚华人与当地民族融合最好的国家之一，而且与中国没有领土或海域争端，两国关系已成为不同社会制度国家和睦相处的典范，被誉为“中泰一家亲”。在传统安全领域，尽管泰国的主要合作者仍是美国，但在泰国的倡导和推动下，中国于2003年10月加入《东南亚友好合作条约》，意味着在传统和非传统安全合作领域，泰中两国将进行更为广泛和深入的合作。2012年中国与泰国建立全面战略合作伙伴关系。

2.4 经济环境

1. 经济计划及发展状况

第二次世界大战结束后，泰国政府开始推行在经济上较为全面、系统的对外开放政策。对外，泰国与国际货币基金组织签署协议，加入了西方金融和贸易体系，聘请世界银行专家协助泰国制定经济发展战略；对内，全面实施以私有化为核心的市场经济政策。泰国在向美国全面开放的同时，也对日、英、法、西德、瑞典等西方发达国家敞开了大门。1962年颁布了新的投资法，对外资给予特殊优惠待遇，通过法律的形式，保证私有财产的合法性，保证不对本国和外国投资者的企业和财产进行国有化和征用。同时使国家和政府的职能明确化，不再干预绝大部分的经济部门和领域。

从20世纪70年代中期到20世纪80年代后期，泰国开始对中国等社会主义国家开放，加强与东盟各国的相互合作，并对苏联、东欧、非洲、拉丁美洲和大洋洲开放，20世纪90年代更扩展至印度洋和中东地区。为进一步扩大对外贸易和大力引进外资，政府又及时推出放宽外汇管制的方案，使泰国成为国际货币基金组织成员国中达到该组织能够实施自由浮动汇率制的国家。泰国自1961年开始实施国家经济和社会发展五年计划，每一项计划都有不同的侧重点。

从总体上看，泰国战后的经济发展进程基本可分为以下4个阶段。

1) 进口替代阶段(1954—1971年)

经过第二次世界大战结束后近10年的经济重建，20世纪50年代初，泰国国民经济已基本恢复到战前水平，部分农产品产量甚至已超过战前水平，为工业发展奠定了物质基础。1961—1971年间，泰国的第一和第二个国民经济与社会发展计划期间(也被称为“泰国工业革命”时期)，通过发展进口替代的内向型经济，使泰国初步摆脱了日用工业制成品严重依赖进口的局面。以正大集团为代表的泰国民族工业集团迅速崛起。

2) 出口导向阶段(1972—1981年)

进口替代战略有效地推动泰国经济的发展，随着工业化的推进，弊端也在显现。因此，在第三和第四个国民经济与社会发展计划中，泰国政府逐步引导国内企业向出口导向型产业方向发展，并且取得了显著的成效。

3) 产业调整阶段(1982—1996年)

20世纪80年代初，泰国经济增长开始放慢，主要原因是国内产业结构瓶颈问题。与多数发展中国家一样，泰国经济在20世纪60年代至70年代的高速发展主要由粗放型的固定资产投资带动，[①]将经济增长率作为国家发展的唯一目标，忽略了社会的协调发展，致使地区经济发展不平衡、城乡差距扩大、贫富悬殊等问题日益突出。因此，泰国政府在第五个国民经济与社会发展计划(1982—1986年)中开始调整产业结构和经济布局。在第六个国民经济与社会发展计划(1987—1991年)实施后泰国经济受东亚新一轮产业转移的影响，迅速走出低谷，再次实现高速增长。这种高速发展一直持续到20世纪90年代中期，即第七个国民经济与社会发展计划(1992—1996年)期间，事实上泰国20世纪80年代初面临的多数结构性问题，由于国内消费市场发展缓慢，泰国经济增长严重依赖国际市场，[②]贸易逆差严重，产业升级滞后，金融体系面临危机等在经济高速增长中变得更为严重。这一切都为泰国金融危机的爆发埋下了隐患。

4) 复苏与转型阶段(1997至今)

长期以来泰国经济积聚的隐患逐渐变为现时危机。1997年，金融危机全面爆发。泰铢汇率从年初的25.6铢兑换1美元到年底已经降为53铢兑换1美元，贬值100%。泰国证交所指数落至10年来最低点，泰国经济形势随着金融危机在东亚的扩散进一步恶化，出现了近半个世纪以来的首次负增长，增长率为-1.4%。

第九个国民经济与社会发展计划(2002—2006 年)期间，他信政府推行国际国内市场共同拉动经济增长的“双引擎”发展战略。2002—2005年，泰国经济增速较快，年均经济增长率达到 5.75%，成为东亚国家中的亮点。泰国第十个国民经济与社会发展计划(2007—2011年)以泰国国王普密蓬首倡的“知足经济”[③]为指导原则，推动泰国经济发展模式向“中间道路”(Middle Path)转型。

2. 经济结构

从1961年至现在的数十年间，泰国的经济结构发生了巨大的变化。1961年，农业在国民生产总值中占40.4%，制造业仅占11.9%。到1989年，制造业所占比例已为25.4%，而农业仅为15.2%。其中制造业产业的结构也走过了一个从替代进口产业到出口导向产业发展变化的过程。2011年，GDP为3 456亿美元，农业在国民生产总值中占12.6%，工业占45%(其中制造业占35%)，服务业占42.4%。人均GDP为5 394美元。

第一产业(农林渔矿)。主要产品稻米、玉米、木薯、橡胶、甘蔗、绿豆、麻、烟草、咖啡豆、棉花、油棕、椰子、各种金属、非金属、天然气、宝石和石油。泰国是世界市场主要鱼类产品供应国之一，也是继日本、中国之后的亚洲第三大海洋渔业国，全国劳动力从事渔业人口约为50万。

---

① Peter G. Warr, Thailand, The Next NIC, in Emerging Growth Pole, Edited by Dilip K. Das, 1996, Prentice Hall, p. 634.

② 主要是美、日市场。

③ “知足经济”是普密蓬国王于1997年的寿诞演讲中首次提出的发展理念。九五计划尽管将“知足经济”列为指导原则，但因宏观经济的压力，所以最终实施的依然是扩张性的“双引擎战略”，而不是强调适度性的“中间道路”。“知足经济”包括适度(Moderation)，明智(Reasonable)，自我防范能力(Self-immunity)三项原则和知识(Knowledge)，道德(Ethics)两项要素。“知足经济”的三项原则和两项要素之间相辅相成，构成协调的综合结构，从而有助于应对全球化所引发的多层次冲击和风险。

第二产业(加工制造业)。目前制造业已成为泰国经济的最大构成，主要生产食品、纺织品、塑料、玩具、家具、轮胎、造纸、制药、钢铁、水泥、建材、软件、石油化工品、电子产品、汽车配件、机械工业、机械制造业、装配工业、引擎制造业、金属珠宝加工等。由此可见，泰国新兴工业化国家的模式已渐趋成型，制造业的结构模式已由资源密集型向劳动密集型转变，正在向资本密集型和技术密集型方向发展。

第三产业(商业服务业和旅游业)。主要是批零商业服务、运输旅游服务和酒店餐饮服务。旅游业是泰国外汇收入的主要来源之一，保持着稳定的发展势头。2011 年共有 1 910 万游客赴泰国旅游，同比增长 19.9%。

尽管高科技产业的发展在泰国仍处于起步阶段，但已成为政府扶持的目标。目前，泰国在电子工业、通信器材、工厂和办公室使用的电子工具、精密测量仪器和生物工程等方面已具备了一定的生产和开发能力。此外，服务业如船舶业、银行业、保险业和旅游业的发展开始崭露头角。

3. 经济基础设施

1) 交通运输

以公路和航空运输为主。2011 年遭受特大水灾过后，政府计划投入 3 500 亿泰铢进行灾后重建和基础设施建设。计划在十年内投入 730 亿美元，完成高速铁路网络、城市运输系统、全面防洪工程等项目。

(1) 内河航运。内河运输的主干是湄南河和湄公河，一直以来是运送柚木和稻米的主要渠道，长约 400 千米。在曼谷，密布的河流连接着湄南河和海洋，水泥、沙、盐、大米、原木沿着湄南河被运送到曼谷主要国际贸易港口。目前内河船只绝大多数属于私人，只负责全国运输总量的 15%左右。①

(2) 海运。货物可从泰国的 8 个国际深水港进出泰国，最大的港口在曼谷，②曼谷港既是河港，又是海港，承担全国 95%的出口量和几乎全部进口商品的吞吐量。③ 除上述大港口外，在泰国湾西岸和安达曼海沿岸还有 30 多个小港，其中一半是渔港；另一半既是渔港，又兼作进出口和沿海运输的商港。全国共有 47 个港口，其中国际港口 21 个，海湾 26 个。

(3) 铁路。泰国铁路总长 4 451 千米，主要是窄轨。由以曼谷为中心的 4 条主干线组成。它们北到清迈，东北到泰老边境的廊开和乌汶，东到泰柬边境的亚兰，南到泰马边境的帕当贝萨尔和宋艾哥洛。另还有 10 条支线，其中 2 条在北部，2 条在中部，5 条在南部，1 条在东部。除了曼谷到阿瑜陀耶附近有一段 90 千米长的复线外，其余全部是单线。目前，铁路在货运方面主要承担远距离的大宗货物运输，如在内地运输石油制品、大米、水泥等。

(4) 公路。泰国公路全长近 16 万千米，其中分为 3 个级别：高速公路 450 多千米、普通公路近 6 万千米、乡村级公路 15 万多千米。国家级公路的 90%以上和府级公路中的大部分都是柏油或水泥路，乡村公路有一部分未铺设路面。整个公路网中，东北部的国家级公

① 其中一半是 40 吨以下的木船，另一半是 40～80 吨的木船和钢筋水泥船。

② 第二大港口是廉差邦港(Laem Chabang)，其他还有梭桃邑港、宋卡港和普吉港等。

③ 新版《各国概况》，世界知识出版社 2002 年版，第 214 页。

路和府级公路最多，占公路总里程的30%。北部占27%，中部占24%，南部占19%。乡村级公路的长度在东北部为44%，北部22%，中部21%，南部13%。

据统计，2008年泰国全国注册机动车2 631万辆。

(5) 航空。自 1987 年以来，曼谷廊曼国际机场①已逐渐取代新加坡成为东南亚地区空中枢纽。随着泰国航空运输量的快速增长，泰国政府于2006年修建完工，并投入使用的素万那普国际机场是第二座大型现代化国际机场，客运吞吐量2011年达到4 780万人次，已成为亚洲最大的、设备最先进的一流航空港。53个国家的80多家航空公司设有固定航线，89 条国际航线遍及欧、美、亚及大洋洲 40 多个城市。此外，泰国的国际机场还有清迈、清莱、乌隆、乌汶、乌塔堡、合艾等。另外还有29个国内机场。

2) 通信和电信

泰国电信业比较发达，目前各种形式的电信网络已经覆盖了全国各地。

(1) 邮政：普通信件和航空信件虽便宜却不可靠。要与总公司保持联系或是发送急件和重要信息时，用电话、传真和电子邮件或其他的联系方式较好。

(2) 电话：据2010年统计，全国固定电话用户减少而移动电话人口覆盖率达到了104.1%。

(3) 互联网：在泰国使用互联网费用很高，因为其中包括了连接费、月租费和每分钟费用。据2010年统计，互联网用户为1 740万户，普及率为26.4%；宽带互联网用户普及率为3.6%。

4. 外资与外债

1) 外资

泰国自20世纪60年代末开始招商引资。40多年来，泰国的外国直接投资(FDI)规模总体呈上升趋势，仅在1997年金融危机结束后有所回落。2011年，泰国共接受FDI优惠项目申请达 132 亿美元，同比增长 67.9%；主要投资国依次为日本、欧盟、新加坡、美国和中国香港。

泰国投资促进委员会是泰国的投资主管部门，由委员会和办公厅两部分组成。现行的《奖励投资政策及条例》是由泰国投资促进委员会于2000年8月公布的，其优惠政策主要有区域政策和产业政策两类。区域政策是根据人均收入和基础实施情况，将泰国划分为三类地区，不同地区的企业享受不同的优惠政策。区域政策以税收优惠政策为主，并以曼谷为中心，越向外围优惠越多。例如，设在首都周围一类地区6个府的外资企业的产品达到80%的出口率，方可免纳3年所得税，经批准的进口机械可免纳50%的进口税；设在二类地区10个府的外资企业，3年内免纳所得税和机械事业税，经批准的进口机械减半纳进口税，出口所需进口的原材料免纳5年的进口税，销售产品，5年内免纳90%的事业税，所得税免税期满，5年内减半征收；在边远的三类地区，进口机械完全免税，8年之内可以免纳公司所得税，产品有30%以上供出口的企业所进口的原材料免交5年的进口税，从公司

① 廊曼机场位于曼谷北郊，是全国最大的和最重要的机场，也是东南亚较繁忙的主要空运中心之一。由于它所处的优越的地理位置，使它成为亚、欧之间的重要航空枢纽。廊曼机场有多条跑道，可供巨型喷气式飞机起降，能同时停放数十架大型飞机。其候机厅每小时能接待过往旅客近万人，同时还有 3 万平方米的存货场。

所得税期满之日起5年之内进口税减交75%，自创收之日起10年内水电及运输费用分两次扣除。产业政策的优惠重点已从过去的制造业转向了农业与农产品加工、科技及人才开发、公共事业、基础服务、环保与污染防治，这几类企业或项目在任何区均可豁免机器进口关税和8年的法人所得税。

近年来，随着产业结构调整的推进，泰国对投资政策也做出了相应的调整，主要包括：放宽对投资领域的限制(如医药业)、重点扶持产业政策(如电子业)、进一步减免设备和原材料进口关税及企业所得税、调整对外国人持股比例的限制、准许外国人在BOI批准的工业园购买房地产和鼓励出口措施等。

随着中国—东盟自由贸易区的建立，泰中之间的投资合作增长迅速。2011年全年，泰国对华投资金额约33.9亿美元；中国在泰国投资金额13.07亿美元。据中国商务部统计，2011年中国公司在泰国新签承包工程合同78份，营业额17.17亿美元，完成劳务合作合同金额6.68亿美元；当年在泰国使馆经商处备案的中国企业共有143家。

2) 外债

在大规模外资尤其是短期借贷资本注入泰国的同时，由于缺乏政府的有效监管，泰国外债尤其是短期外债水平迅速上升。1989年至1996年年底，泰国的外债总额由228.5亿美元增至1 087.42亿美元，占国内生产总值的比重由26%升至44%，其中短期外债从59.49亿美元猛增至477.43亿美元。过高的外债水平和失衡的长短期外债比例，是引发1997年金融危机的重要原因之一。近年来，随着泰国经济的复苏和政府监管力度的加强，泰国外债水平正在逐年下降，债务结构也有了明显改善。2003年，泰国政府提前两年还清了金融危机期间向国际货币基金组织借贷的172亿美元。

2007年年底，泰国外债总额为616.97亿美元，占国内生产总值的29.4%，其中短期外债216.11亿美元，占35.2%，长期外债400.86亿美元，占64.8%。2011年年底，泰国的外债总额为1 059.4亿美元，占国内生产总值的30.65%；2011年泰国外汇储备为1 751亿美元，当年通货膨胀率为3.8%，失业率为0.7%。

目前泰国经济发展水平持续增长，居民生活水平也不断提高，工人最低工资和公务员薪金多次上调，属于中等收入国家。

5. 对外贸易

泰国政府一直坚持多层次的对外经贸发展原则，积极参与世贸组织，融入全球经济一体化，努力推动亚太经合组织、东盟自由贸易区、大湄公河次区域合作等的发展，顺应区域经济一体化的趋势，主动与各国谈判并签订自由贸易协定。

2011年，泰国对外贸易总额为4 573亿美元：其中出口额2 288亿美元，进口额2 285亿美元，进出口额基本持平。出口品中主要是工业产品，占比73.6%，农产品占比13%，农业加工产品占比7.6%，矿产品占比5.8%，进口商品主要是原料及半成品、燃料等。

泰国主要出口市场依次为东盟、欧盟、美国、日本、中国，主要进口来源地依次为日本、东盟、中东、中国、欧盟、美国。

目前，中国已成为泰国非常重要的贸易伙伴。两国间的贸易额已从1998年的35.67亿美元猛增到2011年的674.4亿美元。两国间的贸易范围也在不断扩大，泰国对华出口产品主要有：大米、天然橡胶、原油、塑胶粒、木薯产品、集成电路、木材及木材产品、计算机及其部件、钢铁产品、液化气等，从中国的进口产品主要有：电动机械及零配件、钢铁产品、电脑及零配件、家用电器、机电设备、轻纺产品、矿产品及废旧金属、日常用品等。2003 年泰中两国率先实施“中泰果蔬零关税”计划，作为 2004 年实施的中国—东盟“早期收获计划”[①]的一部分，对推动中国—东盟自由贸易区《货物贸易合作协议》的顺利实施，对降税提速发挥了重要作用。

据中国海关统计，2008 年中泰双边贸易总额为 674.4 亿美元，同比增长 22.3%。其中，泰国出口到中国商品总额为 390.4 亿美元，同比增长 17.6%；自中国进口商品总额为 257 亿美元，同比增长 30.2%；泰国实现了贸易顺差 133.4 亿美元。

6. 金融货币

1) 金融

20 世纪 80 年代中后期，泰国政府开始顺应国际金融自由化趋势，改革金融体制，放松外汇、利率管制，准许开办新银行，成立曼谷境外金融体系，准许外资银行经营离岸金融业务。

泰国银行系统现有国营非商业银行 4 家，国有政策性金融机构两家，商业银行 14 家。其中 4 家国营非商业银行分别是：泰国银行，即泰国中央银行，其职责是发行货币、执行货币和金融政策、管理国库和公债、办理汇兑等，同时作为政府的财政代理人处理与国际货币基金组织的关系，监督国内商业银行和各种金融、保险公司的业务；以及政府储蓄银行，政府住宅银行，农业与农业合作银行 3 家政策性银行。目前，在泰国的商业银行中，大型银行有 4 家，分别是盘谷银行(BBL)、泰京银行(KTB)、汇商银行(SCB)、泰华农民银行(KBANK)。盘谷银行是泰国最大的银行，在东南亚排名第 5，现有国内分支机构 650 家以及 10 余家海外分支机构(图 2.2)。

泰国证券市场的发展经历了两个阶段，先是私有性质的曼谷证券交易所，后是官方的泰国证券交易所。1975 年 4 月，泰国证券交易所正式运营。泰国证券交易委员会是泰国资本市场宏观管理的主管机构。泰国证券交易所是泰国进行普通股、优先股、债券和信托基金交易的场所，称为一板市场。新生股票投资市场是从属于泰国证券交易所的二板市场，主要为中小企业上市募集资金提供机会。截至 2011 年年底，共有 581 家企业在泰国证券交易所上市。

图 2.2 盘谷银行总部

2) 货币

泰国的货币名称：铢(Baht)。

3) 外汇汇率

1949 年泰国与国际货币基金组织签署协议，正式加

① 2004 年，东盟方面首先提出“早期收获计划”，目的是使中国与东盟各国尽早享受到自贸区降税带来的利益。早期收获的实施时间早，降税期限短，主要为农产品。

入布雷顿森林体系，泰铢币值开始与美元挂钩，此后，汇率基本保持在21铢兑1美元的水平。1984年11月，泰国宣布泰铢不再钉住单一美元，改为钉住世界一揽子主要货币，泰铢贬值为27铢兑1美元。1997年7月，泰国宣布放弃钉住汇率制，允许泰铢币值自由浮动，泰铢开始大幅贬值，汇率跌至53铢兑1美元(图2.3)。自2006年以来，泰铢币值波动较大，从总的走势来看，泰国经济已摆脱印度洋海啸的影响，随着经济复苏，泰铢逐渐坚挺，到2008年已升至34.5铢兑1美元。2011年12月30日，泰国中央银行公布的泰铢兑人民币的汇率中间价为5.113 0∶1。

图2.3　1997年亚洲金融危机

1990年5月31日，泰国财政部和国家银行宣布接受国际货币基金组织的第八条规定，放宽外汇管制。在国际财务经常项目支付中，同其他国家一样，可以自由进行。1991年4月，政府又宣布：泰国公民可以自由与商业银行买卖外币，不需要向有关当局申请批准；对外籍人士资金的流进流出不做任何限制；允许外币持有者自由选择把所持外币出售给商业银行换取泰币或直接在商业银行存储外币。1994年2月起，政府放松本国居民对外直接投资的最高限额，取消个人汇出外汇的限额，允许自由使用外汇收入。

在放宽外汇管制的同时，泰国政府还放宽了对银行存贷款利率的限制，允许各商业银行调整其储蓄和贷款的利率结构和自行规定存贷款的利率，从而全面实现了利率的自由浮动。

2.5　社会环境

1. 社会组织

泰国有严格的社会等级制度，依次分为如下不同的阶层：佛教僧侣、王和王室成员、历来掌握国家大权的军人、在泰国从事贸易和赚钱的中国人、公务员、崛起的中产阶级、农民和劳动者及其家眷(他们占人口中的绝大多数)。

2. 家庭与社会生活

在乡村中常见的三代同堂的大家庭现在已逐渐转型和没落。年轻一代结婚后就离开父母并建立起自己的家庭。父亲是名义上的一家之主，因为泰国文化是较注重母权的文化。女子在家庭中的地位与男子平等，田间劳动由男女共同承担。家庭中的尊卑顺序依长幼、善业多寡以及性别而定。泰国人实行一夫一妻制，但仍有一夫多妻现象存在。妻姐妹婚和寡妇内嫁在农村中尚有残余。

泰国人的称呼和中国汉族很近似，对长辈称伯伯、叔叔或大妈、婶婶、姑姑；对平辈称兄、姐、弟、妹；对儿童称小弟、小妹；对广大群众称乡亲、父老；最熟悉的人之间则称兄道弟。

3. 医疗卫生

泰国拥有国际先进水平的医疗队伍和现代化的医疗器械，在国际上赢得了较高的声誉。除公立医院外，泰国还有400多家私立医院。2009年，据世界卫生组织统计，泰国全国医疗卫生总支出占GDP的4.2%，按购买力平价计算，人均医疗卫生投入为327美元。2005—2010年，平均每万人拥有床位21张。

4. 教育

泰国实行九年义务制教育。中小学教育为12年制，即小学6年，初中3年，高中3年。中等专科职业学校为3年制，大学一般为4年制，医科大学为5年制。一年分为两个学期：第一学期6月初开学，至10月中旬，假期两周；第二学期11月初开学，至次年3月；4月、5月为假期。泰国政府十分重视教育事业，从1978年以来，教育经费占国家预算的20%左右，有几年甚至高达30%。第二次世界大战后40多年来，大约有10万名泰国学生获得美国、英国等国的大学及基金会的资助留学。著名的高等院校有：朱拉隆功大学、法政大学、农业大学、清迈大学、玛希敦大学、孔敬大学、易三仓大学和亚洲理工大学。此外，还有兰甘亨大学及素可泰大学等开放式的大学。

5. 科技

20世纪80年代以来，泰国政府十分注重科技在社会经济发展中的作用。努力促进科学技术在农业和工业中的应用，在治理污染方面的表现特别突出，启动水质量检测项目。建立了空气质量监测网络体系。在自然资源和环境发展方面开展了大量的科研工作，进行自然水资源管理，从湄公河引水灌溉农田，启动水消费项目。积极进行生物多样性的研究和开发工作，建立环境研究站，将物质生产和社会经济联系起来研究生态系统的变化。

泰国主要国家级科研中心有：国家生物控制研究中心、泰国放射中心、稀土研究和发展中心、国家科学博物馆、自然历史博物馆、环境与生态学博物馆、航空与通信博物馆。

6. 文学艺术

泰国的文学艺术带有浓郁的宗教色彩。泰国人擅长文学创作，民间口头文学、宗教文学和宫廷文学构成了泰国古代文学。进入20世纪，泰国文学受到西方文化影响，新文学诞生。泰国目前有200多位有影响的作家，专业作家有20多位。中国的《三国演义》在泰国流传甚广，对传播中国历史文化，增进两国人民之间的了解起到了重要的作用。

图2.4 孔剧

泰国最古典的民族戏剧是孔剧(图2.4)。此外，泰国戏剧还有无面具舞剧、娘剧和哑剧等形式。

泰国的音乐分为宫廷音乐和民间音乐。泰国传统音乐的曲调和乐器都与佛教的盛典仪式有关。泰国的乐器主要是笛、鼓、排铃、木琴、锣等。

泰国舞蹈具有悠久的历史。泰国舞蹈分为古典舞剧和民间舞蹈。泰国民间舞蹈最具特色和流传最广的是南旺舞，南旺舞在泰语中为圆舞的意思，在重大的民间节日的庆贺中，人们都要欢聚一堂跳南旺舞。

7. 新闻出版与传媒

泰国主要的泰文报纸有：《泰叻报》、《民意报》、《每日新闻》、《国家报》、《沙炎叻报》、《经理报》等。主要的华文报纸有：《新中原报》、《中华日报》、《星暹日报》、《亚洲日报》、《世界日报》和《京华中原日报》等。主要的英文报纸有：《曼谷邮报》、《民族报》等。泰国通讯社是泰国大众通讯社辖下的3个部门之一。它主要负责发布国内新闻，向该机构辖下的电台和电视台供稿，同时接受国际新闻。

广播电台有230多家，其中由政府民众联络厅掌管的有59家。泰国国家广播电台为官方电台，设有国外部，用泰、英、法、华、马来、越、老、柬、缅、日等语种广播。

电视台主要有6家，都设在曼谷，大部分电视节目通过卫星转播，电视网覆盖全国。

8. 体育设施

泰国有一批设施良好的体育场馆，著名的有法政大学体育中心、孟通他尼体育中心、华目体育中心以及一些体育场。

2.6 文化环境

1. 民族

泰国有30多个民族。泰族为主要民族，占40%，老挝族占35%，马来族占3.5%，高棉族占2%，此外还有苗、瑶、桂、汶、克伦、掸等山地民族。其中，汉藏语系民族约占总人口的92%，南岛语系民族约占4%，南亚语系民族占3.7%，其他语系民族约占0.3%。

华人约有600万，占泰国总人口的12%左右。马来人约有200多万，占全国人口的4%左右，主要分布在泰国南部半岛上。此外，泰国还有属孟高棉语族的高棉人、孟人、黄叶人；属藏缅语族的克伦人、阿卡人、傈僳人、母瑟人；属苗瑶语族的苗人、瑶人；属佤—崩龙语族的克木人、卡听人、拉佤人；属马六甲语族的塞芒人、塞诺伊人。

2. 宗教

宗教在泰国的社会生活中占有十分重要的地位，泰国素有“黄袍佛国”之称(图2.5)。全国95%的人信仰佛教，其余信仰伊斯兰教、基督教、印度教等。全国共有佛寺32 000多所，僧侣30万人，其中许多人终身为僧。

佛教对泰国的政治、社会、文化生活一直有重大影响。泰国宪法规定，国王必须是佛教徒，佛教因此在泰国具有国教的地位。佛寺不仅是信徒的宗教活动场所，而且也是村落的社会、文化活动中心。僧侣在泰国享有崇高地位。凡政府和民间的重大庆典活动，都邀请僧侣到场诵经。拜见僧侣时，不论任何人，包括国王、军政最高领导人，都须向僧侣合十致敬。僧侣的最高领袖为僧王。

图 2.6 曼谷大皇宫

3. 语言

泰语是泰国的国语。[1]泰语属汉藏语系侗傣语支，全国 85%以上的人口使用泰语。泰国政府规定以首都曼谷为主的中部泰语为标准泰语，学校、政府部门及新闻机构都使用标准泰语。

泰语属于声调语言(拼音文字)。标准泰语发音有 5 个声调，部分地区的泰语发音会有 7 个声调。语言的声调和音节的长短对构词有着重要影响，声调不同，词汇意思也不同。泰语语法较简单，语法关系通过词系、语调、节奏和虚词来表现。泰语的基本语序为主语—谓语—宾语，与汉语语序基本相同，不同的是修饰语被依次放在被修饰语(即中心词)之后而不是之前。

泰语中还有许多巴利语、梵语的词汇，这是随着早期佛教在泰国的传播而产生的结果。王室用语则大量来自高棉语和巴利语。社会、政治方面的词汇和一般科技词汇大都是以巴利语和梵语的词根为基础创造的。到近代，汉语(主要是指潮州话)、英语、日语等外来词汇也大量地被泰语语汇吸纳使用。

除泰语外，泰国的其他民族还有自己的语言。马来血统的南部泰人、高棉血统的东北部泰人和山地少数民族主要讲本民族的语言。约占全国总人口 11%的泰籍华人，绝大多数都只会讲泰语。但中国广东、福建方言，特别是广东潮汕方言在泰国首都曼谷商业区仍可通行。

4. 重要节日

宋干节：4 月 13 日—4 月 15 日；国庆节(现任国王诞辰日)：12 月 5 日；水灯节：泰历 12 月 15 日。

① 泰语和我国的傣族、壮族族源相近，与古代的百越人有密切的渊源关系。

2.7 商业环境

1. 市场准入情况

泰国奉行自由贸易政策，目前大多数商品在区内贸易的关税都降到 5%以下。其中，对绝大多数工业原材料和必需品征收零关税；对一些有选择的原材料、电子零配件等征收 1%的关税；对初级和资本货物征收 5%的关税；对中间产品和成品征收 10%～20%的关税；对需要保护的特殊商品征收 30%或更多关税。政府正在研究关税税率和结构以便与国际接轨，形成更加开放、富有竞争性的市场机制。同时进行了一揽子关税改革，包括关税削减和取消 639 种税目。这些改革主要集中在资本货物和原材料的进口方面，但是增加对大豆进口的限制。

目前，泰国对多数农产品的进口没有数量限制，但对一些制成品实行了进口许可管理。1995 年以来，为了与 WTO 规则相一致，泰国政府已把 23 种农业产品由非关税措施转为关税措施；有关机构也每年审议关税配额管理并将结果提交议会通过；修订现行有关进口许可管理的法律和法规；审查现有许可证限制产品，确定这些限制是否能够放松或取消；在根据 WTO 协议承诺的进口数量的基础上，增加大豆、豆饼、脱脂奶粉的进口数量。在 2010 年之前，泰国政府还计划根据情况确定、放松或取消一些非关税壁垒；在乌拉圭回合谈判承诺之后，选择其他商品实行关税配额。对于长期目标，泰国政府还将视情况确定、放松或取消其他非关税壁垒；进一步放开农业商品产品以支持自由和开放贸易。[①]

背景知识

泰国的贸易壁垒

高关税是中国产品进入泰国市场面临的主要障碍。高关税产品主要包括：农产品、汽车及零部件、酒精饮料、纺织品、纸张及纸板产品以及部分电器。泰国的即食产品进口关税为 30%~50%，是东盟地区最高的，咖啡的进口关税甚至达到 90%。泰国对某些国内很少生产的产品也征收较高关税，如泰国对冷冻炸薯条征收 30%的关税。如果将所征收的关税、消费税以及其他额外费用加在一起，进口葡萄酒的总税负为近 400%。

此外，泰国对 23 种农产品实行关税配额管理，在配额内进口征收较低关税，配额外进口征收较高关税。例如，玉米的配额是 544.4 吨，配额内关税为 20%，配额外关税则高达 73.8%。

资料来源：《亚洲年鉴 2008》，p408。

2. 投资政策与法规

泰国政府推行一系列吸引外商投资的措施，如课税优惠可长达 8 年、外销津贴补助、

① 宫占奎、孟夏、刘晨阳，等著，《中国与东盟经济一体化：模式比较与政策选择》，中国对外经济贸易出版社 2003 年，第 147～148 页。

投资保障、减免价值附加税等，但是这些优惠只适用于“第三区”内企划案，即曼谷及其四周区域并不包括在内。最能赢得政府青睐的企业方案必须具备下列条件：须为非污染性工业，能利用本地原料与劳工，并且泰国人能持有过半股份。泰国规定许多新企业(包括种稻、房地产、采矿、法律事务所、建筑和营造)必须让泰国人拥有 51%以上的股份。泰国投资署经手管理 80%的国外直接融资，能吸引外资的新兴工业有垃圾处理、水质净化、能源节约、汽车零件、电子工业、机械整修、塑胶成型和各项工程建设。跨国性公司如果希望符合政府的奖励投资条件，必须花费 40 万美元以上在泰国设立分区总部，并且至少要雇用 50 名泰国人为员工。至于外销业方面，有指定的高阶官员负责协调国内企业产量来配合其他国家所设定的进口限额。

泰国投资委员会为了以下目的于 2000 年 8 月修订了《鼓励投资法案》：①通过投资促进经济复苏速度；②增强泰国的国际竞争能力；③加速地方的发展；④努力营造产业联动的基础，给予能增强国家竞争力的经济活动和产业以最优厚的投资优惠；⑤提高税收优惠的效率。

1) 泰国投资委员会规定鼓励投资的行业部门

2001 年 1 月，泰国投资委员会规定鼓励投资的行业部门有以下几种：①农业与农产品加工的制造业 26 种；②矿物、基础金属、陶瓷制品 18 种；③轻工业 16 种；④金属制品、机械与输送机械 22 种；⑤电子与电气机器工业 9 种；⑥化学工业、造纸、塑料制品 15 种；⑦服务业与公用事业 26 种。

2) 泰国投资委员会列为特别重要的行业部门

泰国投资委员会列为特别重要的行业部门有 5 类，这些行业部门多数与投资选址无关，它们可以享受到最为优厚的投资优惠。可以免除 8 年的公司所得税，机器设备进口免除进口关税，并可享受投资选址地区的投资优惠，包括：①农业与农产品加工工业(26 种)；② 与技术开发和人力资源开发直接有关的事业(4 种)；③公用事业、公共设施建设与公共服务(2 种)；④有关环境保护与环保政策的事业(2 种)；⑤有特别目的的产业(12 种)。

3) 共同优惠政策

(1) 根据泰国投资委员会的鉴定，“奖励企业”从取得收益之日起，可以分别免除 3～8 年的公司所得税。如果“奖励企业”在免税期间发生企业亏损，该亏损额可以滚存到免税期满后 5 年内的任何期间从其净收益额中剔除。

(2) 在“奖励企业”的公司所得税免税期间内，“奖励企业”的红利分配可以从其应课税的所得额中剔除。

(3) 泰国投资委员会批准进口用于生产的机械设备可以免除进口关税。

(4) 泰国投资委员会批准进口的原材料与必要的器材可以免除进口关税。

(5) 准许外籍人员可以持有“奖励企业”的工业用地与住宅用地的所有权，准许外籍技术人员与企业管理人员的就业。

4) 其他投资优惠

为了增强技术力量以提高竞争力和生产率，对新的投资项目或更换旧机械设备的投资项目，凡用于生产机器和电子部件的机械设备，其进口可以免除进口关税(2004 年 12 月底以前有效)。

5) 各类投资区的投资优惠

(1) 第一类投资区，曼谷、北榄、龙仔厝、巴吞他尼、暖武里和佛统 6 个府。在工业区或鼓励投资工业区内选址投资的企业可以免除 3 年的公司所得税，机械设备可以减免一半的进口关税，为生产出口产品用的进口原材料可以免除 1 年的进口关税。

(2) 第二类投资区，夜功、叻丕、北碧、素攀、大城、红统、北标、坤西育、北柳和春武里、罗勇和普吉 12 个府和廉差班工业区。有 3 年的公司所得税免税期，在工业区内投资设厂的企业可以免除 5 年的公司所得税。机械设备可以减免一半的进口关税。

(3) 第三类投资区，余下的 58 个府，有 8 年的公司所得税免税期。用于生产出口产品的原材料、生产器材的进口可以免除 5 年的进口关税，机器设备可以免除进口关税。在工业区外投资设厂的企业，其机器设备的投资支出与建设必要的社会基础设施的投资支出的 25%可以从其应课税的所得额中剔除。

(4) 为了促进产业向地方分散，规定凡将工厂从第一类投资区转移到第二类投资区或第三类投资区者，也可以分别享受上述相应的投资优惠。

6) 取得奖励投资优惠的条件

享受泰国投资委员会提供的奖励投资优惠的投资企业，需具备以下条件。

(1) 投资金额在 1 000 万铢以上(不包括土地租金和周转资金)的投资项目，必须在开始营业后的两年内取得 ISO 9000 系列标准或与之相当的国际标准的认定，未取得此项认定投资企业，取消一年的公司所得税免税期。

(2) 投资项目最低投资额(不包括土地租金和周转资金)在 100 万铢以上。

(3) 投资项目的自有资本比率必须在 25%以上。

7) 投资比率

泰国政府虽然原则上不限制外资投资，但从 2000 年 3 月 3 日起实施的《限制外资企业活动法案修订案》规定：在指定的 43 种行业部门限制外资企业(指外国资本占有 50%以上股份的企业或外国人占有投资总额一半以上的企业)参与投资。

截至 2009 年年底，泰国在 14 个府共建立了 41 个工业园区，根据所处的府区分别享受当地最高的税收优惠等投资优惠。

3. 商务活动

1) 会议

初期会议经常包括好几次非正式午餐，在餐会上大家极少谈论公事。展示会的对象是群体时，说话声不要太大，要缓慢清晰。与泰方高阶层人员讨论企划案时，领队必须对通盘的计划有相当程度的了解，每一位成员必须了解所负责的部分。访泰成员之中一定要包括一名对财务问题能够问答如流的专家，或通晓货运的人才。在陈述的时候，可以询问听众是否有问题。不过，要避免贸然要求泰方坦承他们的意见，例如：“你觉得我们的产品怎么样？”这样问话是很失礼的。

2) 陈述企划

提供简短影片介绍公司设备和环境，阐释清楚任务性质，能够提升我方公司在泰方眼中的形象和地位。在正式会议上，必须备妥银行、官员、共同的商业界朋友(如果有的话是最好)给你的推荐信以及其他相当的信誉保证，同样也要求对方公司提供同样的文件。准备一套印刷精美的展示文件，能附上泰文翻译更好。成套的展示文件中要包括公司简介手册，概略介绍高阶职员的名称及职衔，并简述公司的理念、价值、使命感和成就。

3) 谈判时间安排

在泰国文化中，人际关系不但是获得合约的关键，并且还是保证整个企划成功的不二法门，尽量安排时间分别和各相关部门的官员多次会面或吃饭。事先一定要订好约会，约会前一天要和对方确认约会的时间和地点。尽量准时，约见的时间最好避开上午高峰期，因此，要计划好留给自己充裕的时间。

4) 泰式期限规定

泰国人对于能够吸引他们的企划案很愿意埋头苦干，把公司的长远目标和声誉看作大事，从1992年开始，泰国已经迅速采纳了较西化的工作模式。今天，外籍商人可能直接和资深人物洽谈公事，双方达成的协议(包括指定的时限)也会受到尊重。

4. 外国人就业限制

根据《外侨就业限制法案》规定，39种职业禁止外国人就业。泰国政府运用《外国人就业限制法案》(1978年7月制定)和《移民法案》保障泰国人的就业和取代外国人就任企业的经营管理人员、技术人员职位的机会。法律规定，经有关政府部门主管批准发给各国外侨的就业准证一年不得超过100人。根据泰国投资委员会《鼓励投资法案》的规定，外国人的就业准证和居留许可证须经泰国有关政府部门的指示方可发给。

5. 土地所有权的限制

原则上外国人(包括外资企业)不得拥有土地。但泰国投资委员批准的“奖励企业”则不论其外资投资比率高低，均可拥有一定面积的土地。此外，凡经泰国工业区管理局认定的在工业区内投资设厂的企业，经该管理局批准也可以拥有土地(不论其外资投资比率高低、投资额大小)。凡持有4 000万铢以上投资额，投资期在3年以上的外侨可以拥有1莱以下的居住用地。①

6. 投资限制

1) 筹集当地资金的限制

外资企业在当地筹集资金没有受到特定的限制，和当地企业享有同样的待遇。

2) 投资行业部门限制

根据《外资企业活动限制法案》(2000年3月公布)的规定，建筑等行业部门不同程度地限制外资企业(指外国资本50%以上股份的企业或外国人占总投资额一半以上的企业)经营。

3) 投资规模的限制

由商业部按各种行业部门分别规定其最低投资额，《外资企业活动限制法案》规定的限制行业部门的最低投资额为300万铢，限制外的行业部门的最低投资额为200万铢。

① 汪慕恒、周明伟著，《东盟国家外资投资发展趋势与外资投资政策演变》，厦门大学出版社2002年8月版，第312～320页。

7. 汇款、再投资

(1) 外籍职工的汇款可按工资证明书上工资额的 80%汇出。

(2) 来自国外的投资资本的原本、利润、专利权收入和借款的原本、利息等对外汇款，在确认了证明书之后，原则上保证可以汇出。但利息、专利权收入、服务费、出口佣金等汇出款需征收 15%的收入源泉税，红利、分公司利润等汇出款需征收 10%的收入源泉税。泰国投资委员会批准的奖励企业，其专利权收入的汇出款可以免除 5 年的收入源泉税。在公司所得税免税期间分配的红利、股息可以免除收入源泉税。

泰国在 2008 年修订了《外籍人工作法》，对外籍人士在泰国投资、经商、从教等工作申请持积极鼓励态度，但对一般性劳务到泰国工作持消极态度。

本章小结

泰国历史悠久，农业发达，林业资源丰富，石油主要依靠进口。泰国政府坚持对外开放，是一个自由的市场经济国家。泰国多数人信仰佛教，宗教文化渗入社会文化各个方面，对国家政治、经济、教育、商务活动各方面产生影响。尽管泰国政局仍不稳定，但对经济发展影响不大，特别是投资和贸易政策没有过多变化，这也是泰国经济能持续保持发展态势的重要原因。泰国是一个在政策上兼具灵活性与应变性的国家，能够根据国际和国内形势做出适当调整，因此，在泰国从事商务活动也应做好这方面的准备。

思　考　题

1. 在泰国经商、旅游、从事公务活动应遵循的主要规矩、注意事项和禁忌是什么？
2. 在泰国经商做生意有什么样的风险？
3. 泰国贸易限制的内容是什么？(参考泰国“现行外资投资政策”)
4. 泰国非关税壁垒有何特点？

第3章

缅　甸

缅甸全称为缅甸联邦共和国(the Republic of the Union of Myanmar)。

3.1 简　史

距今约2000年前，即公元1世纪，缅甸出现了骠、掸、孟、若开等不同民族建立的古代国家。其中骠国最为强盛，分别与中国、印度和东南亚各国建立了贸易关系。公元1044—1823年，缅甸进入封建社会时期，经历了蒲甘王朝、分裂时期的王朝(阿瓦王朝、勃固王朝、阿拉干王国等)、东吁王朝和贡榜王朝4个大的封建王朝阶段，缅甸封建社会政治经济制度得到发展。从19世纪开始，英国殖民者先后于1824年、1852年、1885年通过3次英缅战争将缅甸置于英国的殖民统治之下，并将缅甸划为印度的一个省。1886年1月，缅甸最后一个封建王朝贡榜王朝灭亡。

在英国对缅甸进行全面殖民统治的55年间，大肆掠夺缅甸的资源，对缅甸输入资本主义的生产和生活方式，使缅甸社会经济发生了巨大的变化，形成了畸形的殖民地社会经济。

1942年，日本军国主义者为推行“大东亚共荣圈”计划占领了缅甸，在被日本占领的3年中，缅甸人民进行了英勇反抗，1945年3月，在“反法西斯人民自由同盟”的领导下，缅甸人民发动了全国抗日武装总起义，将日本侵略军赶出缅甸。在驱逐日本占领军的过程中，英国军队作为盟军进入缅甸，与起义军一同赶走了日本人，同时英国人也想恢复殖民统治，但是遭到了缅甸人民的反对。1947年，缅甸民族英雄昂山将军领导缅甸人民与英国殖民当局进行了坚决的斗争和谈判，根据英缅双方签订的《英缅条约》，英国政府正式承认“缅甸为完全独立的主权国家”，1948年1月4日，缅甸宣告独立。此后，缅甸开始了艰难的复兴与发展。1962年奈温将军发动军事政变推翻吴努政府，成立革命委员会，推行“缅甸式社会主义”。1988年由于“发展”的失败，导致全国爆发反政府示威游行，奈温领导的社会主义纲领党政府下台。1988年9月，以国防部长苏貌将军为首的军人接管政权，成立“国家恢复法律和秩序委员会”，宣布废除宪法，解散人民议会和国家权力机构。9月23日将“缅甸联邦社会主义共和国”改名为“缅甸联邦”。军队接管了政权，并宣布废除一党制，实行多党民主制，于1990年5月举行全国首次多党选举，1997年10月建立国家和平发展委员会，2010年根据《缅甸联邦共和国宪法》，缅甸正式更名为缅甸联邦共和国。

3.2 自然环境

1. 位置与面积

缅甸位于亚洲东南部、中南半岛西部，国土总面积约为67.7万平方千米。北部和东北部与中国西藏自治区和云南省接壤，中缅边境线长约2 185千米，其中中缅云南段边境为1 997千米；东部与泰国、老挝毗邻，其中缅泰边境线长1 799千米，缅老边境线长238千米；西部与印度、孟加拉国相连，其中缅印边境线长1 462千米，缅孟边境线长72千米；缅甸南部和西南部濒临印度洋，其海岸线总长2 655千米；南北长2 090千米，东西宽925千米。

2. 地形和地貌

缅甸的地形地貌特征是：以山地和高原为主，地势北高南低，山脉河流均呈南北走向，三面环山，一面临海。境内的高山和大河把缅甸大致分为3个部分：①西部山地为南北走向而中部向西突进的弓形山脉，长达1 100千米，包括了北段的那加山脉、南段的阿拉干山脉，北段缅印边境一带山高路险，海拔在3 800米以上，丛林密布，难以通行，一些山口为古代交通要道；②掸邦高原因居民多为掸族而得名，海拔在1 000～1 300米，地势由西向东南倾斜，高原上有多个山间盆地，南部较平坦，萨尔温江干、支流纵贯其间，河谷为重要农业区；③伊洛瓦底江谷地介于西部山地和掸邦高原之间，部分地区为伊洛瓦底江、亲敦江、锡唐河的冲积平原，分为上游谷地、中游谷地和下游谷地，伊洛瓦底江是最主要的河流，全长2 150千米，为南北交通大动脉，流域面积为全国面积的60%以上，中部平原及下游三角洲是缅甸最富饶的地区。

缅甸的海岸线分为3段：北段为阿拉干海岸，有较宽的平原，海岸与阿拉干山脉平行，有多处半岛和岛屿、海港；中段为伊洛瓦底江三角洲和河流的出海口；下段为丹那沙林海岸，大小岛屿星罗棋布。

3. 气候与降水

沿海地区属季风型热带雨林气候，北部属季风型亚热带森林气候。全年可明显地分为3季：3—5月为暑季；6—10月为雨季；11月一次年2月为凉季。年平均气温为27℃，1月份平均气温为20～25℃；4月份平均气温为25～30℃。缅甸全年雨量充沛，沿海阿拉干和丹那沙林地区年降雨量为3 000～5 000毫米，伊洛瓦底江三角洲和北部山地年平均降雨量为2 000～3 000毫米，伊洛瓦底江中部平原降雨相对较少，大约年平均为500～1 000毫米。

4. 人口

2014年全国总人口约为5 141.9万人，人口密度为90人/平方千米。年均人口增长率为1.2‰(1990—2006年)，粗出生率18‰，粗死亡率10‰。0～14岁占总人口的26.7%、15～64岁占67.7%、65岁以上占5.6%。①

5. 首都和主要城市

2005年以前，缅甸首都设在仰光(Yangon)，人口约530多万，是缅甸的政治、经济、文化中心。2005年10月，缅甸将首都迁至内比都(Nay Pyi Taw)，位于仰光以北390千米，全市总面积7 057平方千米，人口从当年的约10万人增长到了2012年的92万人。缅甸的主要城市还有：仰光、曼德勒、蒲甘、毛淡棉、勃生、东枝、仁安羌、密支那、腊戌、实兑。

6. 行政区划

全国划分为“七省七邦”，少数民族占主要人口的地区成为邦。七省：伊洛瓦底省、马圭省、曼德勒省、勃固省、仰光省、实皆省和德林达依省。七邦：克钦邦、掸邦、钦邦、克伦邦、克耶邦、孟邦和若开邦。

7. 自然资源

缅甸自然条件优越，各类资源十分丰富。

1) 农业资源

农业是缅甸的支柱产业，农业产值约占GDP的56%。全国70%的人口从事农业生产，以种植业为主，农业劳动力1 796万。农业对国民经济的贡献率达50.1%。

缅甸农作物主要有：水稻、小麦、玉米、花生、芝麻、棉花、豆类、甘蔗、油棕、烟草和黄麻等，这些是缅甸的主要出口产品(图3.1)。缅甸土地资源丰富。全国可耕地面积为1 800万公顷，实际耕种面积为1 064万公顷，可垦荒地还有640万公顷。

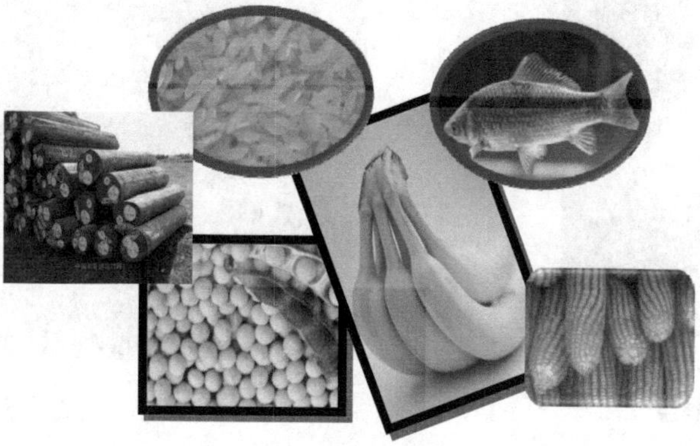

图3.1 缅甸主要出口产品

2) 林业资源

全国林地面积约3 440万公顷，森林覆盖率为52.3%，原始森林面积134万公顷，植物

① 《2008年世界发展指标》，国际复兴开发银行/世界银行，2008年。

种类 8 570 种，盛产柚木和各种硬木，其中柚木、铁梨木、鸡翅木、花梨木、紫檀木等珍贵林木的蓄积量最大，天然柚木蓄积量占世界总量的 75%。此外还有大量的竹、藤、硬杂木等。

3) 水利资源

淡水资源十分丰富，伊洛瓦底江和萨尔温江两大水系覆盖全国，河流纵横交错，年人均可更新淡水达 22 719 立方米，水能蕴藏量达 1 亿千瓦，超过中南半岛其他 4 国(越、老、柬、泰)水能资源的总和，位居东盟国家之首。

4) 矿产资源

现已探明的矿藏主要有：铅、锌、钨、锡、镁、铬、镍、铝、锑、锰、铁、金、银等。宝石、玉石、翡翠更是举世闻名，翡翠产量居世界第一位(图 3.2)。已探明石油、天然气储量也十分丰富，居世界第 13 位。

5) 动植物资源

野生动物资源种类繁多，目前尚未完成全国动物资源普查，就已发现的动物资源有：哺乳类 33 科 300 多种；鸟类 70 科 1 240 多种；爬虫类 25 科 500 多种；两栖类 10 科 120 多种。植物资源除了林木、竹藤外，香料植物、药用植物、花卉植物、农作物等也都十分的丰富。

缅甸风景优美，名胜古迹多，主要有世界闻名的仰光大金塔(图 3.3)、文化古都曼德勒、万塔之城蒲甘以及额不里海滩等。缅甸物产丰富，土地肥沃，素有“稻米之国”的美誉；森林覆盖率高，拥有大量珍贵木种；矿产资源丰富，翡翠、宝石享誉世界；水力资源丰富，盛产天然气。因此，缅甸是一个非常适宜投资的国家。

图 3.2 翡翠

图 3.3 仰光大金塔

3.3 政治环境

1. 政治体制

1988 年以缅甸国防军总参谋长苏貌将军为首的“国家恢复法律和秩序委员会”(军人

政府)接管国家，掌管国家立法、行政和司法权。军人政府把促进民族和解、努力发展经济、积极改善民生、扩大国际生存空间作为巩固军人执政地位的主要措施。1993 年虽然召开了制宪国民大会，但是军政府与国内最大反对派全国民主联盟之间的矛盾并未解决。军政府拒绝将政府权力交给大选中获胜的民主联盟。缅甸加入东盟后，军政府为适应新的国内外形势，1997 年 11 月成立了由 19 人组成的国家最高权力机构“国家和平发展委员会”。政府所有事务由 42 人组成的政府内阁处理。2008 年 5 月，新宪法草案在全民公投中获得通过。2010 年 10 月 21 日，根据缅甸国家和平发展委员会颁布的法令，缅甸正式启用《缅甸联邦共和国宪法》。

1988 年军队接管政府以后，地方政府的基本架构没有变化，全国分七省七邦，314 个镇区，仍然是三级管理，即省(邦)、区、镇区(乡)政府。司法机构由四级法院和检察院构成，设最高法院和最高检察院。

缅军吸纳了国内大部分文化素质高的精英人才，为政府提高执政能力提供保障。目前缅甸政府内部门设置比较健全，国家管理运行正常，政府高层的关系较稳定。2011 年 1 月 4 日缅甸联邦议会全体会议选举总理吴登盛为缅甸联邦共和国总统。2011 年 4 月 1 日，缅甸顺利完成了军队向政府的权力移交。

2. 政党

从 1988 年废除一党制后，缅甸实行多党民主制。1990 年 5 月实行首次多党大选，有 93 个政党参加大选，大选后大部分政党被解散和取缔，2011 年 11 月 7 日，缅甸举行了 20 年来首次多党制全国议会大选。这是缅甸七点民主路线图的第五步，也是实现从军政府向民选政府转型的一次重大选举，共有 37 个政党，3 000 多名候选人和 82 名独立候选人参选。目前，进入议会的主要政党有联邦巩固与发展党(巩发党)、民族团结党、全国民主联盟(民盟)等。2012 年 4 月 11 日，缅甸举行议会补选，昂山素季领导的民盟获得多数补选议席，成为议会第一大反对党。

3. 外交与国际关系

缅甸奉行独立自主、积极的外交政策，不依附于任何大国和国家集团，它主张在和平共处五项原则的基础上，同各国友好相处，共同发展，重视与邻国的睦邻友好关系，主张建立一个国家不分大小，相互尊重，平等协商，遵守联合国宪章的国际经济政治新秩序。

缅甸与世界上 111 个(2013 年 5 月)国家建立有外交关系。①由于受欧美等西方国家的制裁，缅甸外交的重点主要集中在东亚地区和周边国家，交往比较多的是中国、印度、日本、韩国和东盟各成员国。缅甸与中国的关系十分紧密，1950 年 6 月 8 日两国正式建立外交关系。缅甸是最早承认新中国的国家之一，20 世纪 50 年代，两国总理共同倡导和平共处五项原则。20 世纪 60 年代，两国政府签署了中缅边界条约，圆满地解决了两国历史遗留的边界问题。此后两国领导人一直保持着互访的传统，人民之间也保持亲密的相互往来。中缅友谊被称为“胞波”(兄弟)情谊。1988 年以来尽管缅甸政局发生了巨大变化，中缅两国仍然继续保持友好往来，双方在政治、经济、贸易、科技、军事、文化、体育等各个领域

① 1996 年 7 月缅甸获得东盟观察员地位，1997 年缅甸正式成为东盟成员国。

的交流合作不断扩大。2011 年 5 月 27 日，中缅两国在北京人民大会堂共同发表《联合声明》，宣布建立全面战略合作伙伴关系。双方在《联合声明》中公布了达成的一系列共识：保持高层交往、提升战略互信、就国际和地区热点问题交换意见、提升经贸水平、开展各领域友好合作等。双方还签署了多项合作协议，涉及经济技术合作、优惠贷款、基础设施等领域。2013 年 4 月，吴登盛总统来华进行国事访问并出席博鳌亚洲论坛 2013 年年会，两国发表了联合新闻公报。

3.4 经济环境

1. 经济发展概述

缅甸独立以来，其经济发展大致经历了以下 3 个阶段。

(1) 1948—1962 年。吴努执政时期的主要任务是改造殖民地经济结构，制定国家经济发展计划，发展民族经济，积极发展对外经济关系，争取国际援助。这一时期缅甸经济年平均增长率达到 5.6%，总体经济已恢复并超过第二次世界大战前的最高水平。

(2) 1962—1988 年。以奈温为首的缅甸“革命委员会”接管政府，并宣布走“缅甸式的社会主义道路”。开始实行国有化运动，1974 年以宪法的方式确定了缅甸的计划经济体制。将外国资本和一部分民族资本收归国有，集中财力建立国有企业，严格限制私人经济发展、实行土地国有化为中心的农村土地改革，不允许外国在缅甸进行投资，只接受不损害缅甸利益的有限国际援助，自力更生，发展经济。这一阶段的缅甸经济发展严重受阻，1985 年以后，经济迅速滑坡，1986 年 12 月，联合国宣布缅甸为“最不发达国家”，奈温军政府推行的“缅甸社会主义经济”全面崩溃。

(3) 1988 年以来。由于经济日益恶化，经济政治形势发生动荡。军政府被迫宣布进行经济改革，一系列改革政策法规相继出台。主要的法规有以下几类。

① 企业管理方面：《缅甸国营经济企业法》、《缅甸私营企业法》、《合作社法》等。

② 国内外投资方面：《缅甸联邦外国投资法》、《缅甸联邦外国投资法实施条例》、《缅甸公民投资法》、《缅甸联邦外国投资项目条例》等。

③ 边境贸易方面：《关于开放缅中边境贸易的通告》、《关于开放缅泰边境贸易的通告》、《关于开放缅孟(加拉)边境贸易的通告》、《缅甸联邦缅中边境地区进出口贸易管理法》、《缅中边境地区木姐、南坎、九谷、滚弄、户板、清水河边贸须知》等。

④ 金融保险方面：《缅甸金融机构法》、《缅甸中央银行法》、《缅甸农业与农村发展银行法》、《缅甸保险法》、《外汇管理法规》等。

⑤ 税收审计方面：《缅甸联邦审计法》、《缅甸国内税收实施条例》及《关于修改税收法规的决定》、《关于木姐、九谷、南坎地区边境贸易税收条例》、《商业税法》、《缅甸联邦国家进出口税法》等。

这一时期的经济政策主要是：实行对外开放，鼓励和扶持私人经济发展，积极与周边国家改善关系，扩大和加强经济合作，巩固国有企业，保留 12 个重要经济部门为国家专营(即柚木的采伐和销售，造林护林，石油天然气的勘探开采出口，珍珠玉石宝石的勘探开采和出口，政府科研项目划定水域的鱼虾养殖和生产，邮政电讯业，航空和铁路运输业，银行保险业，广播电视业，金属勘探开采和出口，部分电力业，政府规定的安全和防卫制品)。

由于推行市场经济改革和逐步开放，缅甸经济状况有较大改善，1992年以后经济增长率有较大提高。1995年政府制订了五年经济发展计划，以优先发展农业，带动其他产业发展。同时加强基础设施建设，降低通货膨胀为主的政策影响，使经济步入健康轨道。但是，由于1997年的东南亚金融危机和欧美发达国家持续的经济制裁的影响，多年没有完成经济计划。

这一时期，缅甸经济保持较高增长率。1990—2000年，GDP年均增长率约6.9%。2000—2006年，GDP年均增长率约9.2%。经济总量较2000年增加约1.83倍。2008年国民生产总值约271.8亿美元，人均国民生产约465美元。目前外债累计67亿美元，外汇储备约6亿美元。但是由于经济起点低、基础设施不完善、技术落后、投资不足、国内经济政策缺乏灵活性，再加上西方国家的制裁，缅甸经济发展仍然困难重重。2011年缅甸新政府上台后，大力开展经济领域改革，积极引进外资，确立了四项经济发展援助，包括加强农业发展、工业发展、省邦平衡发展、提高人民生活水平等。

2. 经济结构

国际货币基金组织数据显示，2011—2012财年GDP总额为500.2亿美元，同比增长5.5%，2012—2013财年GDP总额较上一财年增长6%。2013年1月巴黎俱乐部宣布免除缅甸部分外债后，缅甸外债总额累计50多亿美元。外汇储备约72亿美元(2011—2012财年)。缅甸经济的基本结构特征是：以农业为主体，初期工业化发展，服务业相对落后。其基本的产业构成是农、林、渔、矿产品生产、初级加工制造业和商业服务业。2006年，缅甸国内生产总值中产出结构为：农业占60%、工业占10%(制造业占7%)、服务业占30%。

第一产业(农、林、渔、矿业)。主要产品稻米、小麦、玉米、花生、芝麻、豆类、棉花、甘蔗、烟草、油棕、黄麻、木材、各种金属和非金属矿产品。全国农业劳动力1 870万，约占全国总就业人数的70%。2011年缅甸出口大米844 200吨，创收3.24亿美元。2012—2013财年(截至2013年2月底)已出口大米130万吨，其中80%销往中国，预计全财年大米出口有望达到150万吨。农业为其国民经济基础。农业产值占国民生产总值的四成左右。

第二产业(加工制造业)。主要生产石油天然气、纺织品、印染、碾米、制糖、木材加工、造纸、化肥、制药、炼油、珠宝玉石加工等。全国有18个工业区，工厂9 800余个，从业人数约174万。共有陆上输油管道112.65千米，天然气管道2 254.69千米(图3.4)。2011—2012财年，缅甸工业产值约占国民生产总值的26%。

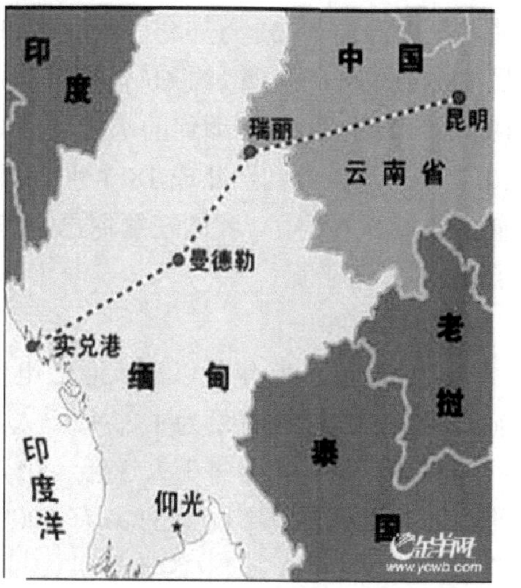

图3.4 中缅石油管道

第三产业(商业服务业和旅游业)。主要是批零商业服务、运输旅游服务和酒店餐饮服务。缅甸政府大力发展旅游业，积极吸引外资，建有大小酒店533家。2006年来缅外国游客约为

58 万人，旅游收入 1.02 亿美元。[①]根据缅甸酒店和旅游部统计数据，2012 年来缅游客达到近 106 万人，比 2011 年的 81 万增长 29.72%，其中游客来源国排名前 5 分别为泰国、中国、日本、韩国和马来西亚。

缅甸产业结构基本上反映了缅甸经济发展的水平和发展阶段，也就是说缅甸目前仍然是一个传统的农业国，是一个典型的发展中国家。

3. 经济基础设施

缅甸的基础设施总体上较落后，交通不发达，运输能力弱，通信价格高，电力基础薄弱，这些因素都制约着经济的发展。近年来，缅甸的经济基础设施有了较快发展。

1) 交通运输

交通以水运为主，铁路多为窄轨。近年来，政府大力修筑公路和铁路，陆路运输有了较大发展，缅甸交通和铁道部门数据显示，截至 2012 年 11 月，缅甸全国公路里程为 34 377 千米，在建 2 921 千米，火车站 899 个，铁路总长 5 760 千米，在建 2 861 千米，拥有蒸汽机车 43 台、柴油机车 270 台、客车厢 831 节、火车厢 3 906 节。主要港口有仰光港、勃生港和毛淡棉港，其中仰光港是缅甸最大的海港。缅甸交通部数据显示，截至 2012 年 11 月，内河航道约 14 837 千米，目前仅有缅甸五行轮船公司经营远洋运输。主要航空公司有缅甸航空公司、缅甸国际航空公司、曼德勒航空公司、仰光航空公司、甘波扎航空公司、蒲甘航空公司、亚洲之翼航空公司、金色缅甸航空公司等。主要机场有仰光机场、曼德勒机场、内比都机场、黑河机场、蒲甘机场、丹兑机场等。仰光、内比都和曼德勒机场为国际机场。仰光目前已开通的主要国际航线有北京、昆明、广州、南宁、香港、曼谷、清迈、新加坡、吉隆坡、河内、胡志明市、东京、首尔、多哈、法兰克福航线。国内大城市和主要旅游景点均已通航。

2) 能源

缅甸能源资源比较丰富，目前主要的能源开发是：①石油天然气。年产原油 770 多万吨，生产汽油 8 432 万加仑、柴油 11 395 万加仑，油气管道 2 368 千米；②电力开发生产。目前电力生产(发电量)约 60 亿度，其中天然气发电占 39.8%、水力发电 49.8%、石油发电 10.3%、其他 0.1%。缅甸的水能资源极为丰富，但由于资金不足绝大部分没有开发。截至 2012 年 3 月，缅甸已建成 18 个水电站，装机容量 260 万千瓦；在建项目 57 个，总装机容量 3 993.45 万千瓦。我国在缅甸已经和预计投资的水电项目超过了 20 个，总装机容量达到了 4 147.6 万千瓦。

3) 通信和电信

从 20 世纪 90 年代以来，通信电信虽然已有一定发展，但总体上还是十分落后的。目前人均固定电话拥有量为 1 部/每千人，在最大城市为 32 部/千人；移动电话拥有量每千人不到 1 部。电视机为每千人 3 台、个人电脑为每千人 8 台、互联网用户为每千人 2 户。目前缅甸的电话普及率仅为 5%，有 300 万移动及固定电话用户。据缅甸通信公司介绍，未来五年将发放 3 000 万个 GSM 号码。

---

① 数据来源：缅甸旅游统计。

4. 投资与贸易

根据缅甸国家计划与经济发展部统计，截至2013年1月，外国对缅投资总额达418.42亿美元。在缅投资前五位的国家和地区为：中国(205.59亿美元，含中国香港)、泰国(95.68亿美元)、韩国(29.79亿美元)、英国(29.77亿美元)、新加坡(21.66亿美元)。主要投资领域为：电力、石油天然气、矿产业、制造业和饭店旅游业。在缅甸的经济发展进程中，投资不足一直是经济发展的障碍。主要有以下3个方面的原因。

(1) 自独立以来经济发展一直受政治不稳定的干扰，没有长期稳定的国家经济发展战略规划，以及1962—1988年的计划经济造成的低增长，导致资本形成十分缓慢，资本积累的问题至今没有得到很好的解决。

(2) 1988年以后虽然颁布了《缅甸联邦外国投资法》，但是由于西方国家的经济制裁，以及缅甸国内投资环境差，风险较大，实际外国投资到位率较低。

(3) 经济政策方面存在的问题，如汇率政策和汇率管理不合理，汇率严重扭曲。有利可图的产业限制较大，此外保留了大量国家垄断企业，外资和私人资本在实际的运作中被歧视的问题依然存在，在一定程度上限制了外资和私人资本的投入。2012年4月1日起缅甸实行有管理的浮动汇率制，目前汇率约为1美元约兑890缅币(2013年5月)。

由于经济增长中资本形成存在较大障碍，发展与投资之间的缺口仍然较大。到目前为止缅甸发展的资金主要是依赖外债(包括外国投资)借贷、官方开发援助(ODA)等。截至2003年缅甸外债总额达73.18亿美元，其中公共和政府担保的债务58.57亿美元，被世界银行定为S级(严重债务国)。

在对外贸易方面，2000—2001年以后随着经济增长和政府的贸易政策调整，放宽对外贸的限制，允许私人经营外贸业务，并开放了同邻国的边境贸易，出口增加，外贸逆差逐步减少。2008年缅甸外贸进出口总额104.1亿美元，其中出口为66.2亿美元，进口为37.9亿美元。缅甸主要的出口商品有：大米、玉米、豆类、橡胶、皮革、矿产品、木材、水产品、宝石、玉石等；主要进口商品有：工业原料、化工产品、机械设备、零配件、五金机电产品等。缅甸的主要贸易伙伴是亚洲国家，占总贸易额的90%，其中与东盟贸易额占总贸易额的56.8%。[①]中国与缅甸的贸易额常年保持在6亿美元左右。2012—2013财年，缅甸进出口小幅增长，达到182.42亿美元，较2011—2012财年增长0.4%，其中出口为89.22亿美元，进口为93.2亿美元，多年来首次出现逆差。2012—2013财年缅甸主要贸易伙伴：中国、泰国、新加坡和印度。据中国商务部统计，2012年中缅贸易额为69.72亿美元，同比增长7.2%，其中中方出口为56.73亿美元，同比增长17.7%，进口为12.98亿美元，同比下降22.7%，中国成为缅甸第一大贸易伙伴。

5. 金融货币与银行

缅甸的金融机构和银行业主要由政府控制，这些银行是缅甸中央银行、缅甸农业银行、缅甸外贸银行、缅甸经济银行和缅甸投资与商业银行这5大银行。1992年以后政府开放了部分银行业务，允许私人开办银行和外国银行在缅甸开办银行办事处。受1997年东南亚金

① 东盟秘书处网站，http://www.aseansec.org。

融危机的影响，缅甸金融改革和金融深化的步伐比较保守，再加上经济政策缺乏稳定性，金融效率也十分有限。近年来金融机构和政策的逐步调整，金融环境有所改善。2003年银行部门提供的国内信贷已经转到GDP的35.1%；流动性负债(M_3)达到GDP的33.5%；贷存利差提高到5.5%。这些情况都显示了金融深化和效率随着经济状况的逐步好转，但是，通货膨胀一直是困扰缅甸经济的严重问题。多年来官方汇率一直维持在1美元等于6缅元多一点的水平上，与市场汇率1美元等于850～1 200缅元的比率相差太远，这也许是影响外资、国内私人投资、旅游业发展和金融效率的主要原因。

3.5 社会环境

1. 社会组织

缅甸主要社会组织有：联邦巩固与发展协会(Union Solidarity and Development Association)(以下简称“巩协”)、国家和平与发展委员会。“巩协”成立于1993年9月，其宗旨是维护联邦统一，维护民族团结，维护国家主权和民族尊严，发扬爱国精神，建设繁荣富强的国家。“巩协”现有会员2 380万人。

2. 家庭与社会生活

家庭仍然是缅甸社会生活的重要方面，缅甸各个民族基本上都实行一夫一妻制，家庭结构也比较稳定，长幼尊卑有序，各个民族虽然在家庭生活的方式上由于宗教、风俗习惯不同而有所不同，但是在缅甸，家庭作为最基本的社会单元对经济社会的发展仍然发挥重要作用。缅甸各族人民有着自己独特的生活方式，每一个民族都有自己的宗教、文化价值观和生活习俗，他们对于生老病死、婚丧嫁娶、饮食起居等有着不同的方式和态度。

3. 教育

19世纪末之前，缅甸是一个政教合一的封建国家，寺庙既是信徒朝圣礼佛的地方，也是教育的中心。文化教育与宗教灌输合一的教育制度，既是缅甸文化教育的传统，也是限制文化教育发展的桎梏，基督教传教士来到缅甸开办西式学校和医院，促进了缅甸近现代文化教育的发展。近年来，寺庙教育作为缅甸基础教育的组成部分又开始受到政府重视。缅甸政府重视教育和扫盲，全民识字率由独立前的35%提高到了92%以上。教育体制分为学前教育、基础教育和高等教育。基础教育包括日托幼儿园和学前学校，招收3～5岁儿童；基础教育学制为10年，1～4年为小学，5～8年为初中，9～10年为高中；高等教育学制4～6年不等。截至2012年，全国共有基础教育学校40 876所，大学与学院108所，师范学院20所，科技与技术大学63所，部属大学与学院22所。著名学府有仰光大学、曼德勒大学等。

4. 医疗机构

缅甸目前共有医院832所，其中有300床位以上的医院114所、农村卫生所1 456个。全国拥有医生19 766人，牙医1 710人，护士20 429人。由于投资和医疗人力资源不足，在边远地区缺医少药的情况还十分严重。据世界卫生组织统计，2005—2011年，缅甸每万人只拥有医疗床位6张。

5. 新闻出版与传媒

缅甸官方对新闻和媒体的控制较严。全国发行的报纸《缅甸之光》(缅文)、《缅甸新光》(英文)、《镜报》三大报刊均为官方主办。地方性的报纸有仰光出版的《首都报》、曼德勒出版的《曼德勒报》和《雅德那榜报》。全国2012年止有约180种杂志和期刊，较著名的有《妙瓦底》、《秀玛瓦》、《威达意》、《视野》和《财富》等，其中《金凤凰》为唯一一份中文期刊。官方主办的“缅甸之声”曾经是缅甸唯一的广播电台。缅甸现有电视台6个，包括缅甸之声电视台、妙瓦底电视台、MRTV-4、缅甸国际(MRTV-3)、Channel-7、Skynet-TV。广播电台有缅甸之声广播电台和9个调频电台，包括缅甸之声、城市、曼德勒、波达妙、瑞、彬萨瓦底、茄丽、蒲甘、德仁。目前用缅语、英语和8种少数民族语言广播。全国有两个电视台，“缅甸电视台”和“妙瓦底电视台”，分别创办于1980年和1995年。全国共有177个电视转播站，全国大部分地区均能收看电视节目。

6. 体育设施

缅甸现有体育场223处，体育馆78个。较为著名的有昂山体育馆、国家游泳馆、曼德勒巴图运动场和仰光达贡北区游泳馆等。

7. 科技发展

缅甸的科技基础设施和科技水平还处于比较落后的状态。主要的生活和生产资料依赖进口，尤其在矿业、工业制造业方面较为落后。由于投资和科技人力资源不足，在研发和消化外来技术方面仍存在较大困难。在整个科研领域只有农林科技方面比较突出，如在水稻、农林优良品种培育、品种改良和农林自然资源方面具有特色。目前缅甸的科技发展主要在适用技术的应用开发阶段。

8. 毒品问题

缅甸政府从1999年开始实施3个五年禁毒计划，力争到2014年最终使缅甸成为无罂粟种植国家。头两个五年禁毒计划已经取得成功，缅甸将在此基础上继续加强禁毒工作。根据缅甸与联合国毒品控制和犯罪预防办公室的联合调查，缅甸罂粟种植面积在2001年为10.5万公顷，2006年下降到2.15万公顷，2007年则反弹为2.27万公顷，2008年略增至2.85万公顷。由于缅甸政府的努力和国际社会的帮助，缅甸罂粟种植已经从前几年的高峰期每年种植248万亩，下降到27.9万亩。中国支持缅甸政府在缅北地区开展禁种罂粟替代种植，发展替代产业的工作。近几年来，中国政府投入人民币1亿多元，地方政府(云南省)投入5.6亿元，在缅北地区开展罂粟替代种植100多万亩，能够解决烟民的生计问题，减少毒源、减少对国际社会的危害。

3.6 文化环境

1. 民族

缅甸是一个在国家统一和独立的旗帜下由多个民族组成的民族国家。据缅甸官方资料显示，全国有 135 个民族和部落，据缅甸国内外学者调查、研究及分类，缅甸境内实际大约有 42 个民族，大部分属于蒙古人种，按语言谱系分类，这些大致划分为 3 个语系，即汉藏语系、孟高棉语系和汉泰语系。主要的民族有：缅族、克伦族、克耶族、克钦族、钦族、诺开族、孟族、那加族、掸族、佤族等。缅族为主体民族，约占总人口的 65%。从地理分布上看，缅族主要分布于缅甸的中部地区和主要河流的冲积平原地区；其他少数民族主要分布于缅甸高原山区和半山区以及缅甸各边沿地区。缅甸各个民族的社会生产力发展水平并不一致，包括主体民族在内的大部分民族都是农耕民族，尤其是高原和山区以及边沿地区的少数民族的经济社会发展还相对比较落后。各个民族保持着各自独特的文化、生活习俗和生产方式。由于特定的历史、文化、民族、宗教以及经济政治发展方面的原因，缅甸的民族问题主要是边远地区经济发展、政治参与和社会平等问题，这一直是缅甸国内政治不稳定的重要原因。

2. 宗教

缅甸 80%的居民信奉南传上座部佛教，其次是基督教，再次是伊斯兰教，其他宗教还有印度教、原始宗教等。

佛教大约在公元前 3 世纪就已传入缅甸，在公元 11 世纪蒲甘王朝时期上座部佛教成为国教，经过数百年的发展成为缅甸的主要宗教信仰。在当代，信奉佛教的主要民族有：缅族、掸族、克伦族、孟族，当地华人也多信奉佛教。仰光、曼德勒、蒲甘是缅甸佛教的三大圣地。

基督教于 16 世纪先后由葡萄牙人、亚美尼亚人、法国人、英国人、美国人传入缅甸。基督教在一些少数民族中仍有较大影响，如克伦族、克钦族、钦族、克耶族、傈僳族、拉祜族、苗族中仍有一部分是信奉基督教的。

伊斯兰教在 15 世纪传入缅甸诺开地区，此后在英国殖民统治时期大批印度移民和孟加拉人的移入使伊斯兰教向其他地方渗透，目前全缅伊斯兰教徒约 147 万。

印度教大约与佛教同时传入缅甸，目前信奉印度教的居民主要是分布在缅甸西部地区的印度移民和少数缅甸人。

此外，居住在山区的一些少数民族还信奉原始宗教，迷信鬼神、巫师巫婆和占卜等。

缅甸是著名的“佛教之国”。缅甸的每一个男人在一定时期内都必须削发为僧，否则，就会受到社会的蔑视。佛教徒崇尚建造浮屠，建庙必建塔，缅甸全国到处佛塔林立(图 3.5)。因此，缅甸又被誉为“佛塔之国”。

3. 语言

缅甸语为国语，通行英语，英语也是主要的商业语言。缅甸各少数民族都有自己的语言，其中，缅族、克钦、克伦、掸、孟等民族有文字。

缅语属于汉藏语系藏缅语族的一支，是一种单音节和有声调的语言。在其发展过程中吸收了巴利文、英语、汉语和国内少数民族的语言和词汇，其中巴利文的影响最大。在现代缅语中政治经济、自然科学的词汇大部分属于外来语，其中英文最多，汉语主要是一些器物的名称词汇。缅文文字(字母)属于印度字母系统，大约在公元 5—6 世纪缅甸南部的孟族采用印度字母创造了孟文。公元 11 世纪缅族建立蒲甘王朝征服南部的孟族王国之后，采用孟文字母为基础，吸收巴利文(缅甸小乘佛教的经文都是用巴利文写成的，对缅甸的语言发展有很深的影响)形成了占统治地位的书面语言。现代缅甸语有口语体和文语体的差别。

图 3.5 蒲甘佛塔

4. 风俗习惯

缅甸(包括缅族在内)大部分民族都是有名无姓的民族。一般缅甸人会在自己的名字前加一些冠词以表示性别、身份和地位。例如，青年男子自称，或幼辈少年一般称为“貌”，意为弟弟，表示谦虚；对长辈和有地位的人称为“吴”，意为叔伯，表示尊敬；对平辈和一般年轻人称“哥”，即哥哥的意思；妇女不论婚否，一般自称“玛”，意为姊妹、姑娘，对同辈或幼辈也称“玛”。一些知识分子在自己名字前加“耶波”，意为同志。对男老师或老板敬称为萨雅(Saya)，对女老师或女老板称萨雅玛(Sayama)。

5. 重要节日

独立节：1 月 4 日。建军节：3 月 27 日。泼水节：4 月 13 日(图 3.6)。

图 3.6 缅甸新年泼水节

6. 度量衡

缅甸的度量衡是英式或印度式。普通的重量单位有 Viss(非斯)、Pounds(磅)和 Ticals(提克尔)。1Viss 相当于 1.6 kg 或 100 Ticals，1Ticals 相当于 16 g。容量单位为加仑，长度单位为码。

3.7 商业环境

1. 市场准入情况

缅甸是关贸总协定的倡导国，也是世界贸易组织(WTO)的成员国。缅甸实行对外开放政策，允许外商进行投资和贸易，农民可以自由进行农产品贸易，私人可以进行进出口贸易。缅甸重点发展旅游业、农业、工业、能源产业。允许外国投资的经济项目涉及农业、畜牧与渔业、林业、矿业、工业、建筑业、运输与通信、贸易等产业。缅甸主要的市场集中在仰光、曼德勒、东枝、毛淡棉、密支那和景栋。缅甸是一个发展中的国家，具有一定发展潜力。全国有劳动人口1 700万，其中67%从事农、林、渔业；13%从事工业制造业，其他行业为20%。

缅甸政府对外国人投资项目管理较为严格，限制外商投资的经济领域包括以下12项：柚木的砍伐与经营；石油、天然气的发掘与销售；珍珠、翡翠、宝石原石的发掘与销售；鱼、虾的养殖；以营利为目的的森林保护与栽培；邮政、通信；航空、铁路；银行、保险；电视播放；金属矿的采掘与出口；电力；有关国家安全的工业制品的制造。

实际上，缅甸政府对柚木的砍伐、石油和天然气的勘探开采以及通信已实行了有限的开放，有选择地允许外资进入，但仍然限制外资进入外贸行业。

2. 投资政策与法规

1) 主要政策

1988年以来，缅甸大力吸引外资，成立了由全体部长组成的“外国投资委员会”，具体负责处理外国投资问题，并制定了一系列鼓励外商投资的有关法律、法规和政策。主要有如下内容。

(1)《缅甸联邦外国投资法》及实施细则。对缅甸吸引外资的原则、外资的内涵、外资企业与外资的管理、外汇的注册、外资企业的权益保障、土地使用等方面做出规定。

(2)《缅甸矿业法》、《缅甸海洋渔业法及其修正案》、《缅甸旅游执照法》、《缅甸植物检疫法》等法律。对外资在缅甸开展的经济项目范围、投资人、合法用工、市场准入要求等方面做出详细规定。

(3) 劳工政策、税费缴纳、会计制度等相关法律法规。对外商在缅企业经营管理做出具体规定。

(4) 中缅关于促进和保护投资的协定。2001年，中缅两国签署促进和保护投资协定，双边投资与贸易互利互惠，保护和促进双边经贸健康发展。

2) 投资程序与服务机构

申请投资、申办公司的程序如下。

(1) 撰写可行性研究报告。

(2) 向缅甸外国投资委员会提交申请的材料清单。

(3) 项目审批。通过审批的项目获得“缅甸联邦外国投资委员会许可证”。

服务机构包括：缅甸外国投资委员会、国家计划与经济发展部、贸易部、农业灌溉部、第一工业部、第二工业部、能源部、电力部、财政税务部、林业部、矿业部。

3. 商务谈判

1) 语言

缅甸语、英语是主要的商业语言。历史上缅甸曾是英国的殖民地，从幼儿园到大学都实行英语教育。20世纪60年代，初中以下的英语课程均被取消了，20世纪80年代以后英语教学得到恢复，现在一般受过中学教育的年轻人、商务人士、政府官员都能讲流利的英语，在商务活动中广泛使用英语进行交流和商务业务往来。

2) 交流方式

在语言交流方面缅甸人重视间接语言交流方式，一般情况下，他们习惯采取间接、含糊和迂回的语言方式交流，避免惹怒别人和不适当地打扰别人；避免将自己的观点强加于别人或让人丢面子；说话太直接会被认为是非缅甸的、粗野和没有教养的。他们不像在英语国家，得到帮助时，年纪较大的人不会说“谢谢”，出错时也很少说“对不起”。如果想用非语言的方式来表达歉意，可以送对方一些小礼物或帮他们做些事情。一些受过良好教育的缅甸人也会像英语国家一样使用礼貌用语。缅甸人与别人交流经常微笑，轻声说话，很少使用身体语言，用动作示意。由于左手被认为是不洁的，所以在递东西、送名片的时候要用右手。

通常可以通过大使馆商务处、法律咨询公司、商务中介或商业伙伴介绍来了解情况。在缅甸许多公司是国有的，必须与政府官员、机关部门和公司打交道。商业活动是否成功取决于与当地政府和商业伙伴所建立关系的牢固程度，因此要花相当多的时间来建立与政府官员和商业伙伴的和谐关系。有一点要提醒的是，缅甸人与亚洲其他国家一样，也非常看重年龄和资历，因此在公司和组织中年龄和等级资历也是很重要的。

3) 时间与谈判风格

与所有的东方国家相似，在约会时一般是要求准时的，但是在准时、时间进度和时间期限方面通常并不严格。与缅甸人交往要多次重复拜访，要获得信任并不容易。一旦获得信任商务活动就比较顺利了。在进行商务谈判时，一般是面对面的，做出决定的通常是高层。

4) 礼仪和礼节

第一次与缅甸人会面，通常是相互认识，一般不会谈论重要的商务问题。缅甸人一般不握手，而是有礼貌地微笑着点点头，但对于外来的客人也会握手，但最好等对方伸出手之后再伸手，以免尴尬。在交换名片时要用右手。见面时可以送一些小礼品，熟悉以后可以再送其他礼品。送给女士的礼物可以是一些优质水果、巧克力、甜食或精美的工艺品。不要送刀子、剪子、信件开启工具等切割工具象征断绝关系的物品。记住在进入寺院或别人家时要脱鞋。在衣着方面，男士在私人部门会见、交谈的场合可以穿长袖衬衫，打领带；若是官方的正式会见，或是正式的会议应该穿质地较薄的套装；女士要端庄大方，穿套装、礼服或裙子配衬衫。

在缅甸进行商务活动必须持有有效的护照和在缅甸驻外使馆的旅游或商业签证。进入缅甸除了了解相关的法律法规、办事程序、作息时间、节假日外，还应“入乡随俗，入境问禁”，尊重当地人民的风俗习惯。一般来讲，缅甸人大多数信奉佛教，他们对外来游客和生意人都十分友好，谦和有礼，但是也具有很强烈的民族自豪感。在与缅甸人交往时应注意了解他们的信念、价值观，以及在交往、谈话中的行为方式。一般来讲他们在交往中尊重长者，喜欢保守和间接的谈话方式，在正式的情况下服饰庄重，行为谨慎。但是也特别注重对别人感情的认同、理解以及为他人着想。在困难的时候，朋友应该表现出同情和理解，如果能表现出对他人的理解的话对商业关系一定会有好处。

本章小结

缅甸自然资源丰富，水利、石油、天然气等能源尚未充分开发和利用。缅甸政府为吸引外资，保障投资者利益方面，正在逐步完善相关的法律法规，国家政局趋于稳定，整体经济呈现出较快发展的良好势头。同时，缅甸由于仍由军政府执政，虽已开始向民主执政迈进，但距离目标实现仍需较长时期。因此带来经贸政策多变、市场经济体系不完善、相关法律法规在执行中不规范等问题。目前，在缅甸进行商务活动，仍应注意防范相应风险。

思 考 题

1．缅甸的经济结构与市场有什么特点？
2．进入缅甸市场应遵循的程序和规定有哪些？
3．缅甸与中国的经贸关系如何？

第4章

越　　南

越南全称为越南社会主义共和国(The Socialist Republic of Viet Nam)。

4.1 简　　史

自公元前 214 年秦始皇统一岭南至公元 968 年的 1 000 多年间，现今越南的北部和中部部分地区一直是中国历代封建王朝的辖地，历史上称为“郡县时代的安南”。

从丁朝建立到西方殖民者到来的 800 多年间，越南封建王朝历经了：丁朝 12 年(968—980 年)；前黎朝 29 年(980—1009 年)；李朝 216 年(1009—1225 年)；陈朝 175 年(1225—1400 年)；胡朝 7 年(1400—1407 年)；后黎朝 360 年(1428—1788 年)。1802 年，阮福映建立阮朝，定都顺化，改国号为“越南”，清廷封其为越南国王，越南遂由此得名。

从 18 世纪中叶开始，法国殖民者拉开了入侵越南的序幕。1884 年，越南正式沦为法国殖民地，法国把越南一分为三：南部称交趾支那；中部称安南；北部称东京。柬埔寨和老挝沦为法国殖民地后，法国将越南上述三地加上柬、老合称“法属印度支那”，“印度支那”这一地名由此而来。在从 1884 年至 1954 年的 70 年间，越南历经法国长达 66 年的直接殖民统治和日本 5 年(1940 年 9 月—1945 年 9 月)的占领。

1930 年，胡志明领导成立了越南共产党(后更名为印度支那共产党)。1944 年 12 月，印度支那共产党又成立了解放军宣传队，武装斗争有了新的发展。1945 年 8 月 15 日，日本无条件投降，印度支那共产党领导了八月总起义，阮氏皇朝末代皇帝保大被迫宣布退位。1945 年 9 月 2 日，胡志明在河内巴亭广场向全世界庄严宣告，越南民主共和国正式成立。同年 9 月法国再次入侵越南，越南又进行了艰苦的抗法战争。奠边府战役打败法国军队后，1954 年 7 月签署关于恢复印度支那和平的日内瓦协定，越南北方获得解放，南方仍由法国(后成立了由美国扶植的南越政权)统治。1961 年起越南开始进行抗美救国战争，1973 年 1 月越美在巴黎签订关于在越南结束战争、恢复和平的协定，美军开始从南方撤走。1975 年

5月南方全部解放，1976年4月选出统一的国会，同年7月宣布全国统一，定国名为越南社会主义共和国。

越南重新统一后不到两年，与邻国中国和柬埔寨的冲突又将它卷入了战争。占领柬埔寨的举动使越南在国际社会上备受责难。深感压力的越南政府终于在1989年9月撤回了驻军。越南政府的革新开放始于1986年，从20世纪90年代开始收到显著成效。特别是1995年越美建交和正式加入东盟，相继突破了外交上的两大“瓶颈”后，越南内外两条线同时开花，全面摆脱内外交困的被动局面，迎来快速发展的新时期，成为东南亚冉冉升起的明星。当前，越南正处于历史上最好的发展时期，国际环境空前改善，国家发展欣欣向荣，被外界普遍看好。

4.2 自然环境

1. 地理位置及面积

越南地处中南半岛东部，位于北纬8°30′～23°22′、东经102°10′～109°30′，东面和南面临海，北部与中国云南、广西接壤，西部和西南部与老挝和柬埔寨为邻。海岸线总长3 260千米。

越南地形狭长，呈“S”形，南北长约1 650千米，东西宽600千米(从广宁省芒街至越老边界)，最窄处仅50千米(在广平省)，全国总面积约33.17万平方千米。

2. 地形地貌

越南地形就像“一根扁担挑两个箩筐”，是一个多山国家，全境3/4的面积为山地和高原，海拔2 400米以上的高山就有11座。越南北部、西北部和中部为高山和高原，山脉为西北至东南或南北走向。越南平原主要分布在红河三角洲和湄公河三角洲以及沿海地区，大多由河流冲积而成，这一地形特点构成越南境内三大山地(东北部山区、西北部山区、长山山区)、两大平原(北部红河三角洲和清化平原，南部湄公河三角洲平原)和一大高原(中部以西的昆嵩、波莱古、多乐、林同和夷灵等高原)。

越南境内有2 860条大小河流，其中长10千米以上的河流共2 400条，总长度为4.1万千米，另有人工运河3 100千米，总流量为8 500亿立方米。

越南最大的河流为红河和湄公河，红河发源于中国云南，在越南境内长约500千米；湄公河发源于中国青藏高原，经缅甸、泰国、老挝、柬埔寨流入越南南部，在越南境内长约230千米，由于有9条支流汇入，因此也称为“九龙江”。其他比较重要的河流有：泸江、黑水河、太平江、马江、兰江、同奈江、西贡河等。

3. 气候和气温

越南地处北回归线以南，属热带、亚热带季风气候，气温高、湿度大、风雨多、四季不分明，但干、雨季明显。由于地形不同和受季风影响，越南境内分为许多不同气候区：高山和高原大部分地区比较凉爽；靠近海边，早晚凉风习习，感觉十分舒畅；中部沿海西风一起，干燥、炎热；北方刮起东北季风时，气候变冷；南部平原极少出现风暴。

除海拔较高的山区外，大部分地区终年气温较高，年平均气温23～27℃。北部多数地区四季分明，有春、夏、秋、冬四季；南部地区终年炎热，只有旱雨季之分，大部分地区5—10 月份为雨季，11 月一翌年 4 月为干季。年平均降雨量为 1 500～2 000 毫米。7—11 月期间沿海多台风。越南还是中南半岛多雾国家。年平均雾日：海防 120 天、河内 80 天、老街 90 天、广义 83 天。中部平原月平均 10～20 天有雾。

4. 人口和行政区划

截至 2013 年，越南统计局公布的人口总数为 9 000 万。首都河内(Ha Noi)(图 4.1)，面积 3 340 平方千米，人口 692 万人(2013 年)。夏季平均气温 28.9℃，冬季平均气温 18.9℃。

图 4.1　首都河内

行政区划分为省(直辖市)、市(县、区)、乡(镇、坊)三级。全国设 58 个省和 5 个直辖市。5 个直辖市分别为：首都河内、南部工商业重镇胡志明市、北方工业城市海防、中部工业港口城市岘港和南部农业中心芹苴市。地方政府包括省、县、乡、村在内的各级地方政权机构是各级人民议会和各级行政委员会(人民委员会)。各级人民议会是地方权力机关，由地方人民普选产生，向地方人民负责。任期为省、中央直辖市 4 年，其他 2 年。各级行政委员会是各级人民议会的执行机关和地方行政机构，由本级人民议会选出，任期与同期人民议会相同。主要城市有河内、胡志明市、海防、岘港、顺化、金兰湾等。越南现有华侨华人约 130 万人，主要分布在南方，尤其集中在胡志明市。

首都河内地处红河三角洲北部，位于热带平原，距海边 100 千米，目前是越南最大的交通枢纽，公路、铁路可通全国，自 16 世纪起河内就已发展成为重要的贸易港口。其铁路南可抵胡志明市，北可达太原，东可到海防，西北可达中国云南，东北经谅山可到中国广西。河内至胡志明市的铁路全长 1 730 千米，为越南南北交通的大动脉。公路以河内为中心向全国四面八方辐射，通往越南各地。河内有两个机场：内排国际机场和嘉林机场。

胡志明市原名西贡市，是越南最大的经济中心，同时也是越南南方的文化、科技中心，有很多研究机构、大学、图书馆和文化宫，位于越南南部东区与湄公河三角洲之间。该市是越南南方水陆交通枢纽，位于该市的西贡港是越南最大的港口；市郊的新山一机场是大型的国际机场(图 4.2)。

海防市是越南北方工业城市之一，其北面与广宁省接壤，西为海兴省，南面与太平省相连，东面临海，濒临北部湾，是越南北部的重要海港城市也是越南工农业都比较发达的城市，距河内(公路)106 千米，距胡志明市 1 840 千米，总面积 1 520 平方千米，人口约 180 万。

顺化市为越南历史名城，是越南最后一个封建王朝阮朝的京都，现为承天顺化省省会。它位于越南中部，香江横贯其中，西靠长山山脉，东面距海 8 千米，面积 15 平方千米，人口约 20 万。

图 4.2　胡志明市

5. 自然资源

越南矿产资源丰富，种类多样。主要有煤、铁、钛、锰、铬、铝、锡、磷等。其中煤、铁储量较大，已探明的煤矿储量可达 60 亿吨；铁矿资源极其丰富，非常具有开发潜力，现有的 3 个铁矿区储量高达近 13 亿吨，都还不具备较好的开采条件。其中石油、煤炭、磷化工已经形成一定生产规模，是越南外贸出口的主要产品。[①]

越南的土壤、气候和生物资源非常适宜农、林、渔业的发展，素有“东南亚鱼米之乡”的美誉。水稻、玉米、高粱、豆类、木薯是主要的粮食作物，越南已经连续多年保持了世界第三大稻谷出口国的地位。越南还盛产橡胶、咖啡、茶叶、甘蔗、椰子、槟榔、腰果等经济作物。热带水果种类繁多，一年四季不间断，主要品种有香蕉、菠萝、芒果、龙眼、荔枝、柑橘、木瓜、榴莲、红毛丹等(图 4.3)；森林树种资源丰富，约有 1 000 余种，其中红木、铁木、花梨木、玉桂等珍贵木材有 20 多种。越南还有近 50 万公顷的沿海水上森林。由于实施 6 年绿化工程，越南森林覆盖率曾经由 1993 年的 24%增至 1998 年的 28%。经过多年造林、护林和封山育林工作的开展，截至 2007 年，越南全国森林覆盖率已经达到了 38.3%；越南 3 000 多千米的海岸线和众多的海岛为其提供了丰富的渔业资源，有 6 845 种海洋生物，其中鱼类 2 000 种，蟹类 300

图 4.3　街头水果店

① 《越南国情报告》(2008)，中国社科文献出版社出版，2008 年 7 月第 1 版。

种，贝类 300 种，虾类 75 种。在越南境内禽类有 1 000 多种，兽类有 300 多种，爬行动物 300 多种。

越南大小河流共 2 860 条，总长 4 万多千米，总流量约 8 500 亿立方米/秒，潜在水力发电量为 750 亿～1 000 亿千瓦时，越南是世界上水能资源最为丰富的 14 个国家之一，但目前越南水力发电量只达到水能资源的 10%左右。2011 年全国的发电装机总容量为 2 100 万千瓦，全国电力产量为 1 013 亿度，每年从中国进口约 50 亿度电。根据越南 2006—2025 年国家电力发展规划，特别是 2006—2015 年阶段，越南全国电力每年需要增加 17%～20%才能满足国内 GDP 年均增长 8.5%～9%的需求量。

2011 年，越南原油产量达到了 1 518 万吨，天然气产量 85.36 亿立方米，是东盟最大的天然气生产国之一。越南首家炼油厂于 2010 年 5 月正式投产，投资总额超过 30 亿美元，年加工原油 650 万吨，将满足越南国内成品油市场 40%的需求。油气工业已经成为越南经济重要的支柱产业和出口产业。

4.3 政治环境

1. 政治体制

越南第四部宪法规定：不再设置国务委员会，改设国家主席；越南社会主义共和国国家政权属于人民，越南共产党以马克思列宁主义和胡志明思想为指导思想。国会是国家的最高权力机关。越南经济是在国家管理下朝着社会主义方向发展的多种成分的市场经济。① 1992 年越南宪法的修改确定了国家的政治结构，被认为奠定了越南新的宪政基础。新宪法对越南实行革新政策以来出现的新的政治经济情况予以了确认，并在法律意义上认可了公民自由和权利等概念，并以法律形式规定了政府部门之间以及党国之间的界限。

越南议会称国会，是国家最高权力机关和唯一的立法机构，每届任期 5 年，通常每年举行两次例会。2011 年 1 月召开的越共十一大总结了革新 25 年、《社会主义过渡时期国家建设纲领》实施 20 年、《2001—2010 年经济社会发展战略》落实 10 年来的理论和实践，提出要继续提高党的领导能力和战斗力，发挥全民族的力量，全面推进革新事业，为到 2020 年把越南基本建成迈向现代化的工业国奠定基础。

2. 政府

本届政府于 2013 年 12 月组成，越南政府实行总理负责制。下设国防部、公安部、司法部、财政部、文化体育旅游部、劳动荣军与社会部、交通运输部、建设部、水产部、通信传媒部、教育培训部、农业与农村发展部、工贸部、计划投资部、卫生部、科技部、资源环境部、内务部及体育委员会、民族委员会等部委。新一届政府在继续推进经济稳定高速地发展、深化机构改革、反腐倡廉等关系国计民生的问题上正在发挥着积极的作用。

3. 政治党派

越南共产党成立于 1930 年 2 月 3 日，同年 10 月改名为印度支那共产党，1951 年改名

① 新版《各国概况》，世界知识出版社 2002 年版，第 313 页。

为越南劳动党，1976 年改用越南共产党，约有党员 360 万人，共有近 5.4 万多个基层组织。越共十一届中央总书记为阮富仲(Nguyen Phu Trong)。

4. 司法体制

越南的司法体制由最高人民法院、最高人民检察院及地方法院、地方检察院和军事法院组成。人民法院包括县人民法院、省人民法院和最高人民法院。最高人民法院是最高审判机关，监督地方人民法院和军事法院的审判工作。人民检察院在组织机构上与人民法院平行，也包括县人民检察院、省人民检察院和最高人民检察院三级。

5. 对外关系

20 世纪 80 年代中期以来，为适应急剧变化的国际形势，越南开始修正其外交政策，由过去向苏联“一边倒”转向“多元化”的外交政策。近年来，越南尤其注重与周边邻国和大国发展关系，和东盟、美国、欧盟、俄罗斯、印度等国家和组织的关系都有大幅度改善和进一步发展。2006 年，越南对外交往活跃，国际地位进一步提高。现同越南建交国达 169 个。40 多个国家在河内设有大使馆，20 多个国家在胡志明市、岘港、海防、巴地一头顿设有总领馆和领事馆。越南在 2006 年成为 WTO 第 150 个成员国，被亚洲国家推举为 2008—2009 任期联合国安理会非常任理事国亚洲唯一候选国，还多次被相关国际机构评为世界上幸福指数最高的国家之一。在越共十大确立的新时期外交观的指导下，2007 年越南继续奉行独立自主、广泛开放、全方位、多样化的外交路线。其外交格局体现了“大国为主线、周边为基础、东盟为重点、传统为特色、多边为舞台”的特点。2011 年越南积极开展对外交往。同美国关系发展迅速，同欧盟合作扩大，同日本、俄罗斯等本地区大国关系良好，同东盟成员国的合作加强，多边外交活跃。已与 180 个国家建交，并同 20 个国际组织及 480 多个非政府组织建立合作关系。

中越两国于 1950 年 1 月 18 日建交。在长期的革命斗争中，两国人民结下了深厚友谊。越南抗美战争结束后，中越关系一度恶化。1991 年 11 月，中越两党两国关系实现正常化。1999 年 3 月，中越两党总书记在北京确定了两国“长期稳定、面向未来、睦邻友好、全面合作”的 21 世纪关系发展框架，标志着中越关系进入全面发展的新阶段。近年来，中越关系越来越走向务实，中越关系目前呈现的几大特点为：政治关系不变、双边经贸关系发展迅速；从 2007 年开始两国在政治、军事领域的友好关系得到巩固，特别值得一提的是在中越两国领导人的共同关心和指导下，双方依据于 1999 年签订的《陆地边界条约》，通过友好协商于 2009 年 2 月 23 日完成了中越陆地边界堪定的工作，加强和保证了中越边境地区的稳定。2011 年两国领导人多次互相访问并于当年 12 月签定了《中越经贸合作五年发展规划》。

4.4 经济环境

1. 经济发展概述

越南属发展中国家之一，于 1986 年开始实行革新开放，1996 年越共“八大”的提法是“促进工业化、现代化，以实现民富、国强、社会公平、文明，稳步进入社会主义的目标”。[①]经过20余年的发展，越南经济总量不断扩大，三大产业结构趋向合理协调，对外开放水平不断提高，基本形成了以国有经济为主导、多种经济成分共同发展的格局。2011年，全年财政收入321亿美元，支出379亿美元，财政赤字58亿美元，占GDP的4.9%。社会总投资418亿美元，相当于GDP的34.6%。随着经济的高速增长，越南通货膨胀日益加剧，全年居民消费价格指数(CPI)上涨18.58%，对民众生活影响较大。2011年越共十一大通过了《2011—2020年经济社会发展战略》，提出2011—2015年经济年均增速达到7%～7.5%，到2015年，人均GDP增至约2 000美元；力争2020年GDP总量是2010年的约2.2倍，人均GDP达约3 000美元。

2. 经济结构

2007年1月1日，越南正式成为世贸组织成员国，“入世”为越南经济注入了新的发展动力。“入世”第一年，越南经济就取得了东南亚金融危机以来首见的高增长速度：2011年，全年财政收入321亿美元，支出379亿美元，财政赤字58亿美元，占GDP的4.9%。社会总投资418亿美元，相当于GDP的34.6%。随着经济的高速增长，越南通货膨胀日益加剧，全年居民消费价格指数(CPI)上涨18.58%，对民众生活影响较大。

3. 经济基础设施

越南的交通运输系统比较落后，虽有铁路、公路干线贯通南北而形成的以河内和胡志明市为中心的南北交通网，且北部有铁路、公路与中国相连，西部、南部与老挝、柬埔寨有公路相通，但设施陈旧、效率低，不能很好地满足国民经济建设的需要。随着经济的发展和运输量的剧增，原有的交通基础设施越来越难以适应发展的需要，成为制约国民经济发展的“瓶颈”。

近年来，越南交通运输业进行重新组合，通过挖掘潜力，提高服务质量，取得了较好的经济效益。越南政府制订了《2001—2010年交通运输发展规划》，投资约169亿美元用于交通运输建设。其中自筹资金97亿美元，占所需资金的57%，向国际金融组织和外国政府争取政府开发援助(ODA)72亿美元，占所需资金的43%。近年来，越南交通运输业经过重组，提高服务质量，取得了较好的经济效益。2011年客运量为28.45亿人次，比上年增长14.6%，货运量8.069亿吨，比上年增长12.1%。

1) 铁路

越南铁路网络始建于1881年，包括6条干线和一些支线，总长3 142千米，干线全长2 700千米，绝大部分是“米轨”(轨距为1米)，路基普遍宽4～4.4米，最高时速仅为60千米/小时，达不到国际标准。根据《2001—2010年交通运输发展规划》，越南对主要铁路干线进行投资改造，使之达到国际标准，目前共有7条干线，其中河内至胡志明市统一干线全长1 726千米，经过三次提速后全线行程约29小时。2011年铁路共运送旅客1 190万人次，运输货物720万吨。

2) 公路

公路总长22万多千米(其中1.5万千米国道，1.6万千米省道，其余是连接各县乡的公

① 刘稚、沈静芳、孔建勋、毛朝忠编著，《越南经济》，云南大学出版社2000年3月版，第62页。

路)。地方公路多数为法国殖民时期修建，南方公路比北方公路路面宽，质量较好。平原地段的公路多以防洪堤为路基，路面、桥面较宽，负荷力一般 12～15 吨；山区公路路面狭窄，弯急坡陡，不便行驶。整个公路网的发展比较合理，但得到国际组织认可的公路里程数仅为 9.33 万千米，主要原因是越南公路质量普遍较差。2011 年，公路共运送旅客 26.2 亿人次，运输货物 6.2 亿吨，同比增长分别为 15%和 13%。目前在建和拟建的高速公路有 40 多条，全长 6 313 千米，根据其国家规划共计投资 479 亿美元。

3) 水运

越南河流密集，内河航运基础很好。内河水路总长 4.1 万千米，其中约 8 000 千米水路可以全年通航。越南河流密集，内河航运基础很好。内河水路总长 4.1 万千米，其中约 8 000 千米水路可以全年通航，在全国运输业中位居第二位，年吞吐量为 700 万吨，2011 年内河河道运输旅客达到 1.91 亿人次。越南的优良海港较多，现有港口 49 个，其中一类港口 17 个，二类港口 23 个，三类港口 9 个，分为六大港口群(图 4.4)，2011 年实际货物吞吐量为 2.8 亿吨。

图 4.4　港口劳作的越南女人们

4) 航空

全国共有大小机场 90 个，其中有 17 个较大的机场。4 个国际机场分别为：内排机场(河内市)、岘港机场(岘港市)、新山一机场(胡志明市)和芹苴机场。越南航空现有飞机 74 架，平均机龄不足 10 年。目前已经有 45 家国际航空公司开通连接越南的 55 条航线，近年来，乘客数量以平均每年 15%的速度增长。

5) 城市运输工具

越南大城市的交通工具有公共汽车、出租汽车、摩托车、人力三轮车、自行车等。公共汽车线路、车次都很少，即使在首都河内和胡志明市这些主要城市，公共汽车也很少见。出租汽车可找电话叫车，也可在一些大宾馆、停车场叫车，比较方便，但数量也不多，而且价格昂贵，一般旅游者和市民难以承受。一般旅游者和市民的交通工具主要是人力三轮车、摩托车和自行车，越南有“摩托车王国”之称。

6) 邮电、通信电信

截至 2011 年年底，越南全国电话用户为 1.33 亿户，其中移动电话用户为 1.17 亿户，固定电话用户为 1 550 万户。使用互联网的人数为 3 260 万人，占越南总人口的 16.5%，单是 2011 年的新增用户就有 1 185 万户，其国内通信业的发展非常迅速。

4. 投资与贸易、金融与货币

1) 投资

1987 年年底，越南颁布、实施《新外资投资法案》，对外资采取了比较开放的态度，并分别于 1990 年 6 月、1992 年 12 月、1996 年 11 月、2000 年 5 月进行修订。为了推进越南加入 WTO 的进程，使越南投资法律体系更加符合 WTO 多边贸易规则的要求，2005 年 11 月 29 日越南国会讨论通过新的《投资法》，并于 2006 年 7 月 1 日生效。新《投资法》

不仅进一步放松了对投资商的限制，还更多地保护了投资者的权利。

越南新《投资法》具体有7大特点：①投资商自主投资权限扩大；②给予外商的投资形式扩大；③在涉及企业被征收、征用或国有化的情况下，投资商的权益获得保障，新法规规定，征收、征用仅限于公益目的，并确保按市场价格赔偿和退赔；④关于争端解决，按新法规定，外国投资者有权诉诸国外组织和退赔；⑤《投资法》规定的各项鼓励和优惠投资政策，一并适用于国内外投资者；⑥取消违反“政府补贴协定”的各项优惠或禁止政策，以履行国际承诺；⑦对投资的行政审批手续进行较大幅度调整，给予地方更大的审批权限。

越南与外商投资相关的其他法规还有《土地法》、《劳动法》、《进出口税法》、《海关法》、《矿产法》、《环境保护法》等。在这一系列新法规出台之后，除GDP增长创11年来新高之外，2007年越南经济的显著亮点是外贸出口和吸引外资双双创下历史新高：2007年越南吸收FDI协议额203亿美元，实际到位资金46亿美元；截止到2007年年底，累计吸收FDI项目8 590个，协议总额831亿美元，实际到位292亿美元，到位率35%，外资在越南国民经济中的地位日益重要，已占2007年越南社会总投资的15.8%，对GDP的贡献率达16.2%，占出口额的19.8%(未含原油出口)，占工业总产值的37%，已创造就业机会130万个，为越南国家财政创收15.7亿美元。目前外商在越南直接投资分布结构为以工业和建筑业为主，其次为农、林、渔业和服务业。外资的进入对越南引进先进生产技术和管理经验，推动经济增长，解决就业起到了重要作用。2011年外国新增在越南投资协议金额147亿美元，比上年减少26%。实际到位110亿美元，与上年持平。对越总投资排名前五位的国家和地区依次是中国香港、日本、新加坡、韩国、中国大陆。截至2012年3月底，中国企业对越南累计非金融类直接投资10.6亿美元，中国企业在越南累计签订承包工程合同额231.9亿美元，完成营业额142.8亿美元。

背景知识

随着越中经贸合作领域不断深化，目前已有400多家中国企业在越南投资。由于越南与中国接壤，双方文化和经济环境有很多相似性，因此与其他国家的投资者相比，中国投资者对越南的经济环境适应力相对更强。2006年年底，重庆力帆集团与越南合作伙伴共同投资2 000万美元，在当地建立合资汽车生产厂，投产力帆520轿车。力帆越南汽车项目是租用当地的一个汽车厂，有现成的焊接、总装、喷涂生产线和厂房。其在越南的合作伙伴保全汽车派100人到重庆力帆汽车进行技术培训，力帆则派30～40名技术人员到越南工作。

但在金融危机的形势下，力帆集团开始收缩战线，在越南的投资力度开始减小。

试对越南的投资环境进行分析。

2) 贸易

1986年年底越南实施革新政策后，经济发生了明显的变化，特别是2000—2005年的6年中，实际国内生产总值(GDP)平均增长达到7.4%，是创纪录的增长，这个增长速度在亚洲主要国家中仅次于中国。中国自2006年起实施“十一五规划”，越南也开始了第8个五年计划(2006—2010 年)，越南把扩大对中国的经贸关系作为未来几年的重点，特别是努力增加对中国的出口。至 2007 年年底，越南进出口总额约为 483 亿美元，中越双边贸易额达 151.15 亿美元，提前 3 年完成了两领导人确定的至 2010 年双边贸易额达 150 亿美元的目标。中国现为越南第一大贸易伙伴。2011 年双边贸易额为 402 亿美元，增长 33.6%。

越南和世界上 150 多个国家和地区有贸易关系。近年来越南对外贸易保持高速增长，对拉动经济发展起到了重要作用。2011 年货物进出口贸易总额约为 2 021 亿美元，贸易逆差 95 亿美元，其中出口 963 亿美元，增长 33.3%，进口 1 058 亿美元，增长 24.7%。服务贸易进出口总额 207.4 亿美元。越南对外贸易的市场主要集中在亚太地区(图 4.5 和图 4.6)，中国是目前越南最大的贸易伙伴，日本居第二，美国居第三，其次是韩国和中国台湾。如果按出口国别划分，则美国是越南最大的出口市场，依次为欧盟和日本。中越双方贸易结构相对稳定，为达到扩大对中国出口的目的，越南将调整其出口商品结构，使之符合中国的进口需求。同时建立符合中国市场的商品出口机制，提高商品竞争力和开发新商品，以不断增加出口。越南还要求各企业下大力气，加强对中国农产品、水产品供应商、加工企业和分销商的推介力度，并在中国各大城市设立长期稳定的销售网点，在昆明、南宁、广州和上海设立越南商品展示和销售点。

图 4.5 河口边贸市场

图 4.6 河口街头的越南小商贩

背景知识

贸易壁垒

尽管根据《中国—东盟自由贸易区协定》，越南对原产于中国的部分产品降低了关税，但目前越南对进口产品的关税税率仍然整体偏高，部分敏感产品的关税税率远远高于其平均税率，如汽车的进口关税税率为 50%～59%，摩托车为 90%，自行车为 70%，禽肉、牛肉、动物内脏均为 50%，精制白糖为 40%，香料为 40%，蔬菜为 35%，谷物及制品为 35%、啤酒、葡萄酒、酒精饮料均为 50%，袜子为 45%，部分家用电器为 45%等。

资料来源：《亚洲年鉴 2008》，世界知识出版社 2009 年版.

3) 金融

越南金融体系包括居金融领域主导地位的银行体系、证券市场、以借贷为主的金融服务类机构、资产风险公司、保险机构等。

越南目前有 5 家国有商业银行、1 家政策性银行、25 家城市股份商业银行、12 家农村股份商业银行、48 家外国银行分行、5 家合资银行、48 家外国金融机构驻越南办事处、10 家金融租赁公司、960 家信用社，基本实现县县有银行。越南银行资金主要来自民间，国有商业银行是越南金融领域的主导力量，占全国储蓄存款总额的 76%和贷款总额的 80%。股份制商业银行经营灵活，效益较好。在越南的外国商业银行分行和合资银行平均注册资金为 1 500 万～2 000 万美元，规模不大，但管理理念、金融产品、客户战略、资产质量等方面均有明显优势。自 2007 年 4 月 1 日开始，中国商业银行可在越南设立独资银行。

为扩大金融业务，越南在 1994 年对国外的保险公司开放市场，打破了多年来国有保险公司的垄断经营，迄今已成立各类保险公司 32 家，其中外资公司 15 家，广泛提供各种保险服务，包括险种 600 多种。2006 年，越南约有 700 万人投保寿险，1 500 万人投保学生险，另有 500 万人投保了机动车民事责任险，其保险市场潜力巨大。

越南现有两家证券交易中心：分别是成立于 2000 年的胡志明证券交易市场和成立于 2005 年的河内证券交易市场。2011 年越南证券交易市场的不景气导致全年河内综合指数下跌了 48.6%，有的股票市值下跌了 80%。按照越南加入 WTO 的承诺，从 2012 年起，中国证券企业可以在越南设立办事处或者成立合资证券公司，但是参股比例不能高于 49%。

近年来，信用卡在越南的使用范围已经扩展到酒店以外的区域，如今大街上的小商店也可以接受信用卡付账。许多地方都接受维萨卡、万事达和美国运通卡。零售商通常要对用信用卡付账的顾客加收 4%的费用。

越南正进一步扩大外资保险业的活动范围；改善外国信贷机构在越南的法律环境；允许金融部门扩大业务范围并开展新的服务项目。

4) 外汇管理

越南货币单位是盾(VND)。汇率(2012 年 4 月)：1 美元≈20800 越南盾。

越南《外汇管理条例》规定，政府对外汇和外汇业务实行统一的国家管理。同时，越南国家银行规定入境时携带超过 5 000 美元或其他等值外币或 1 500 万越南盾现金、300 克以上黄金等必须申报。否则出境时，超出部分将被越南海关没收并加处罚金。如在越南从事经贸或劳务的人员携带现金出境，应携带由越南国家银行或省级银行开具的外汇携带证明。

4.5 社 会 环 境

1. 基本情况

越南社会环境良好，人民安居乐业，社会秩序和治安状况良好。走经济多元化道路以来，人民拥护并信任越南共产党和国家的政策路线，安心发展经济和生产经营。

越南全国总人口为 9 000 万，18 岁以上劳动力为 4 700 万，就业增长率与劳动力增长率基本持平。其中农林渔业从业人口2 230万，工业和建筑业1 040万，服务业1 430万。2011年其城市失业率下降到了2.27%。2011年10月，越南上调了工人最低工资标准，继续按照四个地区不同标准上调，四个地区的最低工资标准分别为：200万、178万、155万和140万越南盾。目前越南劳动力人均月收为350万越南盾(约合175美元)，员工工资年均涨幅为10%。

由于越南经济结构逐步向现代化和工业化转型，反映在劳动力结构上也表现为农林渔业的劳动力向工业与服务业转移。越南劳动力人口素质较高，勤劳能干，工资低廉。

2. 人民生活

2006年，越南被NEF(New Economics Foundation)评为亚洲幸福指数最高的国家。截至2009年1月1日，其人均GDP首次突破1 000美元大关。越南政府学习中国推行计划生育政策，但允许每个家庭生2个孩子。据世界卫生组织统计，2009年越南全国医疗卫生总支出占GDP的6.9%，按照购买力平价计算人均医疗支出为204美元；2005—2010年每万人拥有医生13人、护理和助产人员11人，药师4人；2005—2011年，每万人拥有医院病床31张。

3. 社会保障

随着经济持续增长，越南城市居民的生活水平有所提高：2011年，消费者物价指数(CPI)同比增长18.5%，居民储蓄率连续十年下降，到2010年仅为10%；由于通胀压力的加大，居民收入的80%～90%都用于住房、食品和交通。越南政府对国企改革的下岗职工实行社会保障制度，即企业按照工龄和基本工资的一定比例为每个职工向保险公司交纳社会保险费，使每个职工都可以得到一种社会保险凭证，并以此向保险公司领取退休金，报销医疗费。对贫困地区和贫困人口开展“消除饥饿、摆脱贫困”的活动，在全国各地设立“消饥减贫”基金、“扶贫银行”等，对贫困地区和贫困人口实施支援和救助，帮助其摆脱贫困，走上致富之路。此外，上级主管部门以及国家、地方财政也提供一定数额的补贴。

4. 教育和科研

越南已形成包括幼儿教育、初等教育、中等教育、高等教育、师范教育、职业教育及成人教育在内的教育体系。普通教育学制为12年：小学5年，初中4年，高中3年。越南正在普及5年小学教育并基本上在全国范围内普及了9年制义务教育。劳动力培训和就业已列为越南政府工作重点之一。著名高校有河内国家大学、胡志明市国家大学、顺化大学、岘港大学等。2009年年底，越南共有149所大学和学院，227所高等学校。目前大学以上学历的人口仅占劳动力人口的2.3%，总体教育水平还较为低下。

1996年12月，越共八届二次会议做出了《工业化、现代化时期科学技术发展战略定向和至2000年的任务》决议。决议指出，现代科学和技术革命的巨大成就已经而且正在迅速推动生产力的发展，提高劳动效率，使得各国的经济结构大大转变，并使人类社会生活各个方面均有极大的改变。要实现到2020年把越南建设成工业化、现代化国家的愿望，科学技术就要成为国家工业化、现代化的基础和动力。

为实现面向21世纪的发展战略，越南规定了各部门科学技术发展的目标和主要任务：其科技发展目标要求提高全民族的科学技术水平，在所有社会生活领域推广和运用先进技术和科学成就，包括积极地、有选择地引进外国先进科学技术，改进传统技术，使之适用于现代化建设；提高在生产、劳务领域中的技术含量，以便迅速提高生产效率、质量、效果，特别是要提高出口产品质量，增强出口产品在国际市场上的竞争能力，以及在主要生产部门达到地区内的中等技术水平。

科技发展任务对社会与人文科学、自然科学、技术和应用、农业科技、保护健康及资源环境等领域作了具体的说明。目前，科技进步已成为越南经济快速发展的直接原因。具体体现在：①科技进步对经济增长的贡献率明显提高；②科研体系进一步完善；③对外科技合作日益活跃；④非公有制科研体系逐渐形成；⑤实用技术开发水平明显提高。

5. 新闻出版和传媒

目前越南通讯社为越南唯一的国家通讯社，其驻外分社有16家。越南新闻出版法规定其报刊发行出版由国家控制，越南共有中央及地方新闻媒体单位450家，主要出版社有政治出版社、文化出版社、文学出版社、科技出版社、教育出版社和世界出版社等。其中，报社约150家，刊物400多家；广播电台、电视台67家(中央为2家，其余65家为地方所有)。此外，有电子报5种，各报刊机关的电子新闻105页，各机关、组织、企业的电子新闻上千页。

主要报刊有：《人民报》，是越共中央机关报，在国外设有3个分支机构，1998年5月开设电子版；《人民军队报》，是越南人民军总政治局机关报；《大团结报》，是越南阵线中央机关报；《西贡解放报》(越文和中文版)，是越共胡志明市委机关报；《共产主义》月刊，是越共中央政治理论刊物；《全民国防》月刊。2007年年初，越南总理批准成立国家报刊传媒奖，从2006年开始每年在全国范围内组织评奖一次，每年评选上一年度的作品。要求参赛作品确保思想性和政治文化性，表现形式和社会效果达到高水准。2007年越南首度在955个参赛作品中评选出2006年首届国家报刊传媒奖一、二、三等奖和鼓励奖共48名，体现了越南政府重视报刊传媒业的发展。

4.6 文化环境

1. 民族

越南有54个民族，其中京族占总人口的近90%，岱依族、傣族、芒族、华族、侬族人口均超过50万。以上民族可划分为3个语系，即南亚语系、南岛语系和汉藏语系，各语系又包括不同的民族。

2. 宗教

越南是一个多种宗教并存的国家，主要宗教有佛教、高台教、和好教、天主教等。此外，还有儒教、道教影响的残余以及其他一些规模较小的宗教。越南信奉伊斯兰教的约有4万人。另外，1911年以来从美国传入的新教在中部高原地区有一定影响。

3. 语言

越南语被定为官方语言。由于近、现代长期的殖民统治和日益广泛的对外接触交流，法语、英语和俄语都影响了越南各语言特别是越语词汇和语法结构。官方网站一般使用越语和英语两种语言。

4. 社会生活习俗

1) 家庭

越南现行婚姻法规定实行一夫一妻制。越南人对家庭非常忠心，多数越南人居住于大家庭中，大多是数代同堂，家庭中每个成员对家族整体利益各有不同贡献。儿童的教育是家庭的第一要务，纵使贫穷也不能容忍无知，但仍有重男轻女的倾向。家族关系在越南文化中具有不容忽视的重要性，在政界及商界尤其紧密，提携自家亲戚是常见的行为，一般也都鼓励内举不避亲。

由于受现代生活方式的影响，紧密坚固的家族观念正逐渐动摇。如今在现实生活当中盛行的见面打招呼、问好或点头致意，对长辈尊称大爹、大妈、伯伯、叔叔、阿姨，对平辈称哥哥、姐姐，对儿童称弟弟、妹妹，国家机关工作人员对同事尊称同志等，正逐步为各民族所接受，特别是在城镇和坝区。

2) 风俗习惯

(1) 传统节日。越南也使用阳历与阴历，除了国家法定的节日如元旦、五一国际劳动节、国庆节等外，越南也过清明节、端午节、中秋节、重阳节、春节等，其中阴历的春节和中国人一样是一年之中最盛大的节日。

(2) 祖先崇拜。供奉祖先是越南人生活中的重要事件，每家每户都设有敬奉祖先的神龛、神台、神位，任何人不可触犯，逢年过节要在家中祭拜。

(3) 服饰。进入现代社会后，越南城市的男子多穿西装，妇女多穿花色窄袖长袍，类似中国旗袍，可以说是越南女子的国服，上身紧束以突出身段，下摆舒展，开衩至腰际，活动方便。特别讲究的是，越南女子穿长袍时，还穿一条黑色或是白色的宽腿拖地长裤(图4.7)。

图4.7 着传统服饰的越南少女

(4) 饮食习惯。越南人的饮食习惯与中国广东、广西和云南一些少数民族相似，以大米为主食，喜好清淡和生冷酸辣的食物，如鱼露、柠檬、豆浆等。

4.7 商业环境

1. 贸易限制

1) 关税政策

越南现行关税制度包括普通关税、最惠国税率(MFN)、东盟自由贸易区(AFTA)共同有效普惠关税(CEPT)及中国—东盟自由贸易区(CAFTA)框架下早期收获税率(EHP)。普通税率适用于未与越南建立正常贸易关系的国家，其税率比最惠国税率高约 50%。最惠国税率适用于进口自与越南建立正常贸易关系的国家的商品。原产于中国的商品享受 MFN 税率，其中《税则》一至八章的商品适用 EHP 税率。此外，越南还规定对少部分商品征收一定数额的从量税。根据《越南加入 WTO 议定书》，越南还将在加入 WTO 后的五年内下调 10 600 种商品的最惠国税率，整体税率水平将较现行税率水平平均下调 22%。其中税率降幅较大的商品有：纺织品、鱼及鱼类制品、木制品、纸张、电力机械设备等。根据东盟自由贸易区货物贸易协定，从 2011 年起，越南将对从中国进口的商品每两年削减一次进口关税；到 2015 年，除少数敏感商品外，将对 95%以上的商品征收零关税。

2) 非关税措施

为加快贸易自由化，越南政府出台稳定的进出口商品管理法规以取代过去每年确定一次的做法，逐步减少进而完全取消进出口商品许可证制度，废除外贸进出口审批制度(除极少数商品)，实行进出口自由化政策。并承诺审核进出口的管理制度，使之与国际标准一致，对进出口的管理将更注重技术和质量。但是，越南政府仍规定，对国防、安全、人类、动植物的生命、环境、公共道德、文化、国家艺术珍品、历史或考古价值等方面产生副作用的商品将受到非关税措施(Non-Tariff Measures，NTMs)的限制；大米出口受配额限制；冲击国内幼稚产业的商品进口将受到许可证限制等。

2. 专利、商标、知识产权保护

越南政府为了改善国内竞争环境以符合 WTO 多边贸易体制的规则要求，相继颁布了下述法律法规：2005 年 6 月越南国会颁布了《商业法》、《海关法(修正案)》并于 2006 年 1 月 1 日正式生效；2005 年 11 月 29 日越南国会又讨论通过了《知识产权法》、《增值税和特别销售税法》、《投资法》、《企业法》、《投标法》、《电子交易法》、《环境保护法》等，这些法律已于 2006 年 7 月 1 日正式生效。2007 年 1 月 1 日开始实施《证券法》。

3. 商务礼仪

见面时，越南人通行握手礼；苗族、瑶族行抱拳作揖礼，信仰小乘佛教的高棉族则行合十礼。见面开口说话要主动，尤其对长辈应先称呼，否则会被认为是没有礼貌。越南人一般只称呼名字的最后一个字，只对那些非常仰慕崇敬的人才以姓称呼。称呼时要在名字前加上相应的尊称，如对长辈称呼大爹、大妈或伯伯、叔叔，对平辈则以兄、姐相称，对晚辈以侄相称。在国家机关、工作单位和越军部队里，一般以同志相称，但是在熟人之间也可以称兄道弟而不称同志。

与越南人进行商务往来时，可以送对方一些具有纪念意义的礼品，但礼品价值不宜过大，否则会遭到对方拒绝，并有行贿之嫌。礼物必须包装精美，但受礼者不会当面拆开礼物，因为他们认为这是不礼貌的。同样，若是收到礼物，也切记不要在对方面前拆开礼物。请越南朋友进餐或郊游是沟通感情的良好方式，他们会欣然接受，而且越南人有很多生意都是在饭桌上进行的。在进行商务谈判时，要注意越南人非常务实，很善于谈判。他们的谈判风格类似于中国人的谈判风格，喜欢试探对方的底牌却不愿意轻易透露自己的底牌，因此与他们进行谈判时要注意有耐心、保持冷静同时要做到坦诚相待，因为越南人做事勤奋，说话温文尔雅，凡事斟酌且毫不动怒，他们认为自制与冷静是聪明的表现。态度谦和有礼是越南文化中最重视的部分。

在与越南人进行谈判的时候要特别注意“越南式决策”的特点：越南遵循亚洲传统的集体决策模式，重视群体的和谐，外国人通常会对越南方面各合伙人间的争议一无所知，其内部的资讯也绝少透露给外人知道，整个制度强调一致性。与其他亚洲人比起来，越南人较不介意直接而坦率的说话方式，但他们仍不喜欢争执，因为争执与他们所褒扬的礼貌、和谐相抵触。由于决策的责任由团体负担，没有谁可以鹤立鸡群，因此个人不需负担决策的成败，然而却也使资质优异的人才难以脱颖而出。

必须亲自拜访对方多次，才能看到一点点即将进行决策的迹象，因此如果做决策所花的时间比预期的要长，也别失望。越南人以个人交情及面子问题作为决策的依据，如果他们对你的印象好，便会特意给予方便；倘若对方对你的印象不佳，则无论提案多好，他们也不会接受。同时，必须确定参与商谈的是对方所派出最高层级的人，这点非常重要。地位不高的人或许也能发挥相当程度的影响力，但最后的决定权还是把握在最高层级的人手中。

4. 商务禁忌

与越南人接触一定要注意了解他们的忌讳，加以注意，否则就会伤及对方感情：越南人通常不喜欢有人用手拍自己的背或用手指着人呼喊；进餐时，不允许将筷子直立于饭碗中，这是对他们祖先的不敬；在越南人家里时，不要用脚指物或席地而坐时用脚对着他人；越南人忌讳 3 人合影、一根火柴或一个打火机连续给 3 个人点烟，认为这是不吉利的；越南人忌讳被人摸头顶。南部高棉人忌用左手行礼、进食、送物和接物。进入寺庙或参加重要的会议时不应穿着西装、短裤、短衣。不要和越南人谈及中越之间那段不愉快的历史。

本章小结

越南拥有丰富的自然资源，但自然灾害频发，环境污染问题也比较严重。越南是东南亚同时也是世界所有国家中政局最稳定的国家之一，继 2007 年 1 月 11 日正式成为世贸组织第 150 个成员国以来，其经济发展水平居东南亚国家之首，但其基础设施比较薄弱，为了防止事故灾难的多发，科学技术发展水平还有待提高。越南社会环境良好，多次被相关国际机构评为世界上幸福指数最高的国家之一。越南文化环境也在改善，越南把保护文化安全作为一项重要和复杂的任务，并把保存和弘扬民族传统文化价值作为文化工作的指南。越南商务环境比较适合投资经商，但要注意防范相关风险，特别是金融风险，因为越南国家的金融体系不够健全，其次还有政治政策风险及市场风险等其他风险。

思　考　题

1．越南的基本国情和资源有何特点？
2．在越南经商、旅游、从事公务活动应遵循的主要规矩、注意事项和禁忌是什么？
3．中国企业在越南经商做生意有什么样的风险？
4．越南加入 WTO 后提供给中国企业的机会主要分布在哪些行业？

第5章

老　　挝

老挝全称为老挝人民民主共和国(The Lao People's Democratic Republic)。

5.1　简　　史

老挝在 15 世纪以前并没有留下文献记载，研究老挝的古代史主要依赖中国的古代文献。据中国历史文献的记载，12 世纪以前老挝地区基本上属于在公元 5 世纪兴起的吉蔑人即高棉人的势力范围。到 12 世纪末、13 世纪初吉蔑人的势力由于内讧开始衰落，中南半岛的泰、老民族势力逐渐强大，在老挝地区出现了散见于中国史籍记载的“老抓”、“潦查”、“挝国”和“猛老”等国家。

公元 1353 年，老挝北部的老族王子法昂在川铜(今琅勃拉邦)建立了“澜沧王国”。在老挝语中“澜”是“百万”的意思，“沧”是“象”的意思，合起来就是“百万大象之国”。澜沧王国是老挝历史上第一个统治整个老挝地区的中央集权制国家。1778 年后因内讧分裂，分裂后的 3 个小国(琅勃拉邦王国、万象王国和占巴塞王国)先后附属于暹罗王国的统治。

1862—1863 年法国殖民主义者先后迫使越南顺化阮氏王朝和柬埔寨王国签署了不平等条约，使两个国家沦为法属殖民地和“保护国”。1887 年法国政府通过一系列法令，将越南、柬埔寨并在一起组成法属“印度支那联邦”。1893 年，法国军队入侵老挝。法国与暹罗爆发了“法暹战争”。迫使暹罗将湄公河东岸割让给法国并迫使老挝签订了不平等的《法暹条约》(也称《曼谷条约》)。从此，老挝被并入“印度支那联邦”，沦为法国殖民地，直到 1954 年法国殖民地瓦解，史称“法属时期”。这也是老挝近代史的开端。

1954 年，根据日内瓦协定，法国从老挝撤军，不久美国人取代法国干涉老挝事务。1962 年，老挝各派政治力量根据“关于老挝问题的日内瓦协定”，成立了以亲美的富马亲王为首相，苏发努冯亲王为副首相的联合政府。1964 年在美国支持下亲美势力进攻解放区，联合政府瓦解。1974 年再度成立两位亲王为首的政治联合委员会，1975 年废除君主制，成立老挝人民民主共和国。此后，在老挝人民革命党的领导下，为建设和平、民主、统一和繁荣的老挝，开始了经济、政治改革和国家发展战略。30年来，老挝经济社会发展取得了巨大发展和进步。[①]1988年以来，老挝推行革新开放路线，调整经济结构，实行多种所有制形式并存的经济政策，打开国门，对外开放，颁布投资法，改善投资环境。2001年老挝制订了新的经济发展规划，重点发展农业、能源、矿产、旅游等优势产业。目前，老挝经济继续保持发展势头，2000—2007年GDP年增长率保持在6%～7%，计划在2020年人均GDP翻两番，达到1 500美元。

5.2 自然环境

1. 位置及面积

老挝位于中南半岛北部，是一个多山的内陆国家，80%的国土面积是山区和高原。素有“中南半岛屋脊”之称。老挝东与越南毗邻，老越边境线长2 069千米；南与柬埔寨接壤，边境线长435千米；西邻泰国，边境线长1 835千米；西北隔湄公河与缅甸相邻，边境线长236千米；北面与我国云南省接壤，老中边境线长505千米。老挝国土总面积236 800平方千米，约为我国云南省的2/3。[②]

2. 地形地貌

老挝整个国土大致可分为4个地貌区，地势北高南低。北部山地主要由孟新高原、孟赛高原和川圹高原组成，平均海拔均在2 000米以上，普比亚山海拔2 820米，为老挝最高峰，印度支那最高点。在川圹高原上还有两个山间平原，一个叫班班平原，一个叫查尔平原。查尔平原南部的川圹谷地是老挝北部山地进入中部地区的门户；东南部高地的长山山脉是湄公河水系和向东注入南海的诸河流的分水岭，老挝与越南以此山为界。位于该区域的甘蒙岩区东侧的他曲走廊是老挝南北交通要塞；老挝西部低山丘陵地带湄公河河面较宽，水流平缓，悬崖峭壁和急流险滩较为少见；西南部地区多为平原低地，包括万象平原、北汕平原、沙湾拿吉平原和巴色平原。

图5.1 湄公河—琅勃拉邦段

湄公河自北往南流经老挝全境，在老挝境内全长1 987千米，支流有20多条，是老挝的母亲河(图5.1)。老挝的主要城市、人口和经济重心均分布在湄公河流域。南部地区东、西、南三面毗邻越南、泰国、柬埔寨，物产丰富，是老挝著名的粮仓，战略地位十分重要。

① 申旭、马树洪主编，《当代老挝》，四川人民出版社1992年版。

② 马树洪、方芸编著，《列国志—老挝》，社会科学文献出版社2004年版。

3. 气候与降水

老挝属于热带和亚热带季风气候，季节性气温变化不大，没有四季之分，只有雨季和旱季。5—11 月为雨季，11 月—次年 4 月为旱季，各地区温差也不大。全年平均气温大致为 20～30 ℃。1 月份平均气温最低，约在 10～20 ℃之间；4 月平均气温最高，大约为 20～29 ℃。高原地区在凉季有时气温也会降至 -5℃左右。

老挝境内雨量充沛，年平均降雨量为 1 300～3 750 毫米，由于地形和纬度的差异，各地降水分布也不平衡，如在波罗芬高原年降雨量可达 3 900 多毫米，在琅勃拉邦谷地年降水量就只有 1 300 毫米左右。总体上看，老挝全境降水充足，地处热带雨林之中，植被丰富，可以称得上是一个绿色国家。

4. 人口和行政区划

2011 年老挝总人口为 638 万，人口增长趋势年均 2.1%(2003－2015 年)。

老挝全国划分为 16 个省，1 个直辖市(万象)，1 个行政特区(赛宋蓬)，142 个县，10 912 个行政村。习惯上老挝自北向南分为上寮、中寮和下寮。上寮 8 个省；中寮 1 市 3 省 1 特区；下寮 5 个省。

老挝首都万象(Vientiane)，也译为永珍，2012 年总人口约为 85 万，是老挝政治、经济、文化中心。其他主要城市有：琅勃拉邦(历史文化名城)、沙湾拿吉(与泰国穆达汉合称印度支那市场，商品集散地)、巴色(通往泰国、柬埔寨、越南的交通重镇和商品集散地)。

老挝人民民主共和国的地方政府由省、市(省级)、特区(省级)，县，村三级行政管理构成。省设省长、副省长；市设市长、副市长；特区设主席、副主席；县设县长、副县长；村设村长，人口较多的村可设副村长。地方政府的职能是保证宪法和法律在本地区的执行，执行上级的命令和决定，指导和检查所属各部门和下级的工作，终止和取消所属各部门和下级制定的与法律相抵触的决定，依法处理所属地区人民的申诉和建议。

5. 自然资源

老挝的自然资源十分丰富，主要有如下资源。

1) 农业资源

老挝是典型的传统农业国，城市化率仅为 10%左右，农民占全国人口的 80%以上。潜在耕地面积 800 万公顷，实际耕地面积 80 万公顷，主要农作物是稻谷，其中糯稻占 90%，稻谷种植面积占全国农作物种植面积的 85%。粮食作物有：稻米、玉米、豆类、薯类；经济作物有：咖啡、橡胶、茶叶、花生、甘蔗、棉花、糖棕；水果蔬菜类有：椰子、菠萝、香蕉、橘子、橙子、芒果、葡萄柚、木瓜以及各类蔬菜等(图 5.2)；此外，畜牧家禽资源也很丰富，牛、猪、羊等各类家禽也都有一定规模。老挝地广人稀，山地、草场广阔，气候湿润，牧草终年常青，具有发展畜牧业的极好条件。

2) 林业资源

2012 年森林面积约 1 700 万公顷，全国森林覆盖率约 50%，产柚木、花梨等名贵木材。与森林山地有关的药类资源也很丰富，主要有：砂仁、金鸡纳、肉桂、沉香、檀香、安息香、苏木、杜仲、黄连、美登木、大血藤、紫胶等。人均占有林地面积约 4 公顷，人均木材蓄积量为 400 立方米。

图 5.2　中老边境口岸磨憨的水果摊贩

3) 矿物资源

老挝矿藏资源丰富，但大多数矿藏未查明储量和品位。目前已经发现各类金属矿床矿点及矿化点近 450 处，其中铜矿 68 处，金银矿 155 处，铅、锌、锑 91 处，铁、锰、铬矿山 6 处，铝土矿 5 处，钨、锡、钼矿 69 处，[①]其他资源还有钾盐、煤、石油、石膏、宝石等。

6. 水能资源

在老挝境内湄公河水系蕴藏着巨大的水能资源，水资源开发潜力巨大。截至 2011 年，老挝已建成 14 个水电站，装机容量 258 万千瓦；在建项目 13 个，总装机容量 207 万千瓦。老挝政府一直把水电开发列为经济发展的重中之重，而水电工业目前在老挝的工业中也是一枝独秀，目前老挝已经成为世界上为数不多的以出口电力为主的国家。目前，水电业已经成为老挝重要的出口创汇产业。

在能源方面，由于老挝没有出海口，石油消费主要通过周边国家供应；电力和矿业发展迅速。电力比较充足，目前国内只能消费总发电量的 20%，其余的用于出口。

5.3 政治环境

1. 政治体制

1991 年老挝最高人民议会通过了老挝人民民主共和国第一部宪法，对国家的政治制度和经济体制做了明确规定，老挝人民民主共和国是人民民主国家，坚持社会主义方向，全部权力归人民，各族人民在老挝人民革命党领导下行使当家做主的权利。国家主席为国家最高元首，由国会选举产生。国会是国家最高权力机构和立法机构。

① 吕星主编，《GMS 研究》，云南大学出版社 2008 年 9 月第一版。

2. 政府

政府为国家最高行政机关，实行国务院总理负责制。国务院由总理、副总理、各部部长和其他部级委员会主任组成。国务院每届任期 5 年。老挝政府奉行经济改革发展政策，努力创造更好的投资环境，以吸引更多的外国投资和援助并致力于加入世界贸易组织。

3. 政党

老挝人民革命党为执政党。1955 年 3 月成立，原称老挝人民党，1972 年召开“二大”时改为现名，现有党员约 19.2 万人。老挝人民革命党的宗旨是：领导全国人民进行革新事业，建设和发展人民民主制度，建设和平、独立、民主、统一和繁荣的老挝，为逐步走上社会主义创造条件。2011 年，老挝党“九大”召开，选举产生新一届领导集体并随后于国会一次会议通过了“七五”规划(2011—2015 年)，计划在七五期间国内生产总值年均增长 8%以上，基本解决贫困问题，为 2020 年前摆脱最不发达国家的状况而打下坚实基础。

4. 司法机构

司法机构由最高人民法院(最高司法权力机关)、最高人民检察院、党中央监察委员会组成。

5. 对外关系

老挝奉行独立、中立、自主的和平外交政策。主张在和平共处五项原则基础上同世界各国发展友好关系，重视发展同周边邻国和东盟国家的关系，强调保持与越南的“特殊关系”，加强同中国的睦邻友好与全面合作关系，坚持“多方位和多种形式的对外交往”，改善与西方国家的关系，积极争取外援。1992 年同美国的关系升级为大使级。1997 年 7 月老挝正式加入东盟。目前老挝已同世界上 122 个国家建交。

老挝与中国的关系源远流长，除了在历史上两国人民一直保持友好往来外，在近代老挝人民反帝、反殖和人民争取独立解放的斗争中，中国政府和人民都给予了大量无私的援助。1961 年 4 月老挝王国政府就与中国正式建立了外交关系。此后，老挝政府与中国政府签订了《经济和技术协定》、《民航协定》、《邮电合作协定》以及援建公路建设的协定等。到 1975 年止，老挝获得中国政府援助金额累计约 12 亿人民币。1978 年，老挝站在越南一边反对中国，老挝与中国的关系也随之恶化。直到 1985 年老挝人民民主共和国建立 10 周年时，老挝政府表示愿意与中国恢复关系正常化，1988 年两国恢复互派大使，标志着双方关系的正常化。此后两国关系逐步得到全面恢复并获得长足的发展，中国也加大了对老挝的援助，老中关系进入一个新的发展时期。[①]2011 年老党“九大”重申继续坚持和平、独立、友好与合作的外交路线。保持同越南的特殊团结友好关系，加强与中国全面战略合作，加强与东盟国家睦邻友好，积极争取国际经济和技术援助。

近年来，老挝政府奉行立足东盟，“多方位与多种形式”发展的外交政策，加强了同周边国家特别是传统友好国家之间的合作，使老挝的国际影响力进一步增强。2008 年 7 月，

① 《各国概况：老挝》，世界知识出版社 2002 年版。

老挝与WTO工作组进行了第4轮入世谈判，想争取在2009年加入WTO。2012年10月，老挝正式加入世界贸易组织。

5.4 经济环境

1. 经济发展概述

老挝是一个以农林业为基础，工业十分薄弱的发展中国家。1975年老挝人民民主共和国成立之初，由于按照传统计划经济的发展模式，推行农业合作化、工业国有化、商业统购统销、关闭自由市场、限制商品流通等政策，不符合老挝当时社会经济发展水平。在20世纪70年代中期到20世纪80年代中期，老挝经济发展处于停滞和徘徊状态。1988年老挝的党和政府经过对老挝国情的认真调查和深思熟虑，开始采取革新开放的路线，采取以农林业为基础，发展工业，推动服务业的发展战略，取消了高度集中管理的体制，实行多种所有制形式并存的经济政策，努力把自然和半自然经济转为商品经济，逐步完善市场机制。同时，老挝实行对外开放、改善投资环境、积极引进外资、外援、先进技术和管理方式。进入21世纪，老挝制订了20年长远发展规划。在2001—2005年将全国贫困人口由36%减少到18%，到2010年基本消除贫困，2020年基本摆脱不发达状态，人均GDP达到1 500美元。在2003—2007年，老挝经济增长率平均在7.06%。2006—2010年，老挝经济年均增长7.9%。2011—2012财年，老挝国内生产总值约90亿美元，同比增长8.3%；人均国民生产总值1 349美元。预计2012—2013财年GDP增长率将不低于8%，人均GDP有望达1500美元。七五规划前半期(2011年—2013年4月)平均通胀率为5.8%。近年来老挝经济的重点是发展农业、能源、矿业旅游业等优势产业，积极扩大出口，努力达到长远发展规划的战略目标。

2. 经济结构

通过实施4个经济发展的“五年计划”，老挝的经济结构正在发生变化，特别是农林业、工业、手工业比重变化较为明显。2011—2012财年工业生产总值约为25.38亿美元，同比增长14.4%，占GDP的28.2%。主要工业企业有发电、锯木、采矿、炼铁、水泥、服装、食品、啤酒、制药等以及小型修理厂和编织、竹木加工等作坊。2011—2012财年农业生产总值约为24.03亿美元，同比增长2.8%，占GDP的26.7%；稻谷产量约343万吨。农作物主要有水稻、玉米、薯类、咖啡、烟叶、花生、棉花等。全国可耕地面积约800万公顷，农业用地约470万公顷。老挝服务业基础薄弱，起步较晚。执行革新开放政策以来，老挝服务业取得很大发展。2011—2012财年，服务业生产总值约为35.1亿美元，同比增长8.1%，占GDP的39%。

3. 经济基础设施

老挝经济基础设施相对比较落后，这与老挝的经济发展水平密切相关。在交通运输方面，老挝是中南半岛地区唯一的内陆国，无出海口，也没有铁路，国内交通主要依靠公路和内河运输。到2011年，老挝拥有公路总长47 491千米，40%铺设过路面，其中混凝土只有697千米，柏油路6 324千米，其余公路等级较低，全国无高速公路，公路运输量占运输总量的82%以上；老挝现有铁路3.5千米，由泰国政府投资1.97亿泰铢建成，于2009年3月通车；内河航道总长4 600千米，水路运输3 000千米，沿湄公河有20多个小型码头，占其运输总量18%；10条国际航线，共计11个机场：主要的国际机场有万象瓦岱国际机场、琅勃拉邦、巴色、沙湾拿吉机场等，年客运量为37万人次，年货运量为7万吨。

通信和电信方面正在得到改善，截至2012年年底移动电话用户容量300万户；截至2008年老挝共有互联网用户25 000户，普及率为0.4%。大湄公河通信光缆工程正在建设之中，该工程完成之后老挝的通信、电讯和电视广播等将有较大改善。

4. 投资贸易、金融货币

1) 投资

引进外资和外援进行基础设施建设是老挝促进社会经济发展的一项基本国策，也是对外交往的重要内容。国际捐赠和援助近年来占老挝国民生产总值的7%，约占公共开支总额的4%，占国家资本预算的60%以上。

就人均所得来说，老挝是亚洲接受捐赠最多的国家之一。2006—2010年共获外援约24.2亿美元，年均4.88亿美元。“七五”规划前半期(2011—2013年4月)共获外援约16亿美元，完成引援总任务的35.4%。主要援助国及组织有：日本、瑞典、澳大利亚、法国、中国、美国、德国、挪威、泰国及亚洲开发银行、联合国开发计划署、国际货币基金组织、世界银行等。外援主要用于公路、桥梁、码头、水电站、通信、水利设施等基础建设项目(图5.3)。目前，老挝水电开发的外资引进额已达45亿美元，约占外商在老挝投资总额的近七成，中老在水电领域的合作潜力巨大。

1988年7月老挝颁布了《外国在老挝投资法》，此后进行了3次修订完善，并相应制定了多个与外资法相关的法律。外商可以以独资、合资的形式在老挝投资，头5年免税；老挝政府不干涉外资企业事务，允许外商汇出利润；老挝政府欢迎“2+3”投资方式，即老挝出资源、劳动力，外资出资本、技术和市场。鼓励投资的领域是：电力开发、农林商品生产与加工、养殖业、加工制造业、手工业、矿产业和服务业，鼓励充分利用当地资源和劳动力。重点扶持大米、谷物类和食品生产；替代进口日用品生产；出口产品生产。

图5.3 中国援助老挝建设昆曼公路老挝境内部分路段

七五规划前半期(2011年—2013年4月)共吸引国内外投资约106亿美元(含外援)，完成引资总任务的61.81%。

2) 贸易

老挝与世界50多个国家有贸易往来，与19个国家签订了贸易协定，其中中国、日本、俄罗斯、韩国、澳大利亚、新西兰、欧盟、瑞士、加拿大等35个国家和地区为老挝提供了贸易优惠关税待遇。泰国是老挝最大的贸易伙伴，之后 4 位依次是日本、越南、中国和法国。2011—2012 财年进出口贸易总额 38.13 亿美元，其中进口 17.48 亿美元，出口 20.65 亿美元，贸易逆差 3.17 亿美元。据中国商务部统计，2012 年中国与老挝双边贸易额为 17.28 亿美元，同比增长 32.8%。其中，中国对老挝出口 9.37 亿美元，同比增长 96.8%；中国自老挝进口 7.91 亿美元，同比下降 4.1%。2012 年中老双边贸易额、中国对老挝出口额增速居对东盟贸易首位。2013 年 1—4 月，中老双边贸易额为 6.14 亿美元，同比增长 9.3%。其中，中国对老挝出口 3.48 亿美元，同比增长 22.4%；中国自老挝进口 2.66 亿美元，同比下降 4.2%。

3) 金融

老挝的金融体系发展滞后，银行很少、业务涉及面很窄，对投资的支持作用相当有限，而且银行资产和银行存款大部分都集中在首都万象。除老挝中央银行外，现有国有商业银行 3 家，即老挝开发银行、农业促进银行和老挝外贸银行。另有一家政策性银行即老挝政策银行。此外，老挝现有 5 家合资银行、7 家外资银行、3 家私人银行和 1 家外国银行代表机构(英国渣打银行代表办事处)。

目前老挝只有一家保险公司即老挝保险公司，是老挝政府与法国保险公司于 1990 年 12 月建立的股份制公司，老挝政府持股 49%，法国保险公司持股 51%，股金共 200 万美元。现老挝保险公司的业务遍及全国，信誉良好，但其保险业仍处于较低的发展水平，可投保险种也有限。

2010 年 10 月 10 日，老挝证券市场在老挝挂牌成立，2011 年 1 月 11 日正式开盘，首轮上市的两只股票为：外贸银行和大众发电。来自证券市场方面的分析称，预计在七五期间通过证券市场的融资功能可以为其国有和民营企业获取 80 亿美元以上的资金融通。

老挝中央银行发行的老挝本币称为“基普”(Kip)，币面值分为 100、500、1 000、2 000、5 000、10 000 和 20 000 基普等，没有硬币。2013 年 5 月与美元汇率约为 7 650∶1，与 2011 年初相比，对美元增值 2.42%，对泰铢贬值 2.34%；老挝外汇储备约 2 亿美元左右。

4) 外汇管理

2002 年 8 月 9 日老挝国家主席令第 01 号颁布实行了《老挝人民民主共和国外汇和贵重物品管理条例》后，老挝国家银行又于 2005 年 2 月发布了“关于组织实施 2002 年 8 月 9 日国家主席令第 01 号《老挝外汇和贵重物管理条例》部分条款的补充说明”，对相关外汇买卖、外汇使用和出售、汇率确定以及外汇存款账户的开立和使用、投资行为中的外汇使用都做出了明确的规定，政府对外汇和外汇业务实行统一的国家管理。其中特别规定：携带现金超过 10 000 美元以上的个人或法人(包括外国企业家和投资者)在进出老挝国际口岸时，必须向当地海关如实申报，以便为当事人出具现金入境携带证明，以作为当事人出境时的依据。但如果数额巨大或用来投资，应存入某一商业银行，口岸海关将把每日的现金申报单复印件通报老挝国家银行(外汇局)。在各省的游客出境时随身携带超过 10 000 美元或相当的无形资产，基普超过等值以上，央行设立在该省的分行负责出具许可证，如果该省没有央行的分行，央行将授权某一国有商业银行负责出具许可证。外币不能在境内直接买卖或结算，外币买卖或结算须到指定银行或机构进行。

5.5 社会环境

1. 基本情况

老挝是社会主义国家，一党执政，政局稳定，社会秩序良好。近年来，老挝政府将继续奉行经济改革和发展政策，努力创造更加良好的投资环境和社会秩序。但作为大湄公河次区域内人均GDP最低的国家之一，也是世界上最贫穷的国家之一，其经济发展和社会环境均面临着许多挑战，诸如人才和资源缺乏、生态环境未能得到很好保护、社会保障制度不够完善等。

老挝目前就业人员约为300多万人，其中经济领域约为200万人，非经济领域约为70万人，失业约4万多人。目前老挝国内用工单位提供就业岗位在各行业分布比例如下：农业约2 982个，占比2%；工业约15 068个，占比9.9 %；商业62 595个，占比41.2%；服务业71 261个，占比46.9%。老挝的主要劳动力(年龄20～59岁)约占总人口的40%，19岁以下54%，60岁以上占6%。就其劳动力素质而言，由于老挝现在的小学入学率不到60%，青壮年的识字率仅为45%，人均受教育年限为2～3年。从性别来看，老挝仅有72%的男性及53%的女性受过教育，而全国15岁以上人口的识字率为60%。由于教育管理不善，各类专业人才和有能力的管理人才的培养远远不能达到社会发展的现实需求。

2. 人民生活

2012—2013财年老挝人均GDP为1 534美元，是大湄公河次区域内人均GDP最低的国家之一(图5.4)。老挝实行低工资制，不同种类的工作收入差距有限。老挝一般公司员工的平均工资约为180美元/月，人民生活水平普遍较低。老挝政府目前(2012年1月1日)规定的最低工资标准为62.6万基普(约合78美元)/月。

3. 社会保障

老挝地处热带地区，属重疟区，生活条件较差，主要城市卫生条件较好，广大农村、山区大都缺医少药。1975年以后老挝医疗卫生事业受到老挝政府的重视，由于经济发展水平低，卫生保健支出只占GDP的2.9%。2002年人均卫生保健支出仅10美元。近年来卫生保健得到国际机构和一些国家的援助，在组织预防传染病、控制流行病、降低儿童死亡率、制定医药食品卫生标准方面取得了进展。医院和卫生服务机构目前已经发展成为全国性的便民服务机构。人均预期寿命约64岁。截至2009年年底，全国有医院147所、卫生站823个，私人诊所222家；拥有病床总数6 425张，医生1.2万人；当年按照购买力平价水平计算的人均医疗健康支出为92美元。2005—2011年，平均每万人拥有医生人数为3人，护理和助产人员10人，医院床位7张。

图5.4 磨憨口岸的普通居民

4. 教育和科研

老挝建国以来党和政府都比较重视教育和人力资源的开发。但是由于经济发展落后，教育基础薄弱。老挝现有 4 所大学，学生 5.4 万人。位于首都万象的老挝国立大学前身为东都师范学院，1995 年 6 月与其他 10 所高等院校合并设立国立大学，还有 8 个学院。近两年，老挝南部占巴塞省、北部琅勃拉邦省的国立大学分校相继独立，被正式命名为占巴塞大学和苏发努冯大学。另有直属卫生部的卫生大学。各类专业学院 154 所(主要为私立学院)，学生 5.9 万人。老挝学制分为小学五年，初高中各三年，大学四年。此外，老挝每年还有几百人出国留学。老挝的教育大致分为 4 种形式。

(1) 寺院教育。这是老挝传统的教育方式，主要教授读书识字、算术、历史、语文、巴利文和佛教经典。

(2) 正规教育。即现代教育，是老挝主体教育体系。以发展老挝民族、民主和进步的教育基础，提高各族人民的文化水平，按照现代教育的要求培养老挝国家发展和社会主义建设的人才为目的。

(3) 民校教育。它是 20 世纪 60 年代老挝爱国战士在解放区建立起来的一种以扫盲为主要任务的教育方式，它在全国性扫盲和提高人民文化水平方面发挥了重要作用。目前民校教育仍然是国家初、中级干部培训、文化进修的重要方式。

(4) 职业教育。老挝职业教育开始于 20 世纪 50 年代，目前职业教育主要在师范、医科、农业、技术、商业、财经等方面建立了中等职业学校，为老挝经济社会发展培养急需的人才。

目前有 70%的国民接受教育，受教育比例明显提高(商务部网站)。从教育效果看，老挝现在的小学入学率不到 60%，成人识字率(15 岁以上人口)为 60%。

老挝科学研究还不具备独立的研究开发能力，目前在国际援助的支持和帮助下对一些实用技术进行研究推广，对科研的基础设施进行建设。在社会科学研究方面已经有马列主义研究院、历史地理和古典文学研究院、民族研究院、文学艺术和语言研究院及经济问题研究院。这些研究机构逐步与国际研究机构进行学术交流和合作。

5. 新闻出版和传媒

老挝出版发行各类报刊 20 多种。《人民报》是老挝人民革命党的中央机关报，创刊于 1950 年 8 月，还有《新万象报》和《人民军报》，均用老挝文出版。外文报纸有《万象时报》(英文)、《革新者报》(法文)。巴特寮通讯社是最大的通讯社，于 1968 年成立，属国营，出版老挝文《巴特寮》日报和英文、法文的《每日消息》。老挝国家广播电台，1960 年创建于桑怒，现在设于万象，用老挝语广播，同时用越、柬、法、英、泰等外语对外广播，此外还有老挝人民军广播电台和各省地方广播电台。老挝国家电视台建立于 1983 年 12 月，各省有地方电视台。

在通信方面，老挝的固定电话业务已经完全开放，现在共有固定电话运营商 3 家；截止到 2011 年年底，老挝共有固定电话容量 100 万户，移动电话用户总数已经超过 300 万，互联网用户 28 万。

5.6 文化环境

1. 民族

老挝是一个多民族的国家，据老挝政府统计，老挝共有 68 个民族(不包括越南人、华人、印度人)，由于历史和社会方面的原因以及条件的限制，民族的分类和识别还存在着一些争论和意见不统一。但是通常把老挝的民族化分为三大族系：即居住在平原、河谷地区的老龙族，居住在丘陵和半山区的老听族以及居住在高山上的老松族。一般来说不论属于哪个语系的民族，只要居住的地区类似，就被划在同一个族系之内。老龙族，意为“低地老挝人”，属于汉藏语系壮侗语族的壮泰语支，是老挝的主体民族，约占总人口的 60%，主要分布于湄公河沿岸城市、河谷以及平原地区。老听族，意为“坡地上的老挝人”，由十几个民族和民族支系组成，人口约占老挝总人口的 30%，在老听族中，其语言包括了汉藏语系藏缅语族的民族、南亚语系的孟高棉语族的民族和南岛语系的民族。老松族，意为“山顶上的老挝人”，约占老挝总人口的 10%，主要由汉藏语系苗瑶语族和藏缅语族的民族构成，具体来说主要由苗族、瑶族、倮倮族(即云南的彝族)、拉祜族、贺人(汉人)等构成(图 5.5)。此外，在老挝还有中国、泰国、越南等国家的侨民和后裔约 30～40 万。

2. 宗教

老挝人约 85%信奉佛教。佛教大约在 14 世纪澜沧王国时期传入老挝。以后迅速发展成为老挝的国教。山区的少数民族有一部分信奉原始宗教，也有一部分信奉天主教、基督教和婆罗门教。老挝男性佛教徒，不论是国王还是平民在一生中都必须出家当一次和尚，少则数日，多则几年，甚至终生出家。入寺为僧是人生中的大事情，是判断一个佛教徒人品的重要标准，社会给予当过和尚的人更多优先条件。

图 5.5 北部山区的少数民族

在老听族中信奉原始宗教或鬼神的也较多，崇拜祖先、敬畏鬼神，形成了他们的信仰体系。每年各个民族都会按照自己的信仰传统进行祭祀鬼神的活动，各种鬼神包括山鬼、水鬼、土鬼、树鬼、田鬼、屋鬼等。祭祀活动一般由巫师主持和决定。

天主教和基督教是法国殖民统治时期和第二次世界大战后传入老挝的，主要在泰族、苗族中传播。现在的老挝人已不信奉婆罗门教，但在社会生活和文学艺术等方面仍然留有该教的烙印。

3. 语言

老挝语为全国通用语言，由于老挝民族众多语言复杂，老听和老松族系中有自己语言的民族也使用本民族的语言。老挝语属汉藏语系壮侗语族泰老语支，老语的词汇由本族词汇和巴利语借词组成。随着国家统一和民族融合，老挝语除了从巴利语和梵语中借词外，还应用梵语和巴利文的组词方法，完善了语法和词汇，同时还从泰语、汉语、高棉语、法语、英语、越语和本国少数民族语言中大量借用词汇，大大丰富了老挝语。1975 年 12 月老挝全国人民代表大会做出决议，将老龙族语规定为全国通用的普通话，老龙族文字规定为全国官方文字。老挝在商务活动中也使用英语。

4. 社会生活习俗

1) 家庭

老挝各民族人民有着悠久的历史和文化传统，但是，由于各个民族经济社会发展的阶段不同并且不平衡，老挝各族社会生活中的风俗习惯、婚姻家庭、宗教信仰、禁忌仍有较大差异。老族人一般实行一夫一妻制，表亲不能婚配。男子婚前必须经过剃度为僧或已经有职业。婚姻也是由恋爱、订婚、结婚三部曲组成。老听族系中如佧族人的婚姻观念不一样，他们多以一夫多妻制，有的人田地多，多娶几个妻子就有较多的劳动力，他们的家庭也比较稳定，少有人离婚。在老松族系中婚姻有 3 种形式，即求婚、抢婚和私奔，但是也都是一夫一妻制，所不同的是缔结婚姻的过程不同。

2) 风俗习惯

(1) 餐饮礼仪。老挝人饮食较为简单。平日，他们吃得最多的是米饭和鲜鱼，逢年过节才会杀猪宰羊。老挝菜的特点是酸、辣、生，烹调以炒、烧、烤、煮为主。老挝特色饭菜有竹筒饭、棕榈粑粑等，因为老挝人喜食糯米饭。老挝人还喜欢吸烟、嚼槟榔，并且大都能够喝酒。

老挝的佛教徒极多，他们在饮食方面的主要讲究是：日进二斋，过午不食。不禁酒，必食素。但是，“忌食十肉”，即不吃人肉、象肉、虎肉、豹肉、狮肉、马肉、狗肉、蛇肉、猪肉、龟肉。在进餐时惯用右手抓食，老挝人使用筷子的具体方法是用同一双筷子的一头夹饭，另一头夹菜。

(2) 服饰礼仪。老龙族人的日常着装是男子上身穿无领对襟上衣，下身劳作时穿长裤，休闲时则穿纱笼。平日，他们还时常将一条水布盘在头上，或是系在腰上。女子一般上身穿无领上衣，下身围一条筒裙，同时，还讲究从右肩穿过左腋围上一条披肩，并在腰上系上饰有银制带花的腰带。老听族人的日常服装则是男子上穿衬衣，下穿深色长裤，或是围上一条很薄的红色布巾。女子喜欢穿色彩鲜艳的短上衣，黑色条纹布的花裙，或蓝色的裙子，并时常佩戴珠串一类的饰物。很多妇女对又粗又大的木制耳环情有独钟。

(3) 习俗禁忌。老挝人视白色为一种不吉利的色彩。老挝人家里不会挂白色蚊帐，忌盖白色被子。由于老挝人普遍信奉佛教，注重佛门禁忌。老挝人认为头是神圣之处，不容他人触摸；脚是下面的部分，坐下来后不仅不应乱动，而且最好别让人看到。用左手接触东西，或从坐卧之人身上跨过去，均为严重的失礼行为。

5.7 商业环境

1. 贸易限制

1) 关税政策

老挝进口关税最高为 40%，主要为农产品、高档消费品和小汽车等，最低为 5%，外国投资企业进口原材料和设备优惠关税为1%(现已取消)。老挝于1997年加入东盟，按东盟自由贸易区的要求，东盟主要国家于2003年将关税降到0～5%，老挝被获准在2008年年底前将关税降到0～5%，按规定需每年有计划地降低关税。老挝已经在2012年加入世界贸易组织。

2) 非关税措施

根据老挝总理2001年签署的关于商品进出口管理的政令，老挝只有已经在国家工业贸易部注册的企业才能从事货物的进出口业务。同时对相当一部分商品实行进出口管制或是许可证制度，在老挝从事贸易的人士要注意相关规定。

2. 相关法律法规

老挝政府于1997年颁布了《老挝电力法》、《老挝矿产法》和《老挝土地法》及首部《老挝人民民主共和国税法》，现行税法于2005年5月25日颁布施行。为鼓励外国企业投资，老挝国会于2004年11月15日颁布了《老挝人民民主共和国鼓励外国投资法》，于2005年5月20日决议通过了新的《老挝人民民主共和国海关法》。2006年颁布了《劳动法》。2008年1月颁布实施《知识产权法》。2010年3月老挝国会颁布实施了新版的《投资促进法》。2011年年底，老挝政府颁布了《2011至2020年在老挝开发经济特区和专业经济区战略规划》，计划在2015年建成14个经济特区和专业经济区。目前已经有两个经济特区开始建设，5个专业经济区正在筹备中。

3. 商务礼仪

老挝是一个信佛教的国家，社会生活中受传统文化的影响和约束。老挝人比较温和有礼貌，在互相交往中都有一些礼仪，如对来访的客人很热情，常常以“拴线”的仪式来迎接客人。拴线，老挝语称为“巴浩”，一般是请一位老太太或一位年轻姑娘，将一根用香水浸泡过的白线拴在客人的手腕上，一边拴一边说着祝福的话。老挝人认为一个人的头是神圣的部位，任何人不能随意触摸。脚是身体最下面的部分，绝不能用脚对着人或用脚开门，移动物品。在僧侣和客人面前两腿交叉坐着是不礼貌的，在公开场合与女人手拉手或过分亲昵是不光彩的。在老挝还习惯用糯米制成的坛酒招待客人，主人当众打开一坛酒，插入一些管子，大家各自握住一根管子吸，他们认为亲朋好友共饮一坛酒可以交流感情。

老挝人在与客人见面时一般行合十礼，并问候“沙迈迪”。一般也不直呼其名，而要在名前冠以尊称和亲切的称呼。在正式的外交和商务场合，老挝人一般也行握手礼，妇女仍行合十礼。在介绍朋友相互认识的时候，一般遵循从长到幼、从尊至卑的顺序，自我介绍就可以不用拘泥。老挝人喜欢无拘束的谈话，但不喜欢过于张扬。

老挝人在正式的外交和商务活动中也遵循国际惯例要求准时，但是由于老挝是一个农业国，工业化程度低，人们对于时间的观念不是很精确。工作的节奏也不紧张，做什么事都会“慢慢来，不着急”。在谈判中如同东南亚其他国家一样，也是一种关系导向型，他们习惯和喜欢与熟悉的人做生意交往，在做决定时一般也由领导或地位高的人来决定。

本章小结

老挝自然资源丰富，特别是农业资源、水能资源、森林资源、矿藏资源、旅游资源等均可供大量开发利用。老挝政局稳定，各项改革措施正在老挝人民革命党的领导下逐步推进，就经济发展水平而言，尽管它是一个十分贫困落后的农业国，但近年来保持了稳定发展的态势，外国援助、贷款和投资在老挝财政中占有重要地位，对老挝的经济建设起到了重大作用，并在一定程度上改善了老挝经济基础过于薄弱的现状。老挝社会环境保持了稳定和安定，一些社会矛盾正在逐渐化解。老挝文化环境有待改善提高，目前政府正在进行公共教育系统的体制改革。老挝商务环境适合投资经商，但要特别注意政策性风险，因为老挝的金融市场不完善以及相关法律法规不够健全。

思 考 题

1. 老挝的经济和市场有何特征？
2. 湄公河与老挝是什么关系？
3. 中国企业与老挝方面开展经贸活动时应重点考虑哪些影响因素？

第6章

柬埔寨

柬埔寨全称为柬埔寨王国(Kingdom of Cambodia)。

6.1 简　史

柬埔寨于公元1世纪下半叶建国，历经扶南、真腊、吴哥等时期，公元9～14世纪吴哥王朝为鼎盛时期，国力强盛，文化发达，创造了举世闻名的吴哥文明。1863年柬埔寨沦为法国保护国；太平洋战争时期被日本占领；1945年日本投降后再次被法国殖民者占领；1953年11月9日，柬埔寨王国宣布独立；1954年7月法国被迫撤军；1970年3月18日，朗诺在美国策动下发动政变；同年3月23日，西哈努克亲王宣布成立柬埔寨民族统一阵线，5月5日成立以宾努亲王为首相的柬埔寨王国民族团结政府；1975年4月17日全国解放。1976年1月颁布新宪法，改国名为民主柬埔寨；1978年年底，越南出兵占领柬埔寨，并扶持金边政权；1991年7月，西哈努克被推举为全国最高委员会主席，同年10月23日，柬埔寨问题国际会议在巴黎召开，签署了《柬埔寨冲突全面政治解决协定》(通称巴黎协定)，自此，柬埔寨进入和平重建时期。

1993年5月，在联合国驻柬临时权力机构的主持和监督下，柬埔寨成功举行了全国大选，人民党获胜成为第一大党。大选后，组建了以奉辛比克党和人民党为主的联合政府，颁布了新宪法，恢复实行君主立宪制的政治体制，主席拉那烈当选为国会主席，西哈努克成为国王。1999年11月，柬埔寨王国政府正式成立。随着柬埔寨国家权力机构的相继成立和民族和解的实现，柬埔寨政局渐趋稳定，进入和平与发展的新时期。

6.2 自然环境

1. 地理位置及面积

柬埔寨位于中南半岛西南部，东和东南部同越南接壤，北部与老挝相邻，西和西北部与泰国毗邻，西南濒临暹罗湾，海岸线长约 460 千米，面积 181 035 平方千米，东西长 580 千米，南北宽 450 千米。

2. 地形地貌

柬埔寨地形犹如一块马蹄铁，东、西、北三面为高原群山环抱，中心地带的洞里萨湖周围地区和湄公河三角洲的部分地区是人口稠密的低地冲积平原，一直延伸到越南的湄公河三角洲地区，海拔不超过 30 米。

东部倾斜平缓的多乐高原属于同越南交界的长山山脉西坡，是适宜种植橡胶和旱地作物的地区。湄公河东岸的过渡性平原逐渐与东部高原融为一体，向北、向东延伸到老挝和越南南部的高原地区，这里蕴藏着全国 1/3 的森林资源。柬埔寨的西南部在洞里萨湖和暹罗湾之间由豆蔻山山脉和象山山脉构成另一个高原地区，豆蔻山和象山形成一道天然屏障，使柬埔寨内地免遭来自暹罗湾的台风侵袭；其北部边境是东西延伸的扁担山脉，绵亘 300 多千米，平均海拔高度约 500 米，最高点超过 700 米，构成了柬泰之间的天然边界；中部以洞里萨湖(又称大湖)和湄公河为核心的盆地面积约占全国总面积的 75%，大湖周围地势平坦，海拔一般在 110 米左右，这里土地肥沃，人口稠密，交通便利，物产丰富，是名副其实的“鱼米之乡”。

3. 气候和气温

柬埔寨的气候与东南亚绝大多数地区一样，属热带季风气候。全年明显地分为雨季和旱季两季，即 11 月至次年 2 月为雨季(凉季)，3—4 月为旱季(热季)。

柬埔寨全年温度较高，年平均气温为 27℃，其中 12 月—次年 1 月最冷，月平均温度 24 ℃，4 月份温度最高，月平均约 35℃，个别地区达到或高于 40℃。

全国年平均降雨量为 1 000～1 500 毫米。

4. 人口和行政区划

柬埔寨的人口约 1 440 万人，其中 80%为高棉人(图 6.1)，华人华侨约有 70 万人。

柬埔寨的行政区划分为省(直辖市)、县、乡、村四级。目前全国分为 23 个省，即：马德望、贡布、干丹、磅湛、磅清扬、磅士卑、磅同、桔井、波罗勉、班迭棉吉、暹粒、上丁、茶胶、柴桢、蒙多基里、柏威夏、戈公、奥多棉吉、菩萨、腊塔纳基里。1 个直辖市，即金边市(Phnom Penh)，是柬埔寨的首都，人口约 150 万(2013 年)。主要城市有暹粒、磅湛、马德望。

图 6.1 微笑的高棉人

6.3 政治环境

1. 政治体制

柬埔寨系君主立宪制王国，实行多党自由民主制和自由市场经济，立法、行政、司法三权分立。国王是终身国家元首、国家军队最高司令、国家统一和永存的象征，国王统而不治，有权宣布大赦，根据首相建议并征得国会主席同意后解散国会。1998 年 7 月大选后，为了平衡权力分配，人民党和奉新比克党达成协议修改 1993 年宪法，组建一个由国王任命的参议院。国王因故不能正常行使职权或不在国内期间由参议院主席代理国家元首职务。王位不能世袭，国王去世后由首相、两派僧王、参议院和国会主席、副主席组成的 9 人王位委员会从王族后裔中推选产生新国王。

2. 政府

2003 年柬埔寨举行了自 1993 年恢复和平以来的第三次大选，洪森领导的柬埔寨人民党(CPP)和西哈努克组建并由其儿子拉那烈王子领导的奉辛比克党在 2004 年 6 月 24 日宣布就建立新政府达成了一致意见：本届政府由洪森担任首相，设有 7 个分管副首相和 15 个国务大臣，有国防、邮电、工矿、旅游和妇女事务部等 26 个部，公共服务和民用航空两个秘书处。第四次大选于 2008 年 7 月举行，人民党再次获胜，与奉辛比克党联合组阁，洪森继续出任首相。2013 年 7 月 28 日，柬埔寨举行了第五届全国大选。

3. 政治党派

截至 2013 年，柬埔寨共有 59 个政党，在内政部注册的有 42 个政党。在已注册的政党中，有 11 个参加了于 2008 年 7 月 27 日举行的大选，但只有 4 个赢得了国会议席。主要政党中的第一大党柬埔寨人民党赢得了 90 席、第二大党奉辛比克党赢得了 2 席、最大反对党桑兰西党赢得 26 席，人权党赢得 3 席。

4. 司法体制

柬埔寨的司法体制由初级法院、上诉法院和最高法院三级组成。设有最高法官委员会监督法院工作，同时拥有遴选、任免法官的职权。该委员会由国王主持，由国王、最高法院院长、总检察长、上诉法院院长和检察长、金边法院院长和检察长以及两位法官共 9 人组成。

5. 对外关系

柬埔寨奉行独立、和平、永久中立和不结盟的外交政策，反对外国侵略和干涉内政，在和平共处五项原则基础上，同所有国家建立和发展友好关系，主张相互尊重国家主权，通过和平谈判解决与邻国的边界问题及国与国之间的争端。柬埔寨新政府成立后，确定了融入国际社会、争取外援发展本国经济的对外工作方针，加强同周边国家的睦邻友好合作关系，并重视改善和发展与西方国家和国际机构的关系以争取经济援助。

截至 2009 年，柬埔寨已与 107 个国家建交，62 个国家向柬埔寨派出大使，常驻金边使馆 28 家。柬埔寨向 22 个国家派出大使，并开设 8 个领事馆。1998 年 12 月 5 日，柬埔寨在联合国恢复席位。1999 年 4 月 30 日东盟正式接纳柬埔寨加入。

中国与柬埔寨于 1958 年 7 月 19 日正式建立外交关系。此前，周恩来总理和柬埔寨国家元首西哈努克亲王于 1955 年 4 月在万隆亚非会议上结识，被视为中柬正式友好关系的开端。20 世纪五六十年代，中国领导人周恩来总理、刘少奇主席等曾多次率团访柬，西哈努克亲王曾 6 次访华，并两次在华领导柬埔寨人民争取国家独立、民族解放的斗争，得到中国政府和人民的大力支持。近年来，中柬关系保持良好发展势头：2012 年 3 月底，胡锦涛主席对柬埔寨进行了国事访问，双方发表了联合声明。2012 年 9 月，国务院总理温家宝在中国接见了前来参加中国第二届亚欧博览会的洪森首相。2013 年 2 月，中共中央政治局常委、全国政协主席贾庆林赴柬埔寨出席西哈努克太皇葬礼。同年 4 月，柬埔寨首相洪森出席博鳌亚洲论坛 2013 年年会并访华。

6.4 经 济 环 境

1. 资源禀赋

柬埔寨已发现的金属矿藏资源有 10 多种，常见的有铁、锰、金、银、铜、锡、钨，但储量较小，除金矿以外基本上都没有开采价值。近年来，在柬埔寨近海海域发现了储量颇丰富的油气资源，目前已经有多家外国石油公司获得了勘探权和开采权。

现已发现的非金属矿藏主要有煤、盐、磷、大理石、红蓝宝石、石英砂等不少于 10 种。其中，煤的储量约 1 000 万吨，磷的储量约 100 万吨，储量不多，开采规模不可能很大。具有较大开采价值的是宝石。

柬埔寨的农业资源则比较丰富，可耕地面积 380 万公顷，多年生作物地 14.6 万公顷，长期牧场 63 万公顷，森林和林地 1 287.6 万公顷，其他土地 65.4 万公顷。目前，柬埔寨的土地资源利用率只有 50%左右，耕地面积的扩大仍大有潜力可挖。优越的气候和优良的土壤为柬埔寨大力发展粮食作物种植提供了广阔的前景。

柬埔寨还盛产各种热带经济作物，最主要的有橡胶、棉花、棕糖、咖啡、豆蔻、烟草、大豆、花生、芝麻以及多种热带水果。20 世纪三四十年代，柬埔寨就以出口橡胶、胡椒闻名于世。

按照 20 世纪 70 年代中期统计，柬埔寨森林和林地有 1 287.6 万公顷，约占其土地总面积(1 765.2 万公顷)的 75%，其森林资源有很大一部分为经济价值较高的热带林木，一半以上可作商业性开发。目前其森林覆盖率仅在 45%左右，大面积的砍伐导致了森林资源的损失。

作为农业国家，柬埔寨人民自古以来都重视发展养殖业。畜牧业一直是柬埔寨广大农民的副业之一，主要的家畜有黄牛、水牛、猪和马，家禽主要有鸡、鸭、鹅等。此外，柬埔寨发展水产养殖业条件也很优越，渔业是柬埔寨农业中仅次于粮食、木材和橡胶生产而居第四位的产业。①

2. 经济结构

2011 年柬埔寨 GDP 总值约 129.4 亿美元，三大产业的比重分别为 30%、30%、40%；2012 年柬埔寨 GDP 总值约 140.38 亿美元，同比增长 7.3%，人均 GDP 达到 987 美元，其中，农业增长 4.3%(种植业和水产业分别增长 4.9%和 6.7%)，工业增长 9.2%(制衣业增长 6.9%)，服务业同比增长 8.1%(酒店和餐饮业增长 12.5%)。工业被视为推动柬埔寨国内经济发展的支柱之一，但基础薄弱，门类单调。1991 年年底实行自由市场经济以来，国有企业普遍被国内外商人租赁经营。工业领域为 50 万名柬埔寨国民创造就业机会。2012 年全年柬埔寨出口服装收入 46 亿美元，同比增长 8%，占当年出口比重的 83.7%，主要出口市场为美国、欧盟、加拿大、日本、韩国和中国。制衣业继续保持柬埔寨工业的主导地位和出口创汇龙头地位，是柬埔寨重要的经济支柱。2012 年，全国共有 630 多家制衣厂，较去年增加 150 家，同比增长 31.2%，雇佣工人 35 万人，其中 91%为女工。

农业是柬埔寨经济第一大支柱产业。农业人口占总人口的 85%，占全国劳动力 78%。可耕地面积 630 万公顷。2012 年，全年全国水稻种植面积为 297.1 万公顷，同比增加 20.4 万公顷。稻谷产量为 931 万吨，同比增长 6%，每公顷产量 3.13 吨。除满足国内需求外，剩余 475 万吨稻谷，可加工成约 300 万吨大米供出口。天然橡胶种植面积 28 万公顷，产量为 6.45 万吨，同比分别增长 31%和 26%。渔业产量为 66.2 万吨，同比增长 13%。柬埔寨政府高度重视稻谷生产和大米出口，首相洪森提出的 2015 年百万吨大米出口计划的号召，不但提升了本地农民的积极性，也让众多投资者更热衷于投入农业、利用先进的管理技术改良稻种、建立现代化碾米厂。理论上来说，柬埔寨水稻可一年三熟，在国内外市场需求旺盛、大米价格年年攀升的条件下，短期效益回报明显，发展潜力巨大。

2000 年来，柬政府大力推行“开放天空”政策，支持、鼓励外国航空公司开辟直飞金边和吴哥游览区的航线。2002 年，政府加大对旅游业的资金投入，加紧修复古迹，开发新景点，改善旅游环境(图 6.2)。2012 年，柬埔寨共接待外国游客 358 万人次，同比增长 24.4%。前 5 大外国游客来源国分别是：越南(76.3 万人次)、韩国(41.1 万人次)、中国(33.4 万人次)、老挝(25.4 万人次)和泰国(20.1 万人次)。旅游收入达 22.1 亿美元，同比增长 11.1%，约占

① 王士录编著，《当代柬埔寨经济》，云南大学出版社 1999 年 9 月版，第 22～24 页。

GDP 的 14.2%，直接或间接创造了约 35 万个就业岗位。东盟国家来柬游客人数增长趋势明显，达 151.4 万人次，占接待外国游客人数的 42.2%，同比增长 37.5%。预计，2013 年全柬将接待外国游客 400 万人次。近两年来，沿海地区逐步成为继吴哥景区之后又一重要的旅游目的地，在柬埔寨旅游业发展中扮演重要角色。2012 年，沿海地区接待外国游客 27.8 万人次，同比增长 44.1%，尤其是西哈努克省共接待外国游客 21.3 万人次，同比增长 38.3%；接待国内游客 65.8 万人次，同比增长 17.8%。自 2011 年 7 月柬沿海四省被纳入世界最美海滩俱乐部以来，政府高度重视沿海各省旅游业的发展，努力推动国内旅游链条延伸，开展了"清洁、绿色"为主题的清洁旅游城市竞赛和"一名游客一棵树"等活动，制订了 2015 年实现"无废弃塑料袋海滩"的目标，积极宣传推广旅游项目，加强沿海区域管理法等相关法律法规的执行力度，禁止污染项目进入，改善旅游设施，成立旅游监督队伍，提高旅游质量。目前，政府制订了"暹粒吴哥和金边至西南沿海地区和东北生态旅游地区"的旅游产品多样化战略，2013 年 12 月世界最美海滩俱乐部第九次会议和 2013 年海洋节的成功举办，正说明了政府积极开发自身独具优势的旅游资源，促进当地经济发展的决心。

图 6.2 著名景点——吴哥

3. 经济政策和计划

1998 年 11 月 20 日以洪森为首相的新一届政府成立后，其颁布的《1998—2003 年第二届柬埔寨王国政府施政纲要》更把发展经济、消除贫困作为首要任务和工作重点，把农业、基础设施建设及人才培训作为优先发展目标，并继续加快市场经济和私有化步伐，改善投资环境，大力吸引外资，争取外国和国际组织援助。

政府实施经济政策的根本目标是："以民主和法制为基础，对话与协商为原则，政府将改善自由市场的运作和私营经济的活动，并使其成为强大的发展动力，以便将柬埔寨发展成为充满和平、自由、安定、公正与祥和的社会。"[①]

2004 年，柬埔寨政府约 75%的预算来自海外援助。除旅游业外，柬埔寨经济主要依靠纺织业等家庭产业。目前柬埔寨执行自由经济政策，但其经济结构单一、工业尤其是制造业落后、农业基础薄弱的问题仍未得到根本性的改变，这些因素制着经济的稳定发展。

① 刘稚编著，《走进柬埔寨》，云南美术出版社 2004 年 2 月版，第 21 页。

柬埔寨是传统农业国，工业基础薄弱。属世界上最不发达国家之一，贫困人口占总人口的 20%。柬政府实行对外开放的自由市场经济，推行经济私有化和贸易自由化，把发展经济、消除贫困作为首要任务。洪森政府实施以优化行政管理为核心，加快农业建设、基础设施建设、发展私营经济和增加就业、提高素质和加强人力资源开发的“四角战略”，把农业、加工业、旅游业、基础设施建设及人才培训作为优先发展领域，推进行政、财经、军队和司法等改革，提高政府工作效率，改善投资环境，已经取得了一定成效。

4. 基础设施

由于长期战争的破坏，柬埔寨的交通运输、电力、通信等建设十分落后。其中，柬埔寨交通以公路和内河运输为主。

1) 交通

(1) 道路。柬埔寨交通以公路和内河运输为主。主要交通线集中于中部平原地区以及洞里萨湖流域。北部和南部山区交通闭塞。至 2012 年年底柬埔寨的公路总长约为 4.5 万千米。其中国道 5 492 千米、省级路 6 471 千米、剩余的为农村路约 3.3 万千米，无高速公路。国道主要是以首都金边为中心的 8 条公路，基本达到中国三级公路标准。

(2) 水运。柬埔寨水运分为海运与河运。海运主要利用西哈努克港国际码头；河运主要以湄公河、洞里萨湖为主，主要河港有金边、磅湛和磅清扬，其中利用金边港国际码头通往湄公河、洞里萨河与洞里萨湖的航线共有 3 条。雨季 4 000 吨轮船可沿湄公河上溯至金边，旱季可通航 2 000 吨货轮。

图 6.3 水上长大的孩子们

西哈努克港为柬埔寨主要对外海港，濒临泰国湾，有 2 个泊位，水深各 8.5 米和 6 米，最多可停泊 1 万吨的船舶，2012 年全年货物吞吐量 242 万吨，同比增长 7%；集装箱吞吐量 23.7 万标箱，关税收入达到了 3 050 万美元。现主要停靠经泰国、新加坡和香港转口的支线船。

全国有 7 个河运港口，其中金边港临湄公河，从该港往北经湄公河可达老挝；往西北经洞里萨河、洞里萨湖到暹粒，只有 1 个泊位，雨季水深 5.2 米，旱季水深 4.2 米，最多可停泊 5 千吨的船舶。2002 年 8 月金边港刚开辟其第 1 条国际集装箱航线(往西南方向，经湄公河通往越南胡志明市)，到 2002 年年底共处理进出口集装箱约 571 TEU(TWENTY EQUIVALENT UNIT，20 英尺标准集装箱)，不具备激光检查集装箱系统。2012 年金边港全年货物吞吐量 142 万吨，同比增长 12%；集装箱吞吐量 8.2 万标箱。

(3) 铁路。柬埔寨全国只有两条铁路，总长 655 千米。一条是从金边往西北方向到柬泰边境的波比，长 385 千米，可通曼谷，建于 1931 年，现每天 1 班车；另一条从金边往西南方向到西哈努克港，长 270 千米，是交通运输的大动脉，但运输能力很低，建于 1960 年，现每两天 1 班车。两条铁路全是米轨单线铁道，均年久失修，多数路段残破不堪，能通车的路段时速为 25 千米/小时，年运送货物仅约 20 万吨，旅客 110 万人次。柬埔寨政府于 2010 年为改善铁路运输现状，利用亚洲发展银行的低息贷款和澳大利亚政府的无偿援助开始修复两条现有铁路和准备新建一条铁路，但是受困于土地拆迁赔偿问题于 2012 年 4 月宣布项目正式停工。

(4) 空运。柬埔寨王家航空公司有(租赁) 4 架飞机，开通了 7 条国际航线(金边—曼谷、金边—中国香港、金边—新加坡、金边—胡志明市、金边—吉隆坡、金边—广州、金边—万象)，共计 11 个机场，其中有波成东和暹粒两个大型机场。此外，现已有 10 余家外国航空公司在柬埔寨设立了办事处，开辟了国际航线，加上国内航线，旅行较为方便。现金边每日有飞往曼谷、吉隆坡、新加坡、暹粒的航班；每周有飞往广州、上海、中国香港、中国台北、河内、万象的航班。空运主要为客运，货运不发达。

2) 供电

柬埔寨电力供应不足的问题十分严重，目前较重要的工业、服务业和经济状况较好的居民都使用柴油发电，油料耗用较大。大部分村镇至今仍没有通信设施。电力主管部门分析，市场需求量缺口为 30%以上。2012 年 CIA 统计数据显示，柬埔寨 2011 年全国年发电量为 13.77 亿千瓦时，同比增长 34.1%。柬埔寨政府计划到 2020 年实现村村通电。可见柬埔寨发展电力的潜力是较大的。

目前，柬埔寨的电价比较昂贵，且仅在金边、西哈努克港及部分省市可供电，电价为每度 0.15～0.2 美元。金边 22 万户家庭中 10 万户用政府供电，广大农村 10%以下的家庭用政府供电，其他家庭用电主要使用柴油燃料发电，既浪费资源又污染环境。

为扭转这种不利的供电、用电局面，柬埔寨政府大力鼓励对电力行业的投资，尤其希望以 BOT 的方式发展水电、太阳能发电。另在发展本国发电的同时，决定从邻国越南和泰国购电以解决用电紧张的问题。

3) 供水

柬埔寨的储水量较丰富，但约有 700 万人民(约占全国人口的 60%)无法喝上符合卫生标准的水，广大农村和部分城市的家庭只能使用雨水和井水度日。目前，仅在金边、西哈努克港和部分省市能够提供自来水，水价每吨 0.3 美元。

国际社会和柬埔寨政府为解决广大人民的用水问题，拟进行总价值约 4 300 万美元的援助与投资，改善人民的用水情况。

4) 通信

近 10 年来，依靠外援和外资，柬埔寨电信业逐步恢复和发展。但柬埔寨的电话普及率仍然较低，互联网服务很落后。柬埔寨目前有 3 种通信方式，固定电话、移动电话和互联网，其中移动电话为主要通信方式。截止到 2011 年年底，柬埔寨拥有固定电话用户 54 万，移动电话用户 1 621 万，移动电话用户的数量已超过固定电话用户数 30 倍，是世界上第一个移动电话的用户远超固网用户的国家。目前，柬埔寨固定电话和移动电话用户主要分布在首都金边(占 85%)和各省会城市，广大的农村尚无电话。

互联网近几年在柬埔寨有所发展，其他数据通信方式则刚刚起步。据邮电部统计，到 2011 年年底，柬埔寨拥有互联网用户 70 万个，现有 28 个网络服务公司、7 家 3G 服务公司、15 家网络电话公司。

5. 贸易、金融、外汇管理

1) 贸易

新政府建立后，柬埔寨与36个国家建立了贸易关系，其对外贸易纵向比较取得了突破性发展，贸易额逐年上升，近年来，在成衣业出口强劲的拉动下，柬埔寨对外贸易发展较快。2003年9月，柬埔寨加入世界贸易组织。2012年，外贸总额达136.3亿美元，同比增长19%。其中，出口54.9亿美元，同比增长12.5%。主要商品是服装、橡胶、大米和木薯等，服装和鞋类出口占出口总额的90%；进口81.4亿美元，同比增长23%，主要进口商品为成衣原辅料、燃油、食品、化工、建材、汽车等。贸易逆差26.5亿美元，同比增长53.2%。主要贸易伙伴是美国、欧盟、中国、泰国、越南、日本和加拿大。

从2004年起，中国对柬埔寨部分出口商品提供了零关税待遇，中国向柬埔寨主要出口纺织品、钢材、电器、五金、机械、建材等商品；从柬埔寨主要进口橡胶、胶合板、板材、家具等。中国是柬埔寨第三大贸易伙伴。2012年，中柬双边贸易额为29.23亿美元，同比增长17%。其中，中国对柬埔寨出口27.08亿美元，同比增长17%；自柬埔寨进口2.15亿美元，同比增长16.8%。2012年中国企业新增对柬埔寨非金融类直接投资7.2亿美元，增长131%。截至2012年12月底，柬对华累计实际投资1.5亿美元。其中，2012年新增对华实际投资1 660万美元。截至2012年12月底，中国企业在柬埔寨累计签订承包工程合同额81.7亿美元，完成营业额40.5亿美元。其中，2012年新签合同额29.6亿美元，增长485.7%，完成营业额11.7亿美元，增长41.9%。

2) 金融

1993年柬埔寨新政府成立以后，为重建金融体系，采取了一系列的政策，政府责成职能金融机构控制对公共部门的贷款，以控制货币供应的增长。1997年年初，柬埔寨政府又接连采取了两项重大措施以整顿金融秩序：①决定发行国库券，用以代替贷款；②对低面值柬埔寨货币的流通和兑换问题做出了新的规定。

如今，柬埔寨的金融体系日益健全，国家法律已允许外国的企业家、金融家在柬埔寨兴办银行、保险公司、证券公司等金融业，其金融业逐渐走向成熟，主要表现为：①国家银行机构已真正成为柬埔寨制定货币政策、发行货币、控制外汇、从宏观上把握国家金融形势的根本性银行；②各种专业银行(包括国内国外的、公营私营的专业银行)纷纷涌现，正在形成一个日益庞大和成熟的银行网络；③股票市场已列入计划，金融业将再上新台阶。

现行柬埔寨国家银行是中央银行，负责印刷和发行货币，控制外汇，制定货币政策。截至2011年年底，柬埔寨有商业银行31家、专业银行有7家，其中包括国有的柬埔寨外贸银行、柬埔寨农工商银行以及许多由政府和私人部门(包括外国私人投资者)共同创办的银行。由于新政府实行金融开放政策，许多外国银行纷纷到柬埔寨开办业务。独资经营的外国银行迄今已有多家，有的设立了代表处，有的已经开办了存贷业务。其中，泰国银行最多，此外还有马来西亚、法国、印度尼西亚、中国等国家和地区的银行。2002年，柬埔寨商业银行的贷款和存款占GDP的比重分别为7.8%和16.1%，是世界银行业中该项比例最低的国家之一。中国银行、中国工商银行都已经在柬埔寨设立分行。

柬埔寨保险系统目前仅由国家保险公司和4个私营保险公司组成：柬埔寨国家保险公司组建于1990年，既是保险的管理机构，同时也提供商业保险业务。4个私营保险公司于

1992 年以后相继建立。柬埔寨保险公司的保险业务主要包括财产险、寿险、建筑险、海上货物险和汽车险。购买保险的多数是在柬埔寨的国际机构或非政府组织。

早在 1995 年，柬埔寨在财经部的领导下建立了证券工作小组，起草证券市场规章，准备建立证券交易所。由于 1997 年 7 月柬埔寨国内发生政治动荡和武装冲突，此项工作被中断。2007 年 9 月柬埔寨政府宣布于 2009 年成立证券市场。2011 年 7 月 11 日，柬埔寨证券交易所在金边成立，由政府与韩国证券公司合作成立，双方占股比例分别为 55%、45%；2012 年 4 月 18 日，其证券交易所开业，金边水务局成为第一只上市交易的股票，首日涨幅为 47.6%。

3) 外汇管理

柬埔寨的货币单位是瑞尔(Riel)。汇率：由市场调节，1 美元＝4 040 瑞尔(2012 年)。

进入柬埔寨，游客所有携带的外国货币都需要向海关申报。可以很容易在柬埔寨换到小面额的美元，如 5 美元或 10 美元的纸币。

6.5 社会环境

1. 基本情况

柬埔寨是传统农业国，工业基础薄弱，是世界上最不发达的国家之一。自从 1993 年实现民族和解以来，经过 20 多年的努力，已经从一个战痕累累、民不聊生、秩序混乱的社会过渡到了社会有序发展、经济充满生机、人民安居乐业的新阶段。但是，和谐社会的建设仍然是柬埔寨政府在当前和今后要面临的一个重要课题。

首先，劳资纠纷不断是影响柬埔寨社会安定的一大重要因素：截至 2006 年年底，全国共有 420 家成衣厂和 19 家制鞋厂，工人总数达 287 005 人。而在 2004—2006 年的 3 年间，这些制衣厂共发生 594 起劳资纠纷案件，其中 288 起由工会领导，占 48.48%。发生劳资纠纷的工厂累计达到 557 家，3 年间共发生罢工事件 288 起。近年来更是频发类似事件，由此反映出柬埔寨的就业环境不容乐观，有待政府认真制定相关法规政策加以解决。其次，其劳工素质低、劳动生产率低下、教育程度落后也是不容忽视的问题。2011 年，欧盟市场订单的大幅增加使柬埔寨当年制衣制鞋业的出口达到了 42.4 亿美元，同比增长 42.8%。2011 年全国就有 50 多家制衣厂和制鞋厂开业，其中二十多家是从中国迁移过去的。截至 2011 年柬埔寨全国共有 550 多家制衣厂和制鞋厂，创造了约 45 万个就业岗位。

就其生态环境而言，柬埔寨目前面临的是空气和水的污染、森林面积锐减、土壤侵蚀、洪涝灾害、生物多样性损失等严重问题，森林保护是今后柬埔寨要着力解决的关键问题。针对这一生态问题，柬埔寨于 2002 年颁布了《森林法》，并请法国专业公司对柬埔寨林业进行了战略管理。目前柬埔寨政府已经决定把 21 世纪定为环保世纪，着重解决柬埔寨森林大面积减少和生态环境破坏问题，并在 5 个省建立了 11 个育苗基地，大力种植树木。

2. 人民生活

柬埔寨实行低工资制。2011 年，柬埔寨人均 GDP 为 909 美元，年均通货膨胀率为 5.5%。1999 年教师工资增加 20%。2010 年日均生活费低于 2 美元的人口占到其总人口的近 40%。

2005—2010 年期间，平均每万人拥有医生 3 人、护理和助产人士 8 人、牙医 1 人、药师 1 人，柬埔寨人人均预期寿命为 62 岁，婴儿和五岁以下儿童的死亡率为每千人 115 人和 118 人，疟疾、结核和黑热病仍然严重威胁着柬埔寨人民的生命。

图 6.4 街头随处可见的嘟嘟车

3. 社会保障

在柬埔寨，职工可以享受的福利待遇主要如下：年休、病休、产假等。目前尚欠缺较完善的医疗保障和社会保险制度。据世界卫生组织的统计，2009 年柬埔寨全国在医疗卫生上的总支出占 GDP 的 5.3%，按照购买力平价的计算方法，平均每个人的医疗健康支出为 110 美元。

4. 教育和科研

目前，柬埔寨的正规普通教育包括 5 年制的小学教育，3 年制的初中教育和 3 年制的高中教育。高等教育根据专业的不同而学制不同，3～5 年不等。据柬埔寨教育部统计，目前柬埔寨共有 2 772 所幼儿园，6 476 所小学，1 321 所中学，63 所大学(其中 18 所公立大学，45 所私立大学)。此外，柬埔寨的职业教育、补充教育、佛教寺院教育和私人教育也对柬埔寨的教育事业起着重要的补充作用。

由于长期战乱，使得柬埔寨的经济技术发展水平在东南亚各国中处于最落后之列，2012 年工业总产值占 GDP 的 25.6%，同比增长 18.6%。现有工业中制衣业是最大工业，其他基本上是一些小型的轻工业、装配业和手工作坊，如碾米、食品加工、造纸、锯木、制鞋、纺织等。生产的产品数量不多，质量不高，不能满足国内市场的需求，大部分工业用品和消费品均依赖进口。而重工业、高科技产业在柬埔寨几乎为空白。

5. 新闻出版和传媒

柬埔寨境内有 274 家报刊，27 家刊物、74 家杂志、14 个新闻工作者协会。柬埔寨私人报纸很多，发行量均不大。较有影响的有《柬埔寨之光报》(柬文，日报)、《柬埔寨日报》(英文、柬文)、《和平岛报》(柬文，日报)、《人民报》(人民党党报，柬文)、《金边邮报》(英文、双周报)、《柬埔寨时报》(英文、柬文，周报)、《华商日报》(中文，日报)等。

柬新社(AKP)为唯一的官方通讯社，成立于 1980 年。

柬埔寨目前有 28 家电台，其中官方电台 5 家，并有两家有线电视台：柬埔寨有限电视台、金边有限电视台。

6.6 文化环境

1. 民族

2012 年柬埔寨约有 1 450 万人口，有 20 多个民族和部族。除讲南亚语系语言的高棉族及其近亲民族外，还有讲汉藏语系语言的华族(华人)、缅族、泰族，讲南岛语系语言的占族、马来族以及语言系属仍有争论的越族(京族)等，其中高棉族占 80%，为柬埔寨主体民族。

2. 宗教

佛教是柬埔寨的国教(图 6.5)，93%以上的居民信奉佛教，其他宗教有伊斯兰教、天主教、原始拜物教等。

图 6.5　寺院门口的僧人

3. 语言

柬埔寨语言大致可分为 3 个语系，即南亚语系、汉藏语系和南岛语系。讲南亚语系语言的有高棉族；讲汉藏语系语言的有华人、缅人和泰人等；讲南岛语系语言的有占人、马来人等。高棉语为通用语言，与英语、法语同为官方语言。

4. 社会生活习俗

1) 家庭

柬埔寨高棉族典型的核心家庭是 5 口之家，包括 1 对配偶和他们的未婚子女，儿子和女儿在婚后一般都离开父母自立门户。柬埔寨的婚俗是新娘“娶”新郎，婚礼的全部过程都在女方家里进行，主持婚礼的一般都是村中最有名望的长者。

一个大的家族集团，个人的亲戚包括核心家庭中的父母、子女、祖父母、孙子孙女、叔叔、婶婶、侄儿、侄女等。家庭组织比较脆弱，除核心家庭中父母与子女之间的关系较为密切外，其他亲戚之间的联系比较松散。家族的名字没有承袭关系，绝大多数高棉人的家族史只能追溯到2～3代人，只有贵族家庭和王室能追溯到若干代以前。

高棉人的家庭实行家长制。从法律上讲，丈夫是一家之长，当然妻子也有相当的权力，特别是在家庭经济方面。丈夫负责建盖房屋和生产粮食，妻子一般操持家务并掌握家庭经济大权。在农村地区，男子主要负责犁耕稻田，栽插和收割稻谷，收割糖棕，照料耕牛，出售母牛和肉鸡等；妇女主要负责播撒稻种，参与收割稻谷、碾米、榨糖，并掌管家庭现金。在农村地区，高棉人核心家庭的财产，其合法子女可以平等继承。从理论上来讲，财产在有继承权的子女中平均分配，但实际上长子常常分得更多的一份。

2) 风俗习惯

(1) 传统节日。柬埔寨的传统节日有11月9日的独立节，它是为了纪念1953年11月9日柬埔寨王国摆脱法国殖民地统治宣告独立的日子，这天是柬埔寨的国庆日也是柬埔寨的建军日。其他节日还有国王诞辰日(5月14日)，全国庆祝3天；佛历新年：4月13日—4月15日；御耕节：佛历六月下弦初四；最大的传统节日是“送水节”，一般在每年的10月到11月举行，它标志着一年的洪水结束了，农作物成熟，这时国王要搬到王宫对面的水上房子里住3天，在送水节那天，要进行划龙舟比赛；另外还有“太皇”西哈努克诞辰日等节日。

(2) 饮食。大米是柬埔寨人的主食，食用方法与我国南方人民食用大米的方法大致相同。高地和山区人民的主食部分为大米，部分为玉米、蚕豆、甜薯等杂粮。副食有肉类、鱼类和各种蔬菜。

柬埔寨盛产各种鱼虾，鱼虾为他们蛋白质的主要来源之一。除新鲜煮食以外，他们喜欢将鱼制成干鱼、烟熏鱼和咸鱼，储存起来慢慢用油煎食。他们还将鱼制成鱼露。鱼露是柬埔寨人最常食用的佐料。蜂蜜、猪肉、鸡鸭肉和鸡蛋为稀罕之物，只有家有贵客或喜庆的日子才食用。

柬埔寨人吃饭喜欢拌以各种佐料，日常佐料除鱼露外，还有胡桃、柠檬草、薄荷、生姜等。他们喜欢吃甜食，许多食品都要放糖。

水果是柬埔寨人维生素的主要来源之一。他们经常食用的水果有香蕉、芒果、番木瓜、红毛丹和棕榈果等，有些果树是人工栽培的，有些是野生的。

在柬埔寨，农村老百姓吃饭习惯于用右手抓食，不用筷子，更不用刀、叉、勺之类。现在，由于受外来影响，城市和农村中用筷子吃饭的人越来越多。用餐时，男子喜欢喝酒和抽烟。

(3) 服饰。柬埔寨高棉族男子衣着一般穿对襟短上衣，热季上身一般只穿圆领汗衫，下身穿“纱笼”，类似缅甸和老挝男子穿的“笼基”，料子一般为棉布，富贵人家用丝绸缝制。农村妇女也习惯于穿这种“长裙”，不过不叫“纱笼”，而叫“桑博”(Sampot)，上衣大多为对襟无领短袖衣，颜色主要为深色和白色两种，花布衣也不少，劳动妇女大多穿深色对襟长袖外衣。

随着社会的发展和外来的影响，柬埔寨人的服饰已发生较大变化，穿“纱笼”和“桑博”的在城镇已不多见，在乡下也大大减少了，它们正日益被长袖上衣和长裤所取代。城市市民的衣着已基本西化。在公共场合，他们大多穿西服，传统服装只在家里才穿。

柬埔寨人服饰的又一大特点是无论男女老幼，每人都随身带着一块格子布，就是军人也不例外。他们有的将这块格子布盘在头顶，有的围在脖项，有的搭在肩上，有的系在腰间，有的包在头部。这种布在柬埔寨语里叫做“格罗麻”，中文一般译为“水布”。

6.7 商业环境

1. 贸易限制

1) 关税政策

由于柬埔寨经济水平相对较低，开放时间也较短，因此和其他东盟国家相比，关税相对较高。在进口方面，柬埔寨进口税按商品级别及种类分为7%、15%、20%、35%、50%等几类，并规定对于80%外销的投资项目、投资项目所需的建筑材料、生产工具及设备、原物料及半成品等均可免征进口税。柬埔寨规定，产品进口除应缴纳关税以外，尚需缴纳增值税约10%、商品检验费约0.1%及仓储费等。此外，依据柬埔寨向WTO提交的贸易体制备忘录，柬埔寨并无原产地、反倾销税、平税率及相关进口防卫措施。

在出口方面，除原木、大米、武器、军事及国防产品、医药品外均可自由出口，但是对部分货品如生鲜活鱼等产品将课征出口税。

2) 非关税措施

柬埔寨享有欧盟、日本、加拿大、美国等提供的普惠制(GSP)待遇，但柬埔寨对于申请原产地证书(C/O)的时间及程序均非常复杂。对于武器、军事及国防产品、医药用品、金银贵重金属等产品的进口，需向相关部门取得进口许可。申请进口许可证，不仅要出示形式发票，而且必须递交有关进口商品的样品、目录、说明、计划或图片，形式发票必须包括详细的商品名称和税则编号，许可证的有效期限一般为6个月。一般情况下，进口业务由国家核准的对外贸易公司负责。①

柬埔寨商业部和财政部对从事商务的人士来说是至关重要的部门。商业部在制定贸易政策和法规条例等方面居于领导地位，而财政部则起到参谋的作用。商业部严密控制着向柬埔寨进口商品的许可证的发放。柬埔寨的国有企业必须经财政部授权后，才能参与出口、进口和其他与外商间的交易活动。

3) 市场准入

根据美国商务部国际贸易管理局提供的信息，可以与柬埔寨进行出口贸易的机会有如下产品和服务：建筑、施工和工程服务；农业机械和设备；二手车、汽车零件和维修服务；药品和制药技术服务。

目前除武器、药品以外，只对原木、锯木、贵金属、宝石、文物的出口仍然实行出口许可证制度；除大米、橡胶和燃料等少数几种关键性商品的进出口权仍由国家控制外，其余商品全部都已放开。②

---

① 宫占奎、孟夏、刘晨阳，等著，《中国与东盟经济一体化：模式比较与政策选择》，中国对外经济贸易出版社2003年8月版，第154页。

② 刘稚编著，《走进柬埔寨》，云南美术出版社2004年2月版，第123页。

2. 专利、商标、知识产权保护

柬埔寨政府从 1995 年以来已经草拟了有关知识产权的法律，包括商标法、专利和设计保护法、版权及其他权利保护等。其中，关于保护专利、实用新型和工业设计的法律于 2001 年 10 月被内阁采纳，关于商标、商号和不公平竞争行为的法律于 2001 年 12 月通过。

柬埔寨商标法于 2000 年制定，但商标注册工作在此之前已开展。柬埔寨于 2004 年加入 WTO，是 WTO 的第 148 个成员，并于 1989 年加入了巴黎公约，但尚未加入马德里协定及其议定书。商标的拥有者，不管是个人还是合伙或公司，都可以申请注册商标。商标权的期限 10 年，期满可以续展，每次 10 年。每 5 年向知识产权主管当局报告使用或未使用情况，没有报告的，该商标将被取消。

在双边层次上，柬埔寨于 1996 年 10 月与美国签订了与贸易相关的知识产权协定，于 1997 年 3 月与泰国签署了关于知识产权合作的谅解备忘录。另外，作为东盟成员，柬埔寨已经批准“1995 东盟知识产权合作协定框架”在柬埔寨的实施。中国于 2010 年 1 月 1 日起率先对柬埔寨绝大部分产品实行零关税，柬埔寨 2011 年实行降税，最终于 2015 年对中国 90%以上的产品进口实行零关税。

柬埔寨目前还没有有关国际仲裁和商业纠纷处理机制的法律。司法部和商务部在借鉴国际仲裁法律以及周边国家的实际经验的基础上正在联合制定一部商业仲裁法律。

3. 商务礼仪

1) 商业习俗

在商业领域中，柬埔寨人的许多习惯与越南人相似，但其中也有一些值得注意的地方。

柬埔寨人与别人的交往方式比较正统，比越南人更为保守一些。他们对地位和级别非常敏感。对于那些地位较高的资深政府官员和公司主管，一定要给予特别的关照。而且如果提到他们“负有重大责任”或“日程安排得非常忙碌”，他们会感到很高兴。

柬埔寨人很注重礼节，讲究礼貌，见了面要打招呼。相互认识的，通常不称呼姓，而习惯于直呼其名，并在名字前面加上一个冠词，以示性别、长幼、尊卑之别。例如，一个名叫“恩”的男子，祖父辈叫他“召恩”(“召”意为孙儿)；叔伯辈叫他“克梅恩”(“克梅”意为侄儿)，同辈人则称他“邦恩”(“邦”意为兄长)。

柬埔寨人见面打招呼时一般行合十礼，也称“拜”，其动作包含丰富内容。动作稍有不同，所表达的意思也不同。如子女向父母，孙儿向祖父母，学生向老师，应将合十的手指尖举到眼眉；政府官员向上级行礼时，应将合十的掌尖举到口部；官阶相等或在老百姓之间行礼时，应将手掌尖举到鼻子尖；在向王室或高僧行礼时，还需蹲下或跪下。

2) 商业禁忌

柬埔寨人在日常生活中，有种种禁忌，俗称“拍蒲”。若一家老幼同居于一室时，晚辈的床严忌高于长辈的床铺，否则将被视为罪孽。无论是谁，禁忌把脱下的裤子悬挂在别人的头上方，否则也被视为罪孽。

在一般情况下，妇女不得进入寺庙，否则将被视为“亵渎圣洁之地”。当人们进寺庙拜望僧侣时，严忌穿鞋而入，否则将被认为犯下大罪。①

① 王士录编著，《当代柬埔寨》，四川人民出版社 1994 年 10 月版，第 77～82 页。

本章小结

柬埔寨自然环境优越，其生态环境遭到较大破坏的问题已经引起了政府的重视和关注。柬埔寨近三年来一直处于政治结构的变革重组当中，这一过程至今仍未完成，其经济结构单一，工业尤其是制造业落后，农业基础差等问题也制约了经济的稳定发展。柬埔寨文化环境也较落后，有待改善。就其商务环境而言，柬埔寨适合投资，但要注意防范法律、金融、政策方面的诸多风险。

思 考 题

1. 柬埔寨地理环境和资源有何特点？
2. 在柬埔寨经商有什么样的风险？
3. 柬埔寨贸易限制的内容是什么？

第 2 篇　东南亚海岛国家

第 7 章　印度尼西亚

印度尼西亚全称为印度尼西亚共和国(Republic of Indonesia)。

7.1　简　　史

印度尼西亚(简称印尼)历史悠久，其中，爪哇是人类发源地之一，远古时期已有人在此繁衍生息。印尼社会长期处于封建割据状态，先后分为印度教王国和伊斯兰教王国两个时期。公元 1 世纪佛教传入印尼，印尼进入印度宗教文化影响时期，公元 5 世纪出现最早的王国：加里曼丹东部的古戴王国和西爪哇的达鲁玛王国。7 世纪在苏门答腊的巨港出现了东南亚强大的海上王国室利佛逝，13 世纪末，拉登威查雅在爪哇建立了印尼历史上最强大的麻喏巴歇王国，统一了印尼。13 世纪伊斯兰教传入印尼，16 世纪伊斯兰教王国淡目灭掉麻喏巴歇，印尼进入伊斯兰王国鼎盛时期。1511 年葡萄牙人为夺取香料侵入印尼东部马鲁古群岛，西班牙人也接踵而来，遭到爪哇、苏门答腊和马鲁古地区伊斯兰教王国的联合抵抗。1596 年荷兰侵入，1602 年荷属东印度公司垄断了印尼贸易。1799 年 12 月底，荷属东印度公司宣布破产。1800 年殖民政府取而代之，通称“荷印政府”。1811—1816 年英国取代荷兰建立了殖民地政府，英驻爪哇总督莱佛士在当地推行部分自治和废除奴隶贸易，以土地所有制取代荷兰的强迫种植制。1816 年后荷兰逐渐恢复对印尼的殖民统治，至 1903 年征服亚齐，才完全占有整个印尼。期间，印尼各地从未间断反抗荷兰的斗争，其中最著名的有 1816—1818 年的马鲁古反荷起义、1825—1830 年的爪哇人民大起义、西苏门答腊的反荷战争、1873—1903 年的亚齐战争等。

1942 年太平洋战争爆发，日本入侵印尼。1945 年日本投降后印尼爆发革命，同年 8 月 17 日苏加诺和哈达代表印尼人民向全世界宣布独立，此后经过与英荷殖民主义者的艰苦斗争成立了印度尼西亚共和国。1965 年 10 月 1 日以苏哈托为首的军人集团发动政变，取代苏加诺开始了印尼的“新秩序”时期，此后印尼经济社会逐步稳定，人民生活水平逐步提高。1998 年在严重的经济危机以及宗教矛盾和民族矛盾的冲击下，印尼社会动乱、政局动荡，苏哈托被迫下台。随后执政的梅加瓦蒂、苏希洛等历届政府致力于恢复社会秩序，维护民族团结、积极努力采取措施振兴经济。[①]2009 年 7 月，印尼举行总统大选，苏希洛和央行行长布迪约诺获得 60.8%的选票，当选正、副总统，于 2009 年 10 月就任。苏希洛政府把国家安全、经济建设以及反腐倡廉确立为施政重点，致力于解决地方分离主义问题，加强国际反恐合作；实行更为开放的经济政策，大力吸引外资刺激经济复苏；对政府官员财产收入加强监督，努力创建廉洁政府。

7.2 自然环境

1. 位置与面积

印尼位于亚洲东南部，是东南亚最大的海岛国家，也是世界上最大的群岛国家，由 17 508 个大小岛屿组成(其中有 6 000 多个岛有人居住)。印尼北面与新加坡、菲律宾和马来西亚隔海相望(其中加里曼丹岛与马来西亚的东部地区陆地相连)；南面隔海与澳大利亚相邻；东部与巴布亚新几内亚毗邻；西面隔海与斯里兰卡、印度遥遥相望。印尼全国陆地面积约 19.4 万平方千米，海岸线总长 81 000 千米。领土东西长达 5 100 千米、南北宽 1 900 千米。

2. 地形、地貌、气候和降水

印尼的地形主要由群岛、山脉、火山、沿海平原、河流、湖泊和海峡组成。印尼上万的岛屿在地理上大致划分为 4 大群岛：①大巽他群岛，包括爪哇、苏门答腊、加里曼丹和苏拉威西等大岛；②小巽他群岛，主要包括巴厘、龙目、松巴哇、松巴、弗洛勒斯等岛屿；③马鲁古群岛(也称为“香料群岛”)由苏拉威西与伊利安查亚之间的岛屿组成；④伊利安查亚岛。

印尼地貌一个最大的特点就是火山多，是地震火山最多的国家。除加里曼丹外，各个岛屿都有火山，全国有 400 座火山，其中有 100 座是活火山(图 7.1)，而且大部分集中在爪哇群岛。在山脉和火山之间以及沿海地区有一些由火山灰堆积而成的肥沃平原。在印尼群岛之中分布着 200 多条河流，著名的大河有卡普阿斯河、巴唐哈里河、梭罗河等，为印尼的农业灌溉和内河运输发挥了巨大作用。另外，在印尼的群岛之中也有大量的湖泊，成为印尼重要的旅游资源和淡水来源，如苏门答腊岛上的多巴湖，湖光山色、风景秀丽，是印尼著名的旅游胜地。众多的岛屿形成了大量的内海和海峡，如巽他海峡、马六甲海峡、龙目海峡、马尼帕海峡等都是沟通太平洋与印度洋以及南太平洋的重要通道，这也使印尼具有重要的地理战略地位。

---

① 余亚克编，《当代印度尼西亚》，四川人民出版社 1994 年版。

图 7.1　印度尼西亚的活火山

印尼属于热带雨林气候。由于地跨赤道和受海洋气候的影响，其一年分为两季，6—11 月雨水相对少一点称为旱季，12 月—次年 5 月为雨季。印尼气候最突出的特点是：温度高、降雨多、湿度大、风力小。印尼全境年平均降雨量为 2 000 毫米以上，年平均温度为 25～27℃，各个月份的气温变化不大。

3. 资源禀赋

印尼地域辽阔，海域宽广自然资源十分丰富，主要资源有如下几种：①矿物资源，有石油、天然气、煤和地热资源，铝矾土、锡、镍、铜、金、银、铬、铁、锰、铀等矿物也很丰富，其中石油、锡、镍储量在世界上占有重要地位，此外还有磷、硫磺、大理石、石棉、云母、高岭土等；②生物资源，印尼气候好，土地肥沃，雨量充沛，其热带雨林是一个巨大的生物基因库，森林面积 1.45 亿公顷，为国土面积的 74%，盛产热带林木如柚木、檀香木，其热带花卉、热带水果、药用植物也都非常丰富，动物资源如哺乳动物 500 多种，鸟类 1 500 多种，爬行动物 350 多种，鱼类及海洋生物 3 000 多种。

4. 人口及行政区划

印尼是世界第四人口大国，截至 2010 年年底全国总人口为 2.376 亿，预计 2015 年将达到 2.468 亿，是一个劳动力充足，人口结构相对年轻的国家。印尼共有一级行政区 34 个，包括雅加达(Jakarta)首都特区、日惹和亚齐两个地方特区和 31 个省，其二级行政区(县/市)512 个。

图 7.2　首都雅加达

首都雅加达是印尼政治、经济、文化的中心，人口 960 万，也是东南亚最大的城市之一(图 7.2)。印尼的主要城市还有：万隆、茂物、井里汶、三宝垄、日惹、泗水、班达齐亚、棉兰、巴东、巨港、登巴萨等。

7.3 政治环境

1. 政治体制

1) 宪法

1945年8月17日印尼宣布独立，实行共和国制。印尼独立后颁布了第一部宪法，称为“四五宪法”，1999年和2000年进行过两次修改，沿用至今。宪法规定，印尼是实行共和国政体的统一国家，实行总统内阁制，治国的基础和原则是被称为“潘查希拉”的建国五基，即信奉神灵、人道主义、国家主义、民主和社会公平，又称为建国五项原则。宪法规定国家机构由人民协商会议、总统、国会(也称人民代表会议)、最高评议院、财政审核局、最高法院等组成。宪法规定，总统是国家元首、政府首脑和武装部队最高统帅，总统任命内阁，内阁对总统负责。总统有单独颁布政令和宣布国家紧急状态令，对外宣战和媾和等权力。从2004年起总统和副总统不再由人民协商会议选举产生，改由全民直选，任期五年，只能连任一届。

2) 人民协商会议

人民协商会议简称“人协”，为国家最高权力机构，负责制定、修改和颁布国家宪法及大政方针；监督和评价总统执行国家大政方针的情况，在总统违背宪法时有权对其进行弹劾或罢免。

3) 国会

国会是国家立法机构，行使除起草和修改宪法外的所有国家法律法规的立法权。国会不能解除总统职务，总统也不能宣布解散国会；但是如果总统违反宪法，国会有权建议人协召开特别会议，追究总统责任。

2. 政府

总统直接领导内阁，政府由3名统筹部长、17名部长和10名国务部长组成，为国家最高行政机构。地方政府机构分为4级，一级行政区(省级)包括首都雅加达、日惹、亚齐3个地方特区和31个省区、二级行政区(县、市级)共512个、三级为乡、村。

3. 政治党派

1975年政党法只允许3个政党存在，即专业集团党、印尼民主党、建设团结党。1998年5月解除党禁。1999年政府承认参加大选的合法政党达到48个。2009年大选中，苏希洛创立的民主党赢得大选，胜选的主要大党包括：民主党、专业集团党、民主斗争党、繁荣公正党、国家使命党、建设团结党、民族觉醒党、大印尼运动党、民心党九大政党。

4. 司法体制

印尼实行三权分立制度，最高法院和最高检察院独立于立法和行政机构，政府司法部管辖各级地方法院，最高法院正、副院长由国会提名，总统任命，最高检察院长由总统任免。2004年新成立“地方代表理事会”的立法机构，负责有关地方自治，中央与地方政府关系，地方省市划分以及国家资源管理等方面的立法工作。

5. 对外关系

印尼奉行独立自主、不结盟的积极外交政策；主张平等互利、相互尊重和大国平衡原则，积极参与地区和国际事务；主张改革联合国，扩大安理会。反对把经济与人权、环境挂钩。促进“南南合作”和“南北对话”，积极参与亚太经济合作；重视与东盟成员国的友好合作关系，积极发展与美、日、俄、欧盟和中国的关系；关注世界和亚洲的重大事务。1966 年 8 月苏哈托倡议建立东南亚国家联盟，后被其邻国采纳，1967 年由印尼、新加坡、马来西亚、泰国、菲律宾联合成立了东南亚国家联盟，印尼在该组织中发挥了重要的组织领导作用。

到目前为止印尼已经同 112 个国家建立了外交关系，在国外设有 80 个大使馆。印尼是最早承认中华人民共和国的国家之一，1950 年 4 月 13 日与中国建交，1967 年“9·30 事件”后，于当年 10 月 30 日与中国中断外交关系。1990 年 8 月 8 日起两国正式恢复外交关系，经济、贸易、文化的交流与合作得到迅速恢复。2005 年与中国建立战略伙伴关系，2010 年双方确定为“中国印尼友好年”。恢复正常关系以来印尼高层与中国一直保持来往和互访。

7.4　经 济 环 境

1. 经济计划及发展状况

印尼是东南亚最大的经济体，自独立以来其经济发展大约经历了 3 个阶段。

1) 苏加诺执政时期(1945—1965 年)

这一时期主要是对原荷兰殖民者的土地、矿山、林场、工业企业、海关、交通、银行、邮电等部门实行国有化，以及将重要的经济部门置于国家的控制之下，主要目标是在政治独立的条件下争取经济上的独立自主。由于当时复杂的国内国际背景，到 1965 年苏加诺下台时，印尼经济几乎崩溃，人均国民收入仅 90 美元，通货膨胀率达 650%。

2) 苏哈托执政时期(1965—1998 年)的第一个 25 年发展计划

苏哈托执政以后采取稳定经济、对外开放政策，通过 5 个五年计划实现经济结构的根本转变。到 1994 年印尼 GDP 年平均增长率为 6.8%，通货膨胀率被控制在 10%以内，人均 GDP 达到 700 美元。通过“绿色革命”，于 1984 年实现粮食自给。在 20 世纪 80 年代成功地实现了两次经济转型的结构性调整，完成了替代进口战略，为印尼的经济起飞奠定了基础。

3) 第二个 25 年发展计划

这一时期进一步放宽投资限制，进一步简化进出口手续，降低关税，鼓励出口；扶持中小企业、发展旅游业、促进服务业发展等。然而 1997 年的东南亚金融危机使印尼经济受到重创，随之而来的国内政治动荡、政府更迭、企业外债、银行的呆账使印尼经济整改困难重重，经济复苏乏力。尽管如此，2000 年以后经济仍在缓慢地复苏，GDP 增长率年均达 4%～5%。2006 年印尼国内生产总值达 3 641.5 亿美元，同比增长 5.5%，通货膨胀率为 6.6%，失业率为 10.3%。2004 年苏希洛执政后采取积极开放的政策和措施，引进外资、改造和发展基础设施、整顿金融体系；扶持中小企业发展、经济取得明显效果。经济一直保持较高增长势头，保持在5%以上。[①]2011年印尼国内生产总值达8 457亿美元，同比增长6.5%，进出口总额3 809亿美元，贸易顺差260.1亿美元，外汇储备1 101亿美元，外债970亿美元，1美元兑换9 100盾(2011年年底)。[②]

2. 经济结构

经过20世纪80年代经济结构的调整和20世纪90年代替代进口经济战略的完成，印尼进入了工业化的初级阶段。1991年工业生产在GDP中的比重超过了农业产值，同时服务业也迅速增长。到2007年农业在国民经济中的比重降到13%；工业占47%，其中制造业占28%；服务业占40%。[③]如果第2个25年发展计划能如期完成，2020年左右印尼将进入中等发达国家的行列。印尼拥有东盟40%的消费者，其经济结构的变化对东盟市场将产生巨大影响。

3. 经济基础设施

随着印尼经济迅速发展，经济基础设施的建设也在不断加强。从1965年以来，政府以每年政府支出的15%作为交通基础设施建设的投资，为印尼经济的快速增长提供了重要保障。

(1) 交通。公路和水路是印尼主要的运输手段，其中公路担负着国内近 90%的客运和50%的货运。截至2009年年底，全国有公路近43.78万千米，其中高速公路1 000千米、沥青路面的公路2.5万千米；全国有水运航道21 579千米，各类港口672个，主要港口有雅加达的丹绒不禄港，泗水的丹绒佩拉港和棉兰的勿老港，各种运输船只 5 000 多艘；航空运输发展也十分迅速，截至2009年年底，各种民用机场共196个，其中29个国际机场，各型号飞机991架；铁路主要集中在爪哇和苏门答腊两个岛上，总长6 458千米，其中电气化101千米，此外还有油气管道运输530千米。

(2) 能源。能源既是印尼的重要经济基础设施又是支柱产业，能源工业既满足了经济增长的需求，又作为重要的出口商品为印尼创造了巨大的外汇收入。印尼石油储量为13.1亿吨、天然气储量为4.8万亿～5.1万亿立方米，煤炭储量193亿吨，潜在储量约900亿吨。石油、天然气和煤炭作为燃料出口，在出口额中占26%。另外，电力工业发展也很快，总装机容量达3 758万千瓦，已经形成石油、天然气、地热、煤和核电一体化的电力工业体系。

(3) 电信通信。由于印尼岛屿众多，电信、通信建设十分重要，20世纪90年代以来印尼发展的电子信息产业、卫星通信、光纤光缆等现代通信技术使印尼国内与世界的联系更加紧密。印尼2003年在信息通信技术方面的投资占GDP的3.4%，人均33美元。目前印尼人电话拥有量为39‰，移动电话为87‰；电视机拥有量为153‰；个人计算机为119‰；互联网用户为38‰；广播电视已覆盖全国各地。

4. 对外贸易

(1) 商品贸易。印尼实行积极的对外开放政策，放宽对外资的限制，简化进出口手续，降低关税，鼓励出口。从1980年以来印尼的对外贸易一直保持较稳定的高增长，1980—1990

① 《世界知识年鉴》(2007—2008)，世界知识出版社，第257页。

② 中华人民共和国外交部网站www.fmprc.gov.cn，《印度尼西亚国家概况》，2009年9月。

③ 世界银行，《世界发展指标》(2008年)，第204页。

年年均增长率为 8.1%；1990—2002 年年均增长率为 7.4%；2001—2002 年受全球经济放缓影响有所下降；2003—2004 年恢复增长；2005—2007 年年均增长率在 10%以上。[①]

印尼的主要出口产品有石油、天然气、纺织品和成衣、木材、藤制品、手工艺品、鞋、铜、煤、纸浆和纸制品、电器、棕榈油、橡胶等。2007 年 4 大贸易伙伴为日本、新加坡、中国、美国。主要进口产品有机械运输设备、化工产品、汽车及零配件、发电设备、钢铁、塑料及塑料制品、棉花等。

(2) 印尼与中国的经贸关系。印尼是东盟最大的国家，由于中国和印尼两国之间资源的高度互补性，并得益于《中国—东盟全面经济合作框架协议货物贸易协议》及中印尼战略合作伙伴关系的建立，双边贸易自 1990 年恢复建交后呈快速发展的态势。近几年发展迅速，贸易额平均每年递增 20%。根据中国商业部统计，目前中国和印尼的双边贸易额已从 1990 年恢复建交时的 11.8 亿美元增长到 2008 年的 315.21 亿美元。到 2012 年中国与印尼双边贸易总额达 662.2 亿美元，又翻了一番，其中中国对印尼出口额为 342.9 亿美元，进口额为 319.3 亿美元，中方贸易顺差 23.6 亿美元。

2008 年中国成为印尼的第三大进口国和第五大出口国。[②]中国与印尼的进出口商品结构不断调整，逐渐由初级产品(如矿产品)向中高级技术含量产品转变，双边贸易互补性不断提高，具有广阔发展空间。[③]目前中国已成为印尼十大投资国(或地区)之一。据有关专家预测，“中国在未来三至四年内将超过美国成为印尼的第五大外资来源国”。[④]根据中国商务部统计，到 2012 年中国对印尼非金融直接投资金额达 6 亿美元。印尼对中国投资 45 个项目，实际利用金额 6 378 万美元。

在 2004 年中国外交部和商务部发布的《对外投资国别产业导向目录》中，鼓励中国企业到印尼投资的领域有以下几个：农林渔业中的渔业捕捞、森林开发；采矿业中的石油天然气开发；制造业中的电气机械及器材、电视机、显示器、电子设备、交通运输机械和零配件、摩托车、化学原料及化学制品、竹制品生产；服务业有交通运输、建筑、旅游以及电力生产与供应等。目前中国的“小天鹅”、“长虹”、“大显通信”、“中国华电”和“同仁堂”都成功地进入了印尼市场。

中国对印尼非金融类直接投资合作主要是基础设施建设项目。中国企业在印尼主要从事承包工程、劳务合作及设计咨询合同。2012 年年末中国在印度尼西亚劳务人员 4 662 人。完成承包工程营业额 186.5 亿美元。[⑤]

5. 外资和外援

为发展本国经济，印尼政府在建设资金短缺情况下，积极吸引国外直接投资，同时努力争取国际金融组织和发达国家提供的长期与低息贷款和援助。1997 年金融危机前，外资增速较快，1967—1998 年共批准外商投资额累计达 2 055.77 亿美元，但金融危机发生后，外国投

---

① 中国驻印尼大使馆商务参赞处网站 www.id.mofcom.gov.cn。

② 中华人民共和国驻印度尼西亚共和国大使馆网站 www.mfa.gov.cn。

③ 王受业、梁敏和、刘新生编著，《列国志・印度尼西亚》，中国社会科学文献出版社 2006 年 4 月版，第 226 页。

④ 印尼投资协调署主任鲁特菲，《印尼商报》2009 年 6 月 18 日。

⑤ 中华人民共和国商务部《国别贸易投资环境报告 2013》，http://mofcom.gov.cn。

资骤降。[1]近些年政府积极改善投资环境，引进外资，2010 年和 2011 年实际利用外资额分别为 163 亿美元和 173 亿美元。外资来自 50 个国家和地区，其中居前 5 位的依次是：日本、中国香港、荷兰、新加坡、美国。外商投资最集中的领域依次是制造业和服务业、运输、仓储、通信、化学和制药工业、造纸和印刷工业、建筑业、非金属矿等行业。外资最集中的地区依次是：经济发达的西爪哇、首都雅加达特区、北苏门答腊、东爪哇 4 个地区。[2]

6. 国际经济合作

对外经济合作是印尼经济发展的一个重要推动力量。印尼重视发展与西方国家及东盟国家的经济合作，与日本、澳大利亚等国家经济合作较密切。自 2009 年中国与印尼建立双边战略伙伴关系以来，中国已成为印尼的重要经济合作伙伴，强调要加强两国在能源、电子、信息、基础设施建设、金融领域的长期战略性合作。

7. 财政金融

(1) 财政。长期以来，印尼政府采取财政预算收支平衡政策，但是由于经济的快速增长和发展的不平衡，财政赤字还是逐年扩大，财政困难，2007—2011 年间财政赤字占 GDP 比重一直在 1.6%～1.9%之间。

(2) 银行和金融。1997 年金融危机之前，全国共有商业银行 144 家，外资和合资银行 44 家。1997 年金融危机使印尼金融业受到巨大冲击，经过危机后的重组、调整，金融业的状况逐步好转。到 2009 年印尼共有 128 家商业银行(其中 4 家为国有)、26 家区域性发展银行、65 家全国性的私营银行、27 家外资和合资银行。按资产排名依次为曼迪利银行、印尼人民银行和中亚银行。为了防止金融危机带来冲击和破坏，印尼央行分别与中国、日本、韩国签订了货币互换协定，分别为 40 亿、60 亿和 10 亿美元。2009 年中国央行还与印尼签订了 1 000 亿人民币的双边本币互换协议。

(3) 货币。印度尼西亚盾(Rupiah)是印尼的法定货币，其编码为 IDR。1 盾等于 100 仙(Sen)。印尼现在市面有 100、500、1 000、5 000、10 000、20 000 盾 6 种面额的纸币流通，此外还有 5、10、25、50、100、500 盾 6 种面额的铸币同时流通。在 1997—1998 年的亚洲金融风暴使印尼盾贬值了 35%，成为苏哈托政府被推翻的主要因素之一。当时 1 美元相当于 2 000～3 000 盾，至 1998 年 6 月跌至 1 美元兑 16 800 盾。经过这几年的经济恢复，2002 年平均 1 美元等于 8 400 印尼盾；2011 年平均 1 美元等于 9 100 印尼盾。[3]

7.5 社会环境

1. 人民生活

20 世纪 60 年代至金融危机前，印尼经济发展较快，居民生活不断改善，贫困人口大

① 杨眉、李卫主编，《印度尼西亚共和国经济贸易法律指南》，中国法制出版社 2006 年 10 月版，第 10 页。

② 王受业、梁敏和、刘新生编著，《列国志・印度尼西亚》，中国社会科学文献出版社 2006 年 4 月版，第 226 页。

③ 中华人民共和国外交部网站 www.fmpre.gon.cn，“印度尼西亚国家概况”。

幅度减少，就业人口增加。1997 年金融危机引发经济危机，失业人口大幅度增加，加之粮食作物减产，贫困人口剧增。因此，政府通过提供生活必需品和生产工具等措施，救助因金融危机而陷入暂时贫困的家庭，同时采取扩大就业和加强能力建设等中长期措施，解决结构性贫困问题。2000 年后已基本恢复稳定，2011 年贫困人口从 1999 年的 4 840 万人减少到 3 002 万人(贫困率为 12.4%)，失业率为 6.6%。[①]现在人民生活水平基本上恢复到金融危机前：人均 GDP 约 3 350 美元(2003 为 3 210 美元)；新生儿的死亡率从 1990 年的 60‰下降到 31‰；人均预期寿命从 62 岁提高到 69 岁。

2. 社会保障

为了保持社会稳定，印尼政府关心国民的社会保障、住房问题、就业问题、关注提高就业人员的工资，规定并逐年提高最低工资，关心医疗保险、人寿保险、事故保险和退休人员的福利等问题。20 世纪 70 年代以来印尼政府对国家的医疗保健、计划生育、地方病防治、农村公共卫生等方面的基础设施建设做出了巨大的努力。到 2011 年在全国建立了 8 570 个公共卫生中心、卫生所 23 163 个和 6 849 个流动医疗站。这三类医疗机构随着社会经济的发展数量不断增加和质量不断提高。卫生保健的支出在 GDP 的比重增长了 3.2%，其中公共支出为 1.2%。尽管印尼政府和各类社会组织做出了很大努力，但是由于经济发展水平的制约，印尼人民的医疗卫生条件仍有待大力改善。

3. 教育和科研

印尼实行九年义务教育，学制为小学 6 年，初、高中各 3 年；大学 3～7 年。学校分为公立和私立两类，受国家文化教育部管理和监督。2010 年教育预算开支 183 万亿盾，占财政总预算 20%。经过多年努力，目前全国成人识字率男性达 92%，女性达 83%。现在全国共有小学 165 752 所；初高中学校 60 423 所；大学分为国立和私立大学，全国共有各类大学 3 553 所；大学教师近 26.2 万人。著名的大学有印度尼西亚大学(雅加达)、加查马达大学(日惹)、艾尔朗卡大学(泗水)、班查查兰大学(万隆)。由于对教育的重视，在东盟国家中印尼的科技进步突出，对经济发展起到了支撑作用。

随着经济的发展，科技在印尼整个发展中的作用越来越重要。印尼主要的独立科研机构有：印度尼西亚科技研究所、国家原子能局、国家测绘协调局、中央统计局、技术评价与运用局、国家空间研究所等；此外，大学、私营大公司、非政府部门也有一批研发机构。1994 年印尼政府制订了中长期科技发展战略计划；1995 年还制订了科技支持国家工业发展的五项指导方针；1996 年确定了国家科技优先发展战略计划，提出了今后 15 年在生物、医学、农业、工程、材料、化工、能源、信息、环保、飞机制造等领域的 26 个重点攻关项目。目前在飞机、电气、电子信息等领域已经取得了明显成效。据世界银行统计，2003 年印尼的高新技术出口额达到 22.92 亿美元，占制成品出口的 14%。印尼科技虽然在近年有较快发展，但是由于科技基础设施薄弱、科技人才短缺、科研经费不足、科研与生产以及科技转化为商品还存在一些障碍，近期内对国际科学技术的依赖还不会从根本上改变。

① 中华人民共和国外交部网站 www.fmprc.gov.cn，“印度尼西亚国家概况”，2009 年 9 月。

4. 新闻出版和传媒

印尼的新闻出版和媒体在20世纪90年代以后有了快速发展。有影响的印尼文报纸有《罗盘报》、《专业之声报》、《印尼媒体报》、《共和国日报》、《革新之声报》和《印尼商报》；英文报纸有《雅加达邮报》、《印尼观察家报》等；中文报纸有《印度尼西亚日报》、《国际日报》、《世界日报》、《华文邮报》(中文和印尼文互译)、《商报》、《新生日报》、《千岛日报》和《星洲日报》(原《印度尼西亚日报》)等。印尼主要的通讯社有安塔拉通讯社，为官方通讯社。主要的广播电视机构有印尼国家广播电台，日平均播音21小时，每天用10种语言对海外广播12小时；印尼国家电视台，每天播放12小时，播放的国产节目占80%。私营电视台有印尼鹰记电视台、太阳电视台、教育电视台、美都电视台(印尼首家新闻台，开播中文节目)等。

5. 文化艺术

印尼是个历史悠久的国家，早在公元16—17世纪就出现了《马来纪年》、《杭·杜阿传》和《阿卜杜拉传》等著作。进入20世纪以后，印尼现代文学迅速成长，著名作家有马斯·马尔戈和马拉·鲁斯里等。印尼独立后涌现了一批作家，最为著名的是普·阿南达·杜尔。在艺术方面，由于受到印度教和佛教的影响，印尼的建筑艺术深受印度文化的影响。印尼的雕刻和绘画艺术也发展较快，巴厘岛的工艺木雕闻名世界。印尼各民族都有自己独特的音乐和舞蹈，皮影戏也是印尼人民喜闻乐见的传统文化艺术。

6. 体育

独立以后，印尼于1948年9月9日在中爪哇省举行了第一届全国运动会，并把9月9日定为全国体育日，每5年举行一次全国运动会。印尼体育代表团从1952年首次参加在赫尔辛基举行的奥运会至今，已多次获得奖牌。印尼人比较喜欢的体育项目有羽毛球、网球、排球、足球、拳击等。

7.6 文化环境

1. 民族

印尼是一个多民族国家。全国有100多个民族，其中爪哇族为最大民族，占全国总人口的45%；其次是巽他族，占总人口的14%；马都拉族占7.5%。此外还有马来族、巴达族、米南加保族、亚齐族、巨港族、巴厘族、米纳哈萨族、萨萨克族、马鲁古族、达雅克族以及华人、阿拉伯人、印度人、欧洲人及其后裔，华人较多，影响也较大。

2. 宗教

印尼政府主张宗教信仰自由，人民的宗教信仰是建立国家的基础，国家要求每一个印尼人都应该信奉神灵。独立以来，历届政府都积极支持各个宗教活动，拨款修建清真寺、教堂和寺院。全国有清真寺、教堂、寺庙和寺院14 500多座。主要的宗教有伊斯兰教、基督教、天主教、印度教和佛教。信仰伊斯兰教的教徒约占全国总人口的 87%，是世界上穆斯林人口最多的国家，伊斯兰教对国家政治、经济、文化、教育、风俗习惯、社会生活有着极其广泛和深远的影响(图 7.3)。基督教徒占总人口的 6.1%；天主教徒占 3.6%；其他教徒占 3.1%。

3. 语言

图 7.3　印尼的穆斯林

印度尼西亚民族众多，语言复杂是其突出的特点，全国有 200 多种地方民族语言。官方语言为印尼语，印尼语在国家的推动下进行了规范，欧洲语言、本土民族语言以及其他外来语的词汇的借用大大丰富了印尼语，并在国家发展中发挥着重要作用。由于地理环境和民族聚居原因，在各个地区也仍然保持地方语言。印尼文字采用拼音法，经过 6 次拼音方案改革，使拼音规范、书写规范，同时使印尼的马来文与马来半岛的马来文基本统一。英语教育在印尼受到重视，是高等学校、官方在对外交流、教学和商务活动中的重要通用语言。

4. 社会生活习俗

印尼是一个具有浓郁宗教信仰和民族传统的国家，各个民族都重视家庭生活，每一个民族都保持着各自婚、丧、嫁、娶、衣、食、住、行的传统习惯。印尼的各个民族在文化上也有差异。

初次见面时，印尼人特别重视送名片，否则将会受到主人长时间的冷遇。谈话时要把声音放低，态度要谦逊，在与商人交往时带上礼物是合适的。印尼人在社交场合与客人见面一般以握手为礼，与熟人或朋友相遇，传统的礼节是右手按住胸口互相问好。在商务谈判或国际交流会做正式介绍时，对称谓要多加小心，他们的姓名、头衔、职务要介绍准确。多数中产阶级有两个名字，下层人一般只有一个名字，他们常常把家族的名字作为自己的名字；富有者通常有很长的名字。在称呼人时，用他的第一个名字就行。在与印尼人交谈时的话题最好避开宗教和政治。

在日常生活中，印尼人不喜欢在街道上或走路时吃东西；不喜欢当着人面打哈欠，如果忍不住时要用右手捂住嘴；不喜欢外国人在大庭广众接吻；在同别人说话时，不要将手放在臀部；坐下来时双腿不要交叉、跷着二郎腿，脚尖和鞋底不能对着人。

在印尼朋友家做客，或者是业务关系邀请共同进餐应客随主便，在主人没有邀请开饭和喝酒之前不要先喝，吃饭时不要多说话，吃完后在盘子里留一点食物，表示已经吃好了。作为客人不要对食物提出特别要求。

在访问或交往中，男士需穿深色的西服。在比较私人的场合，穿长袖衬衫，打领带，穿整洁的裤子便可。女士应该端庄，穿质地轻薄的套装或裙子衬衫搭配。如果戴着墨镜与人谈话会被认为不礼貌。除了握手外，当地人不习惯与不熟悉的人有身体上的接触；见面时不要用眼光凝视对方，这会让对方不舒服；在印尼伊斯兰文化中左手被认为是不洁的，不要用左手碰别人，或传递食物、物品、名片，也不要用左手摸小孩子的头；不要用食指指人，若叫招待员举手就可以了。

总之，印尼是一个比较传统的国家，相对比较保守。在印尼的文化中，交往非常注重关系，等级制度明显，时间观念比较淡薄，对人温和友好有礼貌。

5. 节日

印尼有众多的节日和纪念日，主要有：伊斯兰教开斋节、宰牲节、民族觉醒日：5 月 20 日，独立日：8 月 17 日。

7.7 商业环境

1. 市场准入

1) 关税管理制度

1973 年颁布的《海关法》是印尼关税制度的基本法律。现行的进口关税税率由印尼财政部于 1988 年制定。自 1988 年起，财政部每年以部长令的方式发布一揽子“放松工业和经济管制”计划，其中包括对进口关税税率的调整。印尼进口产品的关税分为一般关税和优惠关税两种。印尼关税制度的执行机构是财政部下属的关税总局。

印尼的平均进口关税水平较低，对进口商品的关税分 4 类征收。各种税率根据经济环境和发展需要适时进行调整。2012 年对矿业、农产品以及较强竞争产品的税率进行了调整。

(1) A 类商品为国内必要的进口商品，包括稻米、面粉、某些钢铁制品、某些化纤产品、棉花、药材、农业机械设备等。这类商品的进口关税率大部分为 5%～10%。

(2) B 类商品为一些工业产品必需的零部件和材料，进口关税率为 10%左右。

(3) C 类商品为国内市场需求不大或国内相关企业需要进口保护的商品。此类商品的进口关税较 A 类、B 类商品要高。

(4) D 类商品为奢侈品、某些消费品以及国内可以生产但应加以进口保护的商品。此类进口商品所征收的关税最高。

为了实施东盟自由贸易区协定税率，印尼政府宣布线材、钢链、铝箔以及汽车零部件等进口关税税率下降到 20%～45%，在 2010 年前，将整套汽车散件(CKD)的进口税率从目前的 5%～40%下调至 5%～15%。根据《中国—东盟全面经济合作框架协议货物贸易协议》，自 2007 年起，印尼对自中国进口的产品关税降至 8%。中国与印尼双方还相互承诺，在 2010 年前，将逐步削减进口关税，对绝大多数进口产品实行零关税。

2) 印尼的进口管理主要靠《1934 年贸易法》来规范

印尼贸易部(原印尼工业与贸易部)是印尼贸易主管部门，其职能包括制定外贸政策，参与外贸法规的制定，划分进出口产品管理类别，进口许可证的申请管理，指定进口商和分派配额等事务。印尼政府对某些产品实行进口许可管理制度，包括自动许可和非自动许可。实施进口许可管理时，主要采用配额和许可证两种形式。

3) 出口管理制度

印尼工贸部 1998 年第 558/MPP/Kep/12/1998 号部长令和贸易部 2007 年第 01/M-DAG/

PER/1/2007 号法令是印尼出口管理的基本制度。上述法令将出口货物分为 4 类，并规定企业及个人出口货物必须持有商业企业注册号(TDUP)/商业企业准字(SIUP)或由技术部根据有关法律签发的商业许可，以及企业注册证(TDP)。

2. 投资政策与法规

印度尼西亚的贸易投资相关法律法规较为健全，基本的有《贸易法(修订)》、《海关法》、《外国投资法》、《外国投资法(修正)》、《公司法》等法规。此外，《关于股份份额的政府法规》、《投资法(2007 年新)》也具有代表性。《2007 年关于有条件的封闭式和开放式投资行业的标准与条件的第 76 号总统决定》和《2007 年关于有条件的封闭式和开放式行业名单的第 77 号总统决定》是重要的单行法规。

2007 年 4 月 26 日，印尼颁布第 25 号《投资法》取代 1967 年《外国投资法》和 1968 年的《国内投资法》，成为一部统一规范国内外投资的法律。根据此法律，国内外投资者可自由投资任何营业部门，只有在交通、采矿、传播和武器装备 4 个领域，因涉及国家稳定和机密而对外资设限。此外，外资只能在与交通有关的公司和项目中持有最高达 45%的股权，在传播领域方面则不能拥有超过 20%的股权。

2007 年 7 月 4 日，印尼颁布第 25 号《投资法》的衍生规定，即《2007 年关于有条件的封闭式和开放式投资行业的标准与条件的第 76 号总统决定》和《2007 年关于有条件的封闭式和开放式行业名单的第 77 号总统决定》，规定 25 个行业为禁止投资行业，仅能由政府从事经营，禁止外商投资的行业主要包括无线电广播与电视广播、公路设备安装、经营机动车辆定期检验、含酒精饮料工业、糖精工业和黑锡金属工业等。另外，有 43 个行业鼓励中小型企业投资，36 个行业为有条件开放的投资行业。最近的贸易投资保护措施主要有第 25 号《投资法》及 2008 年 28 号总统令，有 4 项税务激励措施于 2009 年正式生效。据此，劳动密集型企业的发展将有望得到印尼政府的重点扶植。①

3. 投资经商相关管理机构与开办企业程序

1) 申请投资项目批准函

印尼投资协调委员会主席收到完整的投资申请材料后，将在 10 个工作日内做出批准，并签发投资项目批准函。

2) 向项目所在地申请有关许可证

投资项目的选址、土地使用、建筑、环保许可证应向投资所在地的区(市)投资协调委员会主席提出申请。办理具体实施项目的有关许可手续，如办理用地批准书、办理采矿许可证、申请开立银行账户、办理海关批准函、办理限制进口批准书、施工许可证、办理环保许可证、办理企业设立证等。

2007 年 8 月，印尼中央政府与地方政府开始实行投资审批一站式服务。之后，每个部门都会派代表到投资统筹机构办事处，以便加快办理审批手续。2008 年，印尼首都雅加达特区实施简化投资手续后，执照办理过程由 156 天缩短为 38 天，申请许可证的程序也相应由 19 项减为 8 项。

---

① 中国—印尼经贸合作网 www.cic.mofcom.gov.cn。

4. 知识产权保护

印尼的现行知识产权法主要有2000年的《商业秘密法》、2000年《工业设计法》、2001年颁布的《专利法》、2001年的《商标法》以及2002年的《著作权法》等。

商标申请程序：①提出申请，商标注册申请应以印尼文书面向知识产权理事会提出；②知识产权理事会收到申请后进行初步审查，完成后，确定商标注册申请的申请日，并记录在案；③从申请之日起30日内，知识产权理事会开始商标注册申请的实质审查，并在9个月内完成；④在批准商标注册申请日起10日内，理事会在商标公报上公告该申请注册的商标，公告期为3个月；⑤在公告期内，任何人可以向理事会提出所公告的商标是依法不得注册或不予注册的书面异议，理事会收到异议后14天内给出反馈。[①]

5. 商务谈判风格和习惯

建立良好的商务关系对进入印尼市场很重要。如果合作伙伴在当地很有影响，业务可能会较顺利。所以有人说，“在印尼不是看知道什么，而是看知道什么人”，印尼人不习惯与不认识的人谈业务，要在印尼进行商务活动可以先通过大使馆商务处、当地的朋友、熟悉的公司企业介绍、参加贸易展示会或参加政府组织的贸易代表团等。最好是通过对双方都比较了解的个人和组织做介绍，这些都是接触目标和顾客的好方式。在与印尼人初次交往后要继续保持联系，以赢得信任。

印尼通用印度尼西亚语，由于印尼原来受荷兰殖民统治，讲英语的人不多，在商务交流和谈判时最好需要翻译在场。

印尼人对时间的观念不是很强，在时间和日程安排方面比较灵活。在谈判的风格方面，印尼人喜欢讨价还价，需要有足够的耐心。印尼人对一些细节比较注意，并且注重面子，因此在谈判中意见不一致时也要保持冷静，尽量使用间接的有礼貌的语言。印尼人说话比较温和，在谈话中很少打断对方，也不喜欢别人高声说话或许多人一起说。在商务活动中当地人认为关系比合同重要，他们愿意面对面来解决问题，不愿意求助于律师和那些书面文件，但是在形式上还是要将双方谈判的内容落实在书面上，以避免日后的争议。此外，在印尼要注意社会的等级制度、社会地位并表示尊重。依照当地的传统习惯，老年人具有较高的社会地位，尤其是老年男性，所以听从较高地位的人的意见是非常重要的。

本章小结

印度尼西亚是东南亚最大的岛国，也是世界上最大的群岛国家，总人口达2.3亿人，拥有巨大的市场潜力。1997年受亚洲金融危机重创，经济严重衰退，货币大幅贬值，随之而来的国内政治动荡、政府更迭、企业外债、银行的呆账使印尼经济整改困难重重，经济复苏乏力。尽管如此，2000年以后印尼经济仍在缓慢地复苏。印尼政府正极力从改善大环境入手，稳定政局和社会安定，加强法制，控制通货膨胀，稳定汇率，以逐步改善投资环境。2009年10月就任的苏希洛政府重视吸引外来投资、加强基础设施建设、增加就业机会、消除贫困、加强法制建设和反腐工作。印尼群岛有丰富的自然资源、广袤的领土和比较低廉的劳动力，贸易投资相关法律法规较为健全，是具有较大市场和投资潜力的国家。

---

① 杨眉、李卫主编，《印度尼西亚共和国经济贸易法律指南》，中国法制出版社2006年10月版，第222～226页。

思　考　题

1. 印尼的经济地理有何特点？
2. 印尼在东南亚国家中具有什么样的地位？
3. 印尼在国际关系中的基本态度和政策是什么？
4. 印尼的经济、贸易和市场有什么特点？

第8章

马来西亚

马来西亚(Malaysia)，全称马来西亚联邦。

8.1 简　史

公元初年马来半岛有羯荼、狼牙脩等古国(今吉打至北大年一带)。15 世纪初以马六甲(Malacca)为中心的满剌加王国统一了马来半岛的大部分。满剌加王国濒临太平洋和印度洋的海上交通要道马六甲海峡，地理位置十分优越，很快便发展成为东南亚的国际贸易中心。印度人、阿拉伯人、波斯人、中国人、菲律宾人、暹罗人以及穆斯林商人纷纷来此交易。

16 世纪开始，马六甲先后被葡萄牙、荷兰、英国占领，20 世纪初完全沦为英国殖民地。1862 年，英国把槟榔屿、马六甲和新加坡合并建立了海峡殖民地，奠定了英国在远东的霸权。沙捞越、沙巴历史上属文莱，1888 年两地也沦为英国保护地。

第二次世界大战中，马来亚、沙捞越、沙巴被日本占领。战后英国恢复殖民统治，1957 年 8 月 31 日马来亚联合邦宣告在英联邦内正式独立，结束了英国 100 多年的殖民统治。1963 年 9 月 16 日，马来亚联合邦同新加坡、沙捞越、沙巴组成一个新的联合邦，称为马来西亚(1965 年 8 月 9 日新加坡退出)。独立以来，政权长期掌握在“马来民族统一机构”(当地简称“巫统”)手中，该党联合其他政党组成国民阵线，占据国会多数议席，并建立以巫统占绝对优势的内阁。民族矛盾近年来趋向缓和，经济持续增长，政局相对稳定。

8.2 自然环境

1. 地理位置及面积

马来西亚位于亚洲大陆和东南亚群岛的衔接部分，地处亚、澳两大陆与太平洋、印度洋的交汇处。由不相连接的东南两块土地组成，西部位于马来半岛南部，称为西马来西亚(简称西马)；东部位于婆罗洲岛北部，称为东马来西亚(简称东马)。东西马之间隔着南海的广阔水域，两地东西间距最长1 500千米，最短750千米。

地处马来半岛的西马其形状似一片绿叶，镶嵌在碧海之上。西马北面与泰国为邻；南边隔着柔佛海峡，通过长堤同新加坡连接；西部与西南部隔马六甲海峡，和印尼的苏门答腊岛相望；东濒南海。地处婆罗洲岛北部的东马由沙捞越与沙巴两个地区组成。沙捞越的东北部与文莱接壤；沙巴的北端与菲律宾的巴拉望岛只有一水之隔。

马来西亚面积约33万平方千米，海岸线总长约4 192千米，陆地边界线总长约2 700千米。

2. 地形地貌

东马和西马地理上位于巽他台地中部，原是同一块古大陆，更新世以后才被上升的南海水面隔开，巽他弧贯穿全境，构成地形骨架，支配两地山脉走向。

西马地形呈北高南低走向。中央山脉由北向南延伸，把西马分隔成东西两部，山脉以东的土地较西部土地广阔；山脉外侧为低矮丘陵；沿海为宽窄不等的平原。西马全境都属丘陵地带。三面环水是西马地形的另一特点。

西马的西海岸平原由深厚的冲积层构成，海拔在50米以下，平均宽为20～30千米。西海岸的岛屿较大，如浮罗交怡和槟榔屿，是山脉没入海中的残丘。

西马东北部的北端为宽阔的高地。高地外侧的海岸平原宽度不超过8千米，许多长条低丘突出海滨形成岬角或沙咀。东海岸北端的吉兰丹平原较大，宽约60千米。

西马南部有一些零散丘陵和平原。南海岸外分布着一些火山岩小岛，分别集中在南北两方。

东马地势从内地向沿海逐渐降低。沙捞越由东南向西北倾斜，沙巴由中部向东西两侧递降。沙捞越地区西部沿海为冲积平原，宽为8～80千米，内地为森林覆盖的丘陵和山地；沙巴地区西部沿海为冲积平原，内地大部分地区为森林覆盖的山地。

3. 气候和气温

马来西亚地处北纬2°～6°，靠近赤道，四周由海洋所包围，属热带雨林气候。其特点是终年高温多雨，相对湿度大。

马来西亚的月平均温度，内地山区在22～28℃，各地相差仅1～3℃；山区不低于18℃，最高的峰岭地带在15℃以下。中部金马仑高原一带终年气温为15～25℃，是马来西亚最凉爽的地方。在沿海地区平均最高温度为25～32℃，很少超过34～36℃。

4. 资源禀赋

马来西亚自然资源十分丰富。丰富的矿产资源、生物资源和海洋资源为马来西亚的经济发展提供了优异的条件。

锡是马来西亚最重要的矿产资源。据资料报道，马来西亚的锡储量居世界第二位，是世界上品质最高的锡矿。铁是马来西亚仅次于锡的另一重要矿产，其储量超过1亿吨。石油和天然气在马来西亚矿产品资源中占有重要地位，石油主要分布在马来西亚近海地区，原油为轻质油，含硫低；天然气主要分布在东马近海地区。

马来西亚的动物种类繁多，除常见动物外，还有不少珍稀动物。此外，上千种的热带

图 8.1　吉隆坡双子塔

雨林植物，大量的竹类、藤蔓类植物以及低矮常绿灌木林、沼泽地、热带花卉、热带水果使得马来西亚的自然资源十分丰富多彩。

5. 人口

马来西亚总人口3 000万，其中马来人占68.1%，华人占23.8%，印度人占7.1%，其他人种占1.0%。首都吉隆坡，人口约167.4万(2011年，马来西亚统计局)。

6. 行政区划

首都吉隆坡(Kuala Lumpur)(图8.1)，其他主要城市有槟城、兰卡威、怡保、马六甲。2000年12月，联邦政府行政中心——布特拉加亚(Putra Jaya)成为第三个联邦直辖区(另有首都吉隆坡和纳闽联邦直辖区)。

8.3 政治环境

1. 政治体制

马来西亚实行君主立宪制。宪法规定：最高元首为国家首脑、伊斯兰教领袖兼武装部队统帅，是国家权威的象征，类似英国国王，由统治者会议选举产生。最高元首和州的苏丹分别是该国及州的立宪君主。最高元首名义上拥有最高行政、立法和司法权，是最高国家权力的执行者，对内对外是国家的最高代表。1993年3月，马来西亚议会通过宪法修正案，取消了各州苏丹的法律豁免权等特权。1994年5月修改宪法，规定最高元首必须接受并根据政府建议执行公务。2005年1月，议会再次通过修宪法案，决定将各州的水供事务管理权和文化遗产管理权移交中央政府。

最高元首若离职超过15天或病故，则由副最高元首代行职权，直至新的最高元首选出。最高元首和副最高元首的任期都为5年。

统治者会议由玻璃市、吉打、霹雳、雪兰莪、森美兰、柔佛、吉兰丹、丁加奴和彭亨9个州的世袭苏丹以及马六甲、槟榔屿、沙巴和沙捞越4个州的州长组成，其职能是在九个世袭苏丹中轮流选举产生最高元首和最高副元首；审议和颁布国家法律、法规；对全国伊斯兰教问题有最终裁决权；审议涉及马来族和沙巴、沙捞越土著民族的特权地位等重大问题。未经该会议的同意，不得通过有关统治者特权地位的任何法律。内阁总理和各州州务大臣、首席部长协助会议召开。

议会是最高立法机构，由上议院和下议院组成。上议院70个议席，由全国13个州议会各选举2名产生。其余44名由内阁推荐，最高元首委任，任期3年，可连任两届。下议院222席，议员任期5年。

2. 政府

马来西亚实行君主立宪制。内阁是最高行政机关，成员一般是由议会中占多数席位的政党决定。最高元首一般都授权多数党的领袖组阁，并根据总理的提名任命其他政府正、副部长等成员。到 2009 年 4 月，马来西亚纳吉布内阁共设 25 个部级机构，分别行使有关职能。从独立以来，历届内阁总理均为巫统党主席。根据联邦宪法和州宪法规定，国会和州立法议会的选举最长时间为 5 年必须举行一次。

3. 政党

马来西亚注册政党有 40 多个，现行的主要执政党是由三大政党联合组成的执政党联盟，即马来民族统一机构，简称巫统，马来人政党，执政党联盟主要成员，其主席通常兼任国民阵线主席；马来西亚华人公会，简称马华公会，执政党联盟成员；马来西亚印度人国大党，简称印度人国大党，执政党联盟成员。主要反对党有：伊斯兰教党、民主行动党、人民公正党。

4. 行政区划

全国分为 13 个州和 3 个联邦直辖区，包括西马的柔佛、吉打、吉兰丹、森美兰、彭亨、霹雳、玻璃市、雪兰莪、丁加奴、马六甲、槟榔屿以及东马的沙巴、沙捞越。首都吉隆坡、布特加拉亚和纳闽为联邦直属区。

5. 司法体制

1) 法院

马来西亚司法权属各级法院。其组织结构分为两类：高级法院，包括马来亚高级法院(负责西马)和婆罗洲高级法院(负责东马)；初级法院，包括地方法院和推事庭。另外，还设有特别军事法庭和宗教(伊斯兰)法庭。

联邦法院是全马最高法院，受理对高级法院所属的所有高级法院判决不服的刑事或民事案；裁决各州之间或州与联邦政府之间就宪法问题所引起的争论；对宪法进行解释；以及受理各高级法院提出的任何涉及公众利益的案件等。

初级法院仅受理地方刑事与民事案，并有一定权限规定。

2) 检察机关和司法行政机关

检察机关是代表政府(国家)追究刑事责任和提起诉讼的机关。司法行政机关是进行司法行政管理的机关。司法部是马来西亚的最高司法行政机关。此外，马来西亚还设有司法和法律事务委员会，有权管辖所有司法和法律事务部门的成员。

6. 外交与国际关系

马来西亚主张在互相尊重独立、主权和领土完整、互不干涉内政的基础上，与不同社会政治制度的国家建立和发展友好关系。马来西亚奉行独立自主、中立、不结盟的外交政策，对外政策的重点是致力于东南亚的地区合作，主张建立东南亚和平、自由和中立区，优先发展同东盟国家的关系，视东盟为其外交政策的基石。同时也重视和加强同伊斯兰国家的团结和合作。马来西亚为英联邦成员。目前与 131 个国家建立了外交关系，在 83 个国家设立了 105 个使领馆。

1974 年，中马两国建立外交关系。两国领导人多次互访，自 1990 年马来西亚取消对其公民访华的限制以来，两国之间的人员交流不断增多，近年来两国高层互访频繁，各个领域友好合作不断深化。

2011 年中马双边贸易达到 900 亿美元，中国出口 279 亿美元，进口 621 亿美元。马来西亚对华实际投资达 62.3 亿美元，中国对马来西亚投资 5.26 亿美元。马来华人人数达 124.5 万人，中国公民赴马来西亚人数为 173.8 万人。

8.4 经济环境

1. 经济发展概述

1956—2010 年，马来西亚先后执行了 10 个五年计划。历次五年计划的目标主要是改变经济结构，开发土地、自然与人力资源，建设并改善基础设施，提高人民物质生活水平和缩小国民收入差距等。每个五年计划都有一定的侧重。除了五年计划，政府还根据马来西亚社会经济发展的现状和特殊需要，先后推出一些特殊经济发展政策和中长期发展计划，逐渐形成了多元化的经济发展战略：发展制造业，逐步实现工业化，以带动全国经济的发展；改善农田基础建设，重视农业多种经营，争取粮食自给；实现出口商品多样化，增加外贸收入。

1965—1970 年进入了第三个五年计划时期，政府提出优先发展劳动密集型的替代进口工业，改变产业结构的主张。

1971 年，马来西亚政府制定了 20 年国家营运方针的“新经济政策”(也称为《第一个远景计划纲要》)，以缩小种族间的经济差距。政府出面帮助居于经济弱势的马裔国民提升经济地位，大力发展出口导向型工业，后来又提出发展重工业和资源工业，获得了相当大的成功，为政府在 20 世纪 90 年代推行较为宽松的民族经济政策创造了条件。到 1995 年，国民人均收入增加到 3 500 美元，贫困率下降到 11%。①2010 年政府公布了以“经济繁荣与社会公平”为目标的第十个五年计划，出台“新经济模式”继续推进经济转型。2011 年 GDP 达到 2 320.5 亿美元，人均 7 962 美元；对外贸易总额达 4 229 亿美元，外汇储备 1 336 亿美元。

2. 经济结构

马来西亚政府不断调整产业结构，使服务业得到了迅速发展，成为国民经济发展的支柱性行业之一。经过持续的经济结构调整，产业结构发生了巨大变化，目前农业占 GDP 的 7.3%，工业占 47%，服务业占 45%。马来西亚原有工业主要为食品、饮料、木材加工、橡胶产品、烟草与纺织品等。1958 年，制定了《工业法》并建立了工业区，积极引进外资。20 世纪 70 年代，建立起一系列劳动密集型与出口型企业，原有资源加工型企业也有了进一步发展。1986 年 2 月，又制定了“1986—1995 年工业基本规划”。在这一规划指导下，制造业特别是电子元件、纺织服装业发展迅速。马来西亚的经济结构已从独立前以锡、胶

① 朱振明主编，《当代马来西亚》，四川人民出版社 1995 年 10 月版，第 144 页。

生产和出口为主的单一殖民地经济结构，转变为以制造业、农、林、渔业为核心，矿业、采掘业、商业、外贸和金融、保险、地产业为支柱的多元化结构。

3. 经济基础设施

马来西亚的交通基础设施在第二次世界大战前就颇具规模，全国有良好的公路网，公路和铁路主要干线贯穿马来半岛南北，航空业亦较发达。

(1) 公路。马来西亚公路 90%以上为柏油及混凝土路面，建筑工程质量良好。西马既有纵贯半岛南北的东(“东海岸公路”)、西(“联邦大道一号”)两线，亦横跨半岛东西的南、北(俗称“东西大道”)、中(“联邦大道二号”)三路。1994 年通车，全长 800 多千米的“南北高速公路”成为马来西亚的一条主要公路。

(2) 铁路。至 2003 年铁路总长达到 2 267 千米，主要贯穿马来半岛。西马铁路为一米窄轨，东马为轻便铁路。西马西线铁路全长 967 千米，与新加坡和泰国的铁路相连。

(3) 水运。马来西亚内河运输不发达，海运 80%以上依赖外航，全国共有各类船只 1 008 艘，其中 100 吨位以上的注册商船 508 艘，注册总吨位 175.5 万吨；远洋船只 50 艘。马来西亚共有 19 个港口，西马主要港口有巴生港、槟城港、柔佛海峡北岸的巴西古当港以及波德申、马六甲、安顺、道北、龙运和关丹等港口；东马的主要港口有沙捞越的古晋、诗巫和米里，沙巴的纳闽、哥打基纳巴卢、山打根等。西马港口较大，集中了大部分货运量；东马港口较小，很多是木材进出口港，有些是内河船港。目前共有 19 个主要港口。

(4) 空运。马来西亚民航主要由马来西亚航空公司和亚洲航空公司经营，马航有飞机 82 架，航线 113 条，其中 80 条为国际航线。1996 年 11 月亚洲航空公司投入运营，拥有飞机 175 架，航线 83 条。全国共有机场 37 个，其中有 5 个国际机场，分别为吉隆坡国际机场、槟城、浮罗交怡、哥打基那巴鲁和古晋。

(5) 能源。马来西亚拥有丰富的石油天然气，石油储量为 52.5 亿桶，天然气 24 889.85 亿立方米。年产石油 2 亿多桶，液化天然气 2 500 万吨左右。

4. 投资、贸易、金融与货币

(1) 投资。在 1997 年亚洲金融危机以前，马来西亚的外资投资主要集中于石油炼油与石化工业、电子与电器工业以及化学制品等材料工业。金融危机使马来西亚政府更加意识到加速发展高科技产业的紧迫性。1996 年开始实施的“多媒体超级走廊计划”投资项目加速，大力吸引外国投资，2009 年吸引外资达 275.6 亿林吉特，主要外资来源为日本、荷兰、澳大利亚、沙特、中国、韩国、美国和新加坡。外资主要投资于制造业和服务业。

马来西亚投资政策主要是鼓励外国投资者向出口导向型产业和高科技领域进行投资。其投资的产业导向包括：原产品(棕油、橡胶、木材、渔业)深加工；石化工业；电子电器业；机械制造业；清真食品业；高新技术产业；生物科技业；出口导向型的加工制造业。

(2) 贸易。马来西亚是世界第 18 大贸易国，对外贸易是其经济的重要支柱。随着马来西亚经济多元化的发展，该国的进出口产品结构发生了深刻的变化。原来以初级产品的出口为主，现在其所占比例已微不足道。进口商品构成也发生了很大的变化，工业企业所需的机械设备、制造业元件以及各种交通设备的进口比率不断增大，其中，电子电器元件配件的进口占进口总额的 30%～40%。目前，美国、日本、欧盟、新加坡、中国和东盟其他成员是马来西亚最大的贸易伙伴，同时马来西亚还积极发展与西亚和中东各国的经贸关系，在阿联酋、巴林设立贸易中心，以减少对美国的依赖和缓解对美国出口减少造成的困难。

马来西亚与中国贸易发展迅速，机电产品、塑料橡胶制品都是马来西亚与中国双边贸易的主要产品。同时，马来西亚与中国台湾地区也保持着密切的经贸关系，马来西亚在中国台湾地区设有“马来西亚文化贸易交流中心”。并且，马来西亚工业发展局在中国台湾地区设有办事处。

(3) 金融与货币。截至 1990 年，马来西亚已形成较稳定且健全的金融体系，包括马来西亚中央银行，38 家商业银行，46 家金融公司，外国银行办事处，各种信贷、储蓄、保险机构以及贴现所、股票交易所等。其中，中央银行、商业银行是马来西亚金融体系的主干。在马来西亚已有的 38 家商业银行中，政府拥有大部分股权的马来银行和土著银行最大，它们的资产及存款额占商业银行总资产和总存款额的 45%～50%。

1997 年金融危机后，马来西亚总体经济出现了衰退现象，汇率大幅下跌，国民经济增长率出现负值。但是，随着国家金融体系的进一步完善以及国际社会和国际组织的一定帮助下，马来西亚已走上复苏之路。

马来西亚货币名称：马来西亚元(Malaysian Dollar)，也称为林吉特，由马来西亚国家银行(Bank Negara Malaysia) 发行。目前流通的纸票面额有 1、5、10、50、100 林吉特，另有 1、5、10、20、50 分铸币。

对美元汇率(2008 年)：1 美元＝3.5 林吉特(浮动汇率)。

5. 科技发展现状

马来西亚的科技发展大致可划分为 3 个阶段：第一阶段，1958 年到 20 世纪 80 年代中期，产业技术规划不明晰时期，该时期马来西亚技术发展的重点领域与以农业、种植业为主的产业结构相一致，资源型产业(如早期的橡胶、后来的棕榈油产业)的研究与开发是政府重点支持的研究领域；第二阶段，20 世纪 80 年代中期到 20 世纪 90 年代初，是政府加强技术供给力量的技术发展时期；第三阶段，1993 年之后，加强技术政策与产业组织结构、市场条件的协调为这一时期技术发展战略的显著特点。

马来西亚政府在 1996—2000 年第 7 个马来西亚计划和 1996—2005 年第 2 个“产业主导计划”中都强调从“生产要素投入驱动型”向“生产效率驱动型”经济增长模式转变，制造业应从组装、装配向高附加值的产品设计、研究开发、市场营销生产环节发展，提高产业的自动化水平，加强产业技术开发，提高产业结构联系，以生产力提高产业技术水平。在技术发展的操作思路上，突出了培育产业群的技术发展思想，重点发展电子电器产业、石化与制药、材料、资源加工等 8 个产业群，通过产业群的主导产业、辅助产业、基础设施和相关商业服务的互动合作带动产业上下游联系。对参与发展资本、技术密集型产业和高科技的外资给予倾斜的投资优惠政策。

8.5 社 会 环 境

1. 家庭和社会生活

马来人很注重家庭礼节，在家庭中，父母是一家之主，子女的言行要表现出对双亲的顺从和尊敬。男孩子见父母前，要先戴好无檐帽；父母呼唤时，如果正在吸烟，必须把烟灭掉，放在一边；在父母前落座，应显得恭恭敬敬，坐椅子不可叉开双腿，也不能把一条腿搭在另一条腿上；坐席子要双腿盘好，规规矩矩。女孩子在父母面前应表现得更文雅、更温顺，坐椅子必须双腿双脚并拢，坐在席子和地板上不准盘腿，不能膝盖朝上，应面向父母席地跪坐。一个人不论职位多高，年龄多大，只要在父母面前，就必须遵守这些规矩，晚辈对其他长辈也要这样做。

2. 教育

马来西亚小学实行免费教育。2005 年教育经费预算为 231.1 亿林吉特。2006 年，小学适龄儿童入学率为 90.1%，10 岁以上人口识字率为 95%。每 16 名小学生一名教师，每 16 名中学生一名教师。全国有马来亚大学、国民大学等 9 所高等院校，近年来私立高等院校发展很快，有私立学院 662 所。2010 年在校大学生 63 万人。全国共有 470 多家公共图书馆，藏书 1 130 万册。

3. 新闻出版与传媒

马来西亚约有 50 份报纸，用 8 种文字出版，发行量从几万到几十万不等。主要报纸有马来文的《马来使者报》、《每日新闻》、《祖国报》；英文的《新海峡时报》、《星报》、《马来邮报》；中文的《南洋商报》、《星洲日报》等。

马来西亚国家新闻社，简称马新社，半官方通讯社，成立于 1968 年，在亚太地区设有 33 家分社。

马来西亚广播电台属官办，建于 1946 年，拥有 6 个广播网，用马来语、英语、华语和泰米尔语广播；马来西亚之声建于 1963 年，用马来语、阿拉伯语、英语、印尼语、缅甸语、他加禄语和泰语等语言对外广播。

马来西亚电视台属官办，建于 1963 年，包括第一电视台(TV1)和第二电视台(TV2)，用马来语、英语、华语和泰米尔语播放。私营电视台有第三电视台(TV3)、城市电视(METRO VISION)和国民电视(NTV)3 家；近年开办了 ASTRO 卫星有线电视频道；2004 年 1 月新开播了 TV8 电视台。

4. 人民生活

2011 年马来西亚家庭平均可支配收入达 4 025 林吉特。截至 2008 年，马来西亚计算机用户 600 万人，互联网使用人数占 55.8%。

根据马来西亚卫生部统计，截至 2010 年全国有 137 所医院，32 979 名医生，共有病床 35 000 张。2010 年人均寿命男性为 71.9 岁，女性为 77 岁，婴儿死亡率 6.8‰。

5. 社会保障体系

马来西亚社会保障体系大致分为 4 个部分：①养老准备金，为社会各部门包括私人部门的雇员提供养老、医疗和住房方面的保障；②社会保险机构，提供

图 8.2 马来西亚传统舞蹈

因公意外保险和病残退休金保险等；③由劳动部管理的政府公务员退休基金，为退休的政府公务员提供各项保障；④由社会福利部管理的社会福利，为贫困人口提供多种资助。其中养老准备金和社会保险机构组成了马来西亚社会保障体系的主干。

8.6 文化环境

1. 民族

马来西亚是一个多民族国家，有30多个民族。全国除马来族、华人和印度族3大民族外，在西马的少数民族有尼格列多族(又叫做矮黑人，分为克西乌人、金塔克人、查海人、巴特克人)、先努伊族(分为特米亚尔人、色迈人)和原古马来族(分为贝兰塔斯人、特穆安人和查昆人)，统称为原住民；在东马，有海达雅克族(又叫做伊班族)、陆达雅克族(又叫做比达育族)、米兰诺族、卡达山族、穆鲁特族、巴查乌族、印度尼西亚族等。此外，还有少量欧亚混血人分布在马六甲、沙捞越等地区。

2. 宗教

马来西亚以伊斯兰教为国教，其他宗教有印度教、佛教，基督教，其中印度教影响尤为深远。由于多民族的长期共同生活，形成了一种多元文化特色。

马来人信仰伊斯兰教。由于马来人在政治上势力很大，伊斯兰教也成为马来西亚的国教，全国各地的主要清真寺无不雄伟壮丽。除伊斯兰教以外，马来人还保留着少数的原始宗教。

3. 语言

马来语(马来西亚语)为国语，通用英语，华语使用也较广泛。马来语有广义和狭义两种含义。广义上的马来语泛指南岛语系印度尼西亚语族语言，狭义上的马来语指一种使用于马六甲海峡附近国家的语言。狭义上的马来语在语言分类上是属于南岛语系的印度尼西亚语族。在马来西亚，大概有1 300万人是以马来语为母语，约占全国人口的52%。此外，在马来西亚还有1 000万人是以马来语作为他们的第二语言。

4. 风俗习惯

1) 姓名

马来人的姓名十分特别，通常没有固定的姓氏，而只有本人的名字，儿子以父亲的名字作为姓，父亲的姓则是祖父的名，所以一家几代人的姓都不同。在他们的姓名中，名排在前，姓排在后，男子的姓与名之间用一个“宾”字隔开，女子则用“宾蒂”隔开。如前总理达图·侯赛因·宾·奥恩，“侯赛因”是他的名字，“奥恩”是他父亲的名字(他本人的姓)，“宾”则表示男性。

每一个马来人都有头衔。国家最高元首(国王)和各州的苏丹、州长对给国家和社会有贡献的各族人颁发各种勋衔，受封号为“敦”、“坦·瑟里”、“达士克”等。有的把勋衔放在名字前，受封的妻子则享有“多普安”的尊称。具有王室母系血统的拥有“尼克”与“米盖特”的头衔。“赛义德”、“萨里法”则是先知穆罕默德的后人独享的尊号。州长的儿子通常叫“东古”，女儿通常叫“坦古”，意义与王子和公主相当。伊斯兰教徒去麦加朝觐过的，男子的名字得加上“哈吉”的尊称，而女子则加上“哈贾”的尊称。想要恰如其分地称谓一个马来人实在很不简单，最重要的是，不要把头衔弄错，否则可能惹来大祸，至于姓氏反倒不是很重要。

2) 饮食习俗

马来人禁烟，不吃猪肉、狗肉、死物和动物血液，平时喜欢喝咖啡、红茶等饮料，也爱嚼槟榔，以大米为主食，喜爱吃带辣味的菜，尤其是咖喱牛肉。

马来人进餐一般不坐在椅子上，而是把饭菜放在席子或地毯上，围坐而食。男子和上了年纪的妇女盘腿而坐，较年轻的女子则跪坐，不得伸直腿。

马来人习惯用手抓取食物，进餐时，各人面前放两杯水，一杯供饮用，另一杯供洗手。餐前餐后都要洗手。用餐时必须用右手，否则会使人反感不快。如果不得不用左手进餐或取餐具，应向他人说明原因并表示歉意，如果要表示尊重对方或当物品很重时，可用双手递送。

3) 禁忌

马来西亚奉行伊斯兰教，召唤别人时，要把手伸出，掌心向下，摆动手指，切不可随便用食指指人，这被认为是不礼貌的行为。马来人认为头是灵魂之家，忌讳摸头，因此千万不可碰任何人的头，尤其不可摸孩子的头，否则就是对人的一种侵犯和侮辱。除了教师和宗教人士之外，任何人不可随意触摸马来人的背部。如果背部被人触摸过，那将意味着噩运来临。

同马来人握手、打招呼或馈赠礼品，千万不可用左手，因为马来人解便后用左手蘸水清洗下身，他们认为左手是不洁的，用左手和他们接触，是对他们不敬。在碰触一个人的肩膀时，要两肩同时碰触。

当地人认为绿色具有宗教意义，伊斯兰地区喜爱绿色，白色或黑色这两种颜色与殡葬有关，因此忌用白、黑色包装送礼。人们喜欢红、橙等鲜艳的颜色。如果别人送你一件礼物，你要回赠一件同等价值的礼物，礼物不可当着收礼者的面打开。马来西亚人一般不穿黄色的衣服，黄色是马来西亚王室的专用色，所以在正式的场合或访问王宫时不应穿黄色服装。马来人禁忌 0、4、13 等数字。

在社交活动中，当众表示亲热会令人反感，与人见面时，不可拥抱或亲吻对方，如果对方是异性，更不可与之有身体接触。当有人躺在地板上睡觉或休息时，切不可从其身上跨过去。坐下后脚应平放在地板上，把脚底或鞋底对着别人是无礼的，还应注意不可在年长者面前交叉双腿。脚是身体最低的部位，被马来人视为极脏，不能碰任何东西，所以不可用脚移动椅子、门或其他东西。

马来人家庭无须预约便可走访，但不能在下午 6 点到 7 点半期间去，因为这是穆斯林晚祷的时间。进别人家时应先看看主人是否在家中穿鞋，如果没穿，客人应把鞋脱掉。在穆斯林家中见到《古兰经》时，不可随便拿起来翻看，还应注意不要站在或坐在祈祷用的小地毯上。

对于穆斯林，不可送酒、刀、叉或狗的图片给他们，而应送水果、糖果、香水或从自己家乡带来的工艺品；对于印度人，忌送烟、酒；对于华人，不要送钟、刀、剪、筷子、草鞋、鲜花，也不要送单数的东西，合适的礼物是糖果、水果、盒装糕点或自己家乡的工艺品，还可给男士送苏格兰威士忌或白兰地。

宗教寺庙中也有很多禁忌。不可随便闯入伊斯兰教的清真寺，进去之前应得到许可，还要找一位穆斯林熟人陪伴；不可穿鞋进入清真寺，应在门口脱鞋，放在指定的鞋架上，并穿上寺院提供的长袍。进入清真寺后，不可从正在祈祷的人面前走过，不能吸烟。妇女应当心不要让身体碰到正在清真寺中祈祷的男人。清真寺中还禁止摆放画像之类的东西。

马来西亚对毒品控制极为严格，凡是贩运或非法持有 15 克以上海洛因、吗啡者，一律处以死刑。1971 年以来已有 200 多人被处以死刑(其中包括一些外国人)。

4) 主要节日

全国各地大小节日约有上百个，但政府规定的全国性节日只有 10 个，即国庆(又称独立日，8 月 31 日)；元旦；开斋节(穆斯林)；春节(华人)(吉隆坡的华人用长长的筷子争相品尝当地特色食品——生鱼沙拉，以庆祝农历新年的到来，如图 8.3 所示)、哈芝节(穆斯林)；屠妖节(印度人)；“五・一”节；圣诞节；卫塞节；现任最高元首诞辰。除少数日期固定外，其余的具体日期由政府在前一年统一公布。

图 8.3　庆祝春节

8.7　商 业 环 境

1. 贸易限制

1) 关税政策

马来西亚是 WTO 成员国，实行自由贸易和低关税政策。根据经济发展和市场变化，马来西亚不断调整进出口商品结构，扩大双边、多边经贸合作范围。在东盟自由贸易区框架约束下，马来西亚政府已将区内大部分商品关税下调至5%以下，马来西亚2000年的简单平均关税和按贸易额加权平均关税分别由1999年的9.45%和3.33%下降到9.18%和2.99%。马来西亚还放宽原料及零部件的进口关税，对生产所需设备以及用于环保、维护、质量控制和水处理等方面的设备免征进口关税和销售税。同时，马来西亚6成以上的税目不再需要征收进口税，农业部门和工业产品60%的税目已经免税。此外，马来西亚政府还致力于削减、消除诸多项目的关税，如罐头食品、牙科器材、其他医疗器材和纸制品等；定期审议进口关税水平和受保护项目的关税，继续单方面减让关税；近期还减少和放弃了77项产品的关税，削减信息技术协定下40种产品的关税，并对111项特定关税或混合关税项目进行核查以便转换为从价税。

2) 非关税措施

目前，大多数商品可以自由进入马来西亚。其大多数进口许可证主要还是出于健康、卫生和动植物检疫、公共道德、安全标准等原因来颁发。由于宗教、道德、安全等原因，有少数商品禁止进口。马来西亚政府还对少数商品实施酌情进口许可，目的是发展某些重要的幼稚产业和战略性工业，以及加强先进工业和落后工业间的联系。另外，出于数据收集和监控的行政目的等需要，也要此类特别许可。在农业部门，马来西亚已按照世界贸易组织有关农业协定的要求，将农产品的非关税措施予以关税化。对于近期和中期目标，马来西亚政府将研究和审议非关税措施以便日后能予以放松和取消，并对出口手续进行简化，同时将非关税措施纳入有关数据库。①

2. 专利、商标、知识产权保护

1) 注册商标的期限

自申请日算起，注册商标的有效期为10年。注册商标有效期满后，需要继续使用的，应当在期满前3个月内申请续展注册，每次续展注册的有效期为10年。续展注册经核准后，予以公告。注册商标的转让和使用许可有意转让注册商标的，转让人和受转人应当共同向商标局提出申请，他们必须向商标局呈交《商标注册证》、《转让注册商标申请书》(TM15)和转让合同。转让申请经商标局核对后，原有《商标注册证》将加注发还，并予以公告。商标注册人也可以通过签订商标使用合同，允许他人使用其注册商标。在这里，许可人应当监督被许可者使用注册商标的商品质量，而被许可者也应当保证使用该注册商标的商品品质。商标使用许可合同应当呈报商标局备案。

2) 注册商标专用权的保护

注册商标的专用权是以核准注册的商标与核定使用的商品为限。侵犯注册商标的行为包括以下3点。

(1) 未经注册商标拥有人的许可，在同一种商品服务或类似的商品服务上使用与其注册商标相同或者近似商标的行为。

(2) 擅自制造或销售他人注册商标标志的行为。

① 宫占奎、孟夏、刘晨阳，等著，《中国与东盟经济一体化：模式比较与政策选择》，中国对外经济贸易出版社2003年8月版，第145～146页。

(3) 给他人注册商标专用权其他损害的行为。侵犯他人注册商标者，除了必须赔偿被侵权人的损失并受罚款外，也可以由国内贸易与消费人事务部依标签法令(Trade Description Act)追究刑事责任。

3. 商务谈判习俗与惯例

1) 交际

马来西亚人的见面礼十分独特，他们先互相摩擦一下对方的手心，然后双掌合十，摸一下心窝互致问候。对女士不可先伸手要求握手。马来人在家庭外的人际交往也有很多礼节，他们与人相见、分别或从别人尤其是年长者面前走过时都要微微欠身以示礼貌。男性之间见面时还互相握手，但虔诚的穆斯林女性和年长者很少与人握手，有时只是对男性做口头问候。

在交际场合中互相介绍时，一般先向女子介绍男子，向地位高者介绍地位低者，向年长者介绍年幼者，向已婚者介绍未婚者，向年长地位高者介绍青年女子，然后再向后者介绍前者。介绍时女子不必起立，而以点头微笑致意。新客入室时，主人必须起立，先向客人致意，然后向大家介绍客人姓名，然后向客人依次介绍已经在座的来宾。

结伴同行路遇友人时，通常不必为同伴介绍，如友人加入同行，则必须为同伴介绍。介绍时，新加入者应说几句寒暄话。

大宴会中仅有相邻的来宾做相互介绍，小宴会上主人应逐一介绍来宾。在正式宴会中，若不认识邻座的女宾姓名，应先请主人介绍，以便打招呼。若两人之间无第三方介绍，可互相鞠躬握手，自报姓名。若用名片向不相识的对方介绍自己的朋友，应将本人名片一并奉送。敬香烟时，将烟从烟盒中抽出几支，露出一半，然后将烟盒递给客人。客人取烟时应将露出烟盒最长的一支烟推入盒内，然后抽取露出最短的一只，以示自谦。

背景知识

要准备充足的材料

在马来西亚，如果外国商人打算介绍产品或是项目给可能成为合作伙伴的买家，那么就需要进行充分的准备，有充足的材料备份、充足的样品和详尽的计划草案。马来西亚顾客很可能希望留一份或是两份备份，以便把材料给他的合伙人看。例如，告知马来西亚商人宣传材料只是给顾客的展示，如果认可就可以订货，然后把宣传材料又放回自己的文件包里，那么这位马来西亚商人一定会很恼火。如此斤斤计较在马来西亚是做不成生意的。

资料来源：海蒂·穆纳. 文化震撼之旅：马来西亚，旅游教育出版社。

2) 支付手段

外国货币与旅行支票可向全国各地的银行或授权的钱币商兑换。去边远地区旅游时，要带足够的现款。旅行支票兑现时要出示护照。2007年8月21日100人民币约兑换46.08马元。任何外汇及旅行支票都可以轻易在银行、外汇兑换行及酒店兑现。

在比较大的城市里的主要场所如酒店、购物中心、餐馆等，都广泛地接收 American Express、Visa、Master、Diners Club 等付款卡。

3) 作息时间

马来西亚的工作时间一般是星期一至星期五每天的 8 个小时和星期六的半天，星期日休息。政府办公时间为 8:00—16:15，半天工作则为 8:00—12:45。银行办公的时间，星期一至星期五为 10:00—15:00，星期六为 9:30—11:30，百货公司与超级市场营业时间为每日 10:00—22:00。

本章小结

马来西亚——亚洲大陆和东南亚群岛的衔接部分，东南亚国家联盟中的一个重要国家，也是亚洲新兴工业化国家(新型经济体)之一。相对于本地区其他国家，马来西亚政治稳定，经济发展速度很快，政府对经济的指导、干预作用明显且成效显著。并且，马来西亚民族有着浓厚的宗教信仰，拥有多元的文化特色。

因此，对于计划进军东南亚市场的中国企业，可以考虑把马来西亚作为该地区运营管理的中心，从运营的成本和开拓市场的便利性而言，该国都具有很强的优势。

思 考 题

1. 马来西亚的经济发展、资源及市场有何特点？
2. 在马来西亚经商、旅游、从事公务活动应遵循的主要规矩、注意事项和禁忌是什么？
3. 如何看待把马来西亚作为地区运营中心的说法？

第9章

菲 律 宾

菲律宾全称为菲律宾共和国(Republic of the Philippines)，西班牙入侵后以其王储菲利浦之名命名，又称为“椰子之国”。

9.1 简 史

据人类学家考证，大约在25万年前就有人类在菲律宾群岛活动。公元前300—200年间菲律宾出现了奴隶制，公元13—14世纪，曾经出现麻逸国、苏禄国等奴隶制国家。14～15世纪，在菲律宾诸岛上的奴隶制国家逐步进入封建社会。14世纪以后伊斯兰教传入菲律宾南部，在苏禄、棉兰老岛等地区也出现了一些封建苏丹政权。15世纪中叶以后，菲律宾的经济社会有了较大发展。

15世纪末至16世纪初，西班牙开始了对亚洲的殖民活动。1517年，西班牙侵占了马尼拉，开始了对菲律宾长达300多年的殖民统治。期间西班牙殖民者对菲律宾的经济进行了改造，为了出口欧洲，对烟草、甘蔗、蕉麻、可可等经济作物实行规模化和专业化生产，形成了菲律宾的单一经济结构。

1896年，“美西”战争爆发，美国打败西班牙，1896年8月美国军队和菲律宾军队发动“马尼拉之战”，取得胜利。1898年6月，菲律宾共和国宣告成立，西班牙在菲律宾的殖民统治宣告结束。美国通过武力取得了对菲律宾的统治权，菲律宾共和国成立后不久即宣告瓦解。1942年日本偷袭美国珍珠港，并占领了马尼拉，建立了对菲律宾的法西斯统治。1945年日本投降后美国卷土重来。战后菲律宾人民要求民族独立的呼声高涨，1946年7月菲律宾宣告独立。罗哈斯、麦格赛塞、加西亚、马卡帕加尔先后出任总统，经过几届政府的努力，菲律宾社会经济得到一定发展。1965年以后马科斯总统执政时期开始了相对独立的经济政策和外交政策；开始实施替代进口经济发展战略，经济取得了较快增长。1986年马科斯下台，科拉松·阿基诺、拉莫斯、埃斯特拉达、阿罗约、阿基诺三世等按宪制先后就任总统，通过重建民主制度、改革经济推动发展，多年来菲律宾经济保持持续增长，并在政治、经济、社会、文化、科技等各个领域均有发展。

9.2 自然环境

1. 地理位置与面积

菲律宾位于亚洲东南部，北面隔巴士海峡与我国的台湾省相对；南面和西南面隔苏拉威西海、苏禄海、巴拉巴克海峡与印度尼西亚和马来西亚相望；西邻南海；东面是辽阔的太平洋。菲律宾是东亚与南亚、亚洲与澳洲及太平洋之间的交通要道。

菲律宾全国总面积为29.97万平方千米，吕宋岛是其最大岛屿，面积10.47万平方千米，占全国面积的35%；其次是棉兰老岛，面积9.46万平方千米，占总面积的32%；另外还有9个3 000平方千米以上的岛屿，占总面积的28%；其余5%是小岛和珊瑚礁。菲律宾海岸线总长为18 533千米。

2. 地形、地貌、气候和降水

菲律宾群岛地形嵯峨，有高山、平原、河流、湖泊、海湾、海峡、溪谷、瀑布等自然形态。群岛南北长1 855千米，东西宽1 098千米，由7 107个岛屿组成，素有“千岛之国”之称，有名的有2 800个，有人居住的约1 000个，面积在1平方千米以上的有466个。从自然地理划分，菲律宾可以划分为5个部分：吕宋岛、米沙鄢群岛、棉兰老岛、巴拉望岛和苏禄群岛。群岛从南至北呈花状散开，构成了菲律宾通向加里曼丹的两条岛链。菲律宾群岛多山，其走势为南北纵列，各岛有山，山地占全国面积的3/4，而且火山众多，地震频繁。全岛最高峰是普洛山，海拔为2 928米；东南部的马荣火山2 421米，被称为世界上“最完美的火山锥”。菲律宾两侧则是深海，萨马岛和棉兰老岛东面是菲律宾海沟，最深处达10 497米，为世界最深海区之一。

菲律宾属热带海洋性气候，高温多雨、湿度大、多台风，全年平均气温27.6℃。全年6—10月是雨季，台风较多，11月—次年5月是旱季。菲律宾雨量充沛，年平均降雨量2 000毫米。总体而言，菲律宾气候终年炎热，雨水充沛，但常遭台风、地震、暴雨和泥石流等自然灾害的袭击，其中中部和西部地区常常遭遇台风袭击，而南部棉兰老岛则台风较少。

3. 人口及行政区划

菲律宾全国总人口1亿(2014年)，联合国在1998年发表的一份报告中曾把菲律宾列为世界上人口最稠密的国家之一，人口年龄结构为0～14岁占总人口的36%，15～64岁的占60%，65岁以上者占4%。[①]

菲律宾全国划分为吕宋、维萨亚和棉兰老3大部分。全国设有首都地区、科迪勒拉行政区、棉兰老穆斯林自治区等17个地区，下设81个省和117个市。

菲律宾首都大马尼拉市(Metro Manila)位于吕宋岛西部，面积636平方千米，人口约1 186万(2010年)，有“亚洲纽约”之称(图9.1)。大马尼拉市包括4个市(马尼拉市、卡洛

① 中华人民共和国外交部网站 www.fmprc.gov.cn。

奥坎市、帕萨伊市、奎松市)和 13 个区(镇)，是菲律宾政治、经济、文化的中心。全国主要城市还有奎松城、宿务、达沃、伊洛伊洛、碧瑶等。

图 9.1　菲律宾首都大马尼拉市

4. 资源禀赋

菲律宾的自然资源非常丰富，由于地处火山地带，土地肥沃，火成岩和变质岩的广泛分布形成了多种金属矿藏。菲律宾主要的自然资源如下。

(1) 矿产资源。主要有铜、铁、金、银、镍、铬等 20 多种，其中铜的储量约 48 亿吨、金储量达 1.36 亿吨、镍 10.9 亿吨、铬矿 2 000 万吨以上，为世界铬矿富集区。此外还有石油、煤、地热等能源资源和 20 多种非金属矿，其中地热开发利用占全国能源供应的 10%。

(2) 植物资源。由于土壤肥沃、气候良好、雨量充沛、终年温暖湿润。菲律宾群岛上森林繁茂有 2 500 多种树木，其中 10 多种统称为“桃花心木”的硬木成为菲律宾大宗的出口商品，纳拉树是其国树。菲律宾花卉、水果也十分丰富，花卉品种达数千种之多，其中热带兰花和茉莉花最著名，茉莉花为菲律宾国花。此外，由于菲律宾盛产热带水果使其有了“太平洋果盘”的美称。椰子、香蕉、芒果、菠萝、榴莲世界有名，椰子产量居世界第一位，香蕉产量居亚洲第一位。

(3) 动物资源。水产是菲律宾群岛最丰富的资源，各种鱼类达 2 400 多种，盛产贝、螺、蟹、虾、珍珠和食用海藻等。珍珠是其国石，巴拉望和苏禄海是亚洲海洋珍珠最富集的海域。总体而言，丰富的自然资源为菲律宾的经济发展提供了优越的条件，但资源性产业在国民经济中所占份额不高。

9.3 政治环境

1. 政治体制

(1) 政体。菲律宾独立后，实行议会民主共和国制度。1972 年 9 月马科斯总统颁布军事戒严令，实行军事管制，直到 1981 年才解除军事戒严令恢复立宪民主政治。菲律宾实行立法、行政和司法三权分立的议会制度。

(2) 宪法。菲律宾独立后实施过三部宪法。1972年以前菲律宾使用的宪法是根据1934年美国国会通过的《泰丁斯-麦克杜菲法案》起草的，1935年2月由美国总统批准交美国国会通过，同年5月以菲律宾全民投票的形式通过，成为菲律宾第一部宪法。第二部宪法于1972年11月马科斯上台后制定，1973年1月17日起生效，同时废除旧宪法，这部宪法的特点是规定了采用法国式的议会制，改变了美国式议会制度下总统受国会牵制的规定，加强了总统的权力；确立两党制等。1986年马科斯下台后，阿基诺总统立即召开了第一次立宪委员会，起草了第三部宪法，1987年2月2日由全民投票通过，同年2月11日总统正式宣布宪法生效。宪法规定，菲律宾实行立法、行政、司法独立的三权分立政体。总统拥有行政权，由选民直接选举产生，任期六年，不得连选连任；总统无权实施戒严法，无权解散国会，不得任意拘捕反对派，禁止军队干预政治，保障人权，取缔个人独裁统治；进行土地改革等。

(3) 国民议会。菲律宾的国民议会简称国会，是国家最高立法机构，由参众两院组成。参议院由24名议员组成，由全国直接选举产生，任期6年，每3年改选1/2，可连任两届。众议院由250名议员组成，200名由全国各选区直接选举产生，25名由参选获胜政党委派，另外25名由总统任命。众议员任期3年，可连任三届。

2. 政府

菲律宾政府实行总统制，权力属于总统和副总统，正副总统均由全民直接选举产生，总统提名各部部长产生内阁，21名内阁成员组成国家最高行政机构。总统为国家元首、政府首脑兼武装部队总司令，由选民直接选举产生。地方政府分为4级：省级、自治市级、市级和村级。地方政府在教育、卫生、地方经济发展、提供经济社会基础设施服务、维持地方社会治安等方面有明确的职责和权力。

3. 政治党派

菲律宾实行多党制。全国共有大小政党100多个，大部分为地方小党，其中有影响的政党有：自由党、基督教穆斯林民主力量党、民族主义人民联盟、摩洛民族解放阵线、摩洛伊斯兰解放阵线、菲律宾共产党。其他政党有：民主行动党、地方发展优先党、改革党、民主战斗党、民族党等。

4. 司法体系

菲律宾共和国由于历史上曾是西班牙和美国的殖民地，其法律制度明显受到大陆法系和英美法系的影响，一般认为，在婚姻法、家庭法、继承法、合同法、刑法中，大陆法系的传统起主导作用；而在宪法、诉讼法、公司法、税法、保险法、劳动法、金融法方面，英美法系的原则有显著的影响。①

最高法院由1名首席法官和14名陪审法官组成，均由总统任命，拥有最高司法权。在最高法院之下设有上诉法院、地方法院、市镇法院等。

① 齐树洁，《菲律宾继承法研究》，载于梁慧星主编，《迎接WTO——梁慧星先生主编之域外法律制度研究集》第三辑，国家行政学院出版社2000年版，第292页。

5. 对外关系

菲律宾政府宣称奉行独立的外交政策，在平衡、平等、互利、互敬的基础上发展同所有国家的政治经济关系。通过积极、开放的外交政策与世界各国在政治、经济、文化方面开展交流和合作。对外政策的目标是确保国家安全、主权和领土完整；推动社会发展，保持菲律宾在全球的竞争力；保障菲律宾海外公民权益；提升菲律宾国际形象；与各国发展互利关系。菲律宾是亚太地区和一些世界性组织的成员，也是东盟的创始国之一。菲律宾最主要的双边关系是美国、日本、新加坡、韩国和中国台湾，菲律宾与美国一直保持着特殊关系。迄今为止，菲律宾已同126个国家建交，并在70多个国家设立了使领馆。

9.4 经济环境

1. 经济计划及发展状况

菲律宾独立后其经济发展主要经历了6个时期：1946—1950年是战后经济的恢复重建时期；1951—1961年是经济管制期，主要对消费品进口、外汇进行限制，鼓励发展替代进口工业；1962—1972年放宽经济限制，解除外汇管制，全面采取替代进口战略，外资和外贸发展加快；1973—1982年是经济改革时期，重点是稳定物价、实行土地改革、降低失业率、提高福利水平、优先发展农业、鼓励面向出口工业的发展；1983—1997年是在发展中不断调整经济政策，全面推行出口导向发展战略时期，引进外资，调整产业结构，提高国家竞争力时期；1997年以来菲律宾经济发展的主要任务是，以加大农业和基础设施投资、扩大内需和出口为手段，稳定经济，解决失业与贫困问题。

菲律宾是东盟国家中第五大经济体。属出口导向型经济，近年菲律宾面临的首要问题就是要制定确保宏观经济稳定的政策，特别是要解决公共部门预算赤字居高不下以及投资环境欠佳、就业状况差、人口增长率高、贫困人口过多等问题。

2. 经济结构

经过长期的努力和经济结构的调整，菲律宾的产业结构进入高级化阶段。到2010年菲律宾的农业比重为14%，工业占31.3%，服务业占54.8%；制成品出口占出口总额的90%。

3. 经济基础设施

作为一个群岛国家，经济发展所需的交通、能源、通信等基础设施建设尤为重要。从交通方面来看，全国各个地区主要的交通是公路和航运，铁路并不发达，总长1 200千米，主要集中在吕宋岛。公路总长约20万千米，客运占全国总客运量的90%，货运占全国运输货运量的65%。在水运方面，全国有各类船只近27万艘，大小港口1 425个，总吞吐量1.68亿吨，主要港口为马尼拉、宿务、怡朗、三宝颜等。在空运方面，全国有机场163个，其中有国营机场89个，其余为私人机场，国内航线遍及全国40多个城市，与30多个国家签订了国际航运协定，主要的国际机场有马尼拉、宿务、达沃等。在能源基础设施方面，菲律宾能源生产和消费结构基本上由石油、煤炭、地热、电力组成，能源的自给率约为42%以上，其中石油、天然气、煤等大部分能源需要进口。在信息通信方面，菲律宾电话干线拥有量为 41‰；最大城市拥有量为 265‰；移动电话 75%；互联网用户 62‰；信息通信技术支出占 GDP 的 5.8%(人均 57 美元)。最近几年由于政府财政赤字和债务加重制约了基础设施的投资。菲律宾的经济也由于基础设施建设的滞后而受到影响，在东盟的 6 个老成员国中位居最后。2006 年菲律宾政府做出决定至 2011 年间投资 3 720 亿比索(约合 72 亿美元)新建公路、铁路、机场、港口、发电站等。

4. 对外贸易

1) 对外贸易

菲律宾 1979 年 12 月加入《关税与贸易总协定》，1995 年 1 月成为世界贸易组织的创始会员。WTO 有关原则和规则成为菲律宾在国际贸易中保护本国利益和解决贸易争端的法律依据。

菲律宾与世界上 150 多个国家和地区有贸易关系。美国是菲律宾最重要的贸易伙伴国，其他如日本、欧盟、中国、东盟等是菲律宾的重要合作伙伴。近年来，菲政府积极发展对外贸易，其对外贸易随着该国经济的发展而不断发展，进出口贸易总额不断增加，出口商品日益多样化，外贸市场进一步多元化，但近年的贸易出现逆差，见表 9-1。进出口商品结构也发生了根本性的变化，非传统出口产品如成衣、电子产品、工艺品、家具、化肥等的出口额已经超过了矿产、原材料等传统商品的出口额。主要出口产品为电子产品、服装及相关产品、电解铜等；主要进口产品为电子产品、矿产、交通及工业设备等。

表 9-1　菲律宾对外贸易状况

(单位：亿美元)

年　份	2007	2008	2009	2010	2011
贸易总额	991.84	1 058.24	813.43	1 061.0	1 088.0
出口额	474.10	490.78	383.35	514.0	483.0
进口额	517.74	567.46	430.08	547.0	605.0
进出口差额	−43.64	−76.69	−46.73	−33.0	−122.0

资料来源：菲律宾国家统计办公室、央行、亚洲开发银行。

2) 中菲经贸关系

中国与菲律宾早在公元 10 世纪就有贸易往来。1975 年两国建立外交关系时，双边贸易额只有 7 200 万美元，到 1992 年，双边贸易额也仅为 3.64 亿美元。在过去 10 年中，中菲贸易保持了持续快速增长势头，特别是自 2000 年开始，双边贸易以年均 35%的增长速度快速发展，2007 年更是创下了 306.2 亿美元的历史新高，提前达到两国领导人制定的在 2010 年前双边贸易额达到 300 亿美元的目标。据中国海关总署统计，受全球金融危机的影响，2008 年，双边贸易额回落至 285.8 亿美元，同比下降 6.7%。这是中菲贸易在经历连续 6 年超过 30%的增幅后首次出现负增长，此后又逐步恢复，2011 年双边贸易额达到 322.54 亿美元，中国对菲出口额为 142.54 亿美元，进口为 180 亿美元。目前，中国为菲律宾第三大贸易伙伴，中菲双边贸易额占菲律宾总贸易额的 30%以上，菲律宾为中国在东盟的第五大贸易伙伴。菲律宾是中国对东盟各国贸易最大逆差来源地，占中国对东盟整体逆差的 65.6%。

目前，中国对菲律宾出口的主要商品是集成电路及微电子组件、纺织品及服装、煤、钢材、鞋类、自动数据处理设备及其部件；从菲律宾进口的商品主要是集成电路及微电子组件、自动数据处理设备及其部件、未锻造的铜及钢材、香蕉、成品油等。[①]

在双向投资方面，中国在菲律宾投资涉及农业、矿业、纺织、机电加工等领域。另外，中国在菲律宾开展的承包工程保持发展势头，双方在农业领域、金融领域、航空领域的合作不断加强。2002 年，菲律宾对华投资项目达 142 个，投资额为 4.16 亿美元；2007 年，菲律宾对华直接投资新增项目 83 个，合同金额 4.65 亿美元，实际投资 1.95 亿美元。2008 年中国企业在菲律宾新签承包工程、劳务合作及设计咨询合同 61 份，合同金额 3.95 亿美元，其中工程承包合同额 3.61 亿美元。2008 年完成营业额 3.98 亿美元，其中工程承包营业额 3.95 亿美元。在中国驻菲律宾大使馆经商处登记的中资企业有 30 多家，其中大多是大中型企业的分支机构，主要有中国路桥、中国港湾、中水电、中建、中技、中机、中国地质工程等经营工程承包的国资委所属大型企业；也有中兴、华为等电信系统供应商和南航、中国远洋、中海等经营海空运输、船舶代理的企业。[②]

5. 外资和外援

菲律宾是实行市场经济的国家，国内外贸易和国内外投资均实行统一管理和执行统一的法律法规。

根据菲律宾中央银行的统计资料，1970—1988 年共有 29 亿美元的外资流入菲律宾。近十几年来，由于政局不稳定、社会治安、财政状况较差等原因，对菲律宾吸收外资带来了严重的影响，1997—2001 年，外国直接投资平均每年只有 2.1 亿美元；2004 年吸引外资只有 6.8 亿美元；[③]2008 年外国对菲直接投资达到 15.2 亿美元；2011 年外国直接投资为 13 亿美元，主要来源地为日本、美国、英国、德国、韩国、马来西亚和中国香港，主要投资领域为制造业、服务业、房地产、金融中介、矿业、建筑业。[④]

菲律宾的外国援助主要来源于日本、美国、西欧和国际金融组织。独立初期，菲律宾获得的外国援助中 90%是美国提供的无偿赠款。1986 年阿基诺夫人执政后，外国援助的数额大幅度提高，主要提供者是美国、日本、世界银行和亚洲开发银行。截至 1995 年，菲律宾政府接受的外国援助协议总额为 60 亿美元，其中与日本签订的贷款协议最多，约合 11.4 亿美元。20 世纪 90 年代以来，菲律宾接受的外国援助总体呈下降趋势。国际援助机构承诺每年给予菲律宾各项援助约 20 亿美元。

6. 劳务输出

劳务输出是菲律宾对外经济活动的一个重要组成部分(图 9.2)。由于菲律宾海外劳工受教育程度高，有英语优势，在国际市场上较受欢迎。目前菲律宾已成为亚洲劳务输出规模最大的国家，其在海外的流动劳工已达 800 万人，遍布 160 多个国家和地区，最集中的地区有中东、中国台湾、中国香港、日本、新加坡等地。劳务输出目前成为菲律宾外汇的最

① 马燕冰、黄莺编著，《列国志・菲律宾》，中国社会科学文献出版社 2007 年 5 月版，第 253 页。
② 中华人民共和国外交部网站 www.fmprc.gov.cn，《中国同菲律宾的关系》，2010 年 8 月。
③ 马燕冰、黄莺编著，《列国志・菲律宾》，中国社会科学文献出版社 2007 年 5 月版，第 250 页。
④ 国别数据网 www.countryreport.mofcom.gov.cn。

大来源，2011 年汇回的外汇达 204 亿美元，占国家外汇总收入的一半以上，成为菲律宾稳定经济，平衡国际收支和拉动内需的重要力量。

图 9.2 最专业的保姆撑起菲律宾经济

7. 财政税收

由于建国初期大量日用品和生产资料的进口、大型建设项目的启动以及政府采取扩大财政支出的政策，导致菲律宾财政负担沉重，赤字不断增加。1994—1997 年，菲律宾扭转了多年的赤字，获得少量盈余。但 1997 年亚洲经济危机爆发后，菲律宾再次步入财政赤字时期。阿罗约上台以来，一直致力于减少财政赤字规模。2007 年，菲律宾的财政赤字从 2002 年的 2 026.83 亿比索(历史最高值)下降到 124 亿比索，2008 年受国际能源、粮食价格上涨和金融危机影响，财政赤字增加到 681 亿比索。[①]到 2011 年由于阿基诺三世采取增收节支，扩大内需和出口，国际收支有所改善，经济保持较快增长，财政状况有所改善。

税收在菲律宾的财政收入中占有很大比重，但是税收体制问题是造成菲律宾常年赤字的原因之一。税收在 GDP 中所占比例低，大多数年份只有 15%。为提高税收，改善政府财政收支状况，历届政府一直致力于各种税收改革，但直到现在，税收收入在菲律宾国内生产总值中所占的份额依然只有 15%左右。

8. 金融货币

(1) 银行。菲律宾银行系统分为 4 类：商业银行，其是菲律宾银行系统中最主要、业务范围最广的银行机构，中央银行对其经营活动的管理也最为严格；储蓄银行；农村银行；政府特别银行。政府特别银行完全由政府所有，其主要业务是按政府有关的产业政策进行安排，如菲律宾阿穆纳赫伊斯兰银行就属于此类银行。此外菲律宾还有大量的国有和私有非银行金融机构，国有非银行金融机构主要从事保险和社会保障服务，而私有非银行金融机构则被允许开展长期和短期融资服务。

到 2003 年，菲律宾共有 42 家规模大小不一的商业银行，规模最大的 10 家商业银行分别是菲律宾大银行、菲律宾群岛银行、PCI 银行、菲律宾土地银行、花旗银行、菲律宾民族银行、里扎尔商业银行股份公司、菲律宾发展银行，Banco de Oro 银行、联合金融股份有限公司。[②]其中菲律宾土地银行、菲律宾发展银行为国有银行，菲律宾民族银行为半国有银行，政府拥有 45%的股份，花旗银行为外资银行。

菲律宾政府允许外资银行在菲律宾开展经营活动，花旗银行、美洲银行、港沪银行和渣打银行等外国银行均在菲律宾有分支机构。

菲律宾政府发展金融业的基本政策、措施有如下内容：①进行机构改革，促进银行部门的业务扩展，主要包括重组中央银行，放松对设立银行和银行分支机构的限制，放宽外资进入本国金融业的限制，拓宽银行机构的业务范围；②进行股市现代化改造，提供融资

① 中华人民共和国外交部网站 www.fmprc.gov.cn，《菲律宾国家概况》，2009 年 9 月。

② Country Profile，Philippines，2004，p18～19。

能力；③取消外汇管制，为吸引外资和扩大外贸创造条件；④加强对金融机构的监管，稳定金融秩序。

(2) 货币。菲律宾货币称为比索(Peso)，币值换算 1 比索=100 分，币值面额分别为：1、2、5、10、25、50 分及 1、2、5、10、20、50、100、200、500 和 1 000 比索。菲律宾比索 2005 年平均汇率为 1 美元兑 54 比索。2011 年平均汇率为 1 美元约兑换 43 比索。

9.5 社会环境

1. 人民生活

近年来，菲律宾人民生活水平逐步提高。2001 年家庭平均收入约 2 881 美元，到 2009 年，菲律宾家庭年均收入提高到 20.6 万比索(约 4 800 美元)。从城乡居民消费结构看，菲律宾的恩格尔系数较高。菲律宾人民的贫富不均现象很严重，贫困家庭比率为 20%。基尼系数高达 51.0，最穷的 10%人口的收入占总收入的 1.8%，最富的 10%人口的收入达到总收入的 39.7%。近年来，人民生活水平提高较慢。尤其在世界金融危机之后，人民生活受到较大影响，2010 年以来，政府出台了一些相关政策和措施，经济持续增长失业率有所下降。总体而言，菲律宾仍然是一个经济不发达的国家，减少贫困、救助社会弱势群体仍然是需要关注的重要问题。

2. 社会保障

菲律宾独立后，社会保障和医疗服务有了长足进步。20 世纪初，菲律宾人均寿命尚不足 40 岁，婴儿死亡率很高。目前，菲律宾的医疗保健状况有了进一步的改善，人均寿命延长，儿童死亡率降低。2011 年人口出生率为 1.9%，死亡率为 0.55%，平均寿命 70 岁。医疗卫生事业有了较大发展。

3. 教育和科研

菲律宾的教育事业在东南亚国家中是发展比较早也比较发达的。16 世纪西班牙殖民者来到菲律宾后，便开始在各地兴办教会学校。1863 年，西班牙开始在菲律宾普及初等教育，建立中等职业学校、师范学校，以及药物学、工程学、基础科学等技术学校。美国占领菲律宾以后，开始推行美国式的教育制度，用英语教学和使用美国课本，创办菲律宾第一所高等学校——菲律宾大学。到 1946 年时，已经形成了从初级教育到高等教育比较完整的教育体系。菲律宾独立以后，政府重视教育，宪法规定中小学实行义务教育，鼓励私人办学，为私立学校提供长期低息贷款，并免征财产税，但是初、中等教育以政府办学为主。随着经济的发展，教育事业获得迅速发展。截至 2006 年，全国共有中、小学 44 302 所，小学生入学率达 91%，中学生入学率 60%，全国共有高等教育机构 1 599 所，在校生约 244 万人，每年毕业生在 50 万人左右。著名的大学有菲律宾大学、阿特尼奥大学、东方大学、远东大学和圣托马斯大学等。菲律宾的成人识字率达到 93%，青年识字率男性达 94%，女性达 96%。

在 20 世纪初菲律宾就已经开始建立现代科学研究机构，1935 年菲律宾就建立了马尼拉医学学会、菲律宾大学附属医院、菲律宾科学协会、菲律宾公共卫生学会、国际麻风病协会、菲律宾防癌联盟、国家研究理事会等东南亚国家中比较早的科研机构。1958 年国家成立了科学技术部，负责政策制定、联合和加强科技开发与研究；组织协调科技人力资源的开发管理；组织推广和应用研发科技成果等。此外，在经济社会发展方面的科学研究主要由菲律宾全国经济和开发管理局(NEDA)负责，它主要负责制订社会经济综合规划和计划，并协调各部门来实施社会经济发展的综合科学研究项目。

菲律宾的科研机构主要由 3 个部分组成：①高等院校的科研机构，这些机构主要的工作是从事农业、基础科学、自然科学、工程和社会科学研究；②私人企业的科研机构，它们主要从事应用技术、产品开发和试验性开发研究，研发活动主要涉及纺织业、造纸、化工和化学制品、能源、食品饮料和烟草等领域；③非营利科研组织，它们主要从事经济社会发展、人口、环境、经济社会综合科学技术等公共科学领域的研究。

4. 新闻出版和传媒

菲律宾新闻出版事业主要由政府新闻部管理。目前英文报纸有《马尼拉公报》、《菲律宾星报》、《菲律每日问询者日报》、《自由报》、《马尼拉时报》、《马尼拉纪事报》；菲律宾文报纸有《消息报》、《菲律宾快报》；中文报有《世界日报》、《商报》、《菲华时报》、《联合日报》、《环球日报》等。

官方的菲律宾通讯社成立于 1973 年 3 月，是菲律宾最大也是唯一的通讯社，它与中国、日本、印尼、马来西亚、泰国、巴基斯坦等 15 个国家和地区的通讯社有新闻交换关系，与美联社、合众国际社、路透社均有工作关系。菲律宾主要的新闻组织还有全国新闻记者俱乐部、全国新闻摄影家协会、全国出版者协会等。菲律宾全国共有 257 家出版机构。

广播电视方面，菲律宾有广播电台 629 家，电视台 137 家，其中广播局和人民电视台为国家所有，其余均为私有。广播电视节目主要用英语、他加禄语和华语播出。

5. 文化艺术

菲律宾的民间文学艺术形式非常发达，包括：戏剧、史诗、抒情诗、神话及谜语谚语等。对菲律宾文学影响最大的、最为出名的代表作有《祈祷诗》、《暖屋》和《我的七爱之歌》等。菲律宾很早就存在戏剧艺术形式，代表有“卡拉加丹”和“拉普洛”两种，在民间集会和婚丧嫁娶时表演。最受菲律宾人民喜爱的戏剧形式当属音乐歌舞剧“莎苏埃拉”。

6. 体育

篮球是菲律宾的国球。20 世纪 60～70 年代，菲律宾国家篮球队曾多次获得亚洲冠军。受西班牙人影响，回力球运动也是菲律宾人喜爱的运动。

9.6 文化环境

菲律宾是亚洲最大的天主教国家，是由多个民族、多种宗教和多种文化融合而成的民族国家。有人认为菲律宾文化是马来人、中国人、西班牙人和美洲人的文化混合而成的。绝大多数菲律宾人都有共同的价值观和宗教信仰，人民热情、乐观、宽容是菲律宾社会和商业文化中典型的特征。对宗教的虔诚、权力差距、等级观念、男子气概以及对权威和老人的尊重构成了菲律宾社会突出的特点。

1. 民族

多民族是菲律宾的重要特征。从人种上来划分，主要有蒙古人种、马来人和澳大利亚尼格尼陀人类型。马来族占全国人口的85%以上，包括他加禄人、伊洛戈人、邦班牙人、比萨亚人和比科尔人等。另外还有后来的其他移民和极少数的原土著人，如华人、印尼人、阿拉伯人、印度人、西班牙人和美国人等。

2. 宗教

16世纪初，随着西班牙殖民者的入侵，天主教传入菲律宾，成为西班牙长期统治菲律宾社会的精神支柱。菲律宾是东南亚国家中唯一的天主教国家，国民约85%信奉天主教，4.9%信奉伊斯兰教，少数人信奉独立教和基督教新教，华人多信奉佛教，原住民多信奉原始宗教。

3. 语言

由于地理的独特性和多元民族融合的结果，菲律宾语言相当复杂和多样，可大致分为本地语言和外来语言两大类，主要有菲律宾语、各地方言、英语、西班牙语和汉语。1959年菲律宾政府正式宣布以他加禄语为基础的菲律宾语为国语。目前他加禄语已成为全国通用的语言。但是，人们在政府文告、议会辩论、国际学术交流、主要报刊中使用英语较多。英语在菲律宾十分普及，受过中学教育的普通人均能说英语，英语也是菲律宾的商业语言。在菲律宾的华侨和华裔主要使用中国福建省的闽南话。

4. 社会生活习俗

在菲律宾家庭仍是社会生活的核心部分，亲缘宗族关系起着重要作用。宗族还是一种社会势力，也是一种维持法纪、职业介绍和非正式的社会保障体制。在菲律宾社会中形成主要的几种关系：真正的亲缘宗族关系；宗教亲属关系；市场交换关系；赞助人—客户友谊关系构成了复杂的社会关系。在家庭婚姻方面，菲律宾各民族有很大差异，但多半是自由恋爱结婚组成家庭。受天主教的宗教传统影响，在菲律宾一般是不允许离婚的，只允许合法的分居。女性在议会、政府、内阁、高级法院、主要大公司管理层或领导人中占的比重高达24%，名列东南亚各国之首。在行政管理人与经理人员中比例更高，达34%。在大学毕业生中女性占60%以上。

菲律宾的社会生活有许多积极的特点，如尊重权威、重视对个人冒犯的敏感性、虔诚的宗教信仰和融洽的人际关系。在家庭生活中，即使在经济状况不好时也特别注意个人的修饰和保持家庭高标准的整洁和有条理。菲律宾人热情好客，但是对许多事情开始热情很高，然而也会很快失去热情，坚持不到最后。消极的方面是，当遇到巨大困难和不可预料的风险时，就会陷入宿命论，他们会说“留给上帝来解决”或“神会照顾一切”，在当地称为“巴哈拉那”(bahalana)论，此外，还有一些殖民地遗存，如崇尚外国货等。

5. 礼仪和礼节

如同东南亚其他国家一样，在菲律宾注意礼仪和礼节，尊重当地风俗习惯，关注他们的文化，保持密切的私人关系是开展商务活动的基础。

(1) 首次见面。在城市里可以用英美式握手，互相问候。菲律宾人很开朗，在见面时保持微笑，目光柔和。在相互问候和介绍时，要由长至幼，由尊至卑。

(2) 姓名和称呼。在菲律宾人的名字中，教名在先，随后是母姓首字，再是父姓。大多数菲律宾人有西班牙名。称呼可用"先生"、"夫人"、"女士"、"博士"或用他们的职称加上他们的名字；有些妇女结婚后仍保留未婚时的名字，即在自己的名字后加上夫家的姓。在通信中广泛使用英语，标准的美国式称呼是可以接受的。

(3) 衣着与谈话。一般商务活动男士要穿西服，打领带，或者是正式的菲律宾衬衫(不要扎在裤子内)是很得体的。女士应穿礼服、套装或裙子衬衫。谈话的话题最好是家庭、职业、教育、孩子、文化、饮食、菲律宾历史等。不要谈国内政治、宗教冲突、政治人物、天主教会等敏感问题。刚认识的朋友并不介意问及收入情况或宗教信仰。

(4) 社交活动。去菲律宾人家中做客，最好带鲜花或巧克力，不要带酒类(如葡萄酒)，否则会被认为主人没有足够的酒来招待客人。注意，菲律宾人在吃饭时，通常是左手拿叉，把食物放到勺上，用右手拿勺。在当地人家吃饭，一定要在盘子里剩一小点食物，表示吃饱了，如果吃光了，表示你还没有吃饱。不要喝太多的酒，喝醉是不礼貌的。赠送礼品在建立关系的过程中是必要的，对开展业务起着重要作用，菲律宾人通常不喜欢当面打开礼品。另外因为宗教原因，菲律宾人非常忌讳数字 13 和星期五。如果恰逢 13 号又是周五，应停止宴请聚会等活动。在与菲律宾人交流中，注意言谈举止和身体语言的使用。菲律宾人尽量避免说"不"，习惯于含蓄的说法和迂回的语言，如果太直接会被认为粗鲁。大多数菲律宾人说话很轻柔，较小声，很少打断别人的讲话。菲律宾人很重视建立良好的人际关系，搞好关系比表达个人意见更重要。

如果邀请菲律宾人吃饭或参加宴会，需要打电话反复确认，以表示诚意。在公共场合不要向妇女敬烟敬酒。在社交场所邀请别人合影，要得到允许。在身体语言的使用方面，除了握手，菲律宾人一般不愿意与陌生人有身体的接触。菲律宾人在打招呼时会抬一抬眉以示问候，长时间的目光对视是不礼貌的，为了引起别人的注意，可以轻轻碰一下他们的胳臂。菲律宾人也用眼光和撅嘴的方式示意方向。在召唤人时，要手掌朝下，上下摆动，不要一个指头向下弯曲，否则会被误解为侮辱性动作。

6. 重要节日

菲律宾的节日众多(图 9.3)，主要节日包括独立日(国庆日)：6 月 12 日，巴丹日(纪念二战阵亡战士)：4 月 9 日，英雄节(纪念国父黎刹殉难)：12 月 30 日，基督教主要节日(如圣诞节等)。

图 9.3 菲律宾节日场景

9.7 商业环境

1. 市场准入

1) 关税保护措施

菲律宾 2003 年年底分别对 1 000 多种产品提高了关税，包括化肥、水泥、服装、鞋类和原材料，将原先 3%～5%的税率提高到 5%～20%，同年还将进口糖类的关税从 65%提高到 80%。对整车类汽车和摩托车征收 30%关税，而且将这一关税水平延长到 2007 年，这也违背了菲律宾政府在 2004 年将关税降到 5%的承诺。在关税配额方面，近年对部分产品实施了进口数量限制。对四位税目中的 15 类商品按最低进口量和税率配额加以限制，受关税配额管理影响的农产品主要包括：谷物、牲畜和肉制品、糖、土豆、洋葱、大蒜、咖啡、烟草、玉米等。

2) 对进口的限制

菲律宾对进口的限制包括大米、汽车、小汽车、拖拉机、柴油机、汽油机、摩托车、耐用消费品、新闻出版和印刷设备、水泥及与健康和公共安全有关的产品。另外，对新鲜水果、活牲畜、肉类品实行进口许可，对烈性酒征收歧视性税费。

3) 通关壁垒

菲律宾政府规定，所有的进口商和他们的代理商均须向菲律宾海关提交进口声明，海关通过识别系统把装船分为低风险(绿色通道)、中风险(黄色通道)或高风险(红色通道)。对黄色通道的装船，菲律宾海关要求对装船单据进行审核；对红色通道装船，在审核单据的同时，还须在港口进行实际检验；海关操作程序随意，费用高，而且还经常拖延时间。

4) 在服务贸易方面的壁垒

在服务贸易方面的壁垒包括以下内容。

(1) 银行。菲律宾只允许 10 家外国银行以全资附属分行的形式设立分行，每家外国银行的分行限定为 6 个，1948 年以前就在菲律宾经营的 4 家老银行可以再设 6 个分行。菲律宾法律规定，在菲律宾注册的银行资产总和的 70%和资本金总和的 50%应由菲律宾本地银行控制。外资分行从其总行及同业拆入资金和存放、拆放总行及同业的资金净额不能超过永久性资本金的 4 倍。

(2) 保险。菲政府规定，允许外资企业经营保险业务，但是不能承包以政府资金为来源的工程。

(3) 证券和其他金融服务。菲法律规定，证券和保险公司中的外资限定在 60%以内，外资共同基金的董事会必须由菲律宾公民组成。

(4) 不准外资进入卫星通信行业，基础电信企业的外资不能超过 40%。

(5) 法律规定在广告企业中的外资股权不能超过 30%，从事广告代理的所有经营管理者都必须是菲律宾公民。

(6) 公用事业。菲律宾有关法律规定，水、电、通信、运输等基础设施工程的承包商必须具有公用事业特许证，菲律宾方面的控股应在 60%以上。其他工程的承包商(如 BOT)不受上述条件约束，但是外资承包商必须具备母国有关机构出具的资质证明。

(7) 专业服务。法律规定律师、医药、护理、会计、建筑、报关员等特定行业的执业资格的获取条件限定为菲律宾公民。外援工程的施工应优先雇用本地顾问和专家。

(8) 菲律宾海运总局禁止外国船只参与国内内海运输业务，菲籍船只除临时雇工以外，只能雇用菲籍人员和管理人员。

(9) 零售业。注册资金在250万美元以下的只能由菲律宾公民经营。

(10) 其他行业。如公众新闻媒体、私人证券代理、影剧院经营管理、各类职业事务所均不许外资占股。

2. 现行外资投资政策

1) 利用外资的法律

菲律宾有关投资的基本法律有《1987年综合投资法》、《1991年外国投资法》、《1995年经济特区法》以及关于投资方面的总统令、行政命令等法令。这些法律政策目的都在于吸引外国个人、政府、企业或组织到菲律宾投资，通过引进外资发展菲律宾国家经济，提高菲律宾人的生活水平，扩大菲律宾的就业，扩大商品出口，为菲律宾的繁荣和国家发展发挥应有的作用。

2) 对外资的基本政策

外资投资者除享有菲律宾宪法基本权利外，还有以下权利。

(1) 可将投资清算后的全部资金以投入货币的种类按撤资时的汇率汇出。

(2) 可将收益以投资货币的种类按汇出时的汇率汇出。

(3) 可按汇出时的汇率折成外币偿付国外贷款本金和利息、技术协助合同转让费及其他费用。

(4) 政府不没收外国投资和企业资产，若有特殊需要，政府将给予投资者公正补偿。

(5) 菲律宾政府不征用外国投资者和企业资产。但在战争或国家紧急状态下，投资者的财产得到公平补偿后可以被征用。

3) 对外资的鼓励政策

(1) 税收减免优惠政策。对投资企业的资本设备及其零件的进口减免赋税，对投资于鼓励投资的领域的企业给予4～6年的所得税免征期。

(2) 对使用国内的资本货物，零配件和原材料的企业可享受税负信贷。

(3) 企业注册后的5年内，符合规定的新增工人工资和基础设施开发费可在企业应征所得税中扣减。

(4) 非财政优惠政策。菲律宾贸易投资的管理部门是贸易工业部(DTI)，是负责管理和指导全国工商业发展、对外贸易和利用外资的政府部门。其主要职能是以中小企业为中心，促进发展商业、降低商业成本、促进贸易和投资、提供培训服务和权益保护、负责有关业务的许可登记注册等。

3. 投资经商相关管理机构与开办企业程序

在菲律宾建立一家公司一般要与12个部门打交道。如注册企业、有限公司或合资公司要去证券交易委员会(SEC)；公司名称注册要去贸易管理和消费者保护局(BTRCP)；享受注册优惠政策去投资委员会(BOI)；在出口加工区注册出口公司要去出口区管理局(PEZA)；注册外商投资(为汇回利润和资金)要去菲律宾中央银行(CB)；税务确认号码要去国税局(BIR)；在某一地区投资经商要在地区办理经商许可证或地方证明书(如要在大马尼拉区建公司就要去大马尼拉管理局(MMA)办许可证)；如果从事建筑业，办理许可证和经商执照，就要去所在地的市政厅/市政办公室；电力接通要去电力公司；用水服务要去地方水利设施管理局(LWUA)和给排水系统(MWSS)部门。

4. 知识产权保护

菲律宾法律规定的知识产权包括：①著作权和与之相联系的权利即邻接权；②商标权；③地理标志权；④工业外观设计；⑤发明专利权；⑥集成电路的布局设计；⑦秘密信息保护权。

菲律宾知识产权主管机关是知识产权局(IPO)。知识产权局的主要职责如下：①审查授予发明、实用新型、工业外观设计专利的申请，审查商标、地理标志、集成电路图涉及的注册申请；②发明、实用新型、工业外观设计专利，商标转让协议的登记工作；③发布发明、实用新型、工业外观设计专利，商标权的授予、转让公告；④裁决有关知识产权的争议；⑤保护知识产权；⑥保存所有在知识产权局登记的记录、登记簿、绘图、说明书、文档和其他文件。

5. 商标申请注册及相关法律

菲律宾的商标权制度基本上是以美国商标法律制度为蓝本而制定的。最早的第 166 号商标法制定于 1947 年，经过 4 次修改。此外，还有部分菲律宾专利、商标和技术转让局颁布的法令法规。在菲律宾，商标分为商品商标、服务商标和集体商标。

商标的注册主要采用申请在先原则和自愿注册原则。商标无论是否注册均可使用，但在法律上地位不同。商标注册应依照法定的程序和条件向商标主管机关申请注册，方可取得商标权。一项申请可以适用几种商品或服务。

6. 商务谈判风格和习惯

到菲律宾进行商务活动有几种途径：①通过朋友介绍；②通过参加官方的贸易代表团、国际贸易展览会认识和接触客户；③请求驻菲律宾大使馆商务参赞处介绍，也可以通过银行、律师事务所、咨询公司、贸易伙伴公司介绍。菲律宾人不愿意同陌生人谈生意和业务。

在菲律宾的商务活动中，英语是主要的商业语言，菲律宾 65%以上的人懂英语，以他加禄语为基础的菲律宾语在商务活动中也是通行的。大部分人民对两种文字语言都能够接受。因此，在菲律宾进行商务活动两种语言兼备就更好了。

不论是商务性会面还是私人会面，菲律宾人都不会太准时，不过他们还是很欣赏外国人的准时态度。在管理方面，菲律宾人习惯于家长式的领导，下属总是愿意服从经理或领导。在商务谈判中，任何细节都要讨论清楚，以免误解。在谈判中有权做出决定的人可能不在谈判的现场，所以不要指望在一次会议上就做出决定。要注意他们说“YES”的时候，可能是说“我同意，我明白”。在商务活动中，如果对方同意，最后要落实在协议的文字上，因为他们不会当着你的面说“不”。如果他们有话不好当面说，会下他们会请中间人来传话，双方保持诚信和脸面很重要。

本章小结

菲律宾位于亚洲大陆的南缘，是商业、贸易的中转站，在泛北部湾经济合作中具有十分重要的战略地位。历史上菲律宾曾受西班牙和美国数百年的统治，因而其政治、经济、文化及法律体系的发展和形成均不同程度地受到影响。菲律宾的政局不稳、高油价、自然灾害等因素影响了外国投资者的信心，这对于经济发展十分不利。因此，外国投资者到菲律宾投资时要注意菲律宾政治局势，注意人质绑架、恐怖袭击、爆炸事件对商务投资带来的风险，注意基础设施相对落后对商务投资的影响。

近年来，菲律宾政府积极采取经济开发政策、吸引外商投资、鼓励外国企业发展。尽管菲律宾吸收外资的水平还有待提高、投资环境还有待改善，但其丰富的旅游业资源、充足的人才资源、低廉的经营成本、巨大的农业发展潜力、前景广阔的采矿业及优惠的吸引外资政策和完善的法律体系将会吸引越来越多的外资。根据菲律宾经济发展的特点，基础设施建设、农业矿产业、渔业、椰子产品开发、林业、旅游等领域更适合投资合作。

思 考 题

1. 菲律宾的经济地理、商务环境和市场有何特点？
2. 菲律宾当前面临的主要经济问题是什么？
3. 中国与菲律宾的贸易、投资前景如何？

第10章

新 加 坡

新加坡全称为新加坡共和国(Republic of Singapore)。

10.1 简 史

新加坡古称淡马锡，公元8世纪建国，属印尼室利佛逝王朝。13世纪中叶，“淡马锡”改称为“信诃补罗”或“新加坡拉”(Singhapura)。在梵语中，“信诃”(Singha)意为狮子，“补罗”(Pura)意为城堡，合起来就是狮城(图10.1)。18～19世纪时新加坡成为马来柔佛王国的一部分。1819年，英国人史丹福·莱佛士来到新加坡，与柔佛苏丹订约设立贸易站。1824年沦为英国殖民地，成为英国在远东的转口贸易商埠和在东南亚的主要军事基地。1942年新加坡被日本占领。1945年日本投降后，英国恢复殖民统治，次年划为直属殖民地。1959年实行内部自治，成为自治邦，英国保留国防、外交、修改宪法、颁布“紧急法令”等权力。1963年9月1日新加坡与马来亚、沙巴、沙捞越共同组成马来亚联邦，1965年8月脱离马来亚联邦，成立新加坡共和国，同年9月成为联合国成员国，10月加入英联邦。独立后，新加坡得到国际社会的承认，1967年8月8日新加坡作为东盟发起国之一，在东盟发展进程中发挥积极作用。进入20世纪80年代以后，新加坡经济发展迅速，政局稳定。从独立以来，人民行动党长期执政，政绩突出、经济社会快速发展。1993年后总统实行直接选举。2011年5月人民行动党在国会选举中再次赢得胜利。

图10.1 新加坡的标志与象征——鱼尾狮塑像

10.2 自 然 环 境

1. 地理位置及面积

新加坡为马来半岛南端的海岛型热带城市国家，其东临南中国海，与加里曼丹岛对峙；南隔新加坡海峡、马六甲海峡与印度尼西亚的廖内群岛与苏门答腊相望；北隔柔佛海峡与马来西亚的柔佛州相邻，地处太平洋与印度洋航运要道——马六甲海峡的出入口，有长达1.2千米的长堤与马来西亚柔佛州的新山相连接，由新加坡岛及附近63个小岛组成。

新加坡扼太平洋和印度洋的航运要道——马六甲海峡的咽喉，是亚、澳、欧、非四洲的海上交通枢纽，战略位置十分重要，国土面积714.3平方千米(2011年)。

2. 地形地貌

新加坡全岛呈菱形，东西长约42千米，南北宽22.54千米(最宽处为22.9千米)，海岸线长193.7千米。全国由新加坡岛及附近63个小岛组成，其中新加坡岛占全国面积的91.6%。新加坡岛地势平坦，平均海拔17米，地形差别小，中部有一些丘陵，海拔最高处的武吉智马山海拔只有163米；东部有丘陵和冲积谷地；西南部有一些短峭壁和沿海浅谷。岛上河流密布，但都很短，最长的河流不到16千米。

从所处的地理位置看，新加坡岛以外的岛屿大体分为北部岛屿和南部岛屿。北部十几个岛屿散布在新加坡岛东北角柔佛海峡的东端，其中的德光岛、乌敏岛是两个最大的岛屿。南部40多个小岛散布在新加坡海峡的西部，其中包括圣淘沙岛、梅里茂岛等。

3. 气候和气温

新加坡南距赤道仅136.8千米，属热带海洋性气候。由于受海洋影响，并不十分炎热，常年高温多雨，年平均气温为24～27℃，最高可达35℃，最低可到20℃以下。每年4—9月降雨较少，10月至次年3月雨水较多，年降水量2 400毫米左右，年均湿度84.3%。

4. 资源禀赋

新加坡因国土面积狭小，资源匮乏，但是其地处热带，常年气候温暖，雨量充足，使新加坡具有茂密的植被，热带草木一年四季郁郁葱葱，因而植物资源比较丰富，由沿江红树林到高地原始森林，已发现的植物品种达2 000种以上。在过去10年中，外来移入的植物从11种增加到90种。经济作物有橡胶、椰子、油棕等。

胡姬花(兰花)是当地著名的热带观赏花卉，种植普遍，品种繁多，四季常开，是新加坡的重要出口产品之一，它被大量销往西欧、日本、澳大利亚和中国香港等地，是新加坡重要的出口创汇商品之一。

森林不多，森林面积占国土面积的5.3%。土地贫瘠，可耕地少，只占国土总面积的5%。新加坡依靠现代化密集的农业技术，一半的可耕地已成为高产的水果、蔬菜产地。矿产资源极其贫乏，除武吉智马山和大小德光岛上有些花岗岩外，几乎没有其他矿产。动物资源主要为海洋鱼类，但渔业资源并不丰富，仅能满足部分国内的消费需求。此外还有少量的家禽、家畜的饲养等。

5. 人口及行政区划

新加坡公民和永久性居民总人口为 378.9 万，常住人口 518 万(2011 年)。其中华人占 75%，其余为马来人、印度人和其他种族的人口，包括阿拉伯人、苏格兰人、荷兰人、阿富汗人、菲律宾人、缅甸人以及欧亚混血人种的后裔等。

新加坡设一级政府，将全国划分为 5 个社区，由相应的社区发展理事会管理。5 个社区定名为：东北、东南、西北、西南和中区社区发展理事会。5 个社区又划分为 27 个选区，包括 12 个单选区和 15 个集选区。

10.3 政治环境

1. 政治体制

新加坡实行议会共和制，其特征如下。

(1) 选举制。宪法规定，公民有选举权和罢免权；国家元首(总统)和国家代表机关的领导人全国直接选举产生。

(2) 轮换制。规定国家元首、政府首脑和议会，都有一定的任期。

(3) 分权制。除立法、行政、司法“三权分立”外，国家各级领导人也依法分掌若干权力，分工负责，相互制衡。《新加坡共和国宪法》规定马来西亚宪法中的部分内容对新加坡仍将适用。宪法规定：实行议会共和制，总统为国家元首，国会(议会)实行一院制(图 10.2)，任期五年。总统委任议会多数党领袖为总理，内阁集体向国会负责，总统和议会共同行使立法权。

图 10.2　新加坡国会大厦

2. 政府

总统与行政机构共同构成新加坡政府。1993 年总统由国会选举改为国民直接选举产生，任期 6 年。总统委任国会中多数党的领袖出任政府总理；并按总理提名，从议员中任命部长。总统有权否决政府财政预算和公共部门职位的任命；可审查政府执行内部安全法令和宗教和谐法令的情况；有权调查贪腐案件等。

新加坡实行责任内阁制。内阁是国家最高的行政机构，由总理、副总理和各部部长组成。总理、副总理和部长都必须是国会议员。内阁任期与国会相同，为期五年。

内阁对政府进行总的领导和控制，集体向国会负责。内阁其他成员由总统根据总理提名任命。除内阁成员外，政府组成人员还包括政务次长和事务次长，政务次长协助各部部长履行义务和职责。政府机构由内阁各部和若干独立的非内阁机构组成，内阁下属 15 个部，分为综合服务部门、安全部门、社会服务部门、经济与基础发展部门等。

3. 政治党派

在新加坡，除共产党外，其他一切政党都享有合法地位。虽然多个政党同时并存而且宪法也未规定为一党制，但因其他政党力量弱小，新加坡长期保持人民行动党一党独揽大权的局面。目前已注册的政党有25个，主要有人民行动党、工人党、新加坡民主党、回教阵线、新加坡马来人联合会、新加坡印度国大党等。

4. 司法体制

新加坡实行司法独立制度，司法机关由法院、总检察厅和政府律政部组成：法院行使国家司法权；总检察厅行使国家检察权；律政部行使政府的司法行政权。最高司法权属于最高法院，最高法院下设高等法庭、上诉庭和刑事上诉庭。

5. 外交与国际关系

新加坡奉行和平、中立、不结盟的外交政策，主张在独立自主、平等互利和互不干涉内政的基础上，同所有不同社会制度的国家发展友好合作关系。其外交活动的重点是维护本国的生存和安全，为本国的经济社会发展创造良好的外部条件。

因此，新加坡的对外关系特点是：立足东盟，将维护东盟团结与合作、推动东盟在地区事务中发挥更大作用放在外交工作重要地位；面向亚洲，注重发展与亚洲国家特别是中、日、韩、印度等国的合作关系；奉行“大国平衡”政策，重视发展与美、英、俄等区域外的大国关系；积极开展经济外交。到2011年新加坡175个国家建立了外交关系。

1990年10月3日新加坡与中国建交以来，两国在各领域交流与合作发展顺利，成果显著，国家高层和民间保持密切联系和相互合作。新加坡严守一个中国的原则，不与中国台湾发展官方关系，但在中国台湾设有商务代表处和旅游办事处。

10.4 经 济 环 境

1. 经济发展概述

独立后，新加坡政府在坚持自由开放的市场经济的同时，积极引导和干预、制定并推行了工业化战略，改变单一经济的格局，建立以工业为主导的多元经济体系。

1965—1970年第2个五年计划时，政府把进口替代发展战略调整为出口导向发展战略，鼓励企业根据市场的需要为出口而生产；1971—1978年是实现产业转型的过渡时期，新加坡政府制定了由劳动密集型工业向资本密集型工业转型的过渡战略；1979—1984年是发展资本和技术密集型产业时期；1985—1990年是技术升级换代时期，政府制定了工业生产向高技术、高增值转化的中长期经济发展战略。

经过以上4个阶段的发展后，新加坡经济不但实现了工业化，而且向高级化和科技化的方向发展。从1996年起，新加坡进入发达国家的行列。2011年新加坡国民总收入为2 542亿美元，人均49 044美元。

2. 经济结构

随着工业化的实现和经济向高级化发展，新加坡的经济结构也发生了重大转变。到20

世纪80年代初，以石油提炼、电子电器、船舶修造为主体的新兴工业发展起来，新加坡成为世界上著名的航运中心、亚洲的金融中心、世界电子产品重要制造中心和第三大炼油中心。到20世纪80年代中期，已经形成以制造业、商业、金融和服务业、交通运输业和建筑业为五大支柱的多元化经济结构。新加坡国土面积狭小，农业在国民经济中所占比重较小，主要有家禽饲养和水产业；新加坡工业主要包括制造业和建筑业，在工业化和现代化的过程中，制造业一直是新加坡经济的支柱产业，其产品主要包括电子产品、化学与化学产品、机械设备、生物医药、精密机械、交通设备、石油产品、炼油等占GDP的25%以上；服务业作为新加坡经济增长的龙头产业，主要包括零售与批发贸易、饭店旅游、交通与电信、金融服务、商业服务等。旅游业是新加坡外汇主要来源之一，2010年接待外国游客1 317万(不包括从马来西亚陆地入境游客)。新加坡是贸易导向型的经济，贸易总额是其GDP的4倍，其中服务业占国内生产总值的58%。2008年以来受金融危机的影响经济增长减缓，政府采取了一系列稳定经济的政策，2011年经济增长率为4.9%。2010年政府对未来十年发展制定了三大战略重点：即提高劳动生产率、提升企业能力和打造环球都市、七大经济发展战略。其中七大经济发展战略分别为：①通过提高劳动生产率和创新推动经济发展；②打造环球—亚洲枢纽；③建设富有活力的多元化企业生态；④加快研发成果商品化；⑤实现能源多元化和提高能源效率；⑥提高土地利用率；⑦打造独特的环球都市和宜居家园。

现在，新加坡不但是东南亚地区的海运、空运、贸易、加工制造、金融服务中心和最大的修船造船基地与石油输出港，而且已成为世界第三大商港、第五大金融中心和第三大炼油中心；同时还是世界电子工业中心之一。[①]

3. 经济基础设施

新加坡交通发达，设施便利，是重要的国际海运和国际航运中心。

(1) 铁路。新加坡的铁路以地铁为主，轨道交通线路总长158.7千米，其中地铁129.9千米、轻轨28.8千米，共设117站。还有一条67千米的电气化铁路穿过新加坡岛，经柔佛海峡长堤连接马来西亚、泰国和中国的泛亚铁路。

(2) 公路。目前，新加坡全国公路干线长度已超过3 297千米，其中以泛岛高速、中央高速和淡滨尼高速为主的9条高速公路的总长已达153千米，一级公路613千米。公路网以新加坡市为中心，向全岛辐射，并通过柔佛海堤通往马来西亚，构筑起一个犹如蜘蛛网般的高度发达的立体陆路交通网络，以地铁和轻轨为主线，以公交车和出租车为辅助，纵横交错，四通八达。

(3) 海运。新加坡是世界最繁忙的港口和亚洲主要转口枢纽之一，20世纪初曾是世界第七大港口，有200多条航线连接世界600多个港口。1979年新加坡港成为世界第二大商港。1982年后，吞吐量一直居世界第一位，因而获得“世界最繁忙港口”的荣誉。2011年到港船舶12.8万艘，处理货运总量位5.31亿吨，集装箱3 000万箱。[②] 新加坡还是世界最大的燃油供应港。新加坡注册船舶4 111艘，总吨位5 735万吨。

(4) 空运。新加坡是东南亚联系欧洲、亚洲、大洋洲和澳新地区的航空中心。目前，新加坡共和国拥有5个机场，其中樟宜机场及实里达机场是国际民航机场；另外的巴耶利

① 鲁虎编著，《新加坡》，社会科学文献出版社2004年2月版，第120页。

② 中华人民共和国外交部网站，新加坡国家概况(2012年8月)。

峇机场、三巴旺机场和登加机场等 3 个则用于军事用途。樟宜机场是东南亚最繁忙的机场之一，是世界第七大航空港，目前已开通 60 多个国家 210 个城市的航线，同时为 100 多家各国航空公司平均每周提供 6 300 班次定期航班的服务。其中 9 家航空公司开通与中国国内 26 个城市的往返航线。

(5) 网络通信。新加坡是国际通信中心，其电信局与世界绝大多数地区建立了通信联系，平均每 2.2 人就有 1 部电话，电话占有率是亚洲国家中最高的。1998 年 6 月启动遍及全岛的新加坡综合网，以光纤电缆连接互联网和多媒体互动服务；1999 年 9 月，新加坡政府推行电子业务计划，鼓励各个行业设立网上机构。新加坡已经推出世界上首个全国性的宽带网络——新加坡综合网，提供了 200 个互动式应用程序。全岛超过 99%已经联网，一半家庭拥有个人计算机，58%的互联网用户曾在网上购物。

4. 投资、贸易、金融与货币

1) 投资

(1) 吸引外资。1986 年以后，新加坡的外资投资迅速增加，并持续增长。随着新加坡经济结构的升级，外资的投资重点从制造工业部门转向以服务业为中心的非制造业部门。制造业部门的内部结构发生了转向资本和技术密集型的明显变化。跨国公司对区域性营业总部与区域性服务中心的投资迅速增加。劳动密集型制造业企业的外资投资逐步向其他邻近国家转移。截至 2010 年新加坡累计吸引外国直接投资达 6 186 亿新元，主要分布在金融服务业和制造业。中国对新加坡非金融类投资达 106.03 亿美元。

(2) 对外投资。新加坡政府非常重视对外投资所带来的经济、政治、文化等各方面利益。21 世纪以来新加坡推行“区域化经济发展战略”，对外投资有了更快的发展，每年都增长 4%以上，最高的年份达到 31%。对外投资总额在 20 世纪末为 600 多亿新元，2010 年的 34 070 亿新元，增长了 5 倍多。新加坡海外业务收益占 GDP 的五分之一左右。新加坡的对外直接投资主要集中在金融服务业、制造业、交通、仓储、通信、商业、建筑业、房地产业和商业服务业等。截至 2010 年就其投资方向看，60%以上投向以马来西亚、印尼、中国和泰国为主的亚洲近邻国家。

新加坡是东南亚国家中最早和中国开展经济合作的国家。新加坡对华直接投资始于 1982 年，1985 年中新两国签订投资保护协定以后，新加坡在中国的投资规模逐步扩大。到 2011 年年底，新加坡在华投资项目累计 19 533 个，实际累计投资总额 530 亿美元，新加坡成为中国的第六大外资来源地。

2) 贸易

对外贸易是新加坡国民经济的重要支柱(图 10.3)。1819 年开埠后，新加坡的经济主要依托转口贸易发展起来。独立后，随着工业化的推进和基础设施的改善，对外贸易迅速发展。

2000 年年初，新加坡贸易发展局制订“贸易 21”计划，要在 2005 年使贸易总额达到 5 000 亿新元。结果 2000 年当年贸易总额就达到 4 700 亿元左右，比 1999 年增长了 23%。对外贸易的持续增长，使 2011 年新加坡进出口贸易总额达到 9 744 亿新元，其中进口总额 4 596.6 亿新元，出口总额 5 147.4 亿新元。贸易一直处于顺差，2011 年年底外汇储备达 2 451 亿美元，无外债。

图 10.3　新加坡贸易、金融区

随着新加坡经济结构的不断调整，其对外贸易的商品结构也在发生变化。无论在出口领域还是在进口领域，初级产品在贸易中的比重不断下降，而工业制成品的比重不断上升。20 世纪 90 年代以后，整个制造业产品占到出口总值的 97%～98%，而农矿产品之类的初级产品仅占 2%～3%。石化产品、电子仪器、电子产品和元件等成为主要的出口产品。进口方面，制造业类商品占 80%以上。

目前，新加坡已与世界上 117 个国家和地区建立了贸易关系，1973 年加入关贸总协定，1995 年正式成为世界贸易组织成员国，与 24 个国家签订双边自由贸易协定，实施贸易多元化战略。主要贸易伙伴是东盟、美国、日本、中国、马来西亚、中国台湾和中国香港地区、韩国和欧盟。中国与新加坡在 2008 年签署了《中新自由贸易协定》(2009 年 1 月 1 日生效)。2011 年中国与新加坡贸易总额为 635 亿美元，中方出口 355.7 亿美元，进口 113 亿美元。在与东盟的贸易中新加坡仅次于马来西亚和泰国，中国是新加坡的第三大贸易伙伴。

3) 金融

新加坡这个与赤道只有一箭之地的独特市场，审时度势，积极发展国际银行业，成功建立离岸金融中心，成为仅次于东京的亚洲第二大金融中心(图 10.4)。

图 10.4　市中心摩天大楼——东南亚区域金融中心

新加坡不设中央银行，共有商业银行 122 家，116 家外资银行。新加坡 6 家本地银行组成了四大银行集团，即新加坡发展银行集团、大华银行集团、华侨银行集团和华联银行集团。这些银行实行多元化经营，除银行业务多元化外，还经营非银行本业之外的其他金融服务，如保险、证券、期货业务等，此外还经营非金融业务，包括工业、运输、租赁、贸易、酒店管理、咨询等。它们还在海外建立分支机构，走跨国金融经营之路。新加坡无外汇管制。中国五大银行在新加坡均有分行或代表机构。

新加坡也是亚洲重要的外汇股票市场之一，主要有新加坡亚洲美元市场(简称“亚元市场”)、新加坡股票交易所、新加坡国际金融交易所等。

4) 货币

名称：新加坡元(Singapore Dollar)。纸币面值有 1、2、5、10、20、50、100、500、1 000 元；硬币有 1、5、10、20、50、100。对美元汇率(2011 年平均)：1 美元＝1.2579 新加坡元。

10.5 社会环境

1. 社会风气

新加坡是个社会风气很好的国家，人人坚持“以德为先”，洁身自爱，努力提高自身素质。在新加坡人心中，家庭摆在第一位，小孩应该接受高品质教育。为了照顾家族、促进家族繁荣，肩负养家之责的主要成员(经常也包括次要成员)都知道必须为家庭努力地打拼，无怨无悔。

儒家思想对新加坡华人仍有重要影响。夫妻之间：丈夫支配妻子的生活，妻子对丈夫必须绝对顺从、忠贞并生儿育女；丈夫则以满足妻子的各项需求作为回报。父子之间：子女必须敬爱父母，无条件地忠诚以待，父母则应善尽对子女的教养之责，当子女长大成人后，应负起奉养父母的责任。长幼之间：年龄代表智慧，因此，祖父母多为一家之主，受子孙的礼遇与尊敬。马来族宗教思想较为浓厚，伊斯兰教法律和苏丹制度维系着生活和行为，印度教生活比较简朴，也保持其宗教和文化习俗。

2. 教育

新加坡政府认为，人民素质的提高是经济建设的基础，而提高人民素质的关键是要发展教育。教育制度强调双语、体育、道德教育、创新和独立思考能力并重。推行“资讯技术教育”促进学生学习电脑和掌握现代信息技术。每个儿童都必须接受 10 年基础教育(小学 6 年，中学 4 年)。

政府制订的教育目标是：尽量发挥学生的学习潜能；培养学生的思考与创造能力；培养学生领导者的素质和良好的工作态度，向学生进行国民意识与道德观念的教育。1994 年，政府的教育津贴已达到每个学生平均所需教育经费的 90%。学校大部分是公立学校，现有小学 170 所，154 所中学，14 所初级学院，以及新加坡国立大学、南洋理工大学、管理大学和科技大学等 4 所高等学府。

教育体制分为 3 种形式：公立教育、私立教育和政府补贴教育。受教育程度分为学前教育、小学教育、中学教育和高等教育 4 个阶段。教育的指导方针是“因材施教”。1979 年起，小学和中学实行分流制度，学生按成绩编入不同层次的班级，按不同的要求进行教育；大学预科阶段也进行分流。

道德教育是一项重要的内容。新加坡教育部规定，从小学开始就必须开设道德教育课程，小学生每周有一个半小时的道德教育课，中学则为每周一个小时。

新加坡实施双语教育，规定从小学开始实行英语+母语的双语教育，到中学毕业时，每个人至少要掌握两种语言。

3. 社会基础设施

新加坡独立自治后，所面对的是人口拥挤、房屋狭窄问题，老百姓的居住状况非常恶劣。为了解决人民的住房和生活环境，新加坡政府采取了一系列政策和措施，逐步完善了新加坡基础设施，兴建了大量的新镇及公共住宅，科学地规划、设计道路、桥梁、供水、供电、排水管道等城市基础设施，兴建了运动场馆、图书馆、博物馆、公园等配套设施。几乎新镇的每个组屋区都建造了体育活动场馆，如篮球场、网球馆、游泳池等，并且绿化建设得很好，草坪、花园等一应俱全，这就使得新加坡的每一处新镇都成为基础设施完备、配套设施齐全、居住舒适、环境幽雅的居住场所。

在新闻出版和传媒方面，新加坡也非常重视。新加坡的英文报有《海峡时报》、《商业时报》、《新报》；中文报有《联合早报》、《联合晚报》、《新明日报》、《我报》、《大拇指》；马来文报有《每日新闻》；此外还有泰米尔文报《泰米尔日报》。

广播电台在 1936 年开播，1959 年 1 月起以马来语、英语、华语、泰米尔语广播，现有 15 个波段，每周广播 1 307 小时。新加坡广播电台拥有并经营 12 个国内电台和 3 个国际电台。电视台在 1963 年开播，1974 年开始播送彩色节目。新加坡电视机构拥有并经营两个频道，一个播送华语节目，另一个播送英语节目，每天播送 24 小时。12 家私人电视公司经营 2 个频道。1995 年开通有线电视和卫星电视，可接受 30 多个频道，10 多个国家的节目。

新加坡卫星通信和信息技术发展很快，但对接收外国卫星传送的电视节目一直管理很严。为满足民众的需要，新加坡电视台只是有选择地转播一部分节目。政府规定，除少数有特殊需要的金融机构经审核后可自行接收国外卫星传送的节目外，其他单位和个人一律不许接收。

4. 社会保障体系

新加坡政府一贯重视社会福利问题，制定和实施了许多社会福利措施。然而，新加坡并不是福利国家，政府并不包办从摇篮到坟墓的全部福利，认为这样会过分增加政府的负担，同时也会使人民养成完全依赖的惰性。

新加坡医疗保障体系主要是通过政府补贴和强制性储蓄积累来满足国民的需求。其核心内容就是“3M 计划：即保健储蓄计划(Medisave)；保健双全计划(Medishield)和保健基金计划(Medifund)。发展、分担、互助是新加坡福利政策的特点。政府在福利方面的基本态度是提供帮助，但不养懒人。福利措施是为了帮助每个人充分就业、自力更生，从而发展经济，进一步提高人民的生活水平。中央公积金、工业灾害保险和医疗储蓄等都是政府强制人民储蓄积累而成的。政府主要是制定和完善有关的法律与规章制度，并建立半官方的机构与中央公积金局来加强资金管理。在住房方面，政府统一修建公共租屋，居民住房拥有率 88.6%。

新加坡政府鼓励全社会都来关心、参与社会福利和慈善活动。政府规定，凡从事社区、慈善及文教事业为目的的基金会都享受免税的优惠。

10.6 文化环境

1. 民族

华人、马来族和印度族是新加坡的三大民族。然而，因来源地或方言的差异，这三大民族内部又分成不同的群体。印度族中有泰米尔人、旁遮普人、锡兰人、锡克人、古吉拉特人、孟加拉人、泰卢固人、帕坦人和僧伽罗人等。马来族中有马来人、爪哇人、武吉斯人、邦加人、米南加保人等。华人的情况更为复杂，从祖籍地域分有六大帮：福建帮、潮州帮、广州帮、客家帮、海南帮和三江帮；在语言上，形成九大方言；从教育上看，又有受英语教育者和受华语教育者的不同。此外，还可以划分为老一代、中生代和新生代 3 种华人：老一代是在中国出生而来新加坡创业的一代；中生代是指在新加坡出生而接受中文教育，或从小来到新加坡并接受英语教育的华人；新生代则主要是第二次世界大战后在新加坡出生并接受英语教育的华人。

2. 宗教

新加坡是个多宗教的国家，主要宗教为佛教、道教、伊斯兰教、基督教和印度教。此外，耆那教、锡克教、犹太教、拜火教在新加坡都有自己的组织。

新加坡多数人信奉宗教，在总人口达 270 万时，有 215 万宗教徒，约占全国人口的 79.6%。新加坡不设国教，实行宗教信仰自由政策。政府严格实行政教分离政策，宗教社团不能干涉和介入政治，不允许宗教原因导致不同宗教团体之间的冲突、社会结构的破坏甚至国家的分裂。新加坡政府的有关法令规定，宗教团体只能从事宗教、教育、科学、文化和慈善事业，尤其鼓励各宗教团体从事社会福利和慈善事业。

3. 语言

新加坡宪法规定，马来语、华语、泰米尔语(南印度的一种语言)和英语同为官方语言。国会议员在国会发言时，可任选其中的一种语言。由于历史上与马来西亚的传统联系，马来语被宣布为国语。学校全部用英语教学，学生华语水平不高，基本对话没问题，但华语的书写和表达能力差。方言是福建话(闽南语)、潮州话(属闽南语系)、海南话(亦属闽南语系)和少数的客家话、广东话。方言基本上只有在上了年纪的人和商贩之间使用。

4. 风俗习惯

1) 生活习俗

(1) 服饰。由于长期受西方文化的影响，新加坡不论哪个民族，一般都喜欢穿西服，夹克衫和牛仔装也很普遍。妇女喜欢穿裙子，学生穿校服，男学生穿白衬衫黑裤子，女学生则是白衬衫红裙子。

(2) 饮食。新加坡人口占多数的华人多是中国东南沿海移民及其后裔，因而在饮食上喜欢清淡，喜爱微甜味道，爱喝啤酒、葡萄酒等，对中国粤菜也十分喜欢。高层知识家庭早点喜欢吃西餐，主食爱吃米饭和包子，不吃馒头，下午一般要吃些点心。宴请新加坡客户时，须注意他们的口味，与印度人或马来人吃饭时，注意不要用左手。

马来人遵从伊斯兰教习俗，禁酒，不吃猪肉，不吃宰杀前已死的其他动物的肉和血，喜喝咖啡和红茶，爱嚼槟榔。他们以大米为主食，爱吃带辣椒的菜，尤其爱吃咖喱牛肉，还爱吃一种发酵过的臭豆。

2) 交往礼节

背景知识

餐桌礼仪

1. 正确做法

(1) 从主菜中取食物时使用公用勺子。

(2) 如果愿意，可以学习像马来西亚和印度人那样用手吃饭。

(3) 吃螃蟹或对虾这种海鲜时完全可以用手。

(4) 努力学习使用筷子。

2. 应避免的做法

(1) 不要让公用勺子碰到盘子里的任何东西。

(2) 不要拿清真食品专用的餐具取用非清真食品。

(3) 绝不要用左手接触即将放进嘴里的食物。

(4) 不要误把洗手水当成汤或饮料。

(5) 不要将筷子竖直插在碗中，这会让人们联想到葬礼的仪式。

资料来源：赵菁译，文化震撼之旅，新加坡，旅游教育出版社.

新加坡已成为世界著名的礼仪国度。在日常交往中，要注意衣着整洁，讲究卫生。衣着邋遢，不刮胡须，会被人看轻，或被认为是不尊重对方。在从事商务和社交时，可穿西装，也可穿衬衫系领带，但到政府部门办事，需穿西装。如果得到参加某一社会活动的邀请函，则需书面答复，明确表态，并表示感谢；如果不能赴约，一定要事先告知并说明情况。新加坡人热情好客，注重礼貌。在日常交往中，要尊重对方，谦虚有礼，请对方多关照指教。收到礼品时，要本着礼尚往来的原则，回赠同等价值的礼品，礼品要注意包装，送礼应用右手以示郑重，除非对方要求，一般不要当面打开礼品。

新加坡人见面时，通常相互握手，熟人见面也可以点头致意。印度人见面时一般是双手合十致意。马来人则按伊斯兰教习俗，双手合在一起，互相手面手背轻拍几下，然后把手贴住额角或嘴唇。

称呼方面，对男性可称先生，如果对方年龄较大，则年轻者应称年长者老先生或某老。如果知道对方的职务，可直接称呼某经理、某总经理、某董事长等。对女性可称呼小姐，对年长女性则可称女士。如果知道她的职务，也可称某经理、某总经理、某董事长等。

3) 禁忌避讳

不要议论当地的政治或民族、宗教方面的问题。与人交往时，尽量把双脚平放在地板上，因为露出脚心或鞋底被认为是不礼貌的。不要用脚接触物品，以防弄脏东西。如果双腿交叉，要把一条腿的膝盖直接叠在另一条腿的膝盖上，切忌在长者面前交叉双腿。应邀到新加坡人家中做客时，进门前应该脱鞋。用食指指人、用紧握的拳头打在另一只张开的掌心上，或紧握拳头、将拇指插入食指和中指之间，均被认为是极端无理的动作。双手不要随便叉腰，因为那是生气的表示。

新加坡人不喜欢听“恭喜发财”的祝词，因为他们所理解的“发财”是发“不义之财”，或“为富不仁”。新年期间不扫地，不洗头，否则好运会被扫掉洗掉；不要打破屋里的东西，尤其是不要打破镜子。像东南亚大多数国家一样，新加坡人视头部为心灵所在，头被人触摸即被视为受到污辱，千万不要摸别人的头尤其是小孩的头以示亲热和善意。

新加坡人对色彩的想象力很强，喜欢红、绿、蓝三色，认为紫色、黑色不吉利，忌讳黑、白、黄三色。数字上禁忌 4、7、8、13、37、69，最讨厌“7”，平时尽量避免这个数字。新加坡人喜好红双喜、大象、蝙蝠的图案。

新加坡人要求衣着整洁，不喜欢蓄胡子者，讨厌男子留长发。在公共场所或政府办事机构经常有“长发男子不受欢迎”的提示牌。对“嬉皮士”男性管制严格，嬉皮士打扮的男士会被禁止入境。

新加坡是多民族国家。马来族多信奉伊斯兰教，不养猪，不吃猪肉；只吃食草类动物，如牛羊肉；以右手为尊。印度族则视牛为圣物，不杀牛，不吃牛肉，但喝牛奶，吃羊肉和猪肉；进门要脱鞋。因此应该注意不同民族的区别，尊重不同民族的生活习俗。

10.7 商 业 环 境

1. 贸易法规及政策

新加坡对外贸易的主管部门是新加坡国际企业发展局，是隶属新加坡贸易工业部的法定机构。

1) 贸易法规

新加坡制订的贸易相关法规有《海关法》、《商品对外贸易法》、《进出口商品管理法》、《商业注册法》、《商品服务税法》、《竞争法》、《商务争端法》、《战略物资管制法》、《自由贸易区法》、《商船运输法》和《禁止化学武器法》等。

2) 贸易管理政策

新加坡采取的是自由贸易政策。仅有少数商品需要缴纳关税或者进口受限。其中仅对酒精、烟草、石油产品和摩托车征收高额关税。在 APEC(亚太经济合作会议)承诺下，在2010 年前所有上税产品的关税逐步取消。

新加坡进口产品都不限制配额，大部分产品无须许可证即可免税进口。但是进口医药品、危险品、化学药品、电影电视、武器和弹药仍然需要进口许可证。

2. 贸易限制

1) 关税措施

新加坡历来奉行自由贸易政策，早在 1996 年，其 99.9%的商品关税税率都已取消，简单平均关税水平已经为 0。新加坡征收进口税的产品主要有酒类、烟草、汽油、汽车 4 类。除口香糖、武器等少数商品外，新加坡政府一般不限制进口。新加坡在 2005 年将 100%税目的关税税率约束在 6.5%及以下；到 2010 年，将所有税目关税税率降到 0。此外，新加坡还公布了 2010 年之前需要完成关税削减的乌拉圭回合附加税目的完整清单，从而最大限度地提高了透明度。

尽管原则上新加坡一切商品都可以自由进口，但也有一些具体的限制，主要是针对影响健康和安全的商品。禁止进口的商品有 4 项：①做成手枪形状的打火机；②纸币玩具；③硬币玩具；④爆竹。此外，新加坡政府认为大米的供应和价格关系到社会稳定，因此大米进口受到严格限制，大米进口前必须向有关当局申请许可证。

在出口方面，原产地为新加坡的一些产品如纺织品和服装，在向美国、西欧、澳大利亚、加拿大、芬兰、挪威、瑞典等出口时，其数量要受到这些国家进口配额的限制。大理石、砂石、木材、稻米和橡胶的出口，则需申请出口许可证。

2) 非关税措施

新加坡一般不采用非关税措施(NTMs)。新加坡没有任何自愿出口或进口限制安排、进口数量限制(包括全球配额、关税配额、紧急保障措施等)以及多重汇率制或官方的限制性外汇分配制度。新加坡也不实行当地含量要求或者对不同对象规定不同的征税标准。在需要实行禁止进口、进口许可证管理和进口技术标准的领域，新加坡完全根据健康、安全、环境和保障的要求，或纯属按照国际协定新加坡所必须履行的义务而行事。对于逐步减少非关税措施的中长期目标，新加坡政府计划根据技术和医学等的进展，定期对现行的非关税措施进行审议，并取消那些过时的非关税措施，同时定期对许可和认证程序进行审议，适时加以简化。为确保非关税措施的透明度，新加坡政府计划适时将新加坡的非关税措施数据并入东盟的海关计算机数据库，并每年通过关于放宽管制和采取自由化措施的报告，向东盟等通报新加坡消除非关税措施的进展情况。①

3. 专利、商标、知识产权保护

新加坡政府十分重视知识产权的保护、鼓励。制定了一系列的保护知识产权的法律法规，如《专利法》、《商标法》、《版权法》等。新加坡还是多个知识产权国际公约的成员，如《巴黎公约》、《伯尔尼公约》、《马德里协议》、《专利合作条约》、《布达佩斯条约》、《与贸易有关知识产权协议》和《世界知识产权组织》成员等。

在新加坡境内受到保护的知识产权除了专利、商标、版权(著作权)外，还有注册外观设计、集成电路设计、地理标识、商业机密、机密信息和植物品种等，并且分别制定了单项法规对这些知识产权进行保护。

4. 商业习俗与惯例

(1) 办公及营业时间。新加坡人每周工作 5 天半，即从星期一至星期六的上午，星期六下午和星期日休息，政府部门与此相同。

新加坡的商店一般每周营业 7 天，营业时间 10:00—18:00。但大百货商店的营业时间是 10:00—21:30。

新加坡的大部分银行营业时间星期一至星期五是 10:00—15:00；星期六是 9:30—11:30。

---

① 鲁虎编著，《新加坡》，社会科学文献出版社 2004 年 2 月版，第 163 页。宫占奎、孟夏、刘晨阳，等著，《中国与东盟经济一体化：模式比较与政策选择》，中国对外经济贸易出版社 2003 年 8 月版，第 143 页。

(2) 所得税。新加坡实行属地原则征税，全国实行统一税收制度。任何人(公司和个人)在新加坡发生或来源于新加坡的收入都需要在新加坡纳税。个人所得税的税率最低为2.5%(年收入在5000新元以下者)，最高为30%(年收入超过40万新元者)；采取累进税率。

新加坡对外籍人免征所得税的条件很宽，大量外籍人在各种形式下享受免税待遇。但是，如果某外籍人未能享受免税待遇，而在新加坡工作又超过6个月，新加坡政府对其所得则无论多少一律按32%的税率课征所得税。如果该外籍人不是公司经理职务，而在新加坡工作又不足6个月，新加坡政府则按15%的税率征收其所得税。

(3) 代理商。新加坡官方开展代理商务的公司是“国际贸易公司”，该公司成立于1968年，作为新加坡的买卖代理商和生产厂家的代表，该公司同各国商界保持着紧密联系。其所经营的商品主要有建筑材料、石油化工产品、塑料制品、电子电器产品、各类机械及粮食等。

新加坡另一个官方机构“国际企业发展局”在世界各地设有工作点，它们积极促进各国同新加坡的贸易，常年免费为那些希望同新加坡开展贸易的外国公司提供各种服务。

(4) 商务礼仪。由于长期受英国的影响，新加坡已经西方化，人们见面和分手时都要握手。在新加坡商界，普遍使用名片，双方首次会面照例要互换名片，因为这样双方都容易记住对方。发送名片时，确保在场的每个人人手一张。商务名片上最好中英对照，因为新加坡懂英文的人也很多，特别对非华人很方便。政府规定，当地政府官员不使用名片。

若要送礼，最好送全办公室或全公司一份礼，或者每人一份等值的礼物，如镇纸、名片夹或小盒糖果等。

背景知识

在新加坡创业应该了解的信息

Enterprise One 是由新加坡批准，生产力与创新局(Standards, Productivity and Innovation Board)经营的政府网站，在上面能找到创业之初所需了解的全部信息，网址为：http://www.business.gov.sg。

在网站上还能找到创业前需要了解的一些条款、资源，或许能帮助创业者较为顺利地开创自己的事业。

除了上述网站，也应该去新加坡会计与企业管制局的网站上浏览，上面有对各种不同行业、不同公司常见问题的解答，网址是：http://www.acra.gov.sg。

资料来源：赵菁译，文化震撼之旅，新加坡，旅游教育出版社.

如果受礼者是位伊斯兰教徒或印度教徒，切勿送他法国白兰地或苏格兰威士忌，因为他们禁止喝酒。此外，也不要送和乌龟、狗有关的礼物，因为这两者都有负面的含意。如果送礼给马来主人，礼物必须等到离开时才能拿出来，而不是刚到的时候；记得避免送与刀或与烟有关的物品，如打火机、烟灰缸等。华人普遍喜欢收到成双成对的礼物，这点和印度人比较中意单数礼物不太一样，千万不要送钟表和白花，因为中国人将这两项物品与死亡联想在一起，此外，也要避免送尖锐的物品，如拆信刀、剪刀等，因为它们代表与朋友决裂。

在社交性的谈话中，切忌议论政治得失、种族摩擦、宗教是非和配偶情况等，但可交流旅行方面的经验，也可谈论所到过国家的各种见闻。好的交谈话题是当地的风味食品、餐馆、受人欢迎的旅游地区和主人一方的商业成就。不要贸然登门拜访主人，应预先约好时间。

招待的方式通常是请吃晚饭或午餐。当地人一般不会邀请初次见面的客人吃饭，然而主人对来访者有所了解后，便可举行正式宴会，并在席间洽谈业务。政府官员不得接受社交性的邀请，因此处理这类事要审慎。

新加坡是外国妇女做生意的好地方，新加坡妇女通常受过高等教育，担任专业性工作或商业工作。

与新加坡人谈判，不仅必须以诚相待、直截了当、坦率，更重要的是要考虑给对方面子，不妨多说几句“多多指教”、“多多关照”的话。与海外华人进行贸易，采用方言洽谈，有时可以起到一种意想不到的作用。

新加坡的华人商界尤其讲求“关系”，所以找个第三方来安排见面事宜或社交活动，会让对方觉得比较自在，因为他们不需要直接回应，也就不会有当场困窘的局面。

新加坡商人将合约看得很神圣，因此在交易磋商阶段一般都很慎重，不喜欢草率达成书面文件，但是订约之后，他们就不会违约。

商务旅游最好在 3—11 月，避免在圣诞节及中国农历新年前后一周内进行。商务活动一般穿白衬衫、长裤、系领带即可，访问政府办公厅应着西装。

新加坡华人相当重视风水，外国人如果计划在新加坡设立公司，即使临时性的也好，最好找个风水师来看一看。如果想知道在哪里可以找到高明的堪舆师，可以请教公司内聘用的新加坡人。在一个风水良好的场所工作，新加坡人的心情一定格外轻松愉快。

(5) 商务会议。在抵达新加坡之前，应先准备一份依职位高低排列的成员名单，并注明个人专长，以供对方参考。对于职衔，应转换为当地惯用的称呼，并且注明性别(仅有名字较难辨识)，否则可能会发生女性成员被当作秘书或配偶的情形。

如果赶时间，可以先传真资料，随后再邮寄一份影印本。临行前，常有一些意外状况，如临时更改成员，务必事先寄送最新名单，这项动作可避免双方发生不必要的尴尬情形。

进入会场时，由职位最高者带领，接着是次高者，依此类推。这样的顺序符合当地惯例，也让主人可以依次核对名单。新加坡人讲求层级分明，没有所谓的“平行”公司。身为地主的新加坡公司会依照相对应的身份，安排成员在客方对面入座。

会议进行中，应注意新加坡领队有什么动作，以决定下一步棋该怎么走。他可能在等待发言告一段落，待一两分钟后起立，表示会议即将结束，接着感谢所有与会者，然后众人再走出会场。

不要为了商议更多会议中未提及的内容而在会议室外聚集，不妨邀请对方的与会人员到当地酒馆或下榻的旅馆去喝一杯。①

---

① 新版《各国概况》，世界知识出版社 2002 年版，第 242～243 页。亚莉珊卓拉·凯特著，刘文赞译,《新加坡商务旅游》，广东旅游出版社 2004 年版，第 92～94 页。

本章小结

新加坡优越的地理位置，成为带动其国家经济飞速发展的关键因素。新加坡以服务业为发展中心，带动工业化发展，加速经济国际化、自由化、高科技化，使其成为亚洲地区贸易的门户和金融中心。勤劳的新加坡人民正在用自己的智慧创造辉煌，在这个国家从事商务活动能够很好地体验国际化的浪潮。

思 考 题

1. 新加坡的地理位置对其经济发展有何影响？
2. 新加坡的信息产业迅速发展的原因是什么？
3. 新加坡奉行什么样的贸易政策？
4. 新加坡为什么会成为亚洲重要的金融中心？

第11章 文莱

文莱全称“文莱达鲁萨兰国”(Brunei Darussalam)。文莱，在马来语中的意思是“植物”，这里专指沙罗门果。“达鲁萨兰”是阿拉伯语，意思是“和平之地，安乐世界”。

11.1 简　史

文莱是东南亚最古老的国家之一，在公元 5 世纪中国的史籍已有记载，称为“婆黎”。其统治范围大致为加里曼丹岛(婆罗洲)西北部，曾多次遣使来华，并与中国有贸易往来。自唐代之后中国史籍改称“婆黎”为“渤泥”。在 15 世纪前文莱被邻国室利佛逝国和马喏巴歇国控制。1408 年(明永乐 6 年)文莱国王麻那惹加那率家属和陪臣来中国访问，后突然病故，被中国皇帝厚葬于南京。其后，麻那惹加那之子遐旺·阿拉克·贝塔塔尔继承王位，并投靠麻喇加国，于 1414 年与麻喇加苏丹女儿结婚，后来成为文莱苏丹，建立伊斯兰教苏丹国。15 世纪末，文莱在第五世苏丹博尔基亚(1473—1521 年)的治理下达到空前的强盛。文莱的疆域不仅扩大到整个婆罗洲，还多次远征爪哇、马六甲、吕宋等地，并迫使周边一些小国每年朝贡。16 世纪中期以后葡萄牙、西班牙、荷兰、英国等国家相继入侵文莱，1888 年文莱沦为英国的保护国，1941 年被日本占领，1946 年日本战败后英国又恢复了统治。1959 年文莱与英国签署协定，规定除了国防、治安、外交事务由英国管理外，其余的由苏丹政府管理。1971 年文莱苏丹政府又与英国进行谈判，重新签约规定，除外交事务和部分国防事务外，苏丹政府行使所有的内部自治权。1978 年文莱代表团赴英国伦敦与英国就文莱实现完全独立问题进行谈判，双方缔结了和平友好条约，1984 年 1 月英国交出外交和国防权，文莱实现了完全的独立。同年加入东盟，成为东盟第六个成员国。文莱独立后，政治社会稳定，经济持续发展，人民生活富裕，在外交方面，奉行不结盟和同各国友好的政策，以东盟为基石，主张地区稳定，繁荣与团结。在东南亚事务中努力发挥积极作用。

11.2 自然环境

1. 人口、地理位置与面积

文莱全国总人口39.3万(2013年)，其中马来人65.7%，华人10.3%。其他种族24%。马来语为国语，通用英语。

文莱位于东南亚马来群岛的加里曼丹岛西北部，其东、南、西三面与马来西亚的沙捞越州接壤，并被沙捞越的林梦地区分隔为不相连的东西两个部分，北面是浩瀚的中国南海，与我国的南沙群岛遥遥相望。陆地边界总长381千米，海岸线总长162千米，有33个岛屿，国土总面积为5 765平方千米。

2. 地形地貌

文莱的沿海为平原，内地多山。其东部的淡布伦地区地势较高，多丘陵、山地，东南与沙捞越交界处的阿甘山海拔为1 808米，是文莱最高峰。文莱国土虽小却有许多河流，其中主要的河流有白拉奕河、都东河、淡布伦河和文莱河，这些河流形成了文莱大部分的肥沃土地、冲积平原和沼泽地。

3. 气候与降水

文莱属于低纬度热带雨林气候，一年分为两个季节：雨季和旱季，全年气温温差较小，受季风的影响，终年炎热，平均气温为28℃。文莱雨量充沛，平均降雨量在3 300毫米以上，有的地区年降雨达5 100毫米以上。

4. 自然资源禀赋

由于国土面积较小，自然资源除了石油天然气具有一定开采价值外，文莱的其他资源相对较贫乏。文莱已探明石油储量为14亿桶，天然气储量为3 900亿立方米。文莱石油产量在东南亚居第三位，天然气产量在世界排名第四位，此外，硅沙也有一定开采价值。其他自然资源还有森林木材、橡胶、椰子、胡椒和一些热带农作物及少量海产。

5. 首都和主要城市

斯里巴加湾市(原称文莱市)位于文莱一穆阿拉区，面积15.8平方千米，人口6万。1970年改名为斯里巴加湾市，意思是“幸福的城市”。17世纪以来就是文莱的首都，现在仍然是文莱政治、经济、文化的中心(图11.1)。

图11.1 斯里巴加湾市 阿里·赛福丁清真寺

11.3 政治环境

1. 政治体制

在文莱独立之后，苏丹宣告文莱永远是一个享有主权、民主和独立的马来伊斯兰君主制国家。文莱苏丹政府大力推行“马来化、伊斯兰化和君主化”政策，以巩固王室的统治，重点扶持马来人和当地土著民的经济发展，在进行物质现代化的同时严格维护伊斯兰教义。

1) 宪法

1959 年文莱颁布第一部宪法，1971 年和 1984 年进行了重大修改。宪法规定苏丹为国家元首和宗教领袖。拥有全部的行政和颁布法律的权力。设宗教委员会、继承与册封委员会、枢密院、立法员和内阁部长会议共同协助苏丹理政。2004 年 2 月，立法院第一届会议通过宪法修正案，涉及司法、宗教、民俗等方面的内容(修订和增加)，包括赋予苏丹无须经立法院同意而自行颁布紧急法令的权力、制定选举法令、让人民参选从政，增加议员人数；伊斯兰教为国教，马来语为官方语言，英语可作为法庭办案语言等。

2) 议会

文莱的原立法院由 33 人组成，其中 16 人由民选产生，1962 年曾举行选举；1970 年取消选举，议员改由苏丹任命。1984 年 2 月，苏丹宣布终止立法会，立法以苏丹圣训方式颁布；2004 年 7 月，苏丹宣布重开立法会。2005 年 9 月，苏丹解散立法会，重新任命议长和议员。2011 年 2 月再次任命新议长和议员。

2. 政府

根据文莱宪法规定，苏丹为国家元首，拥有全部最高行政权力和颁布法律的权力，同时也是宗教领袖。另外，设宗教、枢密、内阁、立法和世袭 5 个委员会(1984 年独立后，立法委员会停止运作，内阁委员会改为内阁政府)，协助苏丹理政。2005 年 5 月苏丹再次改组内阁，新增首相府高级部长、能源部长、第二财政部长、第二外交部长 4 个职位。提升国家大祭司、总检察长为正部级官员。首次宣布所有内阁部长和副部长任期均为 5 年。2011 年 5 月苏丹对内阁略作调整。

3. 司法机构

文莱司法体系以英国习惯法为基础。一般刑事案件在推事庭或中级法院审理，较严重的案件由高级法院审理。最高法院由上诉法院和高级法院组成。

图 11.2　文莱警察

4. 外交与国际关系

文莱的对外关系奉行不结盟和同各国友好的外交政策，主张国家无论大小、强弱，都应相互尊重。1984 年 2 月 24 日加入联合国，重视联合国作用。1984 年 1 月 7 日成为东盟第六个成员国，与东盟各国关系密切。1993 年 12 月 9 日加入关贸总协定，1994 年 4 月 15 日成为世界贸易组织成员国。目前，文莱已同 160 多个国家建立外交关系，在 40 多个国家和组织设有领事馆和高级专员署。

从 1991 年 9 月 30 日文莱与中国建交以来，两国关系一直保持稳定的发展势头。1993 年两国先后在对方的首都建立了大使馆，并派有常驻大使。多年以来两国政府高层保持互访和密切联系，文莱与中国双方在政治上相互尊重和信任。2004 年文莱国家元首哈桑纳尔·博尔基亚应中国政府的邀请对中国进行了工作访问，并签署了 4 项双边协定，双方对友好合作关系的发展势头表示满意。文莱与中国之间在经济贸易、文化教育、旅游、军事等领域合作成效显著，在国际和地区事务中保持良好的协调与配合。2011 年双边贸易额为 13.1 亿美元，其中中国出口额为 7.44 亿美元，进口额为 5.6 亿美元。

11.4 经 济 环 境

文莱是东南亚主要产油国和世界主要液化天然气生产国，石油和天然气的生产、出口及相关产业是国民经济的支柱。文莱近年来侧重油气产品深度开发和港口扩建等基础设施建设，积极吸引外资，促进经济向多元化方向发展。经过多年努力，文莱非油气产业占 GDP 的比重逐渐上升，特别是建筑业发展较快，成为仅次于油气工业的重要产业。服装业亦有较大发展，已成为继油气业之后的第二大出口收入来源。

1. 经济发展概述

石油天然气是文莱的经济支柱。从 1953 年开始，文莱制订了第一个国家发展计划，独立以后政府积极推行经济多样化，力图改变对石油天然气工业过分依赖的单一经济结构。1994 年起，文莱启动多元化发展战略，积极鼓励经济多元化，提倡发展油气以外的经济发展，主线是调整单一经济结构，减少油气产业比重，实现“进口替代”。该战略最初(20 世纪 80 年代中旬至 20 世纪 90 年代初)的重点是发展工业和农牧业。20 世纪 90 年代中期转向资本再生开发，即进行海外投资、推动国内中小企业发展等。因成效不大，文莱于 2003 年起转而实施“双叉战略”：利用深水港优势，建设本地区最大的货物集散港口，并以港口建设带动基础设施建设；建设工业园区，发展制造业、金融业和其他服务行业。

由于国内市场狭小，技术和人才短缺，生产成本过高，发展项目严重依赖国际市场，缺少国际吸引力等原因，文莱经济多元化发展战略的实施迄今收效不大，经济发展仍以油气生产和出口为主，占 GDP 的 67%和出口收入的 96%。2008 年 1 月，文莱政府宣布启动“文莱 2035 宏愿”，计划投资 95 亿文元，大力发展旅游业，改善经济基础设施，实现经济持续发展，争取使人均国民收入进入世界前十名。2012 年公布文莱第十个五年发展规划，计划 52 亿美元的发展预算，鼓励自主创新和人才培养，重点支持科技行业发展。

2. 经济结构

文莱是东南亚第三大石油生产国，也是世界第四大液化天然气生产国。石油天然气工业的收入仍然是国家经济发展的主要来源，主要出口原油、液化气和石油制品。

旅游业也是文莱近年来大力发展的又一产业。文莱政府采取多项鼓励措施吸引海外游客赴文旅游，2010年入境游客达16万人次，其中中国游客达22 000人。主要旅游景点有独具民族特色的水村、王室陈列馆、赛夫丁清真寺、杰鲁东公园等。2011年文莱GDP为163.3亿美元，人均39 900美元。

3. 经济基础设施

文莱经济基础设施比较完备，水陆空交通便利、交通通信发展水平处于东盟前列。

(1) 公路。2005年文莱的公路总长为3 650.4千米，截至2004年4月，共有注册汽车224 110辆，其中私人轿车192 127辆。

(2) 水运。水运是文莱重要的运输渠道。穆阿拉深水港是主要港口，此外还有斯里巴加湾市港、马来弈港等，另有诗里亚港和卢穆港等，主要供出口石油和液化天然气使用。文莱与新加坡、马来西亚、中国香港、泰国、菲律宾、印尼和中国台湾有定期货运航班。各类注册船只339艘，各港口装卸量100多万吨。

(3) 空运。首都斯里巴加湾市有国际机场。文莱皇家航空公司有10架客机，开辟了26条国际航线。2008年客运量为155.4万人，货运量1 959.3万吨，空运邮件313.5万吨。

4. 投资与贸易

文莱政府欢迎和鼓励外国投资者在非石油领域进行投资，并给予优惠待遇。对投资者来说，虽然文莱市场小，但是仍然具有一定的吸引力，有不少有利条件：①文莱没有所得税、销售税、制造税、出口税，外资企业可享受最长达8年的税收优惠；②外商可以设立100%的独资企业，如果投资“先进工业”或“先进工业产品”在一定时期内免交30%的公司税；③对外籍劳工和经理人员无任何担保批准要求；④文莱的竞争力较弱，在当地生活比较安全，当地富人具有一定购买力；⑤投资政府建设的高科技园的企业免税期为11年。文莱欢迎投资的领域主要是进出设施建设，如集装箱码头建设、农业、制造业、高技术产业、石油下游产品开发、日用化学品生产、水产养殖加工、木材深加工等。

在贸易方面，文莱主张自由贸易，鼓励对出口产业的投资，发展出口贸易。由于文莱经济结构较单一，主要出口商品是原油和天然气。文莱石油出口主要目的地为日本、韩国、印尼、澳大利亚、美国、中国、印度、泰国、新西兰，天然气出口主要目的地是日本和韩国。在进口方面，文莱90%以上的制成品、工业设备、农产品、日用品均依赖进口。在文莱进口贸易中，主要进口商品为工业制成品、运输设备和食品等。2010年文莱进出口贸易总额为161亿美元，其中出口127.48亿美元，进口33.49亿美元。2011年吸引外资12.1亿美元，主要外资来源为荷兰、日本和英国。

中国与文莱建交初期，两国经贸合作进展缓慢。自2000年起，由于我国开始从文莱大量进口原油，双边贸易额大幅上升，中国与文莱的双边贸易迅速发展。我国向文莱出口的商品主要为纺织品、建材和塑料制品等。

5. 金融货币与银行

文莱与马来西亚、新加坡曾经是一个统一的货币流通区域，实行金汇兑本位制和英镑汇兑本位制。文莱使用马元，到1967年三国货币分离，文莱货币单位改为文元。按照新、马、文三国签订的“货币等价互换”协定，三国货币等价，并可相互通用。1973年马来西亚废除上述协定，从此文元与新元挂钩，保持1∶1等价关系。文莱的巨额美元和外汇主要存放在新加坡银行。

文莱货币局发行的货币为文莱元(Brunei Dollar)，汇率：1美元＝1.27文莱元(2011年)；与新加坡元实行1∶1汇率挂钩。

11.5 社会环境

1. 社会福利

文莱人民能够享受政府提供的高福利待遇，免缴个人所得税、享受医疗保健和各级教育免费制度。每100人拥有电话20.3部，共有互联网用户20 000户，手机用户397 013户。

2. 教育

文莱的现代教育开始于20世纪初。1918年英国殖民政府、教会和石油公司先后在文莱设立学校，华人也建立了中文学校。文莱政府实行免费教育(华校除外)，资助留学费用，到2008年文莱拥有幼儿园、小学200所，普通中学38所、职业技术学校11所、大学6所。9岁以上人口的识字率93.7%。

3. 医疗机构

文莱实行医疗保健免费制度。其早在1965年就建立了“飞行医疗服务站”，派出医疗小分队乘直升飞机到国内较偏僻的乡村为村民看病，在各个村庄设有诊疗站，设备齐全，有的村庄还设有通信设备，方便与大医院联系来救助危重患者。2010年全国有5家医院，医疗中心和诊所51家，1 122张病床。

4. 新闻出版与传媒

文莱新闻社是文莱唯一的官方新闻机构，创建于1959年。文莱的主要报纸有《婆罗州公报》，日报(英、马来文)，日发行量7万份；《文莱灯塔报》，周报(马来文)，每周三出版，发行4.5万份；马来西亚中文日报有《美里日报》、《诗华日报》、《国际时报》和《星洲日报》，并设有文莱新闻版，在其国内发行。文莱广播电视台创建于1957年5月，以马来语、英语、华语和尼泊尔语播音。在马来奕区还设有一个专门为英国廓尔喀部队广播的英国军队广播服务台。电视台从1975年起开设彩色电视频道，播放马来文和英文节目。

11.6 文化环境

1. 民族

文莱是一个以马来族为主体的国家。马来人占全国人口的65.7%。其次是华人，也称为华族，约占总人口的10.3%。原住民是达雅克人，现在外来民族人数已经超过土著人。马来人属于南岛语系印度尼西亚语族，蒙古人种属马来类型，讲马来语。

2. 宗教

马来人最早信奉拜物教、印度教和佛教，15 世纪后改信伊斯兰教至今。1959 年文莱将伊斯兰教定为国教。

3. 重要节日

独立日：1 月 1 日。国庆日：2 月 23 日。现任文莱苏丹哈吉·哈桑纳尔·博尔基亚的生日：7 月 15 日。文莱为伊斯兰教国家，开斋节是其最盛大的节日，每年日期根据伊斯兰教历均有变化。

4. 家庭与社会生活

文莱马来人的家庭与社会生活，如婚丧嫁娶、礼仪习俗、日常社会生活与马来西亚、新加坡大同小异，但由于地域差异也存在许多不同。在文莱组成家庭也需要“媒妁之言”和“父母之命”，但是男女之间必须“情投意合”，不能强迫。

11.7 商业环境

作为东盟东部经济增长区的一部分，文莱正在加快发展，它以建设金融、服务和贸易为一体的增长区为目标，具有潜在的商机。在进入文莱进行商务活动之前了解当地的风俗文化是非常有必要的。

1. 语言与交流

文莱通行马来语和英语，在进行商务活动时兼备两种语言是最理想的，如果没有较熟练的英语进行国际商务就困难多了。在商务活动中，文莱对国际通行的商务惯例是接受的。马来人在接待客人时总是彬彬有礼，以微笑待客。在交流中的谈话，要尽量避免谈论敏感的话题，如关于苏丹的领导地位、马来人的特殊社会地位、非马来人(如华人)的公民资格以及宗教方面的看法等。

2. 习俗和礼仪

在初次见面时，男士会以握手问候，女士一般不握手，除非对方先伸出手来。记住，不要用左手传递东西或接送物品，不可用手触摸异性，不要用手指指别人来打招呼，这些都是不礼貌的。进入清真寺和到穆斯林朋友家做客时一定要脱鞋。不可从正在祷告的人面前走过。女性在进入清真寺和圣地时必须盖住头、手臂、膝，禁止穿迷你裙、短裤和无袖衣服。到马来人家做客时要注意衣着整洁，进门后要把太阳镜(墨镜)摘下来，否则是不礼貌的。当主人用咖啡、点心、茶或冰水招待时，一定要吃一点或喝一点，以表示对主人的款待的感谢。否则是对主人的不尊敬。

本章小结

文莱是一个人口少、面积小的国家，因为境内有丰富的石油天然气储量，出口这些资源的收入成为该国财富的主要来源。对于在文莱寻找商机的企业，要特别关注高档日用品和高档奢侈品的消费市场。对于资本市场上的金融机构而言，这里是一个有着丰富石油资源的提供者。由于该国在历史、文化和经济方面都与马来西亚有着紧密的关系，因此打算在文莱开拓市场的企业可以通过在马来西亚的经营进而进入该国市场。

思 考 题

1. 文莱是怎样的一个国家？有何特征？
2. 文莱的经济发展和市场有何特点？

第12章

东 帝 汶

东帝汶全称为东帝汶民主共和国(Democratic Republic of Timor-leste)。

12.1 简 史

从 16 世纪起，葡萄牙与荷兰殖民者就先后登上了帝汶岛。1859 年葡荷签订条约瓜分东帝汶，规定帝汶岛东部及欧库西归葡萄牙，西部并入荷属东印度(今印尼)。1942 年日本占领东帝汶。第二次世界大战后，在澳大利亚短暂管理后葡萄牙恢复对东帝汶的殖民统治，1951 年将其列为葡萄牙“海外省”。1960 年，第 15 届联合国大会通过 1542 号决议，宣布东帝汶岛及附属地为“非自治领土”，属非殖民化范围。1974 年，葡萄牙新政府上台后允许东帝汶自决。1975 年印尼出兵占领东帝汶。

自 20 世纪 70 年代起，为从印尼统治下独立出来，东帝汶一直在进行不懈的努力并开展独立运动。1982 年联合国大会通过了支持东帝汶人民自治的决议。1983—1998 年，在联合国秘书长的斡旋下，印尼与葡萄牙政府就东帝汶问题进行了十几轮谈判。1999 年 1 月，印尼同意东帝汶通过全民公决选择自治或脱离印尼，同年 10 月，印尼承认东帝汶公投结果，允许东帝汶脱离印尼。2000 年 7 月，在联合国的主持下，东帝汶成立了过渡内阁，初步构建了行政、立法、司法的政权框架，2002 年 5 月东帝汶脱离印尼独立，正式建立了东帝汶民主共和国。

12.2 自 然 环 境

1. 地理位置及面积

东帝汶位于东南亚努沙登加拉群岛最东端，包括帝汶岛东部和西部北海岸欧库西地区以及附近的阿陶罗岛等，西部与印尼西帝汶相接，面积 14 874 平方千米。

2. 地形及气候

东帝汶境内多山，沿海有平原和谷地，属热带草原气候，其他为热带雨林气候。其平均气温为26℃，12月—次年3月为雨季，4月—11月为旱季，年平均降雨量2 000毫米。

3. 资源禀赋

东帝汶地处热带，自然条件较好，已发现的矿藏有金、锰、铬、锡、铜等。帝汶海沟已探明石油蕴藏量为1.8亿吨、天然气7 000亿立方米，现已发现44个油气田。

4. 人口及行政区划

东帝汶人口115万(2010年)，年增长率4.7%。东帝汶首都帝力(Dili)位于帝汶岛东北部海岸，为全国政治、经济、文化中心，全国经济活动80%集中于此，人口23万。全国分设13个地区：阿伊莱乌、阿伊纳罗、包考、博博纳罗、帝力、埃尔梅拉、劳滕、利基卡、马纳图托、马努法伊、欧库西、苏艾和维韦克；区以下共有65个县、443个乡、2 236个村。第二大城市包考 (Baucau) 又名萨拉扎尔，位于帝汶岛东北部。

12.3 政治环境

1. 政治体制

2002年3月东帝汶制宪议会通过并颁布了《东帝汶民主共和国宪法》规定：东帝汶民主共和国是享有主权、独立、统一的民主法制国家，总统、国民议会、政府和法院是国家权力机构。总统是国家元首和武装部队最高统帅，由全民直接选举产生，任期5年，仅可连任一届。总统不能履行职务或职务空缺时，由国民议会议长暂行总统职权。

2. 国民议会

东帝汶的国民议会实行一院制，代表全体公民行使立法、监督和政治决策权，由选民直接选举产生，共有65个议席，每届任期5年。

3. 政府

东帝汶政府由总理、各部部长和国务秘书组成，向总统和国民议会负责。总理是政府首脑，由议会选举中得票最多的政党或占议会多数的政党联盟提名，总统任命。各部部长和国务秘书由总理提名，总统任命。

4. 司法体制

东帝汶的司法体制由最高法院、地方司法法院、行政、税务和审计高等法院和初审行政法院、军事法院组成。法院代表人民行使司法管辖权，职权独立，只服从于宪法和法律。最高法院院长由总统任命(至2012年尚未成立最高法院)，任期4年。总检察院是检察院最高机关，总检察长由总统任命，任期4年，对总统负责，每年向国民议会报告工作。

5. 政党

2004 年东帝汶颁布《政党法》，要求所有政党在司法部登记注册，以合法方式参加选举。目前东帝汶由5个政党组成的议会多数联盟执政，它们是：东帝汶全国重建大会党；民主党；社会民主党；帝汶社会民主协会；帝汶抵抗运动全国民主联盟。最大在野党是东帝汶独立革命阵线。

6. 对外关系

东帝汶以澳大利亚、印尼、美国、葡萄牙为其外交政策立足点，奉行实务平衡，睦邻友好外交政策，与世界各国交好，发展与欧盟、东盟和南太平洋论坛的合作关系，已与100多个国家建交，有32个国家在帝力设立了大使馆并派驻大使或代表，17个国际组织在东帝汶设立了办事处。2002年9月27日，东帝汶成为联合国第191个会员国，截至2004年4月已加入21个国际组织，目前尚未加入东盟，仅拥有观察员地位。

在东帝汶脱离印尼后，中国作为联合国安理会常任理事国，在通过政治解决东帝汶问题上发挥了积极的作用。应联合国的要求，中国派遣了民事警察和民政官员参加联合国东帝汶维和行动，以及东帝汶过渡行政当局的工作。2002年5月20日，中国与东帝汶建交。2008年后东帝汶政府高层多次访问中国。

12.4 经济环境

1. 经济计划及发展状况

东帝汶独立后，开始国家重建和恢复经济，在国际社会的支持与帮助下，政府制订了第一个国家发展五年计划，规划了2003—2007年的发展思路和未来20年的宏伟蓝图，以经济增长和减少贫困为两大目标。2009年，政府又确定了优先发展的7大领域，分别是：①保障农业和粮食安全，实现粮食增产 25%；②大力发展农村不发达地区；③促进人力资源发展，改善基础教育质量；④建立社会保障和服务体系；⑤强化国家安全和治安环境，继续推进安全领域改革；⑥提高政府廉洁度和效率，逐步开展地方政府基层改革；⑦建立司法公正通道，制定刑法典、民法典等基础大法。同时，为了保障经济长期、可持续发展，政府已着手制订国家中长期发展战略计划。2011年6月国会又审议通过了《2011—2030 年国家发展战略规划》，其目标是：推动经济自由化和提升竞争力；创建由私人经济主导的市场经济；为企业投资建厂创造条件；吸引私人投资；促进出口；发展国有企业；为投资者提供鼓励措施；促进经济和基础设施建设；创造就业机会；减少贫困；提高居民生活质量。

1) 经济状况

东帝汶经济发展不平衡，以农业为主，基础设施落后，加工业体系尚未建立，大部分地区基本上处于自然经济状态。农业人口占总人口的90%。主要农产品有玉米、稻谷、薯类等，粮食不能自给。经济作物有咖啡、橡胶、椰子等，主要供出口。旅游业渐有起色，2010年接待外国游客已近5万人。近年来石油和天然气收入逐年增加，2011年石油收入达27.3亿美元，月收入超过2亿美元。加工制造业等非石油经济发展缓慢，农业仍占国内生产总值的30%以上。经济发展和公共设施目前还主要依赖国际援助。2011年国内生产总值

(非石油)为 6.7 亿美元，人均 885 美元，2007—2011 年五年平均经济增长率为 8%。三大产业在 GDP 中的比重分别为农业 27%、工业 18%、服务业 55%。

2) 基础设施

东帝汶交通不便，公路总长 3 800 千米，许多道路只能在旱季通车。帝力港为深水港，另有 COM 海港、HERA 渔港等。帝力机场为唯一的国际机场，可起降如波音 737 一类较大型飞机。另有 3 个一级机场、5 个二级机场。现已开通三条国际航线。2009 年以来每个财政年度，政府预算将大部分投入基础设施建设，包括学校、健康中心、公路和卫生设施等，这些基础设施主要集中于首都帝力。①

2002 年 10 月，东帝汶电信成立，业务涵盖固网和 GSM 移动通信。2009 年，中国中兴通信公司与东帝汶电信签订了第三代移动通信网络(3G)的设备供应及服务合同，预计合同完成后，东帝汶电信将能实现无线宽带数据接入在全国范围内的覆盖。

2. 外资及外援

外资和外援对东帝汶的人道救援、农业、能源开发、基础设施建设等项目发展至关重要。1999—2002 年，东帝汶共获得价值约 22 亿美元的经济援助。2002 年 5 月，联合国和世界银行承诺在 2003—2005 年内向其提供 4.4 亿美元的援助；截至 2005 年 4 月，美国承诺对东帝汶援助约 1 亿美元，约 70%已落实；日本约 2 亿美元，已基本执行完毕，2005 年财政年度将再向东帝汶提供 2 000 万美元援助；欧盟共承诺约 7 亿欧元，已兑付 6 亿欧元；亚洲开发银行已提供 930 万美元援助；澳大利亚每年提供约 4 000 万澳元；葡萄牙每年提供约 2 000 万美元。2003 年外资总额 1.08 亿美元，主要投资援助国为中国(图 11.1)、澳大利亚、欧盟、日本、德国、巴西、韩国、葡萄牙和美国等。2008 年国际援助各方承诺援助金额为 2.36 亿美元，实际完成 2.23 亿美元。2009 年各方承诺 3.09 亿美元，实际完成 2.87 亿美元。1999 年以来东帝汶共获得国际援助 18.79 亿美元。主要用于基础设施建设、农业和农村发展、人力资源开发等项目。

图 11.1 中国援建东帝汶办公大楼落成典礼

石油现在是东帝汶国家经济的最大税收来源。2007 年以来油气月平均收入 1 亿美元，国家依据《石油基金法》建立了石油发展基金，主要应用于多种资产、货币和国家。2011 年基金总额已达 100 多亿美元。有关地质勘探显示东帝汶油气资源开发前景良好，其现在已开放了大约 3 万平方公里的海域，希望吸引外国投资者进行勘探开发。

虽然东帝汶希望在油气、旅游和信息产业等方面继续吸引外国投资。为了避免过度

① 中国商务部驻东帝汶经参处网站 http://www.mofcom.gov.cn/，2006 年 4 月 11 日。

依赖石油就必须投资于其他行业，特别是教育、卫生、捕捞、渔业、农业和旅游业。①政府积极引进和鼓励国内外投资，制定了《国民投资法》，《外国投资法》。美国是东帝汶最大的外来投资者，其次是日本和意大利，中国位居第十位。中国、新加坡、马来西亚等国企业家在东帝汶的投资项目有酒店、纺织、农业、副食品等工业。2008 年吸引外资 3 800 万美元。2011 年 12 月底已获得外资 5.83 亿美元，外资主要来自新加坡、泰国、葡萄牙、新西兰、澳大利亚、英国、韩国、美国等，主要投资领域酒店旅馆、基础设施、咖啡种植、旅游业等。

3. 财政税收

东帝汶财政收支总体呈赤字状态。2001—2002 年度财政预算为 6 500 万美元，总支出 5 260 万美元，总收入 2 698 万美元。2009 年财政支出为 6.04 亿美元，收入 5.98 亿美元。2012 年预算支出为 16.74 亿美元，其中从石油基金中提取 14.95 亿美元。

为刺激经济发展、促进国内和外来投资、鼓励私有经济领域发展、减轻低收入者的负担，东帝汶政府通过了税收体系的改革方案，主要内容为：直接税(一种直接向纳税人征收的税，如收入税或财产税)在将每月每位居民应税起征点提高到 500 美元的同时，还对居民和非居民实行工资收入税和非工资收入税合并，统一实行 10%的税率；进口税和营业税将降至 2.5%，劳务税将降至 5%，只对明显对人体健康和环境有害的货物才征收特许权税。这一方案将使东帝汶成为世界上税收最低的国家之一。

4. 金融货币

东帝汶没有自己的国有银行，截至 2011 年有葡萄牙国民海外银行、澳新银行、印尼曼迪利银行 3 家外资银行经营金融业务。首都的商业银行取消了对存款的收费，并开始有选择地对企业发放贷款，商业活动明显增多，小企业有所增加，提供了一些就业机会。

东帝汶以美元为主要流通货币，并发行有与美元等值的本国硬币。2009 年外汇储备 6.44 亿美元。

5. 对外贸易

东帝汶主要出口产品为咖啡、檀香木、橡胶和椰子等经济作物，其中咖啡约占总出口额的 90%，主要进口产品包括食品、药品和机电设备等。2011 年进出口贸易总额 7.07 亿美元，出口 1 800 万美元(不含石油)，进口 6.89 亿美元。印尼、澳大利亚、美国是东帝汶最大最主要的贸易伙伴。

自 1999 年东帝汶脱离印尼以来，中国和东帝汶双方签订了多项经济技术合作协定。两国经贸关系发展顺利。根据中国海关统计，2003 年和 2004 年，双方的贸易额都还在 100 万美元左右，到 2007 年和 2008 年则增加了 10 倍左右，分别达到 1 000 万美元和 900 万美元，且基本上是中国对东帝汶出口。2011 年中国与东帝汶双边贸易总额为 7 218 万美元，中国出口 7 044 万美元，进口 174 万美元。中国向东帝汶出口的产品主要有：机电产品、钢铁及制品、家电产品、纺织品、五金、日用品等。②

---

① 《亚洲新闻频道》，2005 年 10 月 7 日。

② 中国商务部驻东帝汶经参处网站 http://www.mofcom.gov.cn/，2013 年；中国商务部亚洲司网站。

12.5 社 会 环 境

1. 基本情况

东帝汶独立后，经过多年的战乱和动荡，该国的社会秩序遭到了很大破坏，其中“东部人”和“西部人”、军人和警察、各派系和种族之间的矛盾纷争使暴力冲突事件屡见不鲜，社会动荡不安，加之基础设施建设和经济恢复严重不足，许多年轻人找不到工作，2009—2010 年失业率达 40%，成为社会问题的根源。2008 年总统遭叛军袭击事件后，整个国家局势在联合国维和部队帮助下已基本稳定。

2. 人民生活

东帝汶被联合国列为全球最不发达国家之一，经济发展困难，约 40%的人处于日均收入不足 55 美分的绝对贫困状态，人均预期寿命 55.5 岁，人口出生率为 3.3%，死亡率 8%，50%儿童营养不良。

3. 社会保障

东帝汶全国有 4 座医院，县一级设有卫生中心，仅能向 60%的人口提供医疗卫生服务。在世界银行的帮助下，东帝汶建立起了公共医疗体系，使 85%的儿童能接受疫苗注射，90%的人能在方圆 10 千米以内的诊所就医。尚有半数以上人口无标准饮用水。

4. 教育和科研

目前全国共有小学 700 所，初中 100 所，科技院校 10 所。2000 年 11 月，东帝汶国立大学重新开办，在校生 500 人。在世界银行的帮助下，东帝汶先后兴建了 2 780 间教室，使适龄入学儿童由 1999 年的 19 万增加到 2003 年的 24 万。[①]2011 年，15 岁以上成年文盲率 50.6%，入学率 82.7%。

5. 传媒与通信

东帝汶主要报纸有《帝汶邮报》(葡萄牙文)和《东帝汶之声》(德顿语、印尼语和葡语)。尚未成立通讯社，主要葡文新闻来源于葡萄牙卢萨社(又名葡通社)。

东帝汶广播电视有：东帝汶国家电台(用德顿语和葡语播出)覆盖率为 90%、东帝汶电视台和东帝汶民族解放军电台——希望之声等。

东帝汶的通信服务由帝汶电信独家经营，包括固定电话、移动通信、互联网服务，费用较高。截至 2010 年全国有固定电话用户 2 999 户，移动用户 47.3 万户。在帝力由印尼和澳大利亚公司提供互联网接入服务。

---

① 王士录主编，《东南亚报告 2003—2004》，云南大学出版社 2004 年 4 月版，第 278 页。

12.6 文化环境

1. 民族

东帝汶有 10 多个民族，其中 78%为东帝汶土著人(多为巴布亚族与马来族或波利尼西亚族的混血人种)，20%为印尼人，2%为华人。

2. 宗教

东帝汶居民中约 91.4%信奉罗马天主教，2.6%信奉基督教，1.7%信奉伊斯兰教，0.3%信奉印度教，0.1%信奉佛教，现有帝力和包考两个天主教教区。

3. 语言

德顿(TETUM)语和葡萄牙语为东帝汶官方语言，印尼语和英语为工作语言，德顿语为通用语和主要民族语言，约 60%的人口使用德顿语。

4. 节日与习俗

东帝汶的重要节日有恢复独立日(建国日)；独立公投日；独立日；天主教的节日(如圣诞节等)。

12.7 商业环境

1. 贸易法规和政策

1) 贸易主管部门和法规

东帝汶的贸易主管部门是：旅游、商业和工业部(Ministry of Tourism，Commerce and Industry)，其下属的商业司是内外贸易的主管。东帝汶主要贸易法规有：《商业社会条例》(2004 年)、《商业注册法》(2006 年)、《餐饮业管理条例》(2009 年)以及相关投资法规。

2) 关税及相关规定

政府鼓励进出口贸易，出口不征关税，进口平均关税率为 2.5%，只对少数商品进行限制，如军火征收 200%关税，豪华游艇、私人飞机征 20%的进口税，单价超过 7 万美元的小轿车征收 35%的关税。进出口商品检验检疫法规有：《进出口货物检验检疫卫生法》(2003 年)、《检验检疫管理条例》(2006 年)。此外，货物通关和清关手续比较简便。

2. 投资准入及规定

1) 投资主管部门

东帝汶投资主管部门是：东帝汶贸易投资局(Trade Invest Timor-Lest)，该局隶属于经济与发展部。

2) 投资行业及投资方式规定

根据《外国投资法》，政府鼓励投资商投资于基础设施(图 11.2)、出口产业、农业和农村发展；石油和矿产开发按《石油法》和《矿产法》规定执行。对投资方，原则上鼓励外资与当地资本合资，但不是必需的，大部分外资在东帝汶都采取了独资方式。政府向外界推介的投资机会有石油和天然气(包括其上游和下游产品生产)、农业、森林、渔业、旅游、轻工业、基础设施等。政府尤其致力于吸引出口导向性产业的投资，为合作企业提供优惠，鼓励私营企业参与基础设施的建设。政府将确保外资的权益，承诺不实行国有化，给外资企业以平等待遇，确保利润和资金的转移。此外，政府将根据不同的产业和专案，提供各种不同的税收优惠。

图 11.2　东帝汶管道基础设施建设

3. 主要税赋和税率

东帝汶主要税种：①劳务税，纳税领域主要有酒店服务、餐饮业、电信服务 3 个行业，税率为 5%，经营单位每月发票总额低于 500 美元者免税；②消费税，征税的消费品主要酒类、烟草(包括打火机，烟嘴)、燃油、高档轿车、私人豪华游艇及飞机等税率不等；③所得税，指纳税人一年收入减去法律允许扣减部分的收入，包括商业收入、财产收入、中奖收入、任何可以增加经济能力的收入，工资收入税除外。

东帝汶尊重外国法律地位，无本国法律法规至尊思想。以公司法为例，东帝汶政府规定外国投资者可先在中国香港完成法律程序，再到东帝汶登记，如与政府有关者，政府还可派代表赴中国香港签字，谈合作条件。在东帝汶注册成立公司组织后，该“公司”在东帝汶宪法精神中，“它”就是“东帝汶人”。以公司为单位，可以享受与东帝汶人同样的权利，没有明显的排外思想存在。(与贸易、投资、税赋、环保、劳工、土地、企业有关的法规和其他具体规定，可查询东帝汶政府网站：www.timor-leste.gov.tl)

本章小结

东帝汶独立以来，其国家的基础设施建设有了一定的发展，经济有所起色，安全形势逐步好转，社会政治秩序正在恢复，整个国家的发展开始走上正轨。但是，长期的战乱和动荡，复杂的教派和种族矛盾纷争以及脆弱的社会经济基础，使东帝汶的建国发展道路困难重重、充满险阻。因此，对东帝汶颇具开发潜力的石油天然气优势资源，对东帝汶经济政治社会的恢复重建期盼，对东帝汶政府出台的招商引资利好政策和措施，众多外国投资者的态度依旧观望大于行动。东帝汶当前经济社会的重建更多依靠的还是国际社会的资金、技术和物资援助。东帝汶的经贸投资环境改善，国家的法律和社会秩序正在逐步恢复和重建。

思　考　题

1. 东帝汶的基本国情及优势资源是什么？
2. 在东帝汶经商做生意会有什么样的风险？
3. 东帝汶的发展前景如何？其贸易和投资环境有何特点？

第13章 东南亚地区经济一体化

第二次世界大战结束后，东南亚各国先后脱离了西方殖民主义的统治，获得了国家的独立和解放。但是，新兴的东南亚国家所面临的却是极为严峻的地区形势：①新独立的国家如何实现政治、经济的独立和发展；②所有东南亚国家之间都存在陆海领土争端，地区内的冲突和矛盾十分尖锐；③由于冷战和意识形态的分裂，东南亚国家内部“资本主义”和“共产主义”思潮的对立，几乎所有国家都被卷入冷战的对抗之中；④东南亚各国政治体制、经济结构、发展的初始条件、民族、宗教、语言文化均存在较大差异和多样性；⑤在现行国际体系下大国在东南亚的战略利益的争夺，东南亚国家面临艰难抉择。

面对这样复杂的局面和历史遗产，东南亚国家在经历了内乱、冲突、外部干涉、协调、整合之后，并且在经济自由主义和地区主义思潮的影响下，开始探寻以地区合作的方式解决地区内部冲突和平衡大国关系的机制。1967 年 8 月 8 日在泰国首都曼谷建立的“东南亚国家联盟”(ASEAN)，其最初的成员国有印度尼西亚、马来西亚、菲律宾、新加坡和泰国。1984 年文莱独立后，也立即加入了东盟。冷战结束后，越南于 1995 年 7 月、老挝和缅甸于 1997 年 7 月同时加入了东盟，1999 年 4 月柬埔寨也加入了进来，至此，东南亚国家(除东帝汶)都成为东盟的成员。

东盟成立之初，其主要目标是寻求国家间政治和安全的合作，并把经济合作作为政治和安全合作的基础。20 世纪 70 年代中期，随着冷战格局的缓和及越南战争的结束，东南亚政治经济形势也发生了巨大变化，东盟开始转型，地区主义兴起和冷战的结束，使和平与发展成为东南亚的主要潮流。1988 年中南半岛国家开始了“变战场为商场”的战略调整；1992 年在新加坡召开的东盟第四次首脑会议决定，在 15 年内建立“东盟自由贸易区”；同年，在亚洲开发银行的主导下“大湄公河次区域经济合作”计划开始启动，东南亚国家经济迅速增长，东盟成为推动地区经济发展和区域经济一体化的重要力量，东南亚经济一体化也就具体地体现为东盟的经济一体化。

13.1 东盟经济一体化的国际背景

20 世纪 90 年代，在信息革命的推动下，经济全球化深入发展，在全球范围内商品、服务和生产要素的国际流动规模和形式不断加强，国际分工进一步深化，国际经济相互依赖的程度不断提高，对东盟国家形成巨大压力，并迫使其采取积极的应对措施。

1. 东盟经济一体化的外部原因

1) 世界经济全球化的影响

进入 20 世纪 90 年代以来，经济全球化的趋势日益明显，首先，以电子通信技术和交通革命为代表的科技突飞猛进，把生产的社会化推到一个崭新的阶段，不论东方还是西方，改革和开放成为一个必然的趋势。其次，贸易自由化、金融国际化、生产国际化作为经济全球化的具体体现，从全球层面、地区层面和国家层面上都在加强一体化的进程，国际分工进一步深化，引发了全球性的产业结构调整和产业转移。再次，世界经济以市场经济体制为主体将世界各国经济更加紧密地联系在了一起，相互依存、相互影响并相互制约，经济全球化正在改变冷战后的世界格局。在东南亚以“四小龙”为代表的新兴工业体脱颖而出，对东南亚国家的经济改革、开放和产业结构调整产生了巨大影响。

2) 区域经济一体化浪潮的推动

20 世纪 90 年代对东南亚和南亚地区产生巨大影响的因素是地区主义或称区域经济一体化浪潮。[①]在 20 世纪 70 年代曾掀起过一次区域经济合作的高潮，在全球范围内共签订了 18 个区域贸易协定。进入 20 世纪 90 年代，区域贸易协定急剧上升，据 WTO 的统计，从 1990—2001 年间全球就有 150 个 WTO 成员参加了区域贸易协定，其中自由贸易协定占绝大部分。另外欧洲经济共同体成功地发展成为经济联盟，对东盟产生了巨大影响。1991 年东盟第四次峰会决定在 15 年内建成东盟自由贸易区，并仿效欧盟，逐步形成单一市场的经济共同体。

20 世纪 90 年代以后，北美自由贸易协定在 1994 年正式生效，亚太经济合作组织开始运转，世界地区性经济贸易集团达到 37 个，区域经济一体化浪潮成为经济全球化的巨大推动力。

2. 东盟经济一体化的内部原因

1) 战略重心的变化

在世界经济政治格局发生根本性改变的背景下，东南亚国家和东盟组织的战略重心也开始转移。在中南半岛，泰国率先提出了“变印支战场为商场”的战略调整；老挝、

① 区域经济一体化有各种形式，按照一体化发展的程度可以分为：自由贸易区、关税同盟、共同市场、经济联盟和完全的一体化组织。

越南、柬埔寨开始在经济重建的条件下进行革新开放和经济转型。1992 年在亚洲开发银行的主导下，大湄公河次区域经济合作开始启动(图 13.2)，湄公河流域国家包括中国积极参与和支持，和平发展成为该地区主流。冷战的结束使东南亚区域内的冲突和矛盾得以缓解，在 1995—1997 年间越南、老挝、柬埔寨和缅甸先后加入了东盟，由于共同的经济和地缘政治利益，发展区域经济合作就成为东盟寻求内部政治稳定和提高国际地位的重要手段和基础。

图 13.2　大湄公河次区域经济合作第二次领导人会议

2) 东南亚金融危机的影响

1991 年在确立建设自由贸易区目标之后，东盟国家之间签订了一系列促进和保障经济一体化的协定、政策和措施。然而，1997 年的金融危机给东盟的经济发展带来了灾难性的冲击。东盟和各成员国对东盟组织本身和区域经济合作发展的缓慢，以及其应对危机和管理全球化的能力进行了反思和检讨。东盟领导人意识到在全球化的背景下，仅依靠一国的力量是难以对付全球性问题的。由于经济的相互依赖和世界经济的联动性以及贸易、金融和生产要素的国际流动的传导作用，面对金融危机的冲击，东盟各国只有站在地域发展的整体上来考虑，加速区域经济一体化进程，加强经济合作，提高东盟组织整体抵御风险的能力，才能面对全球化带来的各种危机。此后东盟在经济发展战略、宏观经济政策协调、金融体制改革和建设、区域经济合作、产业结构调整等方面都发生了积极的变化。

在贸易方面，1998 年东盟第六次首脑会议签署了《河内行动计划》，将《共同有效优惠关税计划》的时间提前，加快了东盟自由贸易区的进程。在投资方面，第 13 届经济部长会议签订了《东盟投资区框架协定》，目标为 2010 年建成东盟自由投资区。1999 年第三次东盟领导人非正式会议又强调了进一步加快东盟自由贸易区建设和投资区实施的步伐，最终实现东盟共同市场的目标。在金融方面，为应对外汇资金流动性困难，2000 年开始实施《清迈协议》，东盟与中国、日本、韩国分别达成了多项双边货币互换协议，确立了亚洲货币互换机制。

金融危机的教训使东盟领导人的观念发生了变化，面对东南亚国家国内市场规模小、经济对外依赖程度高、国际竞争力弱这些目前难以改变的事实，在区域内国家之间加强合作，克服对外依赖的脆弱和不稳定性，尽快实现经济一体化是一个务实的选择。东盟国家普遍认识到，只有在政治、经济、安全、社会与文化等领域加强合作，建立区域自觉应对外部冲击的多种机制，才能保证区域的安全、稳定与发展。

13.2 东盟经济一体化的目标和进程

东盟经济一体化随着世界经济和地区形势的变化在不断调整，其目标、内容和方式日趋明确，它既有经济一体化的一般特点又有较强的地区特征。在 2001 年的《河内宣言》和 2004 年的《万象宣言》及行动计划中明确了一体化的目标，到 2020 年实现在经济共同体、安全共同体和社会文化共同体三大支柱基础上的东盟共同体。根据上述目标，东盟一体化的路线图主要关注：在深化和拓宽一体化的同时，还必须缩小成员国之间的发展差距。因此，东盟体应加强次区域的经济合作缩小国家间发展的差距；同时，深化和拓宽一体化的范围，将政治安全、社会、文化纳入一体化的进程。

1. 自由贸易区进程及时间安排

1992 年 1 月东盟签署了《东盟经济合作框架协定》和《共同有效优惠关税》(CEPT)，通过各国逐步降低关税、削减非关税壁垒，计划在 15 年内建成东盟自由贸易区。然而，受关贸总协定乌拉圭回合全球贸易谈判结束、APEC 贸易和投资自由化进程的影响，东盟对自由贸易区的时间进程做了 3 次调整。

第一次是 1994 年第 26 届经济部长会议，决定将原定 15 年实现自由贸易区的时间提前至 10 年内建成(从 2008 年提前至 2003 年完成)；将《暂定例外项目》的产品在 5 年内逐步转为 CEPT；每年平均关税降低的幅度不小于 20%，于 2000 年以前完成；未加工农矿产品列入 CEPT；允许“敏感产品”制订不同的时间表；扩大贸易合作的领域，包括服务贸易、知识产权相关贸易。

第二次是在 1997 年金融危机冲击下的 1998 年 12 月，在河内召开的东盟第六次首脑会议上，为了克服金融危机和经济动荡带来的困难，决定将 CEPT 比原计划再提前一年，到 2002 年完成。尽量扩大老挝、越南、缅甸减税商品数量和减税比重。发布“河内宣言和行动计划”加快自由贸易区进程。

第三次是根据东盟各成员国经济的实际情况，尤其是东盟新成员国面临的经济困难，将原定 2002 年所有成员国商品关税率降至 0～5%的期限推迟一年，越南推迟至 2003 年；老挝、缅甸至 2005 年；柬埔寨至 2007 年。未加工农产品关税，老东盟六国在 2003 年降到 5%以下，越南 2006 年实现，老挝、缅甸 2008 年实现，柬埔寨 2010 年实现。这些调整都意在加速东盟经济一体化(图 13.3)。

图 13.3 降税促进东盟贸易繁荣发展

2. 自由贸易区的内容和框架

自由贸易区建设是东盟推进区域经济一体化的核心，主要的内容如下。

1) 关税措施

根据 1992 年《共同有效优惠关税计划》(CEPT)的条款规定，所有成员国都必须参加 CEPT，应按照 HS 的 6 位数码标准，在各部门确认的基础上将所有产品纳入 CEPT，允许少数特殊、敏感商品实行例外制度。CEPT 规定所有纳入 CEPT 的商品分为三大类，快速降税商品(包括电子产品、植物油、化工产品、化肥、橡胶、纸浆和纸、木藤制品、珠宝首饰、水泥、药品、塑料、皮革制品、纺织品、铜、瓷器和玻璃 15 大类工业制成品)、常速降税商品(包括其他所有工业制成品)和例外商品。每类商品都规定了将关税减至 0～5%的时间表，具体要求是在 1993 年关税低于 20%的产品，在 2000 年前降至 0～5%；关税高于 20%的产品在 2003 年前降至 0～5%。1994 年修订了减税要求，关税在 20%及以下的产品必须在 1998 年以前降至 0～5%，关税在 20%以上的产品必须在 2000 年降至 0～5%。常速降税商品在 2001 年减至 20%以下，2008 年降至 0～5%；CEPT 中的“例外商品”包括部分农产品、农产品原料、活动物、动物产品、部分植物产品、调制食用油、动植物蜡、食品、饮料、酒类和醋、香烟等；此外，基于维护国家安全、公共道德规范、人类和动植物生命的目的，有关艺术、历史、考古价值的物品也属于例外商品范围。无论哪类商品，CEPT 减税计划原则上都必须经东盟自由贸易区理事会核准。按照原产地原则，所谓“东盟产品”是指其价值的 40%以上须来源于东盟国家，否则不能适用于 CEPT 关税。

2) 数量限制和非关税壁垒

CEPT 对数量限制和非关税壁垒做了原则规定，成员国必须取消 CEPT 内所有商品的数量限制、配额、许可证和其他行政措施，在 5 年内消除非关税壁垒。由于东盟成员国各自的国情不同，经济发展的水平和产业结构不同，实施非关税壁垒的情况比较复杂。考虑到基于安全、防务、环境工作，保障卫生、宗教或履行国际义务的需要允许一定的保护外，东盟自由贸易区根据 CEPT 与 WTO 相一致的原则逐步调整非关税措施。

3) 服务贸易自由化

1995 年东盟第 27 届经济部长会议就服务贸易自由化达成共识，决定逐步开放服务业市场，包括金融和银行业、旅游业、运输、通信和建筑业等。1995 年 12 月东盟第五次首脑会议签署了《东盟服务业框架协议》，主要内容包括东盟内非 WTO 成员也享受与 WTO 成员在服务贸易总协定下相同的待遇等，1996 年开始各成员国开始谈判。1997 年和 1998 年东盟又先后签署了第一和第二阶段实施草案，开放 7 个服务部门，即海运、空运、建筑业、金融服务业、电信、旅游和商务服务业等。在服务业中各国的限制和市场准入方面进展缓慢，由于服务业市场开放的难度和复杂性，东盟各国还要做出更大努力才可能实现服务贸易的自由化。

4) 其他领域的经济合作

东盟国家间加强国际经济合作是推进经济一体化的重要手段，包括东盟投资区、东盟工业合作计划、电子东盟框架协议等。东盟一直是外国直接投资的主要对象，在 1995 年第五届东盟首脑会议上就倡议建立东盟投资区，由于行动缓慢，成效并不明显，金融危机后的 1998 年第 30 届经济部长会议签订了“东盟投资区”框架协议(AIA)，目标是营造一个更加自由和透明的投资环境，促进资本、熟练劳动力、专业技术人员和技术的自由流动，提供投资便利化，削减投资壁垒，放宽投资法规、条例和政策对在本地筹资的规定，对收款、支付、利润汇出逐步实现自由化，提高吸引投资的竞争力，在2020年实现投资的自由流动。为了加速贸易自由化和一体化进程，在1996年4月东盟七国经济部长会议签订了新的东盟工业合作计划(AICO)。目的是促进内外投资；增加东盟内部贸易；加大东盟的整合力度和工业生产；改善工业生产规模，促进零部件和制成品的分工互补以及提升整体国际竞争力；加强科技基础；提高私人部门的参与率。

除了在投资和工业合作方面加强合作外，信息技术革命和电子商务的发展对东盟的发展也带来了巨大影响，提供了新的发展机会，1999年第三次非正式首脑会议决定建立一个在新的电子东盟框架协议下的商品、服务和投资的自由贸易区。2000年11月东盟第四次非正式首脑会议在新加坡签订了《电子东盟框架协议》，目标是促进和加强东盟信息和通信部门的竞争与合作；缩小东盟国家间的数字鸿沟；实现电子东盟工程中公共部门与私人部门的合作。促进信息通信技术(ICT)相关产品、服务贸易和投资自由化。

5) 加强次区域经济合作，缩小成员国之间的差距

根据《东盟一体化计划》、《东盟一体化路线图》、2001年的《河内宣言》和2004年的《万象宣言》，东盟启动了缩小成员发展差距，实现“让你的邻居昌盛”的观念，支持东盟东部经济增长区(文莱—印尼—马来西亚—菲律宾)、印马泰增长三角、印马新增长三角、大湄公河次区域经济合作和缅、老、泰、柬经济合作战略等次区域地区的经济合作，目的是加强东盟新老成员之间、毗邻次区域地区的合作，缩小发展差距，使所有成员尽快地进入一体化进程。

建立自由贸易区只是实现区域经济一体化的重要手段，经济一体化进程也促进了东盟的经济发展。东盟经济一体化到目前为止已经历了3个阶段的发展。2004年东盟的“万象行动计划”确定了在2020年实现“东盟共同体”的目标，东盟经济一体化向共同市场的目标迈进。2008年以《东盟宪章》签订为标志，东盟经济一体化进入一个崭新时期。2009年第14届东盟峰会发表了《东盟共同体2009—2015年路线图宣言》，签署了《东盟政治安全共同体蓝图》和《东盟社会文化共同体蓝图》，就如期在2015年实现东盟共同体提出了战略构想、具体目标和行动计划。2012年在21届东盟峰会后宣布东盟十国领导人同意在2015年年底建立东盟共同体。这也表明东盟经济一体化的进程从自由贸易区向经济共同体迈进，进入经济一体化更高级的阶段。

13.3 东盟经济一体化对东南亚经济发展的影响

经过40多年的努力，东盟经济一体化已经取得长足发展，到2011年年底东盟人口近6亿，GDP 20 702亿美元，人均3 900美元，进出口贸易达17 000亿美元，外国直接投资达694亿美元(2007年)。经济一体化对整个东盟经济发展产生了重要影响，主要表现在以下方面。

1. 东盟经济稳定快速发展

进入20世纪90年代以来，东盟各国经济持续增长，1992—1996年东盟的老成员国中除菲律宾外GDP平均增长均在6.3%～6.8%之间，印尼、缅甸超过5%。1997年金融危机爆发后，各国增速有不同程度的下降，1999年以后，各国经济又恢复了较高的增长，到2007年的8年间，东盟各国经济持续平稳增长，整个东盟平均增长6%左右，尤其是4个

新成员国增长迅速，平均在 7%左右。由于东盟经济对世界市场的依赖性较大(出口占 58.5%，进口占 55.3%)，受国际市场波动影响，老成员国经济增长波动要大于新成员国。但总体来看，与世界其他地区比较，东盟经济持续稳定的增长与区域经济一体化进程是分不开的，同时，持续的经济增长也为进一步合作打下坚实基础。

2. 成员国内部差距缩小，凝聚力加强

东盟的 10 个成员国由于历史、经济、政治发展方面的原因，经济发展存在较大差距。大体上可分为 3 个层次，新加坡属于发达国家，其他东盟的老成员基本进入中等收入国家，而越南、老挝、柬埔寨和缅甸这 4 个在 20 世纪 90 年代中期才加入东盟的国家仍属于低收入国家。在加入东盟前，东盟采取积极措施对四国进行帮助，为其加入东盟创造条件。如泰国支持湄公河流域国家经济合作，变商场为市场，设立了“印支基金”专门帮助印支国家经济发展。新加坡积极帮助越南、老挝发展贸易和投资。1995 年东盟的《曼谷宣言》声明将帮助印支国家和缅甸的经济发展，并制订了具体的分工和计划。泰国与越南建立了经济委员会，签订了财政合作协定，并帮助越南制定有关关税、基本政策与经济计划等，提供人员培训，给予越南长期低息和无息贷款。泰国、菲律宾还与老挝、柬埔寨签订了技术援助、人员训练(包括熟悉英文、东盟经济合作运作程序、外交和军事人员)等协议。此外还特别强调大湄公河次区域经济合作带动印支地区经济发展的战略。

1999 年东盟实现了“大东盟”，越、老、柬、缅 4 个新成员加入后，各国意识到要实现经济一体化的当务之急就是要缩小成员国之间的发展差距，只有这样东盟的整体实力和竞争力才会增强。2001 年东盟的《河内宣言》一致同意加大对 4 个新成员的经济援助力度，重点在基础设施、信息和通信技术、人力资源开发、地区经济合作以及参与湄公河流域开发等方面给予扶持。2002 年东盟又对 4 个新成员国实施贸易优惠机制，根据四国的不同情况采取逐步减税措施，缩小与其他成员国的差距。到 2011 年年底四国人均 GDP 有较大幅度的增长，越南人均达 1 523 美元、老挝 1 454 美元、柬埔寨 988 美元、缅甸 932 美元。另外，东盟内部贸易也有所上升，1993 年区内贸易总额为 824.4 亿美元，占贸易总额的 17%，2009 年已上升到 3 686 亿美元，占贸易总额的 25%。东盟内部凝聚力已经明显提高。

3. 制成品出口增加，工业化水平进一步提高

随着东亚制造能力的增强和产业转移，大量资本和技术投入东盟，并且东盟区域经济一体化的推动，出口加工制造业发展迅速，东盟国家的产业结构不断升级，提升了加工制造业的竞争力，制成品在出口商品中的比重也大幅上升。其中新加坡、菲律宾、马来西亚、印度尼西亚、泰国等主要东盟国家的出口商品中工业制成品的比重已经达到 60%～90%。新加入东盟的 4 个成员国工业增加值和制成品在总出口中的比重也迅速上升，其中越南的增长比较明显，从 1995 年的 44%上升到 2006 年的 50%以上。总体来看，经济一体化将促进区域内国际分工的深化，劳动密集型制造业逐步减弱，产业结构的重化、工业化和软化将进一步加强，工业化水平将进一步提高。

4. 市场进一步开放，促进经济规模的扩大

2008 年，随着东盟自由贸易区的形成，区域经济一体化使东盟区域内市场进一步开放，关税大幅度降低，内部贸易和相互投资增加，经济规模也不断扩大。1995 年东盟的 GDP 为 6 550 亿美元，2008 年增长到 15 000 亿美元，其中 5 个老成员国从 7 196.45 亿美元增加到 13 558.35 亿美元，其他 5 个国家从 716 亿美元增长为 1 484 亿美元。在出口方面，大部分国家推行出口导向经济发展战略，出口产业推动经济快速增长，经济规模均翻了一番。1995 年东盟的出口总额为 3 191 亿美元，2008 年达 8 742.5 美元。市场开放促进了经济规模的扩大。

5. 强化与中、日、韩的合作，提升东盟在亚洲经济中的地位

在推进东盟区域经济一体化的同时，1997 年东盟还与中国、日本和韩国建立了“10+3”合作机制，2003 年又分别与 3 个国家签订了“自由贸易协定”(FTA)，即 3 个“10+1”的经济合作机制。中、日、韩三国都是东盟主要的贸易伙伴，也是主要的资金、技术和制成品的来源和市场。例如，2006—2008 年间，中国对东盟的直接投资达 36.8 亿美元；日本对东盟直接投资 257.7 亿美元；韩国对东盟的直接投资为 57.9 亿美元。在与东亚的合作中，中国—东盟自由贸易区建设是最有成效的合作。2001 年 11 月，中国与东盟领导人决定共同建立自由贸易区，2002 年双方签订了《中国—东盟全面经济合作框架协定》，决定用 10 年建成中国—东盟自由贸易区，2009 年 10 月双方宣布从 2010 年 1 月 1 日正式建成自由贸易区。到 2008 年东盟与中国的贸易总额已经突破 2 000 亿美元大关，2012 年中国与东盟贸易总额突破 4 000 亿美元大关，成为中国第二大贸易伙伴。

2002 年 1 月日本提出与东盟建立自由贸易区，2002 年 11 月双方签署了《全面经济伙伴关系联合宣言》，从 2004 年开始日本与东盟就商品贸易、服务贸易和投资自由化等问题进行谈判，并且已经达成共识。日本与东盟成员国新加坡、菲律宾、泰国、马来西亚、印度尼西亚、越南、文莱等国家建立了双边自由贸易区，启动了双边会谈。到 2005 年日本已成为东盟第三大贸易伙伴国和第四位直接投资的来源国。

2003 年韩国提出与东盟建立自由贸易区，2004 年开始进行磋商和谈判，11 月在韩国举行的东盟首脑会上，韩国与东盟签订了《韩国与东盟全面合伙关系联合宣言》，2005 年双方又签订了《东盟韩国经济合作框架协定》，2006 年除泰国外韩国与东盟 9 个国家正式签署了双边商品自由贸易协定。双方的合作已经涉及贸易、投资、旅游、科技、人力资源、环境、金融货币等多个领域。目前韩国已经成为东盟第五大贸易伙伴，也是主要的直接投资来源国。

通过与中、日、韩的紧密合作，东盟不仅加速了经济增长和产业结构升级，同时也提高了东盟在东亚和世界经济中的地位。

13.4　东盟经济一体化发展的制约因素与发展趋势

东盟经济一体化进程虽然在不断加快和加深，同时也提出了建立共同体的目标，但是由于东南亚历史、文化和社会发展的多样性，一体化发展仍面对多方面的制约，这需要东盟的共同努力和智慧来达到目标。

1. 东盟区域经济一体化存在的主要问题

1) 东盟的内部组织模式和决策机制的局限性

东盟建立以来，始终遵循“国家间主义”原则，形成了一套具有东盟特点的决策方式，即“东盟方式”，东盟成员国不论国家大小、国力强弱，在决策议事过程中实行绝对平等的原则，形成一个以相互平等协商为基础的共同利益集团。由于不遵循“超国家主义”原则，东盟成立之初就没有建立强制性的组织机制，而是一个松散灵活的决策机构，决策过程中实行全体一致原则和不干涉内政原则，也不是少数服从多数。因此，在对待成员间纷争、矛盾和冲突时，组织内部没有仲裁协调机构，而是通过成员国领导人之间的“首脑外交”来解决，一旦政府及领导人更迭，沟通就产生困难。由于“东盟方式”倚靠人际关系来维持，在发生重大事件和危机时，协商达成一致就很困难，从而削弱了内部凝聚力。

2) 东盟成员国之间经济发展存在明显差距

由于东盟国家发展的初始条件以及战后经济发展道路的战略选择不同，工业化进程快慢不一，经济发展的水平依然存在巨大差距。如老成员国中，新加坡已经进入后工业时代，马来西亚、菲律宾、泰国、印度尼西亚刚刚进入工业化阶段，而且这几个国家发展程度还有差别，相互之间的产业结构、市场互补还存在竞争，内部贸易、产业合作均存在差异。新加入的 4 个成员国正处于从农业国向工业化初级阶段发展的国家，发展的程度较低，同时也是经济转型国家，市场经济体制正在建设过程中，新四国收入与区内高收入国家相比差距达 30 多倍。此外，东盟内部的国际分工还没有形成，使东盟在一体化应达到的广度和深度都存在较大差距。

3) 东盟内部贸易和相互依存度水平低

与世界主要经济贸易集团相比，东盟区域内部的贸易在整个国际贸易总额中所占比重虽然已经从成立初期的 17%上升到 25%，但仍然远远低于平均 50%以上的水平。由于相互贸易小于对区外贸易，相互依存度低，没有相应水平的经济贸易合作，在应对国际经济集团的竞争和冲击时没有整体抵御能力，也很难承受经济和金融危机的冲击，导致内部凝聚力低。

4) 经济结构相似、产业趋同、竞争大于互补

由于资源禀赋差别较小，东盟国家经济发展战略路径基本是按传统工业化发展的思路来推进的，因此，经济结构、产业发展具有趋同的特点。另外由于发展的资金、技术、人力资源不足，不能形成大规模的专业化分工和差别化生产，各国产业门类大同小异，出口商品结构也大致相同，形成了国家间产业关联度较低，互补性弱，内部贸易的比重也较低。东盟各国目前的产业基本上集中在资源型产业、劳动密集型、加工装配、纺织、电子等领域，而且都是出口导向型经济，出口成为国民经济的重大贡献力量之一。

5) 对国际市场的高度依赖，抗风险能力低

长期以来东盟将对外经济关系的重点放在东盟地区之外，经济发展的资金、技术、市场都高度依赖于欧美和日本。制造业需要的原材料、机器设备、中间产品、零配件、工艺技术主要依赖进口，生产的大部分产品出口主要在欧美和周边地区。由于大部分国家对国际市场的高度依赖，对外部环境的变化就十分敏感，国际市场的任何变化都会影响宏观经济的波动。

总之，东盟要真正实现区域经济一体化的目标，还存在许多制约因素，还需要较长时期的内部整合、深化合作和外部影响。

2. 东南亚经济一体化发展趋势

东南亚区域经济一体化发展面临的挑战以及发展进程中显露出来的不足已经得到充分认识，2007 年 11 月东盟首脑会议通过的《东盟宪章》和《东盟经济共同体蓝图》已经明确了东盟将要建立共同体的战略目标，标志着东盟将从一个松散的一体化组织走向更加紧密的法制化和机制化组织。东盟决定在 2015 年前在内部形成统一市场和生产基地，并在经济共同体蓝图的框架下实现货物、服务、投资和技术工人的自由流动以及资本的自由往来。

《东盟宪章》强调未来的东盟将以“一个目标、一个身份和一个声音，共同应对挑战”。东盟将通过建立安全共同体、经济共同体、社会文化共同体三位一体的区域一体化组织，这也表明东盟将进一步提升一体化水平，从自由贸易区上升到经济共同体。虽然在短期内难以改变内部市场狭小、产业结构相似、互补性小的缺陷，但是通过与中国、日本、韩国等建立自由贸易区寻求更大的发展空间；积极参与东亚经济合作，东盟将会弥补其本身的不足与缺陷。东盟坚持推进一体化进程将进一步提升东南亚在世界经济中的重要地位，也将成为未来东亚区域经济一体化中的重要组成部分。

思 考 题

1. 东南亚经济一体化将对我国经济发展产生何种影响？
2. 试比较东盟自由贸易区与北美自由贸易区的不同。
3. 分析东盟在未来东亚区域经济合作中的地位和作用。
4. 东盟共同体的建立是否意味着东盟经济一体化的升级？

第 2 部分

南亚国家商务环境

第 14 章

南亚国家经济贸易、市场及商务环境特点

南亚位于亚洲南部，是喜马拉雅山脉以南的亚欧大陆的南延部分，是亚洲大陆除东亚地区外的第二大区域，面积 400 多万平方千米，为自成一体相对独立的地理单元，故以南亚次大陆(或印度次大陆)称之。

南亚地区包括次大陆上的印度、巴基斯坦、孟加拉国、尼泊尔、不丹和印度洋上的斯里兰卡及马尔代夫 7 个国家，2010 年人口已达 15.64 亿。

从地理位置看，南亚次大陆位于东南亚和阿拉伯半岛之间，三面环海，其东部濒临孟加拉湾，西部连接阿拉伯海，南部面对浩瀚的印度洋，与东南亚、海湾地区、阿拉伯半岛和非洲东部都有着良好的地缘联系优势，是东亚连接中亚、西亚进而到达欧洲陆上通道的中心区域(图 14.1)，从古代起就是东西方经贸文化交流的枢纽地带。自 20 世纪上半叶南亚国家先后从英国殖民统治下独立出来后，经过半个多世纪的努力，各国的经济贸易状况、市场建设和商务环境都有了很大的发展和变化。如果把南亚作为一个整体看待，其独立后各国实行的

图 14.1　南亚次大陆示意图

经济体制和经济发展战略大致相同，如实行混合经济、发展公营经济、制订经济发展计划以及政府对经济进行干预等。在开展经济改革之前，南亚国家基本上实行的是一种半封闭型的经济体制，都属于内向型的经济，其中又以印度最为典型。

背景知识

混合经济体制

印度独立后，国家发展战略是尽快建立能够维护国家独立、实现工业化的大工业基础。为此以中国和苏联社会主义实践为榜样，确立了以发展为导向的混合经济体制模式，力图吸收资本主义和社会主义的优点，完善印度社会的公正和发展。在“建立一个福利国家和社会主义经济”的理想号召下，印度国营部门成为建设社会主义印度思想计划的核心，政府首先将 17 个大工业企业国有化，并逐渐扩及许多其他的大工业企业，与此同时对私营企业推行许可证制度和直接控制。国家力图通过发展计划和政策控制整个国民经济，把整个私营经济也纳入国家计划的轨道。多年来，由于政府对经济干预太多，导致印度 1991 年经济改革前的经济增长起色不大，1950—1980 年这 30 年间国民生产总值年均增长率仅为 3.5%，粮食供应还发生危机，公营企业大量病态生存。混合经济的勃勃生机在半管制中遭到遏制，政治经济的相互促进作用遭到抵消，互相摧残、破坏，形成恶性的经济循环。

1947 年独立之后的 40 多年间，印度一直实行公营与私营并存的混合经济体制。1991 年，为扭转混乱的经济局面和拯救当时严重的外汇危机，印度放弃了长期奉行的混合经济体制，改为大力推进本国的自由化、市场化、全球化和现代化。

经过不懈努力，印度的经济已取得了突破性进展。按购买力评价来计算，印度仅次于美国、中国和日本，居世界第四位，而且正处于发展的上升阶段。①

作为南亚第一大国的印度，其发展和表现对该地区有着牵一发而动全身的重要作用。2000 年南亚国家的商品贸易额近 1 500 亿美元，其中印度出口额达 422.95 亿美元，进口额达 504.55 亿美元，地位十分突出。②

受印度影响，自 20 世纪 80 年代中期以来，为适应世界潮流，南亚各国也纷纷在不同程度上对以往的经济政策进行了调整和改革，其核心内容就是政府放松对经济的管制和干预，实施公营企业私有化，鼓励私人经济发展和吸引外国投资。到 20 世纪 90 年代初，大部分国家摆脱了长期以来经济增长缓慢的局面，几乎所有国家国内生产总值的增长率都比 20 世纪 70 年代有了显著的提高。整个地区的经济增长率由 3.5%上升到 5.2%，成为世界上除东亚地区之外经济增长最快的地区。③

为促进区内的贸易增长，加大国际竞争力，南亚各国于 1985 年在孟加拉国首都达卡成立了“南亚区域联盟”(SAARC)，通过了《南亚区域合作宣言》和《南亚区域合作联盟宪章》，定下了“通过最有效地利用南亚国家的人力和物力资源，加速各自国家的经济和社会

① 赵伯乐主编，《南亚概论》，云南大学出版社 2007 年 10 月版，第 40 页。

② 熊清华、刘鸿武，等著，《发展开放的空间》，云南人民出版社 2002 年版，第 136 页。

③ 孙士海主编，《南亚的政治、国际关系及安全》，中国社会科学出版社 1998 年 5 月版，第 26 页。

发展进程，从而促进该地区各国人民的福利和繁荣，并改善他们的生活质量”的基本目标。从 2006 年 1 月 1 日起，南盟开始执行 2004 年 1 月 6 日签订的《南亚自由贸易协定框架条约》，拟通过分阶段削减关税以及建立共同货币等，到 2014 年 1 月 1 日组建一个有别于传统自由贸易区的新型自由贸易区。按照南盟计划，到 2015 年七国要形成关税同盟，2020 年实现地区经济一体化。

如果南亚自由贸易区计划能够真正得到落实，将为南亚区域的经济发展、社会繁荣提供良好的契机，南亚有可能继东亚之后创造下一个地区经济快速增长的奇迹。

目前，南亚国家依旧是当代世界上经济最不发达、发展最不平衡的地区之一。统计数据表明，南盟国家的总贸易额中只有 5%是来源于成员国之间的相互贸易，贸易额每年只有 3 亿美元，还不到各国与南盟之外其他国家贸易额的 5%。①但随着 20 世纪 90 年代以来各国经济改革良好势头的推进和 21 世纪自由贸易区计划的启动运行，该地区巨大的市场潜力正逐渐释放出来。以人口超过 10 亿、综合国力各项指标均在南亚占据主导地位的印度来看，庞大的人口正处于“红利时代”。根据印度政府的统计和预测，到 2016 年，印度 15～60 岁劳动力人口的比重仍将维持在 63.33%的水平上，这种年轻状态的人口类型对印度人力资源的开发和利用大有裨益。②根据印度国家应用经济研究委员会公布的 2000—2001 年财政年度的标准，年收入在 3 万～14 万卢比之间的印度中产阶级已有 3 亿。如果印度经济每年以 7%的速度增长，在未来 5～10 年内，印度的中产阶级人数将大幅度增加。③显然，这是一支构成印度庞大的消费群体以及民间储蓄和投资的主要来源，是未来促进印度经济迅速增长的“发动机”。

背景知识

“人口红利”通常表现在某个阶段某个国家劳动年龄阶段的人口占总人口中的比重较大，抚养负担较轻，从而为这个国家的经济发展提供较为充足的劳动力，促进这个国家制造业的发展、存款储蓄的增加、社会财富的增长。“人口红利”并不意味着经济一定会增长；但经济增长一旦步入快车道，“人口红利”就可以成为经济增长的助推剂。

如果作为南亚地区“龙头老大”的印度的经济发展进入快车道，其对该地区其他国家的拉动影响可想而知。一些贸易专家预测，一旦自由贸易协定开始实行，南亚国家之间的贸易额至少将增加一倍。④

实际上，自 20 世纪 90 年代以来，为了融入全球化和区域经济一体化的世界潮流，南亚国家都在不同程度上加大了对外开放、与国际市场接轨的力度。

印度、不丹、尼泊尔、斯里兰卡、巴基斯坦等国家内部以及与东盟、中国之间都有所

---

① 杨翠柏、谢代刚，等著，《南亚国家贸易与环境保护法律问题探讨》，四川出版集团巴蜀书社 2008 年 12 月版，第 26 页。

② 赵伯乐主编，《南亚概论》，云南大学出版社 2007 年 10 月版，第 17 页。

③ 参阅《瞭望新闻周刊》，2002 年 5 月 6 日。

④ 杨翠柏、谢代刚，等著，《南亚国家贸易与环境保护法律问题探讨》，四川出版集团巴蜀书社 2008 年 12 月版，第 26 页。

发展，并在不同程度上签署了一些双边或多边自由贸易协定，为彼此间的关税降低减免、货物贸易和服务贸易的流通、扩大创造了良好条件。如 1995 年，印度、南非、澳大利亚、肯尼亚、毛里求斯、新加坡、阿曼苏丹国 7 个环印度洋国家在毛里求斯举行了国际会议，签署了推动“环印度洋经济圈计划”的联合声明。1996 年 12 月，印度、孟加拉国、尼泊尔和不丹也提出建立“南亚增长四角”的议案，期望通过合作来打破相互封闭的状态，疏通出海口，提升经济规模，最终改善该地区的贫困落后面貌，提高人民的生活水平和生活质量。1997 年，印度、孟加拉国、斯里兰卡、缅甸、泰国 5 国成立合作组织，成为南亚和东南亚国家之间第一个环孟加拉湾地区的区域性经济合作组织。该组织于 2004 年 7 月将尼泊尔和不丹两个国家吸收入盟，使其进一步扩大为七国。1999 年，孟加拉国、中国、印度、缅甸四国经济合作论坛成立。10 余年来已召开过多轮四方会议，共商地区发展大计，制定切实可行的政策措施，取得了不少的成绩。2013 年 5 月，当李克强总理首访印度之际，在中印双方发表的联合声明中对该地区合作进行了肯定，“双方对孟中印缅地区合作论坛框架下的次区域合作进展表示赞赏。双方同意与其他各方协商，成立联合工作组，研究加强该地区互联互通，促进经贸合作和人文交流，并倡议建立孟中印缅经济走廊”。2000 年 11 月，印度又和东南亚的柬埔寨、老挝、缅甸、泰国、越南五国成立了“恒河—湄公河流域合作组织”。其目的诚如前越南副总理阮孟琴所强调的：“湄公河—恒河沿岸国家开展合作，使这个不发达地区走上发展道路，符合于诞生并孕育人类璀璨文明两河流域区域 6 个国家的共同利益”。[①]上述区域组织机构的成立，对南亚地区参与、扩大区域内外的经贸合作十分有利。

在市场开放和投资准入方面，除不丹是世贸组织观察员外，其他南亚国家都是世贸组织的创始成员国，这决定了它们的对外贸易运作一般是遵循 WTO 基本规则的，如推行贸易自由化、大幅削减关税、逐步取消非关税壁垒等。

当然，由于经济发展水平不一致和国情差别，南亚各国的市场开放度和投资准入政策是有区别的。以印度为例，即使其海关关税峰值在 2003—2004 财政年度已由此前的 30% 下调至 25%(不包括农产品和奶制品)，且有逐渐下调的趋势，但非关税的壁垒措施依然严格，其隐蔽性和歧视性更能直接达到限制进口的目的；引资方面也一样，尽管印度允许很多合资、独资项目的外国投资比例可高达 49%、50%、74%，甚至 100%，但在项目批准上却手续繁多，程序复杂，要真正获得批准实属不易，尤其沾上“安全问题”的项目批准就更是难上加难。反观巴基斯坦则不一样，其商贸环境有着相对自由化、制度化和私有化的特点，因此外资进入巴基斯坦的制造业，无须征得政府的批准。在工业、建筑业和服务业 3 个领域的外商独资企业，可以自由地汇出利润和红利，宽松的关税与税务制度、大片的土地以及巨大的国内市场，使得巴基斯坦备受外资青睐。孟加拉国关税高居南亚地区榜首，是世界贸易壁垒最高的国家之一，2004 年未加权平均进口关税率高达 26.5%，其关税具有升级的特点，分为 4 档：基础原材料 7.5%；粗加工中间性原材料 15%；半制成品和中间性产品 22.5%；制成品 32.5%。但据世界银行评估报告，该国又是南亚地区投资政策最自由的国家之一，赴孟加拉国投资只需到该国投资局办理登记注册即可，无须事先批准。作为内陆山地王国尼泊尔，自 1992 年以来对外贸政策进行了调整，实施经济自由化，鼓励私人和外国投资者发展出口型企业，给予政策优惠，其政府允许外国投资可在绝大部分工业领

① [越]《西贡解放日报》，2001 年 7 月 30 日。

域进行，并可占有 100%的股份。从保护民族工业的角度出发，政府更鼓励技术转让，而且没有行业限制。至于海岛国家斯里兰卡和马尔代夫，它们在市场开放和投资准入方面都有较大的自由度，与亚洲其他国家相比，斯里兰卡规定的受限制的投资范围比较小。马尔代夫尽管制定了积极的引资政策，但因其市场狭小，外国投资却十分有限。不丹是南亚国家中市场开放程度有限，投资准入门槛较高的国家，其外贸主要和印度进行，从印度进口商品没有任何限制和关税。

除市场开放和投资政策对南亚国家的经济社会发展有影响外，南亚国家纷繁复杂、变幻莫测的宗教、文化、民族、语言、种姓制度和政治、安全形势也对其商务活动的开展有着很大的制约。

数千年来，南亚历史上众多外来的民族和当地土著民族交融衍生，形成了各种血统混杂的人种类型，使次大陆有了“世界人种博物馆”的称谓。在南亚各国中，除马尔代夫是单一的民族国家外，其余都是多民族国家。以印度为例，除十几个较大的民族外，还有为数众多的较小民族和几百个部族。印度几乎所有的民族都有自己的语言或方言。宪法除规定印地语和英语为国家官方语言外，同时还规定了 16 种语言为各邦官方用语。语言的复杂多样，在多民族的南亚国家里已成为一个非常敏感的政治问题，它不仅关系到民族的情感、地位和尊严，而且还直接涉及入学考试、政府公务员录用、就业等重大政治、经济利益问题。

南亚还是世界上最富于宗教传统的地区。该地区宗教众多，可谓是“世界宗教的万花筒”(图 14.2)。在该地区流行的宗教主要有印度教、伊斯兰教、佛教、基督教、锡克教、耆那教、巴哈伊教和袄教等。在南亚国家中，只有马尔代夫属于单一宗教的国家，其余都是以一种宗教为主体的多宗教国家。

图 14.2　纷繁复杂的宗教符号

背景知识

种姓制度在印度已有 3 000 多年的历史，是印度教社会特有的等级制度。这一制度在理论上把人按高低贵贱划分成 4 个种姓，第一种姓为婆罗门(僧侣)，地位最高，从事文化教育和祭祀；第二种姓为刹帝利(武士等)，地位仅次于婆罗门，从事行政管理和打仗；第三种姓为吠舍(平民)，经营工商业；第四种姓为首陀罗(工匠和奴隶)，从事农业及各种体力和手工业劳动等。这一制度又称“瓦尔纳”(颜色、种、品质之意)制度。除这 4 个等级外还有一个“贱民”阶层，称为不可接触者(这些人社会地位最低，最受歧视，只能住在村外或某一指定区域，不能和其他种姓的人使用同一口井，无权进庙拜神等，其工作是从事洗衣、扫地、扫厕所、屠宰、搬运尸体等“不洁”行业。)

种姓制度自产生后，在数千年的历史长河中不断分裂、衍化，其每一个等级都一再分化成许多更小的集团，称为亚种姓。亚种姓处于每个等级社会的底层，地位最卑贱。

种姓是世袭的，代代相传，不能更改。印度独立以后，虽然宪法废除了种姓制度，规定不允许种姓歧视，但是由于几千年来种姓制度痼疾深重，现实生活中种姓歧视仍处处可见，深刻影响着印度人的行为处事，尤其在广大农村情况十分严重。

宗教对南亚国家政治生活的影响极大。就国家政权来说，南亚各国虽然并非政教合一国家，但是宗教几乎在各国都被置于非常重要的地位。除印度由宪法规定是世俗主义国家之外，其余国家都把某一种宗教定为国教。宗教不仅仅只是一种信仰和精神寄托的方式，还是一种潜在的精神力量，潜移默化地渗透于国家社会生活的各个方面。从民众的价值观念、生活方式到国家法律、政党政治都深受宗教的影响。

根深蒂固的种姓制度更是南亚宗教和社会的一大特征。该制度主要流行于印度、尼泊尔和斯里兰卡的印度教社会之中。起源于印度教的佛教和锡克教也多少保留了一些种姓制度的残余。由于种姓对立根深蒂固，加上现代社会中不同种姓之间在政治、经济和就业机会上的激烈竞争，高等种姓与低级种姓之间的矛盾已经成为南亚政治斗争的一个重要方面。

因此，全面认识、了解、熟悉南亚的历史、文化、语言、宗教、民族、民情、风俗、习惯，有助于一个外国商人更好地交往南亚商业伙伴，有助于在不同场合游刃有余地应对处理错综复杂的文化环境、交际环境和商业环境，有利于在南亚国家的生意取得成功。

除上所述，在南亚国家从事商务活动，还要关注该地区的安全局势与社会稳定。由于上述民族、文化、宗教、语言、种姓问题的存在，南亚地区一直是世界上最不安定和冲突频发的地区之一，具体表现如下。

(1) 印巴克什米尔问题的存在，使得该地区产生的众多信奉伊斯兰原教旨主义的武装派别多年来不断对印度国内发起恐怖袭击(图 14.3)，一再搅乱印度正常的社会经济生活秩序，引起印巴两国政府不仅利用一切外交场合唇枪舌战，互相攻讦，而且双方在该地区都有重兵对峙，不时还陷入剑拔弩张的危机状态，严重影响了南亚地区的区域合作和贸易自由化进程。

图 14.3　2008 年 11 月 26 日孟买恐怖袭击

(2) 民族分裂主义既是产生许多地区问题的症结所在，也是威胁地区安全与稳定的主要根源。南亚几乎每一个国家都存在着民族(或种族、部族)问题，在过去的半个多世纪中，南亚国家内部的民族分立主义运动始终就没有间断过。即使在今天，活跃在印度东北部，并不时渗透入内地的阿萨姆人、那加人和米佐人的少数民族反政府武装组织，还在与印度政府不断较量。盘踞在巴基斯坦西北地区并不断扩大的巴基斯坦塔利班武装组织，以及其他伊斯兰极端教派组织也在巴基斯坦内境频频发起恐怖爆炸、袭击和人质绑架事件。为争取民族独立而与斯里兰卡政府交战数十年的泰米尔伊拉姆猛虎解放组织，虽然最终在 2009 年被斯里兰卡政府军所剿灭，结束了斯里兰卡经年持久的内战，但猛虎组织的流毒及其多年对斯里兰卡社会政治、经济发展带来的动荡、造成的危害影响并非一朝一夕可以消除。因此，南亚民族分裂主义在与各自所在国政府的武装斗争中，因民族、种族的跨界性和宗教文化因素作用，其产生的影响和危害不仅体现在本国，还波及整个南亚地区，对该地区的经贸、旅游、投资和商务环境带来不可估量的损害。

(3) 跨国移民问题。南亚地区的跨国移民大致上分为政治难民和经济移民两类。政治难民的迁移大都因政治和内战等原因引起。最典型的例子是 1947 年印巴分治造成的 1 000 多万人的民族大迁移。其次是 20 世纪 80 年代苏联军队入侵阿富汗后约 500 万阿富汗人逃往巴基斯坦。每一次迁徙不仅在迁移人民的心理上留下难以治愈的创伤，而且为以后的民族冲突埋下了仇恨的种子。以巴基斯坦政府军对巴基斯坦塔利班武装组织以及斯里兰卡政府军对泰米尔伊拉姆猛虎解放组织发起的军事打击来看，尽管政府军攻占了叛乱分子的根据地，取得了决定性的胜利，但战争引起的数百万难民无疑将引起族际、地区以及党派等一连串冲突，成为新的社会危机。

(4) 教派冲突。南亚地区的宗教之多以及民众宗教意识之强烈恐怕是绝无仅有的，但多数宗教尚能和睦相处。严重的是印度教和伊斯兰教这两个南亚次大陆最主要的宗教，由于意识形态的各异和生活习俗上的相悖，两者之间长期以来难以相容，积怨甚深。加之历史上的仇杀和纷争，两教派的矛盾已经成为印度社会的痼疾。作为南亚最大的国家，印度国内的教派冲突不仅是印度社会稳定和国家统一的一大威胁，而且也是影响印度与周边穆斯林国家建立睦邻友好关系的不利因素。

(5) 政局不稳。进入 21 世纪，南亚国家的政局并没有因冷战的结束或是全球化、区域经济一体化的快速推进而充分稳定下来。一些国家的政局依然还在动荡，反复无常。以尼泊尔为例，2008 年该国废除君主立宪制，成立了民主共和国，但联合政府中各党派的斗争异常激烈，总统、总理之间的矛盾也十分尖锐，致使尼泊尔政坛的未来前途仍充满变数。巴基斯坦自前总统穆沙拉夫 2008 年下台后，政局也扑朔迷离：①颇有人气的前总理贝・布托在回国参与大选的竞选中遭恐怖炸弹爆炸身亡；②巴基斯坦世俗政权不断和国内伊斯兰教极端教派组织、宗教机构发生冲突；③巴基斯坦政府军对国内塔利班武装组织的围剿还没有取得全面、彻底的胜利。斯里兰卡的情况同样没到令人全面乐观的时候。虽然僧伽罗政府宣称在与泰米尔猛虎组织的战斗中打死了叛军首领，收复了全部失地，结束了内战，但大量的难民，以及混杂在难民中的残留叛军，对该国的战后重建，都仍将是颇为棘手的问题和隐患。即使是世界上最大的民主国家印度，在 2009 年举行新一轮大选时也不断上演一幕幕惊险事件。早在大选前，巴基斯坦武装分子可能袭击印度大选的警报就已经拉响，大选中印度左派反政府武装“纳萨尔”组织又不断挑战政府以抵制大选，如封锁选举站、袭击军警、炸毁铁路、劫持火车人质等一系列层出不穷的恐怖极端事件，对印度政府的权威，对其竭力维护良好商务环境的形象带来伤害。

尽管如此，对南亚国家的认识仍需从总体上来把握。毕竟该地区优越的地理位置、丰富的资源、广阔的市场、巨大的经济发展潜力及其日趋开放的态势是不容忽视的。尤其进入 21 世纪，在经济全球化和区域经济一体化浪潮的冲击下，南亚国家正通过各种手段和努力，积极克服、解决因民族、文化、宗教、种姓纷争引发的军事对抗、政治冲突和经济纠葛，正努力开创有利于经贸、旅游、投资和商务发展的社会和谐局面。虽然任务艰巨，实施艰难，但南亚国家并没有气馁。从过去和现实的实践看，他们从来也没有放弃对市场开放、与国际接轨、融入全球化和实施自由贸易区等目标的追求，依旧在为创造南亚地区经济社会的繁荣而努力奋斗。正因如此，21世纪的南亚国家，也才一定会在国际社会的大力支持与帮助下，充分发挥自身的智慧和聪明才干，找到一条最适合自己发展的道路。在抚平因多年各种矛盾冲突对该地区带来创伤的基础上，最终营造出一个能够与其他发达地区相媲美、与自身经济发展水平相适应、符合南亚国家自身发展特点的、既有吸引力又有发展潜力的，集地区经贸、旅游、商务和市场投资为一体的有利环境。

中国与南亚国家山水相连，友好关系源远流长，历久弥新。自南亚国家摆脱西方殖民统治以来的数十年间，中国与南亚国家的关系在共同反帝、反殖、反霸，互利互惠、相互声援与支持的基础上得到不断的发展。双方高层往来频繁、政治、经贸、科技、人文等各领域的合作不断加强，在国际和地区事务中的协调与合作日益深化。尽管中国与南亚一些国家依旧在一些问题上存在矛盾、分歧甚至摩擦，但本着求大同存小异、互谅互让、相互理解、尽力协商沟通、化干戈为玉帛的原则，这些矛盾和分歧仍处在可管控的范围内。与之相应的是，中国与南亚国家则建立了不同类型的友好合作关系，与南盟组织的关系也日渐密切。“2012年，中国与南亚国家贸易总额达930亿美元。中国已成为南亚国家主要的贸易伙伴和外资来源国，南亚国家则成为中国重要的海外工程承包市场和投资目的地。”①

当前，中国和南亚国家都面临着维护国家稳定、促进经济发展、改善人民生活的历史使命，双方是和平发展的重要伙伴。中国古话有云“远亲不如近邻”，从此意义上讲，与南亚各国搞好关系，成为好邻居、好朋友、好伙伴，对于彼此妥善应对国际风云变幻和亚洲地区复杂挑战，营造和平稳定的周边环境有着重要而积极的意义。为此有理由相信，随着地域辽阔、资源丰富、发展潜力巨大的南亚国家在国际和亚洲事务中发挥出越来越重要的作用，随着中国坚定不移奉行“与邻为善、与邻为伴”的周边外交政策，一个人口加在一起占世界三分之一的中国和南亚，其友好关系的实现无疑会为亚洲地区乃至世界范围内的经贸合作、社会进步和区域一体化进程源源不断地释放出巨大的推动力。

思考题

1. 南亚各国市场开放的基本表现。
2. 影响南亚国家商务环境的主要因素有哪些？
3. 中国与南亚国家开展经贸合作的表现及重要性何在？

① 《光明日报》，2013年5月20日。

第15章

印　度

印度全称印度共和国(The Republic of India)，其名来自于信德(Sindh)河。古代印度人以梵文“信度”(Sindhu)一词表示河流，所以“印度”(India)意指河流及附近地区。印度古称婆罗多，中国史籍称之为“身毒”、“天竺”、“贤豆”、“印度”。

15.1　简　　史

印度是世界四大文明古国之一，它的历史可以追溯到 5 000 多年以前。大约在公元前 3500 年印度河流域(今巴基斯坦旁遮普邦、印度拉贾斯坦邦、南及孟买、东至恒河上游部分)逐步形成了印度河文明，以卡利班甘、莫亨焦·达罗、哈拉帕三处城市遗址为代表。大约公元前 2500 年前后，来自中亚的雅利安人进入印度，创造了影响深远的吠陀时代文化，并开始形成以人种和社会分工不同为基础的种姓(在梵文中称“瓦尔纳”，意为“颜色”)制度。这种制度是以婆罗门(祭司)、刹帝利(统治者和武士)、吠舍(商人和耕者)和首陀罗(劳动者和仆人) 4 个种姓为基础形成的社会等级分层，不属于四大种姓的人被视为种姓除籍者，是处于社会最底层的“不可接触者”，或称做“贱民”。1947 年印度独立后，颁布法律废除了种姓制度。

历史上，印度这块土地在公元前 6 世纪曾出现过十几个国家诸雄并立、征战不已的列国时代，其间遭受过马其顿亚历山大国王帝国军队的入侵。在列国动乱时代，先后产生了耆那教和佛教。公元前 324 年，出生于孔雀族的旃陀罗笈多经过征战，在马其顿军队撤走后建立了印度历史上有名的孔雀王朝。孔雀王朝在阿育王统治时期达到全盛，其版图几乎包括整个南亚次大陆。

孔雀王朝覆灭后，印度陷入政权不断更迭与重建的分裂、战乱时期，时间延续了近千年，历经巽伽王朝、贵霜王朝、笈多王朝和戒日王王朝等。在笈多王朝和戒日王王朝时期，中国东晋僧人法显和唐朝僧人玄奘曾在印度游学取经，而笈多王朝也是印度教兴起、佛教衰落的重要时期。

公元 7 世纪末，乘印度内部分裂割据、战争不断之际，阿拉伯人开始侵入印度，大批信奉伊斯兰教的阿拉伯商人进入信德地区，形成庞大的穆斯林群体，印度文化和阿拉伯文化之间的交流不断加强。公元 10 世纪之后，印度再遭异族凶猛的入侵，突厥人、阿拉伯人、阿富汗人、波斯人、蒙古人纷至沓来。其间从 1206—1526 年，在北印度以德里为中心更换过 5 个信奉伊斯兰教的政权，史称“德里苏丹国”。德里苏丹国末期，旁遮普一带产生了一个新的宗教——锡克教。

16 世纪初，信奉伊斯兰教，来自中亚并自称是蒙古英雄帖木儿(按父系)和成吉思汗(按母系)后代的巴伯尔率领强悍的突厥—阿富汗骑兵，击败了德里苏丹国，征服了北印度，建立了辉煌近两个世纪的莫卧儿帝国(“莫卧儿”源于波斯语的“蒙古”)。莫卧儿帝国是印度历史上最后一个王朝，在阿克巴统治时期达到鼎盛，其疆域囊括除了印度南端外的整个南亚次大陆。

从 15 世纪开始，到东方寻找宝藏和香料的西方探险家就不断踏上印度的土地，在其后的岁月里，葡萄牙人、西班牙人、荷兰人、英国人、法国人在这块土地上展开了激烈的殖民争夺。在激烈的争夺中，英国最终胜出。从 1600 年英国东印度公司建立后，英国就对印度开始了血腥的殖民征服。1757 年普拉西战役，东印度公司军队打败了莫卧儿帝国军队，1858 年英国把莫卧儿最后一个皇帝巴哈杜尔·沙流放到缅甸仰光，彻底终结了莫卧儿王朝，并最终吞并了整个印度。这一年，英国政府正式取代东印度公司直接统治印度，印度成为英国维多利亚女王“皇冠上最大的宝石”。

对于英国人的殖民侵略和统治，印度人民进行了不屈不挠、艰苦卓绝的反抗和斗争。1857 年印度士兵大起义和詹西女王起义；19 世纪中叶以来印度国民大会党、全印穆斯林联盟领导争取民族解放的民族主义运动；20 世纪 20 年代开始“圣雄”甘地领导的“非暴力不合作运动”，以及 1942 年要求英国人“退出印度”的运动，都使得英国在印度的殖民统治倍受打击、难以为继。第一次世界大战和第二次世界大战更进一步提升了印度人民争取民族解放、独立的信心和斗志，掀起了一波又一波对英“全印和平抵抗运动”的高潮，不断动摇着英国的殖民统治基础。

面对印度风起云涌的和平请愿、政治诉求、罢工、教派冲突、民族纷争、士兵起义事件和复杂社会局势，英国深感对印度再无力统治下去。1947 年，英国同意《蒙巴顿方案》(即《印度独立方案》)，将印度分为印度和巴基斯坦两个自治领域进行分治，至此对印度长达 100 多年来的殖民侵略和统治宣告结束。同年 8 月 15 日印度独立，1950 年 1 月 26 日印度共和国成立，并成为英联邦成员。

15.2 自 然 环 境

1. 位置与面积

印度位于印度次大陆，其西面是阿拉伯海，东南濒邻孟加拉湾；东部与孟加拉国和缅甸为邻，西面与巴基斯坦接壤；北面与中国、尼泊尔和不丹等国相连，南部隔保克海峡和马纳尔海湾与斯里兰卡、马尔代夫遥相对望，海岸线长 6 083 千米。国土总面积为 297.47

万平方千米。印度是连接亚、欧、非三大洲的交通枢纽，战略地位十分重要。

2. 地形与地貌

印度的地形由北部喜马拉雅高山区、中部平原区、南部半岛高原区和西部沙漠 4 个部分组成。分布于四大水系之间：北部喜马拉雅水系、南部高原水系、内陆河水系和沿海水系。印度的第一大河恒河也是南亚最大河流，全长 2 700 千米，发源于喜马拉雅山南麓的冈戈里冰川，向东横贯印度斯坦平原，经过北方邦、比哈尔邦、西孟加拉邦，在孟加拉国境内与布拉马普特拉河汇合后注入孟加拉湾。另外几条大河是布拉马普特拉河、戈达瓦里河、克里希南河、马哈纳底河、塔普提河。

印度次大陆有两块大平原：一是恒河平原，亦称“恒河—印度河平原”，是世界上最大的冲积平原之一，也是世界上人口最密集的地区，其面积大约为 76 万平方千米。这里气候炎热，最高温度可达 49℃，但土地肥沃、河道纵横、交通便利、经济发达，盛产水稻、黄麻、小麦、棉花等作物。另一平原是阿萨姆平原，位于印度东北角。这里东、西、北三面环山，布拉马普特拉河横贯其中，海拔 86 米，气候湿润、雨量充足，也是印度最富饶的地区之一。印度还有一块位于恒河平原西部的塔尔大沙漠，年降水量只有 110 毫米，是一片沙石荒漠。此外属于印度国土的还有 3 大群岛：安达曼群岛、尼科巴群岛和拉克沙德维普群岛。

3. 气候与降水

印度纬度低，加上北面高耸的喜马拉雅山挡住了冷空气，因此是世界上最热的国家之一。印度大部分地区属于热带季风气候，全年可分为四季：冷季(1—2 月)，天气干燥，凉爽宜人，北部平均气温为 15℃，南部平均气温 27℃；热季(3—5 月)气温急剧上升，天气干燥酷热，热风灼灼，大部分地区的气温达到 40℃，恒河流域中部气温经常是 45℃，德干高原的一些地方会连续几天气温在 49℃以上；雨季(6—9 月)，6 月中旬强劲的西南季风从海上登陆，雨水增多，一直持续到 10 月中旬，这时也是几条大河的洪泛时期，雨季是受印度人欢迎的季节，年景的好坏取决于雨水的多少；季风退缩季节(10—12 月)，当西南季风减退以后，南部沿海经常受孟加拉湾风暴的袭击，是多风暴的季节。

4. 自然资源禀赋

印度自然资源十分丰富，尤其是矿物资源、生物资源、水资源等储量大，种类多。

(1) 矿物资源。首先是非金属矿，主要有矾土矿、重晶石、白云石、莹石、石膏、石墨、高岭土、云母等。其次是金属矿，主要有铜、金、铁、铅、锌、锰、镍、钨、镁、钛、磷酸盐、钍、铀、氧化铝等。

(2) 生物资源。主要用于经济用途的植物资源有各种木材、竹、椰子、槟榔、胡椒、橡胶、腰果、咖啡、茶叶、紫胶、烟草、黄麻、油料作物、各类水果、各类蔬菜、各类调味料作物。其中，甘蔗、棉花、茄子是印度原产作物，后来传播到世界各地。印度动物资源的种类也比较丰富，有鱼类、两栖类、爬行类、鸟类、哺乳类等物种。

(3) 水利资源。印度雨量充沛，河流众多，500 千米以上的河流有 8 条，地下水也很丰富，年储水量 188 000 亿立方米，有效利用 6 900 亿立方米。江河水能发电的理论蕴藏量为 8 700 亿千瓦。

5. 人口及结构

印度是世界第二人口大国，2013 年总人口已经超过 12 亿。人口密度为每平方千米 358 人。1990—2003 年间年人口平均增长率为 1.7%，2003—2015 年估计为年均 1.2%。到 2003 年其人口的年龄结构为：0～15 岁的为 32.4%、15～64 岁的为 62.5%、65 岁以上的为 5.1%，印度属于较年轻的国家，其人口的粗死亡率为 8‰，粗出生率 24‰。平均寿命为 59 岁。

6. 首都和主要城市

首都新德里(New Delhi)，连同老德里总面积为 1 483 平方千米，总人口 1 675.3 万人(2011 年)。老德里建城已有 1 000 多年的历史，17 世纪莫卧儿王朝定都德里。1911 年新德里动工兴建，1929 年建成，1931 年英国殖民统治机构从加尔各答迁往新德里，1947 年印度独立后新德里成为首都。新德里是一个集传统与现代化为一体的城市，是印度政治、经济、文化、教育的中心。其他主要城市：孟买(Mumbai)，马哈拉施特拉邦首府，人口 1 400 万，印度商业、金融、工业和电影生产中心；加尔各答(Calcutta)，西孟加拉邦首府，人口 1 200 万，印度最大的商业城市，也是工业、文化、教育和科研中心；马德拉斯(Madras，现已改名为“金奈” Chennai)，泰米尔纳杜邦的首府，印度第四大工商业城市，也是印度最大的人工港口城市；班加罗尔(Bangalore)(图 15.1)，卡纳塔克邦首府，印度电子信息产业中心，有印度“硅谷”之称。

图 15.1 班加罗尔街头一景

7. 行政区划

印度独立以前有 16 个省和 500 多个土邦。独立后，印度对全国行政区划进行了全面调整，大体是：中央政府下设邦和中央直辖区，邦下设专区、县、发展区和行政村四级单位。中央直辖区下辖县、区和行政村三级单位。目前印度共有 28 个邦(其中印度将与中国有争议的阿克赛钦地区和与巴基斯坦有争议的克什米尔地区称为“查谟和克什米尔邦”，将中印边境东段非法的“麦克马洪线”以南属于中国的，但目前被印度非法占领的 9 万平方千米的地区称为“阿鲁纳恰尔邦”，这两个邦的合法性未得到国际社会的承认)和 7 个中央直辖区。

15.3 政治环境

1. 政治体制

印度政治体制为联邦制，立法机构为国会，国会由总统、人民院和联邦院组成，行政机构由总统、副总统和以总理为首的部长会议组成。

印度独立后，大部分时间是印度国大党执政，后来由于党内发生分裂，反对党曾在1977—1979年和1989—1991年有过两次短暂的执政。1996年后印度政局一直不稳定，1999年以印度人民党为首的全国民主联盟在大选中获胜，人民党领袖瓦吉帕伊出任总理。2004年国大党再次在第14届人民院的选举中获得胜利，结束了印度人民党的统治。国大党重新执政，由曼莫汉·辛格出任总理。2014年印度人民党在第16届人民院选举中获胜，纳兰德拉·莫迪出任总理。

1) 宪法

印度独立后的新宪法于1950年1月26日生效。宪法规定，印度是一个联邦制国家，是一个主权的、社会主义的、世俗的民主共和国，采取英国式的议会民主制。宪法规定：公民不分种族、性别、出身、宗教信仰和出生地点，在法律面前人人平等。总统为国家元首和武装部队统帅，由联邦议会和邦议会组成的“选举团”选出，每届任期5年。总统依照以总理为首的部长会议的建议行使权力。宪法赋予印度公民的基本权利有：①平等权，包括在法律面前平等的权利，禁止宗教、种族、种姓、性别、出生地的歧视，受雇机会平等；②反对剥削的权利，禁止任何形式的强迫劳动、童工和贩卖人口；③公民有信仰和传播宗教的自由；④任何地域的公民都有权保留他们的文化、语言或书稿，少数民族有权建立并管理他们选择的教育机构；⑤有权要求宪法完善以增强基本权利。

2) 议会

印度的议会由联邦院(上院)和人民院(下院)组成。联邦院不得超过250席，议员由各邦及中央直辖区立法院议员选举产生，联邦院不能解散，任期6年，每两年改选1/3，联邦院每年召开4次会议，宪法规定副总统为法定的联邦院议长；人民院不得超过552席，由选民直接选举产生，每5年举行一次大选。宪法规定，副总统为法定的联邦院议长。人民院为国家主要立法机构，其主要职能是制定法律和修改宪法，控制和调整联邦政府的收入和支出，对联邦政府提出不信任案，并有弹劾总统的权力。

2. 政府

政府的日常工作由总理领导的部长会议来完成。总理由总统任命，然后总统再根据总理的建议任命其他各部部长，部长会议集体对人民院负责。印度的政府事务在各部、局、秘书处和办公室办理，各部间的事务由总统根据总理建议进行分配。内阁是印度联邦行政机构的核心，下设各种委员会处理庞杂的政府事务。在政府事务中，内阁秘书处制定事务规则，并向各部局分配政府事务，内阁秘书起重要的协调作用。

3. 政治党派

目前印度的主要政党有印度国民大会党(简称“国大党”)、印度共产党、印度人民党、印度共产党(马克思主义)(简称“印共(马)”)和地方性政党等。

印度国民大会党在政治上奉行西方的议会民主制，外交上实行不结盟政策，推行世俗化的建国方略，目标是要把印度建设成为一个“有声有色的大国”。对内，国大党追求政治、经济、社会权利的平等和实现机会均等。

印度人民党有较强的印度教派主义色彩和浓厚的民族主义色彩，得到许多虔诚的高种姓印度教徒的支持。在后来的发展中，为争取更广泛的支持，其教派主义色彩逐渐淡化。

印度共产党是苏联帮助，在亚洲最早建立的共产主义政党。其斗争方略是通过合法的议会道路方式来夺取政权。1957 年曾在喀拉拉邦的议会选举中获胜，组成了印度历史上第一个共产党的地方政府。

印度共产党(马)从印度共产党中分裂出来，被外界称为“左派共产党”或者“印度共产党(左)”。该党政策和措施灵活务实，其纪律严明、队伍精干、发展迅速，在左翼政党中地位较高。

地方性政党主要有南印度泰米尔语地区的德拉维达进步联盟、安得拉邦的泰卢固之乡党和旁遮普地区的代表锡克教徒利益的阿卡利党、阿萨姆地区的阿萨姆人民联盟、印度教极端派组织湿婆军等。

4. 司法机构

印度的司法机构采取英国司法形式，与政府的行政和立法机构相对独立，其最高法院是司法最高权力机构，有权解释宪法，审理中央政府与各邦之间有争议的问题。印度各邦还设有高等法院，县设有县法院，最高法院法官由总统任命。

5. 对外关系

印度是“不结盟运动”的创始国之一，不结盟被称为印度外交政策的基石。但在实践中，不结盟通常是作为实现国家目标的手段和工具，而并不是目标本身。冷战后印度调整了倾向于苏联的大国平衡政策，实施大国外交战略，推行全方位的务实外交政策，创造有利于印度自身发展的国际环境和持久稳定的地区环境。1992 年印度提出成为联合国安理会常任理事国的要求，并积极与大国磋商为进入安理会努力。1998 年印度在坚持建立“最低有效核威慑”的理论下进行了核试验，其国家安全顾问委员会称：印度拥有核武器的根本目的是为了阻止任何国家和实体对印度及其部队使用核威胁、使用核武器，但承诺不首先使用核武器以及不对无核国家动用核武器。

印度在积极推进大国外交战略的同时继续改善与周边国家的关系。首先是继续推进与巴基斯坦的对话，改善两国关系；其次是加快步伐推进“东向战略”，承诺与东盟国家共同促进贸易、投资、旅游、文化、体育以及民间交流，要在 2016 年与东盟建成自由贸易区。与此同时，印度与美国、俄罗斯、德国和韩国的关系进一步加深，为印度发展创造了更加有利的国际环境和条件。

1950 年 4 月 1 日，印度与中国建交，两国关系一度十分亲密。1959 年西藏叛乱以后，中印关系开始恶化。1962 年 10 月，因边界问题引发的中印边境大规模武装冲突，断绝了两国的外交关系，直至 1976 年双方互派大使后才得以恢复。然而 1998 年，印度以“中国威胁”为借口进行了五次核试验，把矛头指向中国，使重新正常化的中印关系严重受挫。

尽管如此，中印关系仍如中国前总理温家宝所言：在中印 2 000 多年的交往中，99.9% 是友好合作的历史。由于国际政治气候的影响，它们过去也许无法避免一时之间的反目，但地理上的接近、悠久的东方文明、各自生存和发展目标以及现代政治家的智慧，都不可能使这两个大国成为永远不共戴天的敌人。

进入 21 世纪，随着印度总统纳拉亚南、总理瓦杰帕伊、国防部长费尔南德斯和中国人大时任委员长李鹏、时任总理朱镕基的相互访问，中印关系再次进入了一个新的发展时期，其高潮体现在 2003 年 6 月印度总理瓦杰帕伊访华时，双方签署了《中华人民共和国和印度共和国关系原则和全面合作的宣言》的纲领性文件，确立了中印关系的目标和指导原则，全面规划了两国在各个领域的合作，建立了“中印面向和平与繁荣的战略合作伙伴关系”。

目前，虽然中印还没有最终解决边界争端，但双方并没有因这一问题的存在就忽视、放弃对彼此关系的正视、发展和维护。诚如 2013 年 5 月中国总理李克强首次出访印度时所言：“近年来经过共同努力，双方逐步找到了维护边界争议地区和平安宁的办法，理性而成熟的心态正在形成。我们都认为，中印共同利益远大于双方分歧，两国应增强互信而不是彼此猜忌。”也诚如印度总统在会见李克强总理时所言：“当前的中印关系已远远超出双边范畴，对地区乃至全球的和平、稳定、发展有重要影响。印方愿与中方一道，精心呵护两国关系来之不易的局面，将印中战略合作伙伴关系提升到新的高度。”①

15.4　经 济 环 境

1. 经济发展概述

1948 年，独立后的印度颁布了发展工业化的“工业政策决议”，确立了公营和私营多元经济成分并存的混合经济体制。即国家资本主义的国营经济；私人垄断资本的大财团经济；中小型私人工商企业和乡村手工业经济；外国私人资本在印度的公司企业经济；农业资本主义农场主经济；农村封建和半封建地主经济等 6 种经济成分。1950 年印度成立“国家计划委员会”，从 1951 年起开始实施社会经济发展的第一个五年计划。

从 1951—1990 年期间，印度在混合经济体制下历经七个五年计划，经济取得较大成效。“三五”计划结束时，印度形成了完整的工业体系，重工业和基础工业得到充分重视；“四五”和“五五”计划期间，印度通过推行“绿色革命”运动，基本实现了粮食自给；“六五”计划，印度年均经济增长率达到了 5.5%，打破了过去 30 年年均增长率 3.5%的所谓“印度教徒增长率”的记录；到“七五”计划时，印度的年均经济增长率已达到了 5.6%，农业和工业的年均增长率分别达到 3.0%和 8.1%。②但是这种体制也存在严重的问题：①经济增长缓慢，从独立到 1991 年时人均 GDP 才达到 310 美元；②过分强调公营经济的主要地位，国家干预过多阻碍了市场作用的发挥；③过分强调重工业的发展忽视了农业和民生工业的发展，导致产业结构不协调；④片面强调自力更生和替代进口，对国内产业保护过多造成低效益。

1991 年，严重的外汇危机促使印度开始新一轮的经济改革。当年 6 月份上台的拉奥政府彻底抛弃了尼赫鲁时期的混合经济发展模式，实施经济改革，大力推进印度的自由化、

① 《光明日报》，2013 年 5 月 21—22 日。

② 赵伯乐编著，《南亚概论》，云南大学出版社 2007 年 10 月版，第 35～37 页。

市场化、全球化和现代化。第一个阶段(1991—1998 年)主要是促进经济私有化，转变经济体制；促进市场化，向以市场调节为主体的管理机制转变；促进印度经济融入世界经济，向全球化转变。第二个阶段(1999 年以来)进一步促进市场化发展，加强基础设施建设和改造；加大农业改革的力度，促进农产品流通和期货贸易；进一步开放市场，调低关税、提高外资在股票市场上的投资比例；放松外汇管制；此外还通过对企业降息，减少保护，促进印度企业的竞争力提高。通过两个阶段的改革，印度经济增长率明显提高，从 20 世纪 90 年代以来 GDP 年均增长率达到 7%以上。2003—2004 年 GDP 增长达 8.2%，经济总量超过 9 000 亿美元；人均国民收入 570 美元；进出口贸易总额达 1 530 亿美元。2008—2009 年 GDP 为 1.23 万亿美元，人均 1 066 美元。印度已经成为亚洲第三大经济体，外界称印度今后有可能成为仅次于美国、中国、日本之后的世界第四大经济体。

目前，印度在一些生产指标上也名列世界前列。稻米产量居世界第二，小麦产量居世界第二，牛奶产量居世界第一，大牲畜存栏量居世界第一，铁路通车里程居世界第二，公路里程居世界第三，钢产量居世界第十，发电量世界第八，软件产业位于美国之后，居世界第二。①

2. 经济结构

20 世纪 90 年代以来印度已经成为世界经济增长最快的国家之一。其经济增长的加快主要是得益于经济改革和开放政策，以及调整结构迅速融入世界经济。在过去的 20 年间印度经济增长的主要动力和源泉主要来自于服务业的发展。从 1992 年到 2002 年的 10 年间服务业的增长一直高于工业和农业，这表明印度经济增长方式已经发生了转变。1950—2002 年间印度的经济结构发生了巨大变化：农业在 GDP 中的比重从 57.4%下降到 18%；工业由 14.7%上升到 28%；服务业则从 27.9%增长到 55%。在截至 2013 年为止的过去五年中，印度软件和信息技术带动的服务年均增长率超过了 30%，②这种以服务业为主体的增长方式改变了印度对自身潜力的看法。印度金融服务自由化政策、金融基础设施完善、电信部门对外开放，具有大规模适应于国际服务的人力资源以及国际服务贸易数量和质量不断提高，是服务业增长加快的原因。例如，2002 年印度信息技术和业务处理服务出口就达 96 亿美元(同年中国的出口仅有 6 亿美元)，目前印度是仅次于美国的世界最大的软件出口国和国外业务处理最大的承包商。

印度凭借人才优势，通过为发达国家提供服务取得了不小的成就。信息技术产业对印度 GDP 的贡献度为 6%。在全球排名前 1 000 的公司中，有 266 家与印度有软件开发业务，有 6 家印度软件公司在美国证券交易所上市，有 2 家在伦敦证券交易所上市。印度软件产业有 5 400 多家企业，直接从业人员达 10 多万人。

3. 经济基础设施

印度的经济基础设施建设在亚洲国家中发展较早，早期来看，其设施比较完备，尤其是交通运输的系统化、网络化对其经济社会发展发挥了巨大作用。在交通运输方面，其铁

① 赵伯乐编著，《南亚概论》，云南大学出版社 2007 年 10 月版，第 41 页。

② 《光明日报》，2013 年 6 月 22 日。

路总里程为 62 759 千米(包括宽轨、米轨和窄轨 3 种轨距)，其中 24%实现了电气化，其铁路总长居亚洲第一。铁路运输是印度最大的国营部门，年货运总量达 4.5 亿吨以上，年运送旅客 45 亿多人次。公路总长 332 万千米，世界排名第三，但是公路质量较低，公路运输承担全国客运的 80%和货运量的 60%，全国注册汽车 4 500 多万辆(图 15.2)。在水运和港口方面，全国共有 53 家海运公司，其中 30%承运远洋运输业务。全国有港口 240 多个，海港 150 个，大型港口 12 个，港口年储运能力 4 亿多吨。目前，孟买是全国最大的港口，海运的 1/5 和集装箱运输的 1/2 经过这里(图 15.3)。其他重要的大型港口有加尔各答、金奈(马德拉斯)、科钦和果阿。在航空运输方面，印度目前有国内机场 88 个、国际机场 5 个，军民两用机场 28 个，年货运量 120 万吨，客运 6 000 万人次。

图 15.2 印度公共汽车

图 15.3 孟买港口

在电信方面，发展比较迅速，2000 年人均拥有电话仅 25‰，到 2003 年就达 46‰，大城市达到 136‰，移动电话为 25‰，印度是拥有世界最大规模的电话网络的国家之一。在电力方面，由于投资不足，到2003年人均消费电力为380千瓦/小时，年发电约5 300亿度，其中水力发电占71%，火力发电24%，核电和风力发电4%。

进入21世纪以来，印度经济增长迅速，但经济基础设施落后的问题已经成为其经济增长的瓶颈。与中国相比，2002年中国投入经济基础设施的金额达2 600亿美元，相当于GDP的20%，同期印度的投资仅有310亿美元，占GDP的6%。如果印度保持7%的经济增长率，基础设施投资至少要保证占GDP的9%。印度计划委员会制定的《十五计划(2002—2007年)》要求经济增长要达到8%，这表明经济基础设施投资的压力在短期内难以消除。

此外，印度的科技研发投入长期以来始终低于GDP的0.8%，基础科学领域的力量不足已是世人皆知。根据近几年的全球科技竞争力排名分析，印度的科技水平基本上属于发展中国家的科技先进国家，因此有人称之为“科技发展中国家”。尽管印度拟在2017年将科研投入占GDP的比例提高到2%，但要实现“创新十年”雄心勃勃的科技腾飞计划，仍有诸多障碍需要克服，仍需出台更多的有力措施。

4. 投资与贸易

1) 投资

经济的增长与持续的增量投资是分不开的，持续的资本投入不仅能刺激短期的消费，对长期的经济增长也具有增强作用。最近几年印度资本投入比率大致为23%～25%。据印度官方的统计，在1997—2003年家庭的储蓄率从17%增加到22.6%，公共部门的储蓄有所下降，总储蓄率为24%。如果按印度计划委员会2002—2007年经济增长率8%的要求，用资本增量产出率来估算，印度的投资率应在32%才能保证经济增长8%，这样来看印度存在8%的投资缺口，解决的办法是提高国内国民的收入水平，增加储蓄率，另一方面是利用国际资本和向其他国家借贷。从印度对外债务的情况来看，到2002年外债总额已经突破1 000亿美元，约占GDP的20.2%。这表明印度正在通过鼓励外国资本进行直接投资和组合式投资弥补投资缺口。在新政府的预算中放宽了外国资本在电信、保险、民航等领域的投资限制，外资可以在这些领域占有大部分的股份，这将有利于公共部门的收益提高。近年来，印度也开始重视海外印裔的投资，使印度人更积极地参与到世界的资本市场中。

2) 对外贸易

自20世纪90年代印度实行经济改革以来，逐渐好转的经济形势促进了对外贸易的持续增长。2004年政府公布了《五年国家对外贸易政策》方案，提出了一系列新的政策，包括免除农业生产资料的进口关税，促进农产品出口；免除水果、蔬菜、鲜花等农产品的出口税；免除手工艺品、皮革、珠宝加工行业的出口税；免除所有出口货物和出口劳务的服务税；免除所有出口导向型公司和企业的服务税；对交易额达到5 000万卢比的进口商免除银行保证金；对出口业绩增长在20%、25%、100%的外贸企业，将分别给予5%、10%、15%的关税减免优惠；被政府评为星级的优质出口企业还可以享受快速通关，免收保证金等优惠政策。其目标是到2009年印度在全球贸易中所占的比重要从1%提高到1.5%，也就是货物贸易进出口额要达到1 500亿美元，服务业进出口额达到1 500亿美元。印度政府鼓励出口的政策将对其经济增长起到促进作用。

然而印度作为WTO的创始国成员，在对外贸易上仍比较保守，外贸依存度较低，使印度在进出口方面面临世界贸易波动的影响程度较低。2006年出口总值1 202.54亿美元，进口 1 748.45 亿美元。2013 年 1—4 月，印度累计进出口 2 767.41 亿美元，同比增长 3.87%。其中，累计出口 1 068.60 亿美元，增长 3.57%；累计进口 1 698.81 亿美元，增长 4.06%；累计贸易赤字 630.21 亿美元，同比上涨 4.90%。

从商品结构看，印度主要出口商品包括石油原油及制品、珠宝、交通设备、机械和仪器、药品和精细化学品、金属制品、成衣棉、电子产品、棉纱、无机/有机/农业化学品等；主要进口商品包括石油、原油及制品、黄金、电子产品、非电子类机械、珠宝、煤及焦煤、有机化学品、金属矿砂及产品、交通设备、食用植物油等。

在 2006—2012 的 6 年间，印度的贸易伙伴发生了结构性变化。传统贸易伙伴如欧盟、北美等在印度外贸的总体份额中持续下降，而印度与拉美、非洲和亚洲国家的贸易份额不断上升。具体表现为：与欧盟之间的贸易份额下降了 4.2 个百分点，为 17.9%；与北美之间的贸易份额下降了 2 个百分点，为 9.2%。与此同时，与非洲之间贸易份额上升了 2.2 个百分点，达 16.5%，与拉美贸易份额上升 2.2 个百分点，达 5.1%，与亚洲国家贸易份额上升 2.7 个百分点，达 56.4%。[①]

2012 年，印度排名前十位的贸易伙伴是：阿联酋、中国大陆、美国、沙特、瑞士、德国、伊拉克、新加坡、中国香港和印尼。

3) 对华经贸合作

印度是中国在南亚的最大贸易伙伴，中国也是印度最大的贸易伙伴，双方都拥有极具潜力的巨大市场，并且各具特色。进入 21 世纪以来，印度与中国的双边贸易发展迅速，已从 2000 年的 29 亿美元(比 1999 年增长了 46.6%)增长到 2011 年的 739 亿美元。在中印贸易中，中国长期对印度贸易处于顺差地位。据中国海关统计，中国对印度出口的商品以工业制成品为主，体现为：煤、焦炭、纱线及制成品、机电产品、电子产品、家电等；而从印度进口的商品以劳动密集型和资源密集型产品为主，体现为：铁矿砂及精矿、钢材、铬矿砂及精矿、氧化铝、锰矿及精矿、聚乙烯、聚丙烯、机电产品等。2013 年，《中华人民共和国和印度共和国联合声明》宣布：“两国同意在努力实现 2015 年双边贸易额达到 1 000 亿美元目标的同时，采取措施应对贸易不平衡问题，包括开展药品监管(含注册)合作，加强中方企业和印信息产业的关系，完成农产品植物检疫磋商，印方欢迎中国企业赴印投资，参与印度基础设施建设，进一步加强两国企业间的工程承包合作。”“双方愿在产业园区建设领域开展合作，为中印企业提供集群式发展平台。”

据中国商务部统计，2004 年中国在印度完成的承包工程营业额 2.4 亿美元；新签合同 4.3 亿美元；完成劳务合作营业额 103 万美元，新签合同 5 万美元；完成设计咨询营业额 633 万美元，新签合同 7 822 万美元。同年印度在中国投资项目 37 个，合同金额 6 290 万美元，实际使用 1 948 万美元。中国在印度累计投资非金融类中资企业 17 家，中方协议投资金额 2 283 万美元。

李克强总理 2013 年 5 月 21 日在印度世界事务委员会所做的“把握中印战略合作新机遇”演讲，充分体现了两国未来的广阔投资前景。他称：“中印两国的市场同为极具潜力的市场，总人口超过 25 亿人，如果每人换一部手机，全球 IT 制造商的订单就会爆满。两国产业的互补性也很强，印度在信息软件、生物制药等方面具有优势，中国在机电轻纺、新

① 中国商务部网站 http://in.mofcom.gov.cn/article/ddgk/zwjingji/201304/20130400106936.shtml。

兴产业等领域发展较快；印度正在推进基础设施建设，中国在这方面经验丰富。中印两大市场的对接可以产生‘1+1＞2’的叠加效应，既有利于两国经济持续发展，也能为全球经济注入新的动力。”

5. 金融货币与银行

印度金融系统可分为 4 个组成部分：①印度储备银行(RBI)，也就是印度的中央银行，它的主要职能包括发行货币，直接监管银行系统，充当政府的财务顾问，是中央与各邦政府和商业银行以及金融机构的银行，管理中央与各邦政府的卢比公债和国家外汇储备；②商业银行，分表列和非表列两种。列入印度储备银行掌握的银行表的，称表列银行，反之为非表列银行。表列银行享有自由汇款、票据贴现、买卖股票等便利。国家银行及其辅助银行是最大的商业银行；③专门从事金融和国际贸易的汇兑银行、外国银行。它们主要是为外贸筹措资金，为工商业和农业提供各类短、中、长期贷款；④土地开发银行和农村信用合作社。它们主要从事农村的中短期贷款。另外还有由钱币汇兑商、高利贷者、商人等开设的“钱庄”、“票号”等构成的传统本土银行。

印度的金融中心和货币市场主要在孟买、加尔各答、德里、钦奈(马德拉斯)、班加罗尔和阿默达巴德等地。印度有健全的金融货币管理法规和管理体系，其货币市场、资本市场的营运和管理在发展中国家中最为成熟。印度货币市场有 5 个主要构成部分，即通知放款市场、国库券市场、商业票据市场、存单市场和商业证券市场。目前印度全国有 23 个股票市场，上市的公司达 9 000 多家，仅 2003 年某一天的市值就达 2 100 多亿美元，日交易额约 50 亿美元。从这个侧面可以看出，印度虽然引进外资不多，但运营国内资本的效率较高，对经济增长起到的促进作用较大。

印度中央银行发行的货币为印度卢比(Indian Rupee)，纸币有 5、10、20、50、100、500、1 000 卢比的票面；辅币硬币有 10、20、25、50 派萨和 1、2、5 卢比。2008 年汇率大约为 1 美元兑换 40～50 卢比。

15.5 社 会 环 境

1. 基本情况

印度社会由于宗教历史文化等因素长期积淀，形成了复杂的社会形态，其中最显著的莫过于种姓制度带来的影响，可以说，从政治制度、经济、文学艺术、宗教哲学、伦理道德层面，直至人们的衣食住行、婚丧嫁娶行为，无不受种姓制度影响。在印度，种姓制度在很大程度上决定了一个人的职务、地位、上升机会和障碍。在农村，种姓差别甚至还决定了家庭和社会生活的模式、居住和文化的类型。

种姓制度把印度人分成高低贵贱不同的社会集团，或者说种姓集团，在此基础上，每个人的命运生来因种姓而定，代代相传，不易更改。这样一来，高种姓人用不着努力则会得到好的职业，从事好的工作，享受优厚的待遇；而低级种姓的人只能吃苦受累，逆来顺受，自认命中注定，不可改变。在种姓制度下，印度产生了许多独特的社会现象，如血缘的规定、婚姻的规定、等级的规定、职业的规定、地域的规定和隔离的规定等。这些规定

“决定了一个印度教徒应在哪里出生，应举行怎样的出生仪式，应在哪里居住和居住怎样的房子，吃什么样的食物和怎样吃，穿什么衣服和怎样穿，从事什么职业和怎样从事，应得到怎样的报酬和多少报酬，同什么样的人交往和怎样交往，同什么样的人结婚和怎样结婚，享有怎样的社会地位和权利以及负有怎样的义务和责任，应在哪里死去和怎样死去，在哪里埋葬和怎样埋葬，甚至死后该如何对待他，等等。这种规定几乎具有神圣的力量，要改变它几近不可能。”①

总之，印度种姓制对印度社会的现实生活、宗教文化发展，以及政治经济进步的影响是大而深远的。尽管印度独立后政府已在宪法中明令废除了种姓制，但作为一种影响印度历史、宗教文化和社会生活发展数千年的制度，“它既是一种宗教信仰，又是一种社会组织，同时也是一种生活方式，废除种姓制等于废除了印度教文化，这实际上是很难办到的。”②

2. 家庭与社会组织形式

印度的家庭形式是多种多样的，社会的进步与发展使核心家庭(夫妻与未婚子女为核心的家庭)的数量增多，但是在印度“非核心家庭”的形式仍然比较普遍(图 15.4)。

(1) 一夫一妻制家庭。1955 年印度教婚姻法规定实行一夫一妻制，这种婚制较为普遍，有利于家庭和睦，减少纠纷，使家庭稳定。

(2) 一夫多妻制家庭。这种婚制早在古印度吠陀时代即有，流传至今。印度经典认为，如果一个女子不能生儿子，男子可再娶，只有有了儿子，死后灵魂才能解脱。在印度传统中一个男人有一个以上的妻子，不仅是富有的表现，也是地位与威望的象征。大多有钱人家采取这种婚制，他们把拥有妻子的多少，看作荣誉和体面的象征，在那伽人、白伽人、道达人以及中印度的一些少数民族中非常流行。

一夫多妻的后果形成了多妻多子，经济负担加重，生活水平下降，文化落后，彼此矛盾重重，所以政府通过法律给予限制，目前情况有所改变。

(3) 一妻多夫制。一个女子同时和几个男子结为夫妻的婚姻形式。有两种情况：几个丈夫可能是同胞兄弟，也可不是。这种婚俗在北方邦的卡斯人、拉其普特人、中央邦的考萨人，喜马偕尔邦的一些部族，旁遮普邦的一些山区、拉贾斯坦邦、南印度喀拉拉邦的纳耶尔人，以及克什米尔地区中均有存在。一个女子若同一个男子结婚，那么这位女子也就成了所有兄弟的妻子，甚至未出世的弟弟将来也有份。妻子虽归兄弟们共有，但长子享有特权。

图 15.4　印度婚礼

(4) 大家庭制度。即一个家庭中几代人和若干对夫妻在一起生活，几十个

① 尚会鹏编著，《种姓与印度教社会》，北京大学出版社 2001 年 5 月版，第 2 页。
② 尚会鹏编著，《种姓与印度教社会》，北京大学出版社 2001 年 5 月版，第 287 页。

人在一口锅里吃饭。大家庭中平均有 5 对夫妻，多的达到 10 对夫妻，几十口人在一起生活。

(5) 原始婚姻家庭，主要在印度东北部和边远山区还存在母系社会、父系社会、氏族社会的家庭婚姻形式。

在印度教家庭中，个人的成长一直与亲属集团保持密切关系。家庭强调孩子对其他家庭成员的依赖和对权威的服从，不强调孩子的独立与个性，家庭对孩子主要进行义务和责任教育，而不是权利和自由的教育，强调群体胜于个人，不存在欧美国家的个人主义。印度教的传统中教育孩子服从神明、服从父母、服从圣哲。印度教认为人生担负着各种责任和义务，没有什么权利和自由。人生的责任和义务可以归结为一个“债”字，人活着就要还债：①神债，神创造了一切，人生存所依赖的水、空气、食物等自然物质皆来自神的恩惠，还神债就是要敬神、祭神；②祖宗债，父母生育了自己的身体，对自己有养育之恩，必须偿还父母的债务，还债的方式就是结婚生子，主要是男性后代，因为只有男人才有能力还债；③圣哲债，尊师、圣哲、学者、仙人是与神最接近的人，他们拥有智慧，他们向人教授知识，使人获得第二次出生(精神上的出生)，因此还债的方式是向他们学习和授业，热情招待他们，虔诚地服务他们；④人债，任何来访的人都像父母和神明一样有恩于自己，都值得尊敬，招待他们，通过款待不认识的人也是偿还人债的一种方式；⑤生灵债，一切有生命的东西都有恩于自己，人类离开了植物、动物就无法生活，为了感谢它们，要喂养它们，不能伤害它们，此外还要向鬼魂、残疾人、不可接触者施舍食物。由于具有深厚宗教影响，印度人的家庭、社会生活和个人行为无不受宗教的约束。因此，了解印度宗教对了解印度社会是很有帮助的。

3. 社会保障

印度宪法规定国家负有保障全体国民在失业、残障、疾患、年老和死亡等情形下其基本生存的根本责任，国家承担着发展适当的保障体系的根本责任。其社会保障体系主要包括社会救济、公共分配系统、社会保险、社会福利、社会优抚、对农业工人的保障措施等。

(1) 印度的公共分配系统是社会保障体系的重要组成部分，它是在政府监督和指导下，由国家给予财政补贴，专门向低收入居民提供基本生活保障的零售商业系统，即平价商店(图 15.5)。印度现有 45 万多个平价商店，遍布全国各地城乡，包括边远地区、山区和少数民族地区。按照规定，当局向低收入居民发放购物卡，这些居民持卡可到平价商店购物。目前平价商店主要供应小麦、大米、白糖、食用油、布匹、煤炭和煤油 7 种生活必需品，有的还供应茶叶、肥皂、火柴、食盐、豆类等重要生活品。为了保证这一系统的正常运转，印度政府每年拨出巨款进行补贴，仅粮食补贴一项，中央政府的

图 15.5　印度平价商店

支出已从 1991—1992 年度的 285 亿卢比增加为 1997—1998 年度的 750 亿卢比，1998 —1999 年度达 900 亿卢比。[①]为了对公共分配系统进行监督，还专门成立了消费监督委员会。

印度的公共分配系统在实现社会公正方面起到了一定积极作用，深受低收入平民百姓的欢迎。它既有利于低收入的消费者，也有利于生产者，因为通过该系统，一方面使低收入消费者获得平价商品，另一方面使生产者获得政府的支持价格和稳定的国家市场。

(2) 印度的社会保险措施目前主要包括疾病与生育保险、工伤保险、养老保险和失业保险。其受益者主要是工厂工人(20 人以上的企业)和国家雇员，即有组织部门中的就业者(不包括非组织部门的就业者，指不足 20 人的微小企业的工人、农业工人和自我就业者)。社会保险对加入养老保险的投保人有相应的月收入标准；对受保人在患病或生育期间可享受经济补偿与物质保障；对因生产事故而受伤的工人给予经济补偿或赔偿，为死亡工人的亲属提供抚恤金；对受保人提供死亡丧葬费；雇主在解雇劳工时应向雇工支付解雇费。共有 11 个邦制定了临时失业救济办法，由政府提供资金。

对非组织部门劳工的社会保障，虽然迄今尚未颁布任何正式的相关法律条款，但从已出台的多项讨论法案看，其基本思路是：通过建立福利理事会或基金的方式，以社会保障计划的形式向劳工提供卫生医疗、人寿保险和养老保障。资金来源于工人和雇主的缴费以及政府的拨款。以此手段建立一个“国家最低社会保障体系”，包括劳动者及其家庭的最低健康保障、生育保障、生存保障、退休保障和就业保障。

独立以来，印度先后颁布了 100 多个劳动保护方面的法规，涉及工资待遇、工作时间、劳动环境及人格保障等诸多方面，构成社会保险的重要组成部分。

(3) 印度的社会福利大致可以划分为几大类，如表列种姓和表列部族福利、落后阶层福利、残疾人福利、妇女儿童福利等。覆盖较广的全国性的福利和救助项目主要有公共分配系统、表列部族福利、营养工程、住房计划、培训工程以及就业保证计划等。但印度的社会福利构建的是一种“低水平、广覆盖”的保障体系，在社会福利资金主要由政府承担的情况下，拮据的财政影响着政府对社会保障的投入。但本着“低水平、广覆盖”的原则，有选择地重点投入，重在救急，因而也发挥了一定的作用。

(4) 印度的农业工人大部分由经济和社会落后阶层所组成，是印度社会的弱势群体。鉴于印度的社会保险措施并不包括这部分最困难的人群，印度政府采取了一些专门针对农业工人的保障性措施，主要内容如下：①废除农业奴隶，《印度宪法》明文废除了长期存在于印度农村的农业奴隶和强迫劳动的制度，宣布如实行农奴制则为犯法；②最低工资法，1948 年中央通过最低工资，并要求各邦政府在 3 年内规定出农业工人的最低工资；③其他法定措施主要有废除柴明达尔制，在各邦通过和实施以保护佃农和劳动者利益的《租佃法》，许多邦通过了规定土地占有最高限额的法令，剩余的土地将依该法分配给无地劳动者；④鼓励在农村建立农业合作社组织，由该组织在农闲季节向农业工人提供就业机会。此外，印度政府的经济政策中通常已包括有改善农业工人的政策及措施。

总的来看，对农业工人的保障措施为保护这一社会贫弱阶层提供了法律和政策基础，其积极意义是不容抹煞的，但存在的主要问题是这些保障措施的实际执行情况相当差。

印度宪法宣称，印度是一个福利国家，国家有责任保证国民基本健康，所有国民免费

① 印度政府《1998—1999 年度经济调查》，第 67～68 页。

享受基本卫生与医疗服务。60多年来印度政府一直努力的目标是在全国范围内建立起一个覆盖全体国民的防疫和基本卫生医疗服务体系。印度推行全民免费医疗制度，尤其对穷人实行免费医疗(穷人占印度总人口的29%)，包括挂号、检查、住院、治疗和住院的伙食费等。据印度的统计，目前印度有12 000所医院，其中私人医院1 300多所、22 000多个初级诊疗中心、2 000多个社区医疗中心和27 000个诊疗所、平均每万人有3名医生。印度的医疗保健系统虽然总体水平不高，但是有几个特点还是值得关注的。

(1) 穷人、农民看病是免费的，农村的医疗网络比较健全。1996年开始政府推行社区医疗规划，即每10万农村居民配备一个社区卫生中心，每个中心有30张病床和4名医生。并且配备化验室和基本的诊疗检查设备。

(2) 医疗资源配置相对公平，政府不光注意城市的医疗保健，而且每年都将一定资源拨给农村建设公共健康事业。

(3) 医疗卫生体制不走商业化，不按市场化运作。印度政府一方面扶持政府医院稳定运转，另一方面鼓励私立医院的健康发展，使富人和穷人患者各有所依，各得其所。

(4) 印度还实行低药价，印度药业联合会拿出相当于药品总销售额0.5%的药品，免费提供给生活在贫困线下的家庭。从2007年1月开始每个行政区建立一个药库，主要是向生活在贫困线下的家庭免费提供药品。

4. 教育和科研

自古以来印度就有着很好的教育传统，并在继承中发展到了极高的水平。它在教育方面所取得的成功为印度的科技进步、经济发展、文化提高奠定了坚实的基础。

印度的现代教育是英国殖民者到来之后开始的。1854年英国政府官员伍德提出了应重视印度教育的建议，即《伍德文告》，英国政府第一次发布了在印度的教育政策，确立了从初级教育到大学教育的现代教育制度。目前印度实行“10+2+3”教育学制，即中、小学10年教育(包括5年小学、3年初中和2年高中或职业教育)、2年预科教育(又称高级高中教育)和3年大学本科教育。

截至2004年3月，印度总共有小学710 471所，初中262 649所，高中46 796所，大众教育学院9 427所，职业教育机构1 068所，还有389所高等教育机构，包括大学和国家级研究机构。①

1857年按照伦敦大学的模式在加尔各答建立了印度第一所大学——加尔各答大学，到1947年独立时，印度的大学已经有20所，各类学院有626所，入学人数达20万人。

1950年印度宪法对教育性质、原则、目标以及指导国家教育发展的政策都做了规定，确定了教育是国家发展的保证。根据宪法精神，印度政府始终在中等和高等教育领域实行保留制度。在学生入学名额上，基本上按照弱势群体在人口总数中所占比例，在各层次各类教育中予以同等比例的保留。采取降低分数等方法保证弱势群体学生能公平接受教育的权利。1986年，政府制定了著名的《国家教育政策》。这一政策实施后，印度教育取得了令人瞩目的成绩。大学从独立初期的20所增加到355所，各种学院达到18 054所。大学的增加致使大学生数量也在增加，超过5万人的大学就有20多所。此外几所“超级大学”

① 王晓丹编著，《印度社会观察》，世界知识出版社2007年10月版，第34页。

如拉贾斯坦大学、孟买大学、马德拉斯大学的学生人数均超过10万人，其中学生人数最多的加尔各答大学有6所大学学院和223个附属学院，人数通常在15万左右，最高的时候接近20万人。

2006年，印度高校学生达到1 100万人，教师为50万人，师生比为1∶22。除正规大学外还有各类职业技术学院，成人教育等非正规教育。此外，一些科研院所在进行科学研究的同时也培养学生，并授予其学位，这类机构大约有30个，为国家教育拨款委员会所认可。截至2007年，印度全国共计有17 625所学院，其中有5 386家机构获得了大学拨款委员会的认证。其中，7所理工学院，6所工商管理学院跻身世界先进行列，享有国际声誉。

5. 新闻出版与传媒

印度的新闻出版业大多数属私人所有，全国有96种文字的报刊33 612种，总发行6 760多万份，其中印地文和英文的报刊分别占37%和16%。主要的报刊是《印度时报》、《马拉雅拉娱乐报》、《古吉拉特新闻》、《旁遮普之狮报》、《今天日报》、《印度斯坦报》等；主要英文报纸有《印度斯坦时报》、《政治家报》、《印度教徒报》、《印度快报》、《金融快报》等。

印度主要的新闻机构和通讯社如下：①新闻发布署，相当于政府中央通讯社，拥有1 100多名国内记者和180多名国外特派记者，电传网覆盖全国，向8 000多家新闻单位发稿，该机构有8个地区总分社和27个分社；②印度报业托拉斯，是印度最大通讯社，属半官方性质，成立于1947年，后兼并印度联合通讯社和路透社印度分社后，于1949年开业，现在有136个国内分社和11个海外分社；③印度联合新闻社，印度第二大通讯社，1959年成立，现在有100多个分社，在22个国家派驻记者；④印度斯坦新闻社，是一家私营机构，主要编发印地文、马拉地文、古吉拉特文和尼泊尔文的新闻。

全印广播电台是印度官办的广播机构，下设新闻部、对外部、监听部以及录音和节目交流部。全印广播电台的广播网覆盖全国，新闻部使用9种外语和5种主要印地语进行广播，每天播音17个小时，拥有100多名国内记者，并在7个国家派驻记者。对外广播部使用8种印度语言和17种外国语向国外播音。节目有音乐、国际时事、语言教学、体育、文学、名人专访、电影录音等。监听部主要职责是向全印广播电台、内政部、国防部、外交部和新闻广播部提供外台广播内容。目前监听22个外国电台，有86个频道。

全印电视台直属新闻广播部，为官方电视台，电视覆盖率78%。每天用英语、印地语和其他主要语言播放节目，有新闻和体育、歌舞、音乐、工农业、科普、教育、名人专访、国际见闻、电视剧等节目。

6. 科技发展

印度独立伊始，尼赫鲁总理就将科学技术和教育作为国家政治经济独立的基础(图15.6)。国家先后于1958年、1983年和1994年颁布了国家科技政策。国家的最高领导人往往亲自领导或过问尖端科技的开发工作，科学家在印度享有崇高的地位。印度科学领域具有世界一流的科学家，先后有17人被选入英国皇家学会，美国印裔科学家中有2人获得诺贝尔奖。据世界经济论坛发表的《全球竞争力报告》统计，印度合格的工程师以上的科技人员居世界第三位，仅次于美国和俄国。印度人在国际权威科学刊物上发表的学术论文，总数超过亚洲各国的总和，印度人出版的科学著作居世界第八位。印度在基础科学方面具有独特的优势，其数学、语言学方面的优势使印度在计算机技术方面具有较大优势。1985 年印度提出“要用电子革命把印度带入 21 世纪”的口号，1986 年政府制定了计算机软件政策，为软件产业提供进口用汇便利、金融支持、人员培训、简化投资和进出口手续，并给予关税优惠。到 2000 年印度已经拥有 10 大软件技术园，1 000 家计算机软件公司，25 万电脑软件工程师，成为仅次于美国的第二大软件开发基地，成为世界信息技术大国。

图 15.6　尼赫鲁大学

印度促进科技发展的主要措施有以下方面：①制定明确的科技政策纲领；②把科技发展纳入国家五年发展计划，科技方针有竞争力，费用低廉、实用；③完善科技基础设施和管理体制，全国拥有农、工、医学研究机构 2 962 个、国家一级的研究机构 130 个，高校科研机构 214 个，国家实验室 400 个，企业的科技研发单位 1 300 多个，主要的国家科技管理机构有印度国家科学院、印度农业研究委员会、印度科学与工业研究委员会、印度原子能委员会、印度医学研究委员会、国家空间研究委员会、科学技术部、内阁科学技术委员会等；④研究开发科研经费持续增加，全国科技投入经费约占 GDP 的 1%，其中中央政府占 64%，其余为联邦政府、企业投入；⑤大力培养科技人才，在校大学生中 1/3 是理工科学生；⑥重视和积极开展国际科技合作与交流，目前已经与 40 多个国家进行双边的科技合作。与中国的科技合作开始于 20 世纪 90 年代初，目前已经确定了在激光和材料、地球物理、化学工程、医学、生物技术、化学工程、农业、渔业、电子、空间技术和遥感等方面的合作。经过几十年的努力，印度科技在原子能科学领域、空间技术领域(通信卫星、遥感卫星、运载火箭、宇宙飞船)、信息技术、农业研究和科技推广、生物技术、海洋研究、新能源等领域均取得令人瞩目的成就。

为抢占 21 世纪世界经济制高点，印度政府制订了 2020 年达到世界第四大经济体的目标和 2020 科技远景规划，确定了 18 个专题。2013 年 1 月，政府又公布了新的《科学、技术与创新政策》，拟在 2010—2020 年的“创新十年”间跻身全球科技五大强国。新政策特别强调，为加快可持续、包容式增长，并服务于人民，印度将加强科学、技术与创新之间的协同，使之全方位融入社会经济进程。①

① 《光明日报》，2013 年 6 月 22 日。

7. 体育

印度人民对体育运动有浓厚兴趣，国家也重视发展体育事业，从人力、物力和财力上给予积极支持。棒球、板球和曲棍球深受印度广大群众喜爱。印度在发展体育事业的“国家体育方针决议案”提出：①为在城乡开展群众性体育运动提供必要的基础设施；②各级政府为发展体育事业开辟运动场地和训练场；③逐级选拔培养优秀体育幼苗，把体育列为各学校的必修课；④对取得较好名次的优秀运动员给予精神和物质的奖励，在他们退役后给予就业和住房方面的照顾；⑤鼓励社会团体对体育事业的支持，允许企事业单位成立业余体育机构；⑥由国家体委为参加国际体育大赛的体育代表团(队)组织培训，鼓励体育团队尽可能多地参加奥林匹克运动会、亚运会和英联邦国家运动会比赛项目，并力争夺得较好名次；⑦报纸、广播、电视要大力宣传发展体育事业的重要性，鼓励群众自觉地参加体育活动。

为不断提高印度的体育运动水平，印度还与世界上众多的国家和地区签有体育交流协议。

15.6 文化环境

印度是一个具有悠久历史的文明古国，经过漫长的历史发展，印度人民创造出灿烂的文化并形成了独特的民族性格。印度对许多人来讲是一个充满着神秘色彩、充满矛盾和五彩缤纷的国度；印度是一个民族文化的博物馆、语言的大拼盘、宗教的展示台。在印度可以看到一方面是卫星上天，另一方面是刀耕火种；既有豪华的高楼大厦，又有低矮破烂的贫民窟；既有组织严密的现代化工业，又有封闭落后的农村社区；既有一掷千金的亿万富豪，又有一贫如洗的流浪汉。到处充满着矛盾，对于印度人民的生活方式、思维方式、价值观、文化内涵、社会风俗是很难用文字表述清楚的，但是通过对印度民族、文化、宗教、语言、社会基础设施、科技和社会生活的综合后，可以对印度的文化环境有一个初步的认知。

1. 民族

印度被称为世界民族的博物馆，其中有 13 个大民族和几十个小民族，人口超过 1 000 万以上的民族有印度斯坦族、孟加拉族、阿萨姆族、奥利雅族、比哈尔族、拉贾斯坦族、古吉拉特族、锡克族、马拉提族、泰米尔族、泰卢固族、坎达尔族和马拉雅拉姆族等。它们占全印总人口的 94%。此外还有包括克什米尔人、贡德人、孟达人、那加兰人、安达曼人、华人等在内的数量众多的小民族。

2. 宗教

印度是一个多宗教的国度，了解印度首先要认识印度的宗教，它是开启印度之门的钥匙。宗教在印度社会和政治生活中有着巨大的作用和影响，几乎世界上的所有宗教在印度都能找到信徒，其中印度教、佛教、耆那教、锡克教是源于印度本土的宗教。伊斯兰教、基督教、犹太教、拜火教、巴哈伊教是外来宗教。还有边远山区部落的原始宗教。按信众排序，最大的宗教是印度教(占总人口的 80.5%)，其次是伊斯兰教(占 13.4%)，基督教(占 2.3%)，锡克教(占 1.9%)，佛教(占 0.8%)和耆那教(占 0.4%)，其他宗教和无宗教信仰者约占 0.6%。

印度盛行“万物有灵”的自然崇拜，每一个人都有自己崇拜的神，虔诚的印度教徒一生中有三大夙愿：到圣城朝拜湿婆神；到恒河洗圣浴；死后葬于恒河中。在印度没有宗教信仰是不可思议的，人人有宗教、个个信神灵。印度人传统的价值观虽然因为宗教信仰不同而呈现差异，但总体来说“轻物质，重精神”的观念在印度人中占有基本的主导地位。

1) 印度教

印度教源于古印度的吠陀教，在吸收耆那教、佛教某些教义的基础上，对由吠陀教演变而来的婆罗门教进行改革后发展而成，故又称“新婆罗门教”。印度教最主要的经典是“吠陀经典”，它包括吠陀本集、梵书、森林书和奥义书等。其基本教义是：承认吠陀权威，梵我同一，业报轮回，精神解脱，瑜伽修持等。主要崇拜创造神梵天、保护神毗湿奴和毁灭之神湿婆，以及崇拜这些神的多种化身和其配偶。

印度教尊崇种姓制度，把人划分为婆罗门、刹帝利、吠舍和首陀罗 4 个等级，后来又发展出“贱民”阶层，即不可接触者。

印度 2/3 以上的人信奉印度教，在南亚、东南亚和欧美多个国家也有信徒，信徒众多的印度教已属世界性的大宗教。

虔诚的印度教徒有早睡早起的习惯。每天清晨冲完凉后做祷告，然后才开始工作。教徒们常在河水(特别是“圣河”恒河)中沐浴，他们相信入河沐浴可以洗刷过错。

牛被印度教徒视为“圣兽”，印度教认为牛既是繁殖后代的象征，又是人类维持基本生存的保证，即使在科学技术十分发达的今天，印度人对牛仍然是敬之如神。印度教不准吃牛肉，虽有养牛业，但只能提供牛奶、黄油及牛粪燃料等。印度教僧侣每年还要举行一次仪式，叫“波高”，表示对牛的尊敬。

2) 伊斯兰教

公元 8 世纪初，伊斯兰教随阿拉伯军队入侵印度而正式传入，至 10—12 世纪时传遍了整个北印度，15—18 世纪莫卧儿帝国统治时期被定为国教。目前，伊斯兰教是印度的第二大宗教。大多数印度穆斯林集中在印度北方邦、西孟加拉邦、比哈尔邦和安德拉邦，属逊尼派。

伊斯兰教主要经典是《古兰经》。基本教义是“六信”，即信真主安拉是宇宙间唯一的真神；信穆罕默德是安拉的使者；信天使；信《古兰经》为安拉启示的经典；信世间一切事物均由安拉前定；信死后复生和末日审判。宗教“五功课”是念颂、礼拜、斋戒、捐课和朝见。

3) 锡克教

锡克教是调和印度教与伊斯兰教矛盾的产物，于公元 16 世纪时由纳那克在印度虔信派和伊斯兰教苏非派的影响下创立。该教信奉的经典是《元经》或称《阿底格兰特》。锡克教提倡平等、友爱，强调实干，主张一神论，反对偶像崇拜，反对印度教的多神说和种姓制度，反对男尊女卑和印伊两教繁缛的祭祷仪式等。

锡克教最初奉行非暴力原则，后逐渐发展为武装宗教团体。锡克男性教徒名字上加“辛格”(意思是狮子)，要求其行“5K”(即指五件事)：蓄长发、带梳子、戴钢镯、穿短裤、配短剑。女性教徒名字上加“考尔”(意思是公主)。

4) 耆那教

耆那教兴起于公元前 6－5 世纪，是当时反对婆罗门教的思潮之一，由古印度毗舍离城王族之子筏驮摩那创立，他被门徒尊为“大雄”。“耆那”意思是“胜利者”。耆那教分为“天衣派”(裸体)和“白衣派”，其主要经典是《十一支》和《谛义证得经》等，提倡“七谛说”，即命、非命、系缚、漏人、制御、寂静、解脱；主张五戒，即不杀生、不妄语、不偷盗、不奸淫、不蓄私财；修“三宝”，即正智(正确的认识)、正信(正确的信念)、正行(正确的行为)。

耆那教是极端的不杀生主义者、素食主义者和苦行主义者。他们主要从事工商业、文化产业和脑力劳动，不从事农业和会伤害一切生命的职业(包括拒绝当兵)。

5) 佛教

公元前 6－5 世纪，古印度迦毗罗卫国释伽族的王子悉达多·乔达摩创建了佛教，人们称他释迦牟尼，意思是释迦族的圣人。自古以来，佛教历经原始佛教、部派佛教(分上座部和大众部)、大乘佛教和密教 4 个发展阶段，各派别先后分别传入南亚、东南亚、东亚国家和地区。从公元 8 世纪起，佛教在印度激烈的宗教斗争中逐渐衰落，如今在印度仅存数百万信徒。

佛教宣传“众生平等”、“生死轮回”，打破种姓制度，反对婆罗门压迫等思想。其基本教理为“四谛”(四个真理)，即凡人都要受苦；苦必有因；苦必摆脱；为求摆脱苦难，必须寻求正确的道路。如何寻求正确的道路，摆脱苦难、灭绝欲望，求得精神上的解脱。佛教认为通过“八正道”(八条正确的道路)，即正信仰、正思维、正言语、正作业、正生活、正努力、正思念、正禅定的修行可以使人得到解脱，并且最后达致涅槃。涅槃不仅含有欲望的灭绝，而且也是一种完全平静状态下的获得。消除“六根”(贪、嗔、痴、惑、疑、慢)，获得圆寂(涅槃)是佛教修行的最高境界。

佛教经典有律、经、论三藏，维持戒、定、慧三学。

6) 基督教

公元 4 世纪前后，产生于巴勒斯坦地区的基督教开始传入印度。到近代，伴随着葡萄牙、西班牙、荷兰、英国、法国等西方殖民者和传教士的到来，基督教在印度广泛传播，曾出现大规模的印度教徒改信基督教的情况。目前印度基督教徒主要集中在大城市，占总人口的 2.3%。

7) 拜火教

拜火教又称“琐罗亚斯德教”，在中国称为“袄教”，它由琐罗亚斯德于公元前 6 世纪在古波斯创立，曾为波斯国教，极盛期持续 200 多年。公元 7—12 世纪，一些拜火教徒为躲避伊斯兰教统治者的迫害而逃往印度，把拜火教传入了印度。直到今天，大多数拜火教徒居住在孟买，从事经商，著名的印度首富塔塔集团就是拜火教家族。

拜火教崇拜火，认为火就是光明的象征，火的光辉、热力象征神的绝对至善、神圣和正义。认为世界就是光明与黑暗、善和恶的斗争。

拜火教的主要经典是《阿维斯陀》，意为“知识”、“经典”，也称为《波斯古经》。拜火教的教义主要有善恶神论、末日审判论等。

3. 语言文字

印度民族众多，语言自然复杂。据统计，印度的语言有 1 652 种，写入宪法的正式语言达 17 种。在一张 10 卢比的纸币上，可以看到十几种语言的文字并列在一起。印度语言可分为 4 大类：第一大语系为印欧语系，印度最主要的 18 种语言中有 13 种属于这一语系，使用人数占总人口的 74.2%；第二大语系是从本土语言发展而来的达罗毗荼语系，有 4 种印度主要语言属于这一语系，使用人口比例为 21.5%；另外两个语系为澳亚语系和汉藏语系，使用的人口比例不到 5%。在以上所有语言中，印第语和英语是官方用语，英语也是主要的商业用语。

印度文字中，印地文是其中一种主要的文字，它在发展过程中吸收了梵文、摩羯陀语、阿拉伯文、克利语以及英语的词汇，得到极大地丰富。当代印地语共有 13 个元音，33 个辅音，7 个变异辅音以及若干复合辅音。

4. 社会生活习俗

多数印度人见面时一般双手合十，或举手示意表示问候，在合十致意时印度人一般会说“Namaste”(“您好”、“敬礼”)，穆斯林会说“Salam alaikum”，锡克人会说“Sat Sri Akai”。如果不清楚对方的宗教信仰，就说“Good day”或“Pleased to meet you”。久别重逢，或有大事发生，则往往拥抱。当被别人介绍时，习惯上都应握手，但男子不可主动与妇女握手，除非她先伸手。与印度人招手、握手、递东西、吃饭，切忌不可用左手，因生活习惯问题，印度人认为左手不洁净。

对到访印度的尊贵客人，主人会送上鲜花花环，甚至在客人额上点上“吉祥痣”。与印度人交谈时，一般的话题是家庭，教育、印度食品、电影、美术、舞蹈、文化等，最好不要谈宗教斗争、印巴关系、贫困、工资、两性关系、弄蛇人之类的话题。在交往中要注意一些细节，如进庙宇、厨房要脱鞋；印度教徒忌吃牛肉，甚至素食；伊斯兰教徒忌吃猪肉，甚至不喝任何酒精饮料；锡克教禁止吸烟；不碰触老人和小孩的头。

在交往中要注意肢体语言应用，如印度人“点头不算摇头算”，应避免异性间不拘礼节的身体接触、拍背、抓肩膀等动作。参观庙宇时穿着最好保守一点，穿长裤、衬衫，不要穿戴皮革制品(如皮带、皮鞋、皮手袋、皮手套等)，这会让印度人认为不尊重他们，因为印度人不杀牛，耆那教不杀生。参加商务活动或晚宴时穿套装、打领带比较合适。男人穿长裤短袖衬衫也可。

5. 节日

印度的节日数目之多令人吃惊。有人说：“一年有 365 天，而印度节日就有 366 个”。印度的节日大致可以分为几类：①政治性节日，如共和国日(1 月 26 日)、独立日(8 月 15 日)；②季节性节日，如秋收节；③历史性节日，如国父甘地诞辰纪念日(10 月 2 日)等；④宗教性节日，此类节日几乎占了印度节日的绝大部分。仅圣城瓦拉腊西，每年就有 400 多个大小宗教节日，多时一周达 9 个。盘点印度宗教：印度教节日有萨拉斯瓦蒂节(又称知识之节)、洒红节、丰收节、查益特拉 • 沙恩克伦节、除十节、礼格拉特乘车节、贾恩马斯塔米节、黑天生日节、佩镯节、十胜节、杜尔迦节、灯节；伊斯兰教节日有开斋节、宰牲节；锡克教节日有彼赛克节、古鲁 • 巴哈杜尔殉难节、那纳克诞辰；佛教节日有盂兰盆节、涅槃节、佛诞节、成道节；耆那教节日有大雄诞辰、赎罪节；拜火教节日有寇达特赛尔节、帕泰梯节；基督教节日有复活节、耶稣受难日节、圣诞节。各港口还有单独的假日，届时绝不进行工作交易。因此，访问印度进行会谈，务必先了解好对方的节假日，以免耽误工作。

15.7 商业环境

1. 印度对外经贸管理制度概述

1) 贸易投资法律体系

贸易投资相关法律主要有《海关法》、《海关关税法》、《保障措施的确认和评估的海关关税规则》、《外汇管理法》、《反倾销法》、《反补贴法》、《专利法》、《海外风险资本投资指南》、《外国机构投资者投资指南》、《牲畜进口法》和《药品和化妆品法》等。

2) 关税制度

印度针对不同的产品实行不同的基本关税税率。除基本关税外，印度的进口关税还包括了附加关税和教育税。基本关税是以进口货物到岸价为基数计算的从价税；附加税又称抵消税，该税是根据印度《1975年海关关税法》对进口货物所征收的税，在进口货物的到岸价和基本关税基础上计算而得，其税率相当于对印度本国出产的相同或相似产品征收的货物税的税率。根据印度2003—2004财政年度预算法案，进口货物的附加税税率分为8%、16%、24%共3种。教育税征收对象为所有进口商品，以进口货物的关税总值为基数计算而得，统一按2%的税率征收(但不包括保障税、补贴税和反倾销税)。按国际承诺征收约束关税的商品可免征教育税，教育税从属于《1975年海关关税法》第3部分的附加税，在印度境内生产最终产品所需进口的投入品和资本货物，在征收教育税时可享受优惠减免。[①] 2005年印度执行WTO《信息技术协议》，对包括电子计算机、通信器材、半导体和科学仪器等在内的115种产品实行零关税。

3) 进出口管理制度

印度实行对外贸易经营权登记制度。政府将进出口产品分为禁止类、限制类、专营类和一般类。所有企业均可经营一般类产品。对限制类产品实行许可证管理。对石油、大米、小麦、化肥、棉花、高品位铁矿砂等少数产品实行政府制定，由外贸企业专营。政府的进口政策保护5种基本进口产品：生产资料、原料、消费品、元件、工具和设备，这5种产品的进口须向印度政府主管部门申请许可。印度政府对出口企业免征服务税和中央销售税。此外，印度储备银行规定，只允许银行向企业提供2 000万美元以下的中期进口贷款，或贷款期限少于1年的短期进口贷款，或用于进口资本品的贷款。

4) 投资管理制度

印度政府允许外资投资电信、道路、港口、发电、炼油等基础设施行业和服务业。除涉及环保、国家安全、国计民生等14个行业外，外商对其他行业的投资无须政府部门审批。同时，外资股权不超过政府规定的行业外资股权最高限额的项目，只要向印度储备银行报送有关资料后，即可自动生效。外资股权超过印度政府规定的行业外资最高限额限制的，

---

① 中东商贸网 http://www.me360.net/market_detail.asp?id=8078, 2007年7月20日。

或另有规定予以排除的外资项目，须经印度政府外国直接投资促进局审批。

印度政府给予外资企业的税收优惠政策主要包括：新建外资企业 10 年内免征公司所得税的 30%；产品全部出口的外资企业、出口加工区和自由贸易区的外资企业 5 年内免征所得税；落后地区合资企业 10 年内减征 25%的税；外资企业进口用于生产出口商品的机器零部件和原材料免征关税。

5) 贸易投资管理部门

印度商工部是国家贸易主管部门，其下设商务、产业政策与促进两大部门。商务部门主管贸易事务，负责制定进出口贸易政策、处理多边和双边贸易关系、出口促进措施、出口导向产业及商品发展与规划等方面的事务。产业政策与促进部门负责制定和执行符合国家发展需求目标的产业政策与战略，监管产业技术发展事务，促进和审批外国直接投资，引进外国技术，制定知识产权政策等。

印度储备银行负责金融体系的监管、外汇管制和发行货币。财政部下属的中央货物税和关税委员会负责制定关税、关税征收、海关监管和打击走私。印度外国投资促进局负责审批高技术、外向型、能源、基础设施、咨询和贸易等领域的外商独资经营项目。

2. 贸易壁垒：关税与非关税措施

1) 关税及关税管理措施

2003 年印度平均关税水平为 29%，2004 年工业品平均关税水平下调至 15%。调低关税的进口产品包括煤、镍和镍制品、电力设备、电子量具、光纤和电缆用原材料、电气产品用资本品、电信基础设施、移动电话、视频影碟机、医用设备等。印度政府对部分产品仍征收高关税，包括淀粉(不包括小麦和土豆淀粉)、精炼棕榈油、酒精饮料、交通车辆、水果蔬菜(新鲜葡萄和葡萄干)、大蒜、茶、稻米、葵花籽油、香料等，征税幅度在 40%～166%之间。印度政府对部分进口产品实施关税配额管理，配额内外的关税税率差别很大，如粗制葵花籽油、红花油的关税配额为 15 万吨，配额内进口享受 50%的关税，配额外关税为 75%；精炼菜籽油、芥末油关税配额为 15 万吨，配额内进口关税为 45%，配额外为 75%。而且进口配额分配程序十分复杂，授予配额条件苛刻，交易有严格的时间限制，一般只分配给有业绩的大国有公司。

2) 进口限制措施

进口限制措施包括以下内容。

(1) 进口禁令，印度在“否定清单”上的产品分为 3 类：①禁止进口的产品，包括动物脂肪油制品；②需进口许可证的限制商品，如牲畜类制品；③列入政府管制的产品，包括石油制品、散装大米、面粉等。

(2) 进口许可，印度对部分产品实行进口许可，实际上产品进口许可证很难获得，一般只向外国使领馆或参股 30%以上的外资公司发放。

3) 对进口产品征收歧视性税费

印度还对部分进口商品征收歧视性附加税，依据产品零售价征收，税率为 16%，计算公式为：

征税额＝附加税率×(货物 CIF 价＋基本关税)

这一做法限制了相关产品进入印度市场。

4) 通关环节壁垒

虽然印度对进口货物退关问题无相关法律明确规定，但实际上，印度海关要求申请退货的出口商提供由原来进口商出具的不反对退货函。由于印度进口商一般不愿意出具此类函件，常导致出口商无法顺利退回货物而遭受损失。此外，印度海关还要求提供繁杂的货物通关文件。通关文件需要根据产品、用户或印度政府出口鼓励政策的变化而变化。

5) 技术性贸易壁垒

印度设置了许多技术性贸易壁垒，例如根据印度《药品和化妆品法》实施细则规定，从 2003 年起，凡未获得印度注册证书的所有外国药品(包括原料和成药)均不得进入印度，已获得的每 3 年要续办注册证书；印度卫生部对每种注册药品的生产工厂征收 1 500 美元的注册费；对每种药品还要征收 1 000 美元的注册费；外国药品生产商要向印度药品局支付 5 000 美元，作为该局在原产地检查出口药品生产商厂房的检查核查费。此外，每份进口许可证和每种药品的检验也要交纳一定费用。

6) 卫生和植物卫生措施

2004 年 4 月印度《2003 年植物检疫令》和《2004 年植物检疫令修订案》生效。这两个法令详细规定了对于进口植物和植物材料的要求。基于有害生物风险分析，两个法令包括了新的术语和定义，对许多商品增加了补充声明。并将一些新植物材料与植物种类纳入其管理范围。印度农业部 2004 年 4 月生效的《印度官方木质包装入境检疫要求》规定：所有使用含植物材料的包装，包括干草、麦秆、木刨花、碎木片、锯屑、废木料、木托盘、垫木、木纤维、泥炭藓等，在出口到印度前均须由出口方政府按国际植物保护公约或出口方政府规定的格式，出具植物检疫证书。所有进口木质包装材料必须使用干热处理、溴甲烷熏蒸处理或化学渗透处理以及其他国际标准认可的除害处理方法，并将处理方法在植物检疫书上标明。

7) 出口限制措施

印度规定进入印度的货物不能再出口，除非印度进口商出具“不反对证书”。

8) 补贴措施

印度政府制定各种促进出口的政策措施，如促进资本品出口计划、权利义务证书计划、免税计划、钻石宝石和首饰出口促进计划、间接给予出口补贴；给予出口导向企业和出口加工区、农业出口特区、经济特区内企业、免税和减税的优惠，如为生产出口产品进口的资本品厂商只需支付 5%的关税等。

9) 服务贸易壁垒

在 2004—2005 财政年度，印度将电信业的外资股权最高限额从 49%提高到 74%；民航业外资股权最高限额从 40%提高到 49%；保险业的外资最高限额从 26%提高到 49%。

10) 其他

印度的零售业至今还未对外开放，其他国家的轻工业产品、家电很难进入印度市场。另外，外国人不能购买不动产，在印度租房期限不能超过 5 年；禁止外资进入原子能、铁路运输和国防领域等。[①]印度对中国公民的签证政策不稳定，使企业在印度的业务受到很大影响。中国驻印度的企业对签证问题一直反映强烈。

---

① 中华人民共和国商务部，《2005 国别贸易投资环境报告》。

3. 企业注册

在印度注册公司的主要条件有：①私有公司需要最少 2 名股东，公众公司需要最少 7 名股东；②私有公司最多可以有 50 名股东，公众公司没有限制股东数量；③私有公司只需要实数出资 100 000 卢比(大约 2 500 美元)的最低注册资本，公众公司的最低注册资本是 500 000 卢比(大约 11 500 美元)。

注册企业时需注意以下要点：①对在特别经济区设立的公司提供许多的税务豁免；② IT 企业享受许多税务的优惠；③印度与很多国家签订了免除双重税务协议；④成立私有公司只需要 100 000 卢比(大约 2 500 美元)的注册资本；⑤低廉的劳动力；⑥具有巨大精通英语的人力资源，印度是世界上最主要的商务程序外包和知识处理中心。

4. 商务活动

做生意或旅游访问印度最好的时间是每年的 10 月至次年的 3 月，这段时间雨水少，气候凉爽，宗教节日也相对较少。办事情最好避开宗教节日，宗教节日年年不同，可到印度领事馆或国际旅行社查一查。与印度公司接触要找公司的主管，决策权在上层。提前 1～2 个月就要预约，他们决策比较慢。邀请尽早寄出，在时间临近时要电话确认。印度是家长式的管理，但是也不要忽视中层经理，他们有建议权，会帮助推动进程。在与相关公司进行商务活动时，最好了解业务与印度的相关法律规定以及有些什么壁垒和限制，如许可证、配额、保护措施、手续程序等。印度人习惯与熟悉的人和他们了解的人做生意以及往来，所以在进入谈判和签订协与之前，多去拜访几次，要有耐心。印度人擅长谈判，大多数能言善辩，口才好，而且一般不会从他们开始时的建议后退多少。因此进入谈判阶段后，自己心中应有明确的目标或价格。一个在印度工作多年的人说，在印度要取得成功的关键因素，一是耐心；二是找好当地的合伙人；三是对商务习惯和风俗要基本掌握和了解。

印度是小政府，大社会，行业协会在企业界的影响、作用很大。行业协会定下的规矩，企业一般都会遵守。外国人与印度人做生意发生纠纷，最好找行业协会调解，往往比打官司要快得多，效果也好。

素食文化是印度最基本的特色，身份越高、越有地位和文化的人越是素食主义者。因此宴请印度商人时，要弄清楚对方是否是素食主义者。在印度，计程车是免小费的，旅馆、餐厅在账单中已加小费 10%，其他服务每次付 2～3 个卢比的小费即可。

5. 时间与谈判风格

一旦与印度的当地伙伴已经熟悉，并建立了良好的关系，就可以开始进入谈判程序了。但是要为长时间的讨价还价做好准备，印度商人是公认的杀价高手，所以在提出建议时最好留有余地。印度人在做出决策时会拖延时间，烦琐的官僚作风是很常见的。因此，和印度人商谈事情，耐心很重要。急于敲定一笔买卖会被误解成缺少相关的过程，导致谈判的各方缺少信任，最终导致谈判失败。有时进行某种商业谈判，印度人会很自然地对外国人说：“你们的资本比我们的多，所以这一笔费用该由你们支付。”印度人认为，钱较多的人或是较受欢迎的人应该付钱，这是顺理成章的事。这种场面往往弄得外国商人啼笑皆非。印度商人喜欢凭样交易，洽谈中应多出示样品，广泛介绍经济实惠的品种。

本章小结

印度是世界文明古国，悠久的历史造就了印度璀璨夺目的民族、语言、宗教、文化和习俗，在长期的发展进程中，形成了独特的政治、经济和社会文化环境。对许多人来说，印度是一个充满神秘色彩、充满矛盾、富有吸引力的国家。政治上，印度实施西方式的议会民主制，号称是世界上“最大的”民主制国家，推行不结盟政策；经济上，印度很早就与市场体制接轨，其基础工业、基础设施完善，外贸、投资体系健全，金融证券市场成熟，经贸管理制度细致完备，在很大程度上已融入了国际化的进程。然而从社会文化层面看，印度又显得非常的保守传统，其宗教、种姓、习俗深刻浸淫、影响、渗透印度的政治、经济、社会生活各个层面，使得现实中的印度社会等级分层、种姓分工迄今依然突出，社会现象十分矛盾。一方面，印度核电研发、卫星上天、生物制药、信息工程、IT 技术、软件服务外包等领域已名列世界前列，并且有着富裕庞大的中产阶级队伍，每年还培养出众多具备世界一流水平的信息技术、工商管理、金融证券和工程技术人才，可谓人才济济，是亚洲经济增长靠前的重要“金砖国家”，但另一方面，印度的基础设施建设发展滞后、投资项目审批手续烦琐复杂、市场准入严苛保守、城乡差别巨大、收入分配不公、贫富极其悬殊、从业就职歧视严重、办事效率拖沓低下和社会动荡等现象又十分突出，这与印度拟实现的世界一流大国梦、追求的现代化发展水平和速度显得格格不入。为什么会这样，对印度的现实和未来怎样看待？显然，仅具备某一个方面的认知是不够的。对印度的认识、体会和把握必须从它的历史渊源、宗教文化多元性、价值观和社会经济发展水平等多领域、多层次、多角度来全面考察。这其中，宗教文化可视为开启印度之门的重要钥匙。

21 世纪的印度，在国际事务中地位越来越重要，它对地区经济社会合作和发展的作用也日益突出，重视它，深入细致了解它，充分全面考察和把握它，将为中印未来的经贸合作奠定坚实的基础，也将为双方的商务活动开启方便之门，带来巨大的商机。

思 考 题

1. 为什么说了解印度首先得了解印度的宗教？
2. 种姓制度对印度经济社会发展的影响。
3. 印度经济社会发展的反差表现怎样？
4. 印度经济现代化的发展之路及主要推动力？

第16章

巴基斯坦

巴基斯坦全称为巴基斯坦伊斯兰共和国(The Islamic Republic of Pakistan)。

16.1 简　　史

巴基斯坦原为印度的一部分，1858年随印度沦为英国殖民地。1940年3月，全印度穆斯林联盟通过了建立巴基斯坦的决议。1947年6月，英国公布“蒙巴顿方案”，实行印巴分治。方案规定印度分为印度教徒的印度和伊斯兰教徒的巴基斯坦，两个国家均享有自治领地位；在两个国家的国界未做最后确定之前，由西北边境省、阿萨姆省的锡尔赫特区选民在信德省立法议会进行全民投票，决定这3个省归属哪一个国家；印度分治前先解决孟加拉省和旁遮普省的划界问题；各土邦有权决定它们归属印度还是巴基斯坦，如果土邦不愿归属任何一个国家，那么它可以保持同英国的关系，但无自治领地位。同年8月14日，巴基斯坦宣告独立，成为英联邦的一个自治领，包括巴基斯坦东西两部分。1956年3月23日，巴基斯坦伊斯兰共和国成立，1958年巴基斯坦进入军事统治时期。从1969年开始，国家内部出现东西分裂，到1971年3月，东部宣布成立孟加拉人民共和国，同年12月孟加拉国正式独立。孟加拉独立后，巴基斯坦先后又经历了布托、齐亚·哈克、贝·布托政府执政时期。2001年，进入穆沙拉夫执政时期。此后到了2008年，人民党联合主席扎尔达里就任总统，巴基斯坦进入后穆沙拉夫时代。

16.2 自 然 环 境

1. 地理位置及面积

巴基斯坦意为“清真之国”，领土面积约为79.6万平方千米(不包括巴控克什米尔地区)，它位于南亚次大陆西北部的印度河流域。东邻印度，有共同边界1 610千米；东北与中国毗邻，有共同边界 595 千米；西北与阿富汗有共同边界 2 430 千米，经过阿富汗 16～19 千米宽的“瓦罕走廊”，可到达中亚的塔吉克斯坦；西邻伊朗，有共同边界 805 千米；南濒阿拉伯海。巴基斯坦海岸线长 1 046 千米，从其海岸线最西端到阿曼首都马斯喀特，海上直线距离仅 390 千米，因此，巴基斯坦在海湾战略中有着重要的影响，它是南亚通向中亚、西亚的陆上交通要道，也是中亚国家的出海捷径。

巴基斯坦国土略呈矩形，自东北向西南延伸约 1 600 千米，东西宽约 885 千米，陆地面积 778 720 平方千米，领水面积 25 220 平方千米。领海宽度为 22 千米，毗连区为 44 千米，大陆架 370 千米。

2. 地形地貌

巴基斯坦地形比较复杂，根据不同的地形特征，可分为北部高山区、西部低山区、俾路支高原、波特瓦尔高地、旁遮普和信德平原。山地和高原占全国总面积的 3/5。巴基斯坦可分为 4 个大的自然区域，与其境内的 4 省相吻合：东部平原两个省和西部高原山地两个省。东部印度河平原是世界上最大的冲积平原之一，约占全国总面积的 1/3。该平原南北延伸长 1 280 千米，东西平均宽约 320 千米，最大宽度(在旁遮普)达 550 千米，沿北纬 29°线可将印度河平原分为上印度河平原(又称旁遮普平原)和下印度河平原(又称信德平原)。巴基斯坦国内的主要河流印度河源自中国，印度河进入巴基斯坦后，自北向南长驱 2 300 千米，最后注入阿拉伯海。

3. 气候和降水

除西部沿海为热带季风区外，巴基斯坦大部分属热带干旱和半干旱气候类型。它一年可分为 4 个季节：每年 4—6 月为热季或夏季，通常气候干燥，5 月和 6 月的相对湿度早晨为 50%，午后为 25%左右，气温可达 40℃，沿海为 25～35℃，而湿度却在 70%～80%；7—9 月为季风季，7 月初西南季风开始到达巴基斯坦，7 月中旬后加强，一直持续到 8 月底，这个季节雨水多；10—11 月为短暂的转换季，又称季风后季，10 月份全国最高气温可达 34℃～37℃，而夜间却相当凉爽，最低气温约 16℃，11 月气温下降到 6℃左右，10—11 月，平原地区相当干燥；12 月至次年 3 月为冬季，此时节天气好、阳光充足、空气湿度低、温差大，平均最高气温为 18℃，最低气温为 4℃。巴基斯坦降水稀少，全国 3/5 的地区年降雨量在 250 毫米以下。

4. 资源禀赋

巴基斯坦矿产资源较丰富，目前已发现的矿业资源有铬铁矿、煤、石油、天然气、铁、铜、铀、盐、石膏、硫磺、锑矿、重晶石、天青石、皂石、瓷土、白云石、长石、耐火土、萤石、漂白土、宝石、金矿、磷铁矿、锰矿、大理石、硅等 47 种。

巴基斯坦林业资源比较贫乏。据统计，其森林面积为 313 万公顷，森林覆盖率仅为 4.8%，远远低于印度(其森林覆盖率为 19.5%)和世界上其他国家，原因主要是气候干燥，降雨量少和北部高山区常年冰雪覆盖。

巴基斯坦水果丰富，品种多、质量高。主要有芒果、葡萄、梨、苹果、香蕉、石榴、桃李、香木瓜、枣和各种柑橘。

巴基斯坦山区占国土的 3/5，所以动物种类多，而且在北部高山区有珍稀动物。平原地区和沿海水产资源丰富，尤其是卡拉奇附近海域是世界最好的渔场之一，盛产龙虾、小虾(又称白虾)、墨鱼、鳎、鲳、石斑鱼、弓鳍鱼、笛鲷、蟹、鲶鱼、银色石鲈等，其中小虾、墨鱼和鳎大量出口，在国际市场上占有一定的份额。

5. 人口及结构

巴基斯坦人口为1.9亿，人口增长率为1.9%。由于长期战乱及发展相对落后，该国人口平均年龄只有20岁出头。2004年巴基斯坦人口为1.49亿，到2007年年底就达到了1.64亿，三年中增加了超过10%的三岁以下的婴幼儿。

由于自然条件和经济发展程度的差异，巴基斯坦人口分布极不平衡，各省人口密度相差悬殊。在水利和灌溉充足的平原地区，人口比较集中；而在干旱少雨的高原和山区，人口稀少。

巴基斯坦的城市人口和农村人口比例相差悬殊，农村人口占总人口的绝大部分。随着经济的发展，尤其是独立后工业生产的发展，大量农村人口向城市流动，造成城市人口快速增长和“城市化”现象。近十几年来，巴基斯坦的城市化现象更趋向于“大城市化”，主要城市的人口均增加了一倍多。

6. 行政区划

全国共分4个省：旁遮普省、信德省、开伯尔-普什图省和俾路支省；10个联邦直辖部落地区和联邦首都伊斯兰堡，各省下设专区、县、乡、村联会。巴基斯坦实际控制克什米尔的一部分，被划分为联邦管辖的北部地区及查谟和克什米尔，这两个地区的人民持巴基斯坦护照，享有对该地区政府的选举权，不享有对中央政府的选举权。

7. 首都和主要城市

首都伊斯兰堡(Islamabad)(旧译伊斯兰巴德)位于巴东北部海拔600多米的波特瓦尔高原上，背依高耸的马尔加拉山，东临清澈的拉瓦尔湖，南面是一片葱绿的山丘，气候宜人，景色秀丽。它地处内陆，海拔503～610米，属亚热带季风气候，旱季和雨季界限分明，年均降水量1 143毫米。1959年巴基斯坦政府决定在这里建设新首都，1970年基本建成，人口约为110万(2011年)(图16.1)。

图16.1 巴基斯坦首都伊斯兰堡街景

卡拉奇是巴基斯坦最大、人口最多的城市，气候炎热，白天气温常年在30℃以上，卡拉奇历史悠久，现代和古代文化在这里完美结合，既有狭窄的小巷、破旧的古城、碎石子小路，也有高雅的现代建筑。城中有不少巧手的工匠运用传承的古老技艺制作精美的手工艺品。卡拉奇是个有吸引力的城市，有宽广且阳光充足的海滩、深海垂钓、游艇、高尔夫还有骑马，饭店提供巴基斯坦和西方的饮食，以满足人们的需求。

拉合尔是巴基斯坦的第二大城市，旁遮普省省会，地处富庶的印度河上游冲积平原。市内树木葱茏、芳草如茵、群花争艳、叠翠飘香，素有“花园城市”之称。城市分为3区：街道狭窄的旧城区、繁华的商业区和现代化住宅区。莫卧儿帝国时代遗留下来的旧城区，街道狭窄，房屋拥挤；英国统治时期修建的豪华住宅，行政、教育和商业机构的建筑物则排列整齐，街道也比较宽阔；独立后建起的住宅区更具有现代城市的风貌。

白沙瓦是巴基斯坦最具有民族特色的城市，属于西北边境省，曾经在公元前58年被贵霜王朝犍陀罗的迦腻色伽王一世定为国都。由于地处中亚多个的贸易要道上，该地在多个世纪以来都是南亚大陆与中亚之间的贸易重镇。

16.3　政治环境

1. 政治体制

巴基斯坦实行联邦制，总统是国家元首，由国民议会和参议院选举产生，总理是行政首脑，内阁是行政部门，由总理及各部部长组成。1999年10月，参联会主席兼陆军参谋长穆沙拉夫接管政权，自任首席执行官。2001年6月，穆沙拉夫就任巴基斯坦第十任总统，成为巴历史上第四位军人总统。

巴基斯坦建国后曾于1956年、1962年和1973年先后颁布过3部宪法。1977年，齐亚·哈克实行军法管制，部分暂停实行宪法。穆沙拉夫执政后颁布临时宪法1号令，宣布暂停实施宪法。

巴基斯坦议会为联邦立法机构。1947年建国后长期为一院制，1973年宪法颁布后实行两院制，由国民议会(下院)和参议院(上院)组成。1999年10月被中止，2001年6月被解散。2002年10月选举产生了新一届国民议会。

2. 政府

1999年10月12日，穆沙拉夫接管政权，自任首席执行官，成立国家安全委员会和内阁治理国家。2012年6月，阿什拉夫就任总理，调整内阁并新设副总理一职，由乔杜里·佩尔瓦兹·伊拉希出任。

3. 政治党派

军政府执政前，巴基斯坦实行多党制，现有政党200个左右，派系众多。目前全国性大党主要有：①巴基斯坦穆斯林联盟，简称穆盟；②巴基斯坦人民党，简称人民党；③统一民族运动党，原名移民民族运动，简称移民运动；④人民民族党等。

4. 司法体制

最高法院为最高司法机关，各省和伊斯兰堡设高等法院，各由一名首席大法官和若干法官组成。另有其他法院行使民事和刑事裁判权。最高法院根据巴基斯坦联邦宪法设立；其他法院是根据议会法令或省议会法令而设立。根据宪法，还设立了司法专员(或称司法巡视官)。

5. 外交与国际关系

巴基斯坦奉行独立和不结盟外交政策，加强国家安全和维护领土完整(寻求安全是其自独立以来的外交政策的核心内容)；注重发展同伊斯兰国家和中国的关系，维护阿富汗的持久和平与稳定；公平解决查谟和克什米尔冲突，保持核威慑，进一步贯彻核不扩散目标；与国际恐怖主义、国际犯罪及毒品走私做斗争；维护海外巴基斯坦人的权益和福利；在加强同发展中国家团结合作的同时，发展同所有大国，特别是同美国的关系。到2000年，巴基斯坦已同世界上110多个国家建立了外交和领事关系。

1950年1月5日，巴基斯坦正式承认中华人民共和国，1951年5月21日两国正式建交。

近年来，两国关系发展顺利，高层互访频繁，互利合作成果丰硕。2005年4月，时任中国总理温家宝访巴，双方签署《中巴睦邻友好合作条约》，宣布发展更加紧密的战略合作伙伴关系，2006年2月巴总统穆沙拉夫访华，双方发表《中华人民共和国和巴基斯坦伊斯兰共和国联合声明》，进一步推进中巴战略伙伴关系。

2008年5月12日中国四川汶川大地震发生两天后，巴基斯坦总统穆沙拉夫亲临中国驻巴基斯坦大使馆，向中国人民表示亲切慰问。这个将“中国是巴基斯坦的坚定盟友”写在小学课本上的国家，这一次给予了中国大力的援助。

2011年是中巴建交60周年，也是“中巴友好年”。同年5月，巴基斯坦总理吉拉尼正式访华。8月底，巴基斯坦总统扎尔达里赴新疆维吾尔自治区出席首届中国—亚欧博览会。9月和12月，时任国务委员、公安部部长孟建柱和胡锦涛主席的代表、国务委员戴秉国分别访巴。2012年4月，吉拉尼总理来华出席博鳌亚洲论坛年会。同年6月，扎尔达里总统访华并出席上海合作组织成员国元首理事会第十二次会议。

16.4 经济环境

1. 经济结构

在几十年的发展中，巴基斯坦国民经济结构发生了明显的变化，工业生产总值(包括制造业、矿业、建筑业和水电气)在国内生产总值中所占的比例不断上升，农业在国内生产总值中的比例则下降，其他行业在国内生产总值中的比例上升到50%以上。2011年，巴基斯坦国内生产总值为1 799亿美元，第一、二、三产业的比例分别为21.5%、25.2%和53.3%。

巴基斯坦政府重视对经济的宏观调控，重视制订中期和长期经济发展计划，先后制订了一个六年计划和8个五年计划。2013/2014财年巴基斯坦国内生产总值达到2 250亿美元，人均国内生产总值为1 299美元。

2. 经济政策和计划

1999年穆沙拉夫执政以来，巴基斯坦保持了相对稳定的经济政策，并因支持美国反恐而获得大量的美国援助，由此推动巴基斯坦经济走出了低谷。国内生产总值、人均收入取得较快增长，通货膨胀率、失业率等控制在一定水平内，外汇储备(截至2005年年底)126亿美元。[①]

根据巴基斯坦制订的2001—2011年的十年规划，巴基斯坦的GNP增长率要达到5.3%，GDP要达到4.9%，其中制造业要达到6.9%，农业为3.8%，其他产业为5.9%。

3. 基础设施

到2011年6月底，巴基斯坦全国公路总里程达26万千米，公路客运占客运总量的90%，公路货运占货运总量的96%。铁路共有7 791千米，车站781个。经过几十年的努力，巴基斯坦国际航空公司已发展成为享誉世界的航空公司，并跻身于世界10大航空公司之列。巴航空公司有49个国际航空站，36个国内航空站。巴航投入了波音747和空中客车A310，还首次开辟了大西洋航线，在远东地区开辟了到曼谷、科伦坡、马累、吉隆坡、马尼拉、新加坡、雅加达、北京、东京的航线，开辟了中东、南亚航线，飞往37个国际机场。近年来，巴基斯坦又开辟了与中亚国家的航线。

巴基斯坦全国对外贸易的90%是依靠海运，全国海运公司拥有20艘船只，总吨位为326 317吨。卡拉奇港是巴基斯坦最重要的现代化港口，港口吞吐量占全国港口吞吐量的95%。该港与全国铁路、公路网相接，交通运输极为便利。卡西姆港是巴基斯坦第二大港口，也是第一个多功能工业港，位于卡拉奇港东南50千米处。

4. 投资与贸易

巴基斯坦的商贸环境有着自由化、制度化和私有化的特点。

1) 投资

外资进入巴基斯坦的制造业，无须征得政府的批准。工业、建筑业和服务业3个领域的外商独资企业，可以自由地汇出利润或红利。宽松的关税与税务制度、大片的土地以及巨大的国内市场，使得巴基斯坦备受外资青睐。此外，巴基斯坦在海湾和中亚的枢纽地位也使它倍受关注。

巴基斯坦政府还设立了一些对出口货物实行免税政策的出口加工区。巴基斯坦为投资者提供了具有吸引力的鼓励政策，其中包括：投资者完全拥有工业项目的所有权；廉价的熟练、半熟练的劳动力，免税进口机械设备；出口加工区实行完全自由化的市场经济；在工业、社会、基础设施等部门100%的外国所有权；资本、利润和红利全额返还；初始折旧补贴，可折旧资产的50%；进口减免税收。

出口加工区的投资领域：工农业、石油和天然气、仓储设备、信息技术和电信、农业合作、高附加值纺织服装、巴基斯坦实体和中小企业的私有化。目前，位于卡拉奇、里萨尔普尔、锡亚尔科特和萨因达克的出口加工区已在运作。巴基斯坦的这些出口加工区实行一个窗口办公，即所有手续，从批准投资计划到落实，提供水、电、气等全部公用设施，授权进口等，都由出口加工区管理局一家办理。从批准计划到实际建成一个工业或仓库贸易单位的全过程可在一个月内完成，进出口授权可在处理日当天完成。为促成快速交易，政府已允许银行在海外设立分支机构，出口加工区的保险公司不受管制法规的限制。

① 巴基斯坦财年始于7月1日，截止至翌年6月30日，2004—2005年度巴基斯坦经济调查。

对外国投资者优先开放的商业领域包括：原油、天然气、石化工业、采矿业、农产品深加工、基础设施及相关服务业、旅游业、信息产业和皮革业、宝石加工业、汽车业和电子行业等。①

巴基斯坦获得的外援由赠款、赠款式贷款和贷款构成，但随着时间的推移，获得的赠款逐年减少，贷款逐年增加。

巴基斯坦获得的援助方式主要有工程援助和非工程援助，工程援助的比例从“一五”计划期间的49%上升到“六五”计划期间的83.6%，非工程援助则从51%下降到16.4%。

美国对巴基斯坦的经济援助最多，其次是海湾国家，再次是苏联、中国、澳大利亚、罗马尼亚等，在巴基斯坦的投资回报率为16%～60%。

由于诸多原因，自1995年以来，进入巴基斯坦的外资一直在下降，进入新世纪后外资的流入开始回升。根据巴基斯坦国家银行2001—2002年度的统计，外资总额已由4.84亿美元增加到2002年7月至2003年6月间的7.98亿美元，增幅达65%。但受国际金融危机和国内安全形势恶化的影响，巴基斯坦吸引外资的能力急剧下降。2011年，巴吸引外资15.72亿美元，同比下降26.93%。

2) 贸易

巴基斯坦对外贸易发展速度很快，2011年出口总额248.1亿美元，进口总额为404.14亿美元。近年来，巴基斯坦政府加速工业化，扩大出口，缩小外贸逆差，与世界上90多个国家和地区有贸易关系。巴基斯坦前10大贸易伙伴国分别为中国、阿联酋、美国、沙特、科威特、德国、马来西亚、阿富汗、日本、印度。

巴基斯坦在世界出口贸易中的比率一直保持在0.16%左右。在主要出口商品中，纺织品和服装所占比例上升，而地毯、皮革和皮革制品、鱼类等出口商品在世界出口商品中所占比例下降。在进口商品中，机器、原油、杀虫剂、医药、食用油、汽车、小麦、茶、纸和纸板、丝织品、化纤品、橡胶、糖等有所减少，石化产品、塑料、化肥、钢铁、牛奶及奶制品进口增加。

3) 对华贸易

巴基斯坦与中国的贸易额在世纪之交的前后几年中增长迅速，1996—2006年间年均增长19.5%，从9.6亿美元增至52.5亿美元。巴基斯坦对中国出口货物主要是原棉、粗纺纱、棉纱、纺织品、烟草、铁等；从中国进口货物主要是机械、化工、轻工等产品。近年来，中国企业在巴新签项目合同和完成营业额情况创下佳绩。截至2006年年底，中国累计在巴基斯坦承包工程、劳务合作及设计咨询总合同额101.1亿美元，完成营业额77.2亿美元。另外，双边投资也取得迅速的增长。巴基斯坦是中国在南亚地区的重要贸易伙伴(图16.2)。2006年11月24日，中国与巴基斯坦签署了《中巴自由贸易协定》，从此，两国贸易得到了长足的发展，贸易领域进一步扩大。据统计，2011年中巴双边贸易额为105.6亿美元，同比上升21.99%。其中，中方出口额84.4亿美元，同比上升21.7%；进口额21.24亿美元，同比上升22.7%。中国成为巴基斯坦第一大贸易伙伴。2012年前3个月，中巴双边贸易额为21.15亿美元，同比上升12.5%。其中，中方出口额20.33亿美元，同比上升10.9%；进

① 杨翠柏、刘成琼编著，《巴基斯坦》，社会科学文献出版社2005年1月版，第181～182页。

口额 6.82 美元，同比上升 17.3%。

5. 金融货币

巴基斯坦拥有的银行机构主要有以下 4 类。

国有银行：巴基斯坦国民银行、旁遮普银行、中小企业一行、第一妇女银行、巴工业发展银行、旁遮普省合作银行等，共计 9 家。

私营银行：主要包括 Allied 银行、Mcb 银行、United 银行、Habib 银行和 Askari 等 20 家。

图 16.2 连接中国和巴基斯坦的喀喇昆仑公路

外资银行：主要为花旗银行、渣打银行、汇丰银行(2012 年退出)、东京三菱银行、德意志银行等共计 11 家。

伊斯兰银行：是巴基斯坦银行机构的重要组成部分，主要包括巴伊斯兰银行、迪拜伊斯兰银行等。

目前，巴基斯坦本国银行还存在许多问题，如管制过死，效率不高；审计制度不健全，违法乱纪现象严重；法制不健全，拖欠贷款严重；金融伊斯兰化，银行效益低等。

巴基斯坦货币名为卢比(Pakistan Rupee)，2012 年汇率 1 美元约合 94 卢比。

16.5 社会环境

1. 基本情况

巴基斯坦历史上与印度有着相同的渊源，社会状况也有很多的共性。巴基斯坦法律禁止堕胎，也不提倡计划生育。自 1961 年至今，这个国家的人口增加三倍，2005 年达到 1.55 亿。据估计，到 2025 年，巴基斯坦将成为世界第四人口大国。伴随着人口增长，贫困问题也日益严重，现在有近三成的巴基斯坦人生活在贫困线以下，超过 40%的人缺乏清洁用水和基本卫生条件。在人口迅速膨胀的同时，城市贫民区的形成也成为困扰巴基斯坦政府的一个大问题。以拉合尔为例，这个面积只有上海 1/20 的地方，居然居住了 800 万人。

巴基斯坦财政支出不平衡，由此影响到政府对社会的服务功能。不多的财政收入在支付完军费和政府行政开支之后，已经无力提供许多基本的社会服务了。只要同东边强邻印度的关系仍然紧张，军费就削减不下去，也就没办法更多地顾及民生问题。

虽然有贫困、国际冲突和教派纷争等问题，但各个阶层的巴基斯坦人有一个共同点——视中国为朋友。许多到过巴基斯坦的中国人都有同样的经历：只要告诉对方“我是中国人”，办事就能顺利许多。

拉合尔对面就是印度边境城市阿姆利则的瓦嘎口岸。几十年来印巴双方每天都要在相同的时间、相同的地点，以相同的方式举行降旗仪式，力争在气势上压倒对方。双方建好了看台，并且有民众参与助威，已成一个著名景观。

2. 社会基础设施及社会保障体系

巴基斯坦是国际上公认的人均收入较低的国家之一，近年来，人均年收入已达到 800 美元左右。多数家庭拥有 2～4 间房屋，拥有 5 间房屋的家庭很少。在使用清洁饮用水源方面，使用自来水作为主要水源的家庭比例不到一半。在儿童保健方面，全国儿童接受免疫接种的比例由 53%增加到 77%。农村地区的情况由 46%提升到 72%。[①]

巴基斯坦政府努力解决社会问题，改善穷人生活条件，特别是就业和医疗卫生问题。医疗卫生业主要由各省自己管理，联邦政府负责全民族的医疗卫生计划、省际合作和处理与国际机构联系的合作事务。政府开办惠及全民的免费医院、实行医药分开、降低药价和采取公务员看病报销制度等措施，使巴基斯坦在国民卫生保健领域走出了一条较为成功的道路。截至 2001 年，全国有大型医院 907 所，小型医院 4 625 所，妇产医院和儿童保健院 879 所，结核病医院 272 所。全国有一些社会和宗教福利组织从事福利活动。

1959 年巴基斯坦成立独立的体育局，制定体育发展政策。1985 年在伊斯兰堡修建了巴体育综合设施。2001 年 2 月 14 日，发布了国家体育政策，加大投入，设立俱乐部，进行商业运作，振兴巴基斯坦体育。

截至 2000 年 3 月，全国拥有电视机 315 万台，电话机 303.5 万部，平均 47 人拥有一部电话机。政府还大力发展信息技术产业，让更多的普通百姓使用上高科技的信息设备。

3. 教育

巴基斯坦实行中小学免费教育(图 16.3)。正规教育分 5 个阶段：小学教育，1～5 年级；初中教育，6～8 年级；高中教育，9～10 年级；普通或技术教育，又称中等学院或中等学校，亦称“高级中等学校”，11～12 年级；高等教育。职业教育一般从 8 年级以后开始，相当于普通高中的技校和职业学校，综合技术学校和技术学院对学生进行进一步培训，毕业时发给技术文凭和技术学位。在巴基斯坦正规教育制度中，学生升级都需通过考试。

图 16.3　巴基斯坦男童学校

与正规教育制度并存的是传统清真寺学校。这类学校办在清真寺里，由宗教师担任老师，讲授阿拉伯文学，了解伊斯兰教的各种流派，也学习修辞、语法、逻辑、几何学、代数学、天文学、伊斯兰教理论、自然哲学、医学和神学。

2011—2012 财年教育经费约为 27.5 亿美元，占国民生产总值约 1.3%。10 岁(包括 10 岁)以上识字率(巴政府数据)为 58%；全国共有小学 15.5 万所，初中 2.87 万所，高中 1.61 万所，大学 51 所。著名高等学府有旁遮普大学、卡拉奇大学、伊斯兰堡真纳大学和白沙瓦

① 卢晓昆、郭穗彦编，《南亚报告：2005—2006》，云南大学出版社 2006 年 3 月版，第 73～74 页。

大学等。全国在校注册学生人数 3 822 万，教职员工 141 万。

4. 新闻出版和传媒

巴基斯坦出版业较为发达，较大的出版社有 50 多家。2000 年，全国共有报刊 2 200 余种，主要报纸发行量在 5～30 万份之间。英文报纸有《新闻报》、《黎明报》、《巴基斯坦时报》和《国民报》等；乌尔都文报纸有《战斗报》、《时代之声》和《东方报》等。主要通讯社有巴基斯坦联合通讯社(国营)、巴基斯坦国际通讯社(私营)。

广播电台主要是巴基斯坦广播公司，有 27 个电台，对外用 7 种语言广播。巴基斯坦电视公司是全国最大的电视台，主要城市均有电视台。人口覆盖率达 87.8%。

5. 科技发展

1984 年 2 月，巴基斯坦政府批准了科学技术部制定的全国科学技术政策，1985 年又批准了实施该项技术政策的科学技术行动计划。全国科学技术政策涉及的方面包括：科技机构和结构，高等院校的研究活动；技术发展；科学技术人才的培养；科学技术在经济社会中的运用；国际联系与合作；科学技术发展项目的资金来源。

巴基斯坦科学技术发展中存在的主要问题不是缺乏资金和机器设备，而是缺乏高等院校、研究与开发机构以及工农业各个领域训练有素的合格人才。因此，科学技术部于 1985 年实施了在新技术领域培训高级人才的人才资源开发计划，意在提高全国的科技潜能、培养足够的合格人才。为了推动高等院校的研究活动，各大学恢复了高级研究委员会，加强图书馆、文献资料和实验室等设施建设，加强培训活动，实行研究与开发资金分开等措施。

1993 年 11 月，巴基斯坦政府颁布了全国技术政策和技术开发行动计划。全国技术政策的目的是在现有科学基础上尽可能完善技术基础的发展，而行动计划强调的是实现全国技术计划的具体政策行动和项目。截至 2002 年，巴基斯坦有 300 万互联网用户，是 1996 年的 150 倍，当时全巴基斯坦只有 2 万互联网用户。

巴基斯坦科学技术部、科学技术委员会和科学基金会负责科技政策决策、规划和协调。它们就科学政策和推动全国科学活力向政府提出建议，检查各个研究委员会的工作，保证科学与全国发展计划的协调。巴基斯坦科学基金会主要是推动技术研究的融资机构。

自 1956 年巴基斯坦成立了原子能委员会和原子能理事会以来，伴随着其 40 年的核发展历史，它的核能安全体系从无到有，一直到构建得比较完备，从核安全和放射性保护理事会到核能监管委员会，之后再到核能监管权力机构，这些机构组织在建立和执行核能安全和放射性保护的法规、标准及监管方面发挥了历史作用。今天，巴基斯坦可以客观公正地对外宣称：它已拥有一个独立、完备和称职的核能安全和放射性保护实体，并有一套规范的核安全法律体系。

16.6 文化环境

1. 民族

巴基斯坦是一个多民族国家，其中旁遮普族是人口比例最大的民族，占全国人口总数的 63%，其他的主要民族中信德族占 18%，帕坦族占 11%，俾路支族占 4%。

2. 宗教

巴基斯坦 95%以上的居民信奉伊斯兰教(国教)，少数信奉基督教、印度教和锡克教等。

巴基斯坦穆斯林的礼拜习俗特别浓厚，教徒们仍保持着礼拜的习俗。按教规，教徒每天要礼拜 5 次，分别称为晨礼、晌礼、晡礼、昏礼和宵礼。礼拜前，礼拜者必须沐浴净身。净身分大净和小净：大净指洗全身；小净指洗手、洗脸、洗肘、漱口、洗鼻孔、用湿手摸头和冲洗双脚。用水洗为水净，在缺水或在患病的情况下，可不用水洗，以洁净的土、沙、石、砖等物代替。方法是用双手在代替物上拍拍，然后摸摸脸，再拍拍，抹双手至肘。礼拜一般要到清真寺由伊玛目率领集体举行。如果到了礼拜时间，附近没有清真寺，可就地单独礼拜。礼拜时，礼拜者要衣着整洁，头戴白布帽，面向麦加方向站立，举两手于头的两边，诵“真主至大”，做端立、鞠躬、赞颂、叩首、跪坐等动作。礼拜结束后，礼拜者互道“撒拉姆(意为和平、平安)”，然后离去。

3. 语言

乌尔都语为巴基斯坦的国语，英语为官方语言，主要民族语言有旁遮普语、信德语、普什图语和俾路支语等。

4. 家庭及社会生活习俗

1) 家庭

许多巴基斯坦妇女说，“我们的社会是男人的社会”。此话明确地道出了妇女被排除在公众领域之外，在社会中处于从属地位的状况。在家庭内部，丈夫对于妻子来说就是她们“世俗的真主”，妻子必须绝对服从，敬养老人、伺候丈夫、生养后代就是她们的天职。正如普什图语成语所说：“对于妇女，不是家，便是坟墓。”直到几年前，巴基斯坦平均每个妇女要生 7 个孩子。过多的生育损害了她们的健康，愚昧和医疗保健条件的缺乏，造成许多妇女死于难产，产妇年死亡人数高达 1.8 万～2.7 万。此外，每年还有 30 万人为各种产后疾病所困扰。重男轻女的传统，使女性从出生起便受到歧视(图 16.4)。

图 16.4 巴基斯坦妇女

就男子而言，绝大部分巴基斯坦男子不愿意妻子出门参加工作，因为这样人们会认为他无力供养妻子，从而损害他的名誉。许多人还认为，职业妇女在工作中与男人接触是有失体面的。

男性家长在子女教育问题上的态度，对女孩子的未来具有重大影响。在一些开明的家庭中，女孩子能受到良好的教育，成为教授、作家、官员，甚至成为领导人。与此相反，家长的保守态度使许多女孩子失去上学机会。

2) 生活习俗

(1) 服饰。相对而言，巴基斯坦的传统服装比较保守，巴基斯坦男人冬天爱戴真纳皮帽，妇女遵循伊斯兰教遮盖羞体的规定，一律长衫长裤，并以纱巾、披单或布尔加(一种罩袍)掩盖其容貌，从头到脚都裹得比较严实。

(2) 饮食。巴基斯坦的食物类似于印度，综合了印度北部和中东的口味，任何形式的肉或炒饭都添加了大量的香料。肉类为牛、羊、鸡、鱼肉等，禁食任何形式的猪肉。宰杀牛羊时必须按照教法规定诵“真主至大”，并以断喉法宰杀。动物的血和自死物均禁止食用。不许喝任何含酒精的饮料，违禁者会受到伊斯兰教规的严惩。

巴基斯坦人的主食为面食和大米，尤其喜欢粗面烙饼。巴基斯坦的大米品质优良，做成的抓饭是婚礼和待客的主要食物。巴基斯坦的菜肴大量使用桂皮、小茴香、安息茴香、八角茴香、胡椒、番红花、丁香、姜黄等多种香料，或使用各种咖喱粉，故有一种独特的浓烈香味。巴基斯坦人嗜食辛辣，各种菜肴均放入大量干辣椒。他们还喜食各种油煎、油炸食品，喜欢生食蔬菜，蔬菜煮熟时做成菜泥。蔬菜中各种豆类很受欢迎，消费量很大。巴基斯坦的甜食种类很多，巴基斯坦人喜欢牛奶、酸奶、奶茶，喜欢喝凉水和冰水。习惯用右手抓食吃，平时爱嚼槟榔。茶是巴基斯坦社会各阶层每天都不可缺少的饮料，堪称是巴基斯坦饮料之王。巴基斯坦人嗜茶如命，茶馆遍布大街小巷、野村山寨。一位朋友说，巴基斯坦“有人的地方就有茶馆”。在巴基斯坦漫画家的笔下，躺在医院里输液的病人，输的不是葡萄糖或血浆，而是茶。

巴基斯坦人嗜饮奶茶，一般均用沫状红茶加水同煮，沸后茶色红润清亮而味极苦，饮用时加入牛奶和糖。有的地方用绿茶煮后加奶，茶呈玫瑰色，再加碾碎的阿月浑子和巴旦杏，称为克什米尔茶。在巴尔蒂斯坦，同西藏一样的酥油茶，代代相承，流传至今。

奶茶是巴基斯坦一日三餐和礼宾待客的重要组成部分。一杯奶茶、一个油饼和一个煎鸡蛋就是一份标准的早点。一杯奶茶加几块饼干或色莫萨，就是大多数公务人员正午的点心。有客来访，主人一定要送上热气腾腾的奶茶和点心招待。为了人们喝茶方便，几乎所有的公共机关和学校都设有茶馆，随时供应奶茶、点心。

茶会是社会交际的重要手段。各种各样的公共集会，从小型报告会到全国性代表大会，都将茶会作为一个重要项目。在会场的一端或会场外面，排列成行的桌子上，摆满了各式糕点、饼干、大茶壶、牛奶壶、糖罐，以及茶杯、茶碟，供与会者自行取用。人们三五成群，一边喝茶，一边交谈，气氛极为热烈。

甜食是巴基斯坦传统食品的一大项目，品种很多，消费量极大。甜食不仅是馈赠亲友的礼品，也是风俗礼仪的组成部分。在求婚、订婚和举行婚礼时，男女双方都要互相馈赠和分发大量甜食。①

(3) 婚丧嫁娶。巴基斯坦通行族内婚姻和近亲婚姻惯例，即堂兄妹、表兄妹之间通婚。随着社会发展，在大城市，这种婚俗已经被打破，但是在农村地区，这种古老的习俗仍然存在。包办婚姻、早婚、换婚、在家族和部落冲突中以女子作为赔偿、买卖妇女等陋习依然存在，女性往往成为牺牲品。

嫁妆的多少和质量的高低直接影响着家庭的声誉。嫁妆越多，女儿在婆家的地位越高，

---

① 陆水林著，《巴基斯坦》，重庆出版社2004年6月版，第274页。

反之，则会受到婆家的轻视甚至虐待。由于巴基斯坦人把婚姻看得非常严肃、神圣，加之传统习俗和宗教影响，在巴基斯坦，离婚非常少见。

巴基斯坦的丧葬仪式需要按照伊斯兰教规的要求进行。人在快死亡的时候，家属必须站在周围，以防止魔鬼的出现，并祈祷以减轻死者临死时的痛苦。等到死之后，将死者的脸朝麦加。埋葬之前，有清真寺的阿訇为死者净身。葬后，亲属要哀悼 3 日，此后还有 40 日、6 个月和周年纪念日，所有亲属都要参加这些祭奠仪式。

(4) 礼节。巴基斯坦在礼节方面受伊斯兰教影响最大，这也决定了其商业习俗的主要特点。穆斯林见面时必须互道安好。一方先说“艾萨拉玛来古姆”，意为“愿安拉赐予你们平安”，另一方答“瓦来古姆艾萨拉姆”，意为“愿安拉也赐予你们平安”。在致、答祝安词时，有的握手、拥抱，有的则以右手抚置胸前，表示亲如兄弟和发自内心的祝愿。这种问候方式为全世界穆斯林通用，已有 1 000 多年历史。不论是向一个人问好，还是向众人问好，祝安词中一律使用复数“你们”，以示尊重。

见面时道安问好是伊斯兰教教义的要求。遵守这一礼节，尤其是首先问候别人者，真主会赐予其好的回报。听到别人问好而不立即作答，是很失礼的。穆斯林在互通信件或发表谈话和演讲时，都要先向对方或听众致祝安词。

在道安问好时，一般以握手为限。如遇很久不见的老朋友或贵客，在握手问好之后，还要热烈拥抱。拥抱时双方先以身体右侧相触拥抱一次，再以左侧身体相触拥抱一次，最后再以身体右侧相触拥抱，有的在拥抱时还要以手轻拍对方后背，以示亲昵。

男子向妇女问候时均不握手，只说“艾萨拉玛来古姆”或答“瓦来古姆艾萨拉姆”。男子不可主动和对方握手，否则会使双方很尴尬。只有在女方主动伸出手来，才可和其握手。妇女们见面时更为热情，她们要相互搂抱，接着是一阵吻雨落到对方的两颊和额头上，然后再抱再吻，如是三遍。

在巴基斯坦各民族中，好客被视作一种美德。他们认为客人是真主的恩赐，主人无论贫富，都应请客人留下吃饭，竭尽所能予以款待，至少也应以茶点或冷饮招待，否则便算失礼。

16.7 商业环境

1. 贸易限制

为促进对外贸易发展，巴基斯坦政府采取了许多有力措施：调整工业发展战略，使外贸政策同国民经济发展政策相一致；充分利用现有设备能力，新建工业项目，扩大出口基础；放宽对进口机器设备和原材料限制，发展国内生产；给出口商提供各种优惠，如提供低息出口信贷，提供税收和其他财政优惠；奖励出口和实行出口补贴；提高产品质量和开拓新市场。

为了引进外国资本和先进技术，巴基斯坦在卡拉奇、卡西姆、拉合尔、白沙瓦和俾路支省建立了出口加工区，另在全国 15 个城市中建立了“出口型工业城市”。对外商在加工区投资提供优惠条件，放宽进口限制，取消禁止进口的商品种类。加强组织领导，完善外贸体制。

在巴基斯坦的进口商品中，资本货物逐年增加，而消费品逐渐减少，这表明巴基斯坦工业化有了一定发展。

2. 商业习俗与惯例

在商务活动中，最好会讲一口流利的英语，否则，就会被认为没有受过教育而被轻视。商业宴请，一般是清一色的男性，不过也有例外，留学欧美或习惯于和欧美商人交际的高级商人，或娶了白人为妻的高级商人等举行的宴请，就可以看到妇女。所以，在从事商业接触时，必须了解这种社会生活和风俗习惯，否则，难保不会因为芝麻小事，伤害了对方的自尊心而妨碍商务活动。处于管理部门的人，多是生长在上流社会的人，以留学欧美的居多。商业活动的对象主要是处于经理职位以上的人，处于经理职位以下的人一般是不能作肯定答复的。商谈是不可以用电话的，必须亲自访问对方，促膝而谈，才能有所进展，更需注意的是口说无凭，因此任何约定都必须做成书面的字据。因为依照他们的习惯，连结婚时都要订立契约，收取离婚保证金的，因此为了确定责任，留个书面证据十分重要。

3. 知识产权

近年来，巴基斯坦政府致力于强化本国经济、提升国际竞争力、加快与全球经济的接轨整合。在此过程中，巴政府认识到，克服阻碍知识产权有效管理的机制弊端，加大本国知识产权执法力度，改善不断恶化的知识产权保护现状，构建强大的知识产权制度是在当今全球化经济环境下实现竞争型经济的关键。

为了更好地实现知识产权综合管理和执法协调的目标，2005 年 4 月 8 日，巴基斯坦政府决定联合分别隶属于工业、生产和开发部、商务部及教育部的专利局、商标登记处和版权局，组建巴基斯坦知识产权组织(IPO-Pakistan，IPO)，使之成为知识产权综合管理和执法协调的核心。总部设在伊斯兰堡的 IPO 成立以来，在打击假冒盗版、完善知识产权制度以及提升公众知识产权意识方面颇有建树。

本章小结

巴基斯坦伊斯兰共和国是一个多民族国家，95%以上的居民信奉伊斯兰教(国教)，巴基斯坦是一个发展中国家，经济以农业为主，工业落后，最大的工业部门是棉纺织业，其他还有毛纺织、制糖、造纸、烟草、制革、机器制造、化肥、水泥、电力、天然气、石油等。近年来，政府一直努力加速工业化，扩大出口，缩小外贸逆差，与 90 多个国家和地区有贸易关系。巴基斯坦主要进口石油及石油制品、机械和交通设备、钢铁产品、化肥和电器产品等；主要出口棉花、大米、纺织品、皮革制品和地毯等。巴基斯坦与印度、孟加拉共同的历史渊源形成了这几个国家在社会、经济、文化等总体环境方面的极大共性，但在政治、宗教等方面又存在差异或分歧，这使得在了解巴基斯坦的商务环境过程中既有捷径可循，又有关键环节需要注意，这样才能有效地掌握与巴基斯坦进行商务沟通的要领。

思 考 题

1. 在巴基斯坦经商、旅游、从事公务活动应遵循的主要规矩、注意事项和禁忌是什么？
2. 在巴基斯坦经商做生意有什么样的风险？
3. 巴基斯坦贸易限制的内容是什么？

第17章 孟加拉国

孟加拉国全称为孟加拉人民共和国(The People's Republic of Bangladesh)。

17.1 简　史

孟加拉国历史上曾经是北部印度多个王朝领土的一部分，该地区主要民族孟加拉族是南亚次大陆最古老的民族之一，在公元8～12世纪由信奉佛教的巴拉王朝统治，大约在13世纪初被信奉伊斯兰教的穆斯林统治，1576年孟加拉归属莫卧儿帝国。16世纪，孟加拉地区已经成为人口稠密、经济发达、文化昌盛的地区，并于18世纪建立独立王国。1757—1764年英国人占领孟加拉，并以此作为向印度扩张的基地，1773年驻孟加拉国总督成为印度的最高行政长官。19世纪，孟加拉国成为印度的一个省。1947年，英国结束在印度的殖民统治，根据“蒙巴顿方案”，[①]将英属印度按宗教信仰分为印度和巴基斯坦两个国家，同时，孟加拉被分为东、西两个部分，西部归印度，称为西孟加拉邦，东部归巴基斯坦，称为东巴基斯坦。1971年，印度通过第三次印巴战争肢解了巴基斯坦，使得东巴基斯坦独立。1972年1月东巴基斯坦宣布独立，正式成立孟加拉人民共和国，独立日和国庆日都是在3月26日。

17.2 自然环境

1. 位置与面积

孟加拉国位于南亚次大陆东北部的恒河和布拉马普特拉河冲击而成的三角洲上，东、

---

① 由英国驻印度的最后一位总督蒙巴顿得名，印度和巴基斯坦两国本是一个国家，1947年6月3日，英国最后一任印度总督蒙巴顿公布印巴分治的“蒙巴顿方案”，由此种下了印巴两个国家持续半个多世纪冲突的祸根。

西、北三面与印度毗邻，东南与缅甸接壤，南濒临孟加拉湾，海岸线长 550 千米，国土面积 147 570 平方千米

2. 地形、地貌、气候与降水

孟加拉国全境 85%为冲积平原，地势低平、河流纵横、沼泽众多，其东南部和东北部为丘陵，土地肥沃，是农业和渔业主产区。孟加拉国被人称为“水泽之乡”和“河塘之国”，是世界上河流最稠密的国家之一。全国有大小河流 230 多条，主要分为恒河、布拉马普特拉河、梅格纳河三大水系。其中布拉马普特拉河的上游是我国的雅鲁藏布江。孟加拉国内河航运线总长约 6 000 千米。另外，全国约有 50 万～60 万个池塘，平均每平方千米约有 4 个池塘。

孟加拉国除了沿海平原属于季风型热带草原气候外，其余地区属于季风型亚热带森林气候，气候湿热多雨，全年平均气温为 26.5℃，年平均降水量为 1 800～3 000 毫米，为世界多雨国家之一。

由于地理位置和气候条件等原因，孟加拉国是世界上最易遭受自然灾害的国家之一。孟加拉湾是飓风最频繁的地区，因此，孟加拉国经常受到飓风的袭击。频繁的自然灾害给孟加拉国经济造成巨大损失，严重地阻碍了孟加拉国经济的发展，也使孟加拉国的经济变动十分脆弱。

3. 资源禀赋

孟加拉国矿产资源贫乏，对进口的依赖度高。天然气储量最为丰富，据孟加拉国能源与矿产资源部估计，已探明天然气储量为 3 113.9 亿立方英尺，主要分布在东北几小块地区，煤储量 7.5 亿吨。森林面积约 200 万公顷，覆盖率约 13.4%。全国可耕地面积为 1 480 万公顷(其中已耕地 2/3)。其他重要的资源主要还包括石灰石、磐石、煤炭、硅砂、白黏土、黄麻、原皮、鱼类资源、待开发的石油等。

由于地理位置和气候条件等原因，孟加拉国十分适合发展农业，其粮食作物主要有水稻、小麦、豆类、油籽、马铃薯等，以大米为主食；经济作物主要有黄麻，孟加拉国素有“黄麻之国”之称，黄麻以及以黄麻为原料的制成品曾是出口创汇的主要来源(图 17.1)。其他经济作物还有甘蔗、茶叶、棉花、槟榔、棕榈等。

图 17.1 孟加拉国农民正在收割黄麻

孟加拉国的渔业资源极为丰富，冷冻鱼虾目前已是四大主要出口产品之一。

4. 人口及行政区划

孟加拉国总人口 1.6 亿，人口密度为每平方千米 964 人，是世界上人口密度最高的国家。孟加拉国全国划分为达卡、吉大港、库尔纳、拉吉沙希、巴里萨尔、锡莱特、郎故尔 7 个行政区。

首都达卡(Dhaka)，人口 1 200 多万，被称为“清真寺之城”，市内有 800 多座清真寺，是孟加拉

国政治、经济、文化中心。达卡始建于公元 7 世纪，1972 年孟加拉国独立后成为首都。达卡是世界著名的黄麻生产加工中心，拥有世界最大的黄麻加工厂，集中了孟加拉国主要的工业企业，达卡是孟加拉国最大的工商业集散中心，也是恒河三角洲最大的农产品集散中心，交通发达，为全国水陆空交通的中心枢纽(图 17.2)，达卡还是孟加拉国科技、教育和艺术的中心，全国主要的大学和科研院所大部分集中在这里，达卡还有大量的名胜古迹，例如莫卧儿时代遗存的城堡、宫殿、陵墓和风格各异的建筑物。

图 17.2　达卡市郊区——特大竹桥

孟加拉国除了首都达卡外，主要大城市还有吉大港等。

17.3　政治环境

1. 政治体制

孟加拉国实行共和国制，多党民主选举和一院制。孟加拉国每 5 年举行一次全国性总理大选，自 1991 年以来，孟政府基本通过全国大选形式，两大主要政党——孟民族主义党和孟人民联盟轮流单独或与其他小党联合执政，无论哪个政党上台执政，反对党几乎在所有问题上都采取不合作策略，因此，“对抗政治”已成为孟加拉国政治的一大特色。

1972 年 11 月 4 日议会正式通过宪法，12 月 16 日生效，宪法的基本原则是“信仰真主、民族主义、民主和社会主义。”宪法规定议会行使立法权。1982 年 3 月军管后，宪法中止实行。1986 年 11 月 10 日恢复执行宪法，截至 1996 年，孟议会对宪法共进行过 13 次修改。议会实行一院制，即国民议会(Jatiya Sangsad)。议会由公民直接选出的 300 名议员和由议员遴选的 45 名女议员组成，任期 5 年。议会设正、副议长，由议员选举产生，还设秘书处以及专门委员会等部门。

2. 政府

政府是最高行政机构，实行总理负责制，总理可身兼数职。孟加拉国存在着两种地方政府组织，即农村的和城市的。农村的地方组织由3部分构成，即联合村(Union Parishad)、区(Upazila)、县(Zila Parishad)；城市的地方政府机构分为市(Pourashawa)和直辖市(OtyCorpomtion)。孟加拉国的地方政府机构享有一定程度上的运作自主权，但中央政府对地方政府有着较强的指导、监督和控制权，体现在法案、管理、财务等方面。因此，孟加拉国的中央政府和地方政府之间存在着监护人—被监护人(Patron—Client)的关系。

3. 政治党派

孟加拉国政党林立，主要政党有孟加拉国民族主义党、孟加拉国人民联盟、孟加拉民族党等。自20世纪90年代以来，孟加拉国主要由民族主义党和人民联盟轮流执政，形成了“对抗政治”的局面，带来政局不稳定的缺点，但无论哪个政党上台执政，基本上都奉行改革开放、积极吸引外资的政策。

4. 司法体制

最高法院是孟加拉国最高司法机构，由一名首席法官和若干名法官组成，均由总统任命。最高法院分为上诉法庭和高等法庭两部分。首席大法官和部分指定的法官审理上诉法庭的案件，其他法官审理高等法庭的案件。达卡有高等法院和劳工上诉法院，此外，还设有巡回法院、县法院、民事法庭、刑事法院等。

5. 对外关系

孟加拉国奉行独立自主、不结盟政策，强调经济外交，在平衡同大国关系的同时，注重发展与穆斯林国家的传统关系，努力改善和发展与印度的关系，并加强同西方国家的关系。

孟加拉国致力于推动南亚区域合作，积极参与区域和跨区域合作，主张全面、彻底裁军，主张以和平方式解决国际争端，反对西方国家利用人权问题干涉别国内政，强调建立公正的国际经济新秩序，国与国之间应遵循和平共处五项原则。

因印巴矛盾制约南亚发展，2001年10月，卡•齐亚政府执政后，实行“东向”外交政策，注重发展与中国、日本及东盟国家的关系。

1975年10月4日，孟加拉国与中国建立外交关系，建交后两国关系发展迅速。

17.4 经济环境

1. 经济发展状况

孟加拉国是世界上最不发达的国家之一，工业基础薄弱，生产技术落后，国民经济主要依靠农业。自20世纪80年代中期开始，孟加拉国实施以市场为导向的自由经济增长战略，并在20世纪90年代初期加大实施这一战略的力度，全面修订工业贸易政策，推动贸易、投资自由化进程，大力吸引外国投资，加强对民营企业发展的支持，大力改善基础设施。经历届政府努力，孟加拉国经济保持持续、平稳的增长，经济与社会取得了一定程度的发展，人民生活水平逐步提高。GDP从20世纪80年代年均增长3.84%上升到20世纪

90 年代的 4.88%。尤其是近 8 年来，孟加拉国经济保持稳定增长，年均国内生产总值增长率维持在 6%左右。2010—2011 年国内生产总值达到 1 100 亿美元，人均国内生产总值增至 828 美元。

2. 经济结构

多年以来，孟加拉国正不断地由农业社会向工业社会演进，但产业结构的优化进展缓慢。从城市化进程来看，孟加拉国大约 80%的总人口生活在农村地区；从就业结构来看，在 6 000 多万总劳动力中，约 62%就业于农业，农业对于孟加拉国就业、减贫和粮食安全、国民经济增长等都有着重要影响。从产业结构来看，2010—2011 财年，孟加拉国农业、工业和服务业 GDP 占比分别为 19.9%、30.4%和 49.7%，由此可见，服务业在孟加拉国国民经济中占有重要地位。孟加拉国工业落后，工业以原材料工业为主，制造业欠发达，尚未形成完整的工业体系。

为促进产业结构的优化，实现经济的持续发展，在产业政策方面，孟加拉国通过了《工业政策 2005》，将以下产业或产品列为重点发展产业：农副业及农产品加工业、纺织业、黄麻产品及麻混合产品、成衣业、计算机软件和 IT 产品、电子、轻型工程产品包括汽车、医药品、皮革及制品、陶瓷、时尚与高附加值成衣、人造花、冷冻食品、整合虾养殖、花卉养殖、基础设施、珠宝及钻石切割与抛光、石油与天然气、蚕及丝绸工业、填充玩具、旅游业、基础化学/工业原材料、纺织业用的染料及化工品、眼镜架、家具、时尚行李产品、化妆品、冷轧卷、手工艺品、文具产品、草药、商业种植园、园艺业。特别是其中的农副业及农产品加工业、纺织服装业、计算机软件和 IT 业、电子业、冷冻食品、皮革及制品业的发展，孟政府尤为重视。

3. 经济基础设施

孟加拉国地处恒河和布拉马普特拉河三角洲水网地带，基础设施建设投资浩大，加上经常发生飓风和洪水的破坏，基础设施建设困难重重。目前孟加拉国政府正积极通过国际援助，调整投资政策，出台《民间基础设施投资指南》，推行私有化，开放能源、港口、电信部门，逐步改善经济基础设施状况，并提高运行效率。

交通方面，孟加拉国经过多年发展，基本形成以内河运输为主的包括海运、铁路运输、公路运输和航空运输的运输体系。内河航运线总长 8 300 千米(旱季 3 800 千米)，内河航运承担着国内 65%的货运和 38%的客运(图 17.3)。其主要港口包括：吉大港，年吞吐量为 1 011.3 万吨；蒙格拉港，年吞吐量 280 万吨。国际机场主要是达卡齐亚国际机场和吉大港国际机场。

图 17.3　孟加拉国的重要运输工具——帆船

在能源方面，孟加拉国能源供应仍然不足，其电力生产能力为 4 680 兆瓦，实际发电量为 3 800 兆瓦。石油天然气部门正在进行私有化改造，6 个石油公司已经有 4 个公司实现了 50%的国有资本与私人资本的置换。孟加拉国政府希望通过私有化提高能源部门的效率。目前，国营的孟加拉国石油公司分别与荷兰皇家壳牌公司和美国的优尼科(Unocal)石油公司签订了石油产品分成合同(PSC)。2004 年孟加拉国从荷兰皇家壳牌公司获得全国天然气需要量的 10%～20%；从美国尤若科公司每天获得 560 多万立方米的天然气供应。

在电信方面，2003 年以来政府开始加快电信部门的改革，通过大型项目的电信基础设施建设带动体制改革，已经取得一定进展。2004 年孟加拉国与 12 个国家在迪拜签订了一项高速通信电缆建设协定(SEA-ME-WE-4)，并于 2005 年开通孟加拉国与东南亚、中东和欧洲国家的互联网和电信门户。整项工程大大降低了孟加拉国的互联网和国际长途电话的成本。这一项目是从新加坡开始，经过马来西亚、泰国、孟加拉国、印度、斯里兰卡、巴基斯坦、中东最后到达法国的国际通信光缆。在孟加拉国内有 2.2 万千米的主干线路和 1 200～1 400 千米的海底支线以及吉大港—科克斯巴扎的光缆，投资为 1.14 亿美元。截止至 2012 年，孟加拉国移动电话用户达到 8 656 万户。移动话费价格低廉，国内电话一般为 0.03 元至 0.15 人民币/分钟不等，拨打中国大陆的国际电话约每分钟 0.5 元。孟加拉国网络服务虽然经过几次升级已经达到 85GB/秒，但是由于用户过多，仍然难以满足国内需要，且网络服务收费较高。

4. *贸易与投资*

孟加拉国近几届政府均主张实行市场经济，积极推行私有化政策，改善投资环境，大力吸引外国投资，积极创建出口加工区，贸易和投资均获得稳步增长。

在对外贸易方面，孟加拉国与世界上 130 多个国家建立了贸易关系，对外贸易稳步增长，尤其是出口贸易增长较快，如图 17.4 所示，已形成一批在国际市场上具有竞争力的优势产品。孟加拉国的出口市场高度集中在欧盟、美国、加拿大、印度和日本等国，其中欧盟和美国是孟加拉国最主要的出口市场，市场份额占孟加拉国总出口额的 80%以上(2006 —2007 财年数据)；主要进口市场有中国大陆、印度、日本、中国香港、韩国、美国、英国等；其出口的主要产品有黄麻和黄麻制品、皮革、茶叶、家用纺织品、陶瓷餐具、冷冻食品、水产品、黄麻织品、自行车、化工产品、工艺品、服装等；进口商品主要是粮食、奶制品、食用油、机械设备、交通运输设备、石油等。进出口总额均稳步增长，但孟加拉国长期以来对外贸易处于逆差状态，2010—2011 财年，孟加拉国贸易总额为 565.9 亿美元，其中进口 336.6 亿美元，出口 229.3 亿美元，贸易逆差 107.3 亿美元。

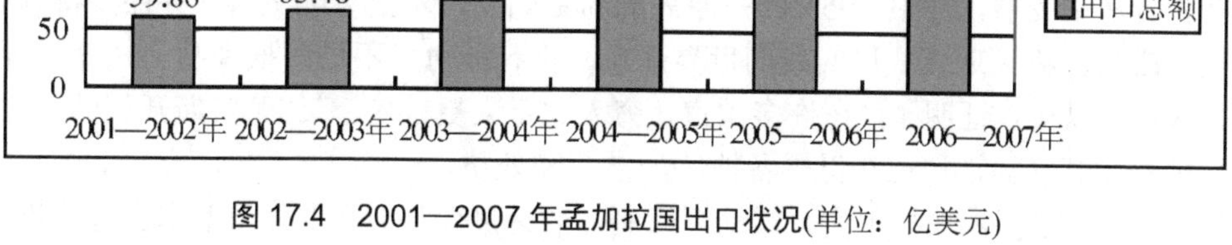

图 17.4 2001—2007 年孟加拉国出口状况(单位：亿美元)

数据来源：根据孟加拉国出口促进局统计资料整理。

在投资方面，孟加拉国利用外资发展本国经济的战略取得显著效果。从外商直接投资趋势变化来看，尽管波幅较大，但总体上表现出稳中有升的趋势，如图 17.5 所示。从投资来源国看，主要投资国家和地区为美国、英国、马来西亚、日本、中国香港、新加坡、挪威、德国、韩国等。中国对孟加拉国直接投资额较小，2011 年中国对孟加拉国投资总额仅为 1 118 万美元。从投资领域看，外商最主要和最集中的是能源行业，如天然气勘探开发和利用、电力建设等，其他投资领域主要是制造业和纺织服装业。近年来，在电信业外国投资势头兴旺。总体而言，孟加拉国利用外资发展本国经济的战略确实取得了令人瞩目的效果，但吸收外国直接投资的表现与其优惠的投资政策不匹配。

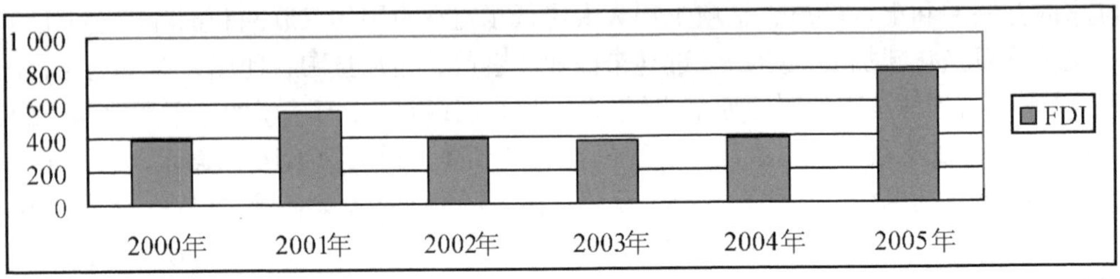

图 17.5 孟加拉国 2000—2005 年吸收 FDI 情况(单位：百万美元)

数据来源：根据孟加拉银行统计资料整理。

由于外汇缺口大，国际援助一直是孟加拉国外汇储备的重要来源，也是孟加拉国投资发展项目主要资金来源，主要来自日本、美国、加拿大等国和世界银行、亚洲开发银行等国际机构。截至 2009 年 6 月 30 日，孟加拉国外债达 194.4 亿美元。

孟加拉国与中国自 1975 年 10 月 4 日建立外交关系以来，在两国政府和各界人士的共同努力下，经贸关系迅猛发展。2011 年中孟贸易总额为 82.6 亿美元，同比增长 17%。其中，中方出口 78.11 亿美元，同比增长 15.1%；孟方出口 4.49 亿美元，同比出口 66.9%。2012 年前 5 个月双边贸易额为 32.67 亿美元，同比下降 6.8%。自 2010 年 7 月 1 日起，中国对孟 60%输华商品实施免关税待遇。

5. 金融与货币

孟加拉国的货币单位是塔卡(Taka)，缩写为“TK”，1 塔卡等于 100 波易萨斯(poisas)，发行的纸币票面有 1、5、10、20、50、100 和 500 塔卡；辅币有 1、5、10、25 和 50 波易萨斯。1 美元兑换 85 塔卡(2012 年)。

在孟加拉国金融体系中值得一提的是由穆罕默德·尤努斯教授创立的格莱珉(意为“乡村”)银行①，该银行专注于向孟加拉国最穷苦的人提供小额贷款，如今已使得 300 多万个穷人贷款者从中受益，其中，95%的是原先的赤贫妇女，还款率达 99%，并保持持续赢利，取得巨大成功。格莱珉模式以实践向世界证实，银行业可以不借助抵押品、法律手段而借款给穷人，并以实践证明了“在许多国家，穷人比富人更有信誉”。尤努斯开创的孟加拉乡村银行模式及其经验，现已在世界各地广为借鉴和效仿。

外汇政策方面，孟加拉国实行浮动汇率制，中央银行并不对本外币汇率进行硬性规定，

① 穆罕默德·尤努斯著，《穷人的银行家》，生活读书新知三联书店出版，2006 年 6 月。

而由各银行根据市场供求情况自行制定。1994 年 3 月 24 日，孟加拉政府宣布其货币塔卡在经常项目下可以自由兑换，但对资本项目如投资和货币投机仍然实行严格的管制。另外，孟加拉国政府还为出口导向型企业另行制定了一些鼓励出口的外汇政策。

孟加拉国经常账户基本保持盈余，储备总额有所增加，2010 年外汇储备总额达 93.62 亿美元。

17.5 社会环境

1. 基本情况

孟加拉国的经济发达程度较低，人民生活较为贫困，就业机会少，脆弱性就业、无报酬家务工作者占比较高比率，2005 年该比率高达 63%，女性的劳动力参与率更低至 52%(2006 年)。教育水平低，初等教育实现普及难度大。公共医疗卫生服务水平低，医疗卫生资源匮乏。

近年来，孟加拉国安全和社会治安形势有所恶化，地方黑势力及保护主义猖獗，极端伊斯兰恐怖袭击事件日益频繁，加之游行示威和大罢工等街头抗议活动，使得国家正常秩序及经济活动受到严重影响。

2. 人民生活

孟加拉国人口规模巨大，国土面积相对狭小，是世界上人口最为稠密的国家之一，平均每平方千米为 964 人。2006 年，人均 GNI 约 450 美元，在世界上排名第 182 位，人民生活贫困，全国低于贫困线人口比例高达 51%，农村人口贫困更为严重，该比率高达 55%；只有 74%的人口的水源获得改善；获得改善的医疗卫生设施占人口的百分比为 39%；营养不良的患病率占人口的百分比为 30%(2004 年)；出生时的预期寿命 64 岁(2006 年)。①这些指标说明了孟加拉国人民生活水平较为低下。

3. 医疗卫生保健

孟加拉国国立和私立医院共计 1 683 家，床位 51 044 个，注册医生 44 632 人。国立医院费用较低，但医疗条件较差，只能治疗一般常见病；私立医院条件较好，但费用较高。孟加拉国没有公费医疗，仅部分保险公司从事医疗保险业务。据世界卫生组织统计，2005 年—2010 年间，孟加拉国平均每万人拥有医生 3 人、护理和助产人员 3 人、牙医 1 人、药师 1 人。

4. 教育和科研

在教育方面，孟加拉国政府重视教育，但是由于经济落后，人口过剩，教育仍然不能满足社会发展的需要。政府规定八年级以下女生享受免费和义务教育。现孟加拉国拥有国立大学 31 所，私立大学 56 所，国立医学院 13 所，普通学院 3 192 所，工艺学校 77 所，伊斯兰学校 8 410 所，专业培训学院 64 所，中学 17 386 所，小学 78 000 所。主要高校有

---

① 世界银行《世界发展指标 2008》。

达卡大学、孟加拉工程技术大学、拉吉沙希大学等。适龄学生入学率 57%，教师人数 17 万。识字率为 62.66%，其中男性为 65.94%，女性为 58.69%，成人识字率为 54.80%。

5. 新闻出版与传媒

孟加拉国全国有 1 660 多种报纸杂志，主要孟加拉文报纸有：《团结报》，私营，发行量 20 万份；政府报业托拉斯经营的《孟加拉日报》，发行 8 万份；主要的英文报纸有《孟加拉国观察家报》、《独立报》、《孟加拉国时报》、《每日星报》等。

通讯社主要有 3 家：孟加拉国通讯社(国营)、联合通讯社(私营)、南亚通讯社(私营，1995 年成立)。广播电台有设在达卡的中央电台和 8 个地方电台，每天用 7 种语言向欧洲、中东、巴基斯坦、印度、尼泊尔等国家和地区广播。电视台于 1964 年开办，在达卡和吉大港设有两个站点，设有两座卫星电视转播站，全国有 11 个转播站。

6. 工会组织

孟加拉宪法保障了工人有集会和加入工会的自由，同时也允许工人经政府批准自己组成工会，但在出口加工区内不能成立。然而 2004 年孟加拉国在美国的压力下，通过立法允许出口加工区内的工人享有部分联合的权利，即可先成立“福利委员会”保护工人的合法权益。孟加拉国工会力量强大，全国有超过 6 400 个工会，会员超过 190 万人。大多数工会都与政党联系密切，斗争性强，因此常为政治所用，经常因政治原因发生大罢工。有的当地政客故意挑拨外资企业孟方员工与管理人员对抗，扰乱企业正常经营秩序。由于一些特殊情况，临时解聘工人，甚至是简单的威胁要削减员工数量都可能导致严重的劳动纠纷。不过，私人企业中的工人大都没有加入工会，因而其生产率相对较高，管理相对容易。另外，所有的雇主都应遵守政府制定的劳动法，其中对工作环境、工作时间、工资水平、请假制度、保健和卫生条件以及对受伤员工的补偿等都做出了规定。

17.6 文化环境

1. 民族

孟加拉国是个多民族国家，约有 20 多个民族，其中绝大多数是孟加拉族，约占总人口的 98%，因此，孟加拉国是一个相当“同质的”社会。另外还有查拉尔玛、山塔尔、加洛等少数民族。

2. 宗教

孟加拉国是世界第三大穆斯林国家，伊斯兰教为其国教，信奉者约占人口总数的 88%，印度教徒约占总人口的 11%，其他人则信奉佛教和基督教等。

3. 语言

孟加拉语为国语，英语为官方语言，也是主要的国际商务语言。孟加拉语是印度雅利安语东部语支，通用于孟加拉国和印度西孟加拉邦。有两个方言，一个是萨都语，包含许多梵语词汇，为文学语言；另一个叫加利特语，有许多缩写词，为普通口语。孟加拉语是泰戈尔使用的语言。

4. 社会生活习俗

在孟加拉国进行商务交往和谈判，只要遵照通常的国际商务礼节和惯例就可以了。但由于其宗教文化发达，风俗习惯众多，在与他们交往时，尊重他们的风俗习惯也是非常重要的。

在初次见面时可以行握手礼，对于女士不要握手，除非她先伸出手来，一般双手合十微笑点头就可以了。初次见面，交换名片是必要的，不用翻译，因为工商界人士都懂英文。在一般交谈中，可以谈一些文学、文化艺术等日常生活的非敏感话题，宗教、政治的话题要谨慎，孟加拉人很关心政治，而且很认真，不要随意批评他们的政府，或评论重要的政治人物。在正式的场合要注意衣着的整洁，男士要穿西服，女士衬衣长裙，保守一点为好，穿礼服是较为合适的。在平时的交往中，尤其在就餐和传递物件时要用右手，左手在南亚国家一般是用来洁净的，是不干净的。翘拇指这个手势在孟加拉国是令人讨厌的。在进寺院和清真寺要脱鞋子和帽子，不要穿短裤、短裙，摄影需要事先得到允许。在平时的活动中，向服务的人付一点小费会方便办事。

在交往中孟加拉国人彬彬有礼，不时地摇摇头(左右摇摆)，他们习惯的表达方式是向左摇头表示同意、尊重或认可；点头则表示不同意，也就是“点头不算摇头算”，正好与中国人的表达习惯相反，不过在商务谈判中算不算还是要写在纸上。在结束了商务活动或是会见工商界人士后，招待一顿午餐或晚宴是个好主意，这是建立好关系的一个办法。宴请一般不请配偶。

在孟加拉国除了在较高级的酒店或社交场合，一般在吃饭时不用餐具，用右手抓食，习惯与印度一样。男女分开吃，在家里一般是男人先吃女人后吃。在饭前饭后都要洗漱干净，在就餐中不要进卫生间，不要把盘子里的食物拿到另一个人的盘子里(如中国人的劝菜)，即便是夫妻都是不可以的。

孟加拉国是伊斯兰教国家，大多数人恪守教规，不饮酒，严格按照穆斯林社会的习惯生活，初到孟加拉国要“入乡随俗，入境问禁”，不要谈论有关猪的话题。孟加拉人不喜欢别人给他们拍照，也不喜欢 13 这个数字。出去游览，搭计程车先说好价钱再上车。

5. 节日

孟加拉国的主要节日有独立日和国庆日(3 月 26 日)、国民革命和团结日(11 月 7 日)、胜利日(12 月 16 日)、烈士日(2 月 21 日)以及传统的开斋节和古尔邦节(宰牲节)。开斋节和古尔邦节的具体日期由伊斯兰教历推算，每年都有变化。

17.7 商业环境

1. 市场准入

孟加拉国 1972 年加入“关贸总协定”，1995 年自动转为 WTO 成员。自 20 世纪 80 年代开始，孟加拉国一直推行贸易自由化政策，大幅削减关税，不断取消非关税壁垒。对进出口贸易一般不采取行政手段直接干预，而是以汇率、利率、开证保证金率、现金补贴、发展基金、附加税等经济手段加以调整。尽管多年以来孟加拉国大幅削减关税和非关税壁垒，但目前仍然保留相当水平的贸易壁垒。据世界银行报告，2004年孟加拉国未加权平均进口关税率(含海关关税和其他保护性进口税)达26.5%，高居南亚地区榜首，也是世界贸易壁垒最高的国家之一。

关税是孟加拉国调节进出口贸易的主要工具，也是财政收入的主要来源。据孟加拉国关税税则，对当地紧缺的资源和机械设备的关税较低，对竞争性进口货品如纺织品服装、日用消费品尤其是奢侈品征收较高关税。

孟加拉国关税按进口产品加工的深度逐步升级，具有关税升级特点，一般分为4档：基础原材料7.5%；粗加工中间性原材料15%；半制成品和中间性产品22.5%；制成品32.5%。另外，有一部分商品可以免税，如原棉、纺织机械、农机和灌溉设备、家禽和制奶业使用的饲料以及某些医药品和医疗设备等。

产品进入孟加拉国市场，除了缴纳基本关税外，还根据情况缴纳多种繁杂的进口附加费，主要有以下几种：①基础设施建设费(IDSC)25%。除皮革、棉花、合成纤维、计算机软硬件等产品外几乎所有进口产品都要征收基础设施建设费；②增值税(VAT)15%，除另有免除规定外，所有进口品、国产产品均征收增值税；③预提收入税(AIT)3%；④补充税(SD)10%～60%，孟加拉国对奢侈品和违背习俗的产品，如烟、酒、某些化妆品、瓷砖、大引擎汽车、空调、冰箱、电视机等进口产品另行征收补充税；⑤进口调节税(RD)，根据需要，如外汇储备压力等情况，对某些进口商品临时加征进口调节税。

孟加拉国没有独立的海关总署，海关事务由设在财政部国税局的海关事务处的海关关长级官员负责。在达卡和吉大港等口岸设有海关办事机构。此外，孟加拉国商业部下设有“进出口控制局”(I&ECA)，负责对进出口凭证(PERMITS)和进出口登记证(IRC)的颁发。许可证指的是在特定情况下对进出口的授权，包括进口许可凭证、清关许可凭证、出口许可凭证和复出口许可凭证等。

2. 贸易与投资政策法规

由于经济基础薄弱，投资缺口较大，孟加拉国经济建设主要依赖国际援助和外国投资。为了加快工业发展，孟加拉国积极建立健全相关法律法规。[①]早在1980年孟加拉国就颁布了《1980年外国私人投资(促进和保护)法》，1982年颁布了《工业法》。该法保证外商在孟加拉国免受国有化和征用，并保证外国投资者享有与本国投资者同等待遇，推行自由竞争工业政策。

在投资政策方面，孟加拉国政府奉行投资自由化政策，鼓励私人投资和外商投资。其主要的外资鼓励政策包括：①降低投资准入门槛；②对外国投资者实施税收减免；③对外国投资主体实施国民待遇；④开放投资领域；⑤取消资本形态和股权比例限制；⑥保证外国投资不被无偿国有化和征收；⑦保证投资本金、利润和红利可汇回本国；⑧设立出口加工区，为区内投资者提供优质服务和优惠的投资政策。截至2005年年底，世界贸易组织没有报告任何孟加拉国违背“与贸易有关的投资措施”的情况，说明孟加拉国推动投资自由化的决心是很大的。

---

① 孟加拉国有关投资的法律主要包括：《1980年外国私人投资(促进和保护)法》、《工业政策2005》、《1980年孟加拉国出口加工区管理法》、《1994年公司法》、《1947年外汇条例法》、《2001年电信法》等。

虽然孟加拉国对外国投资者的歧视并不普遍，但也存在一些歧视性的政策和法规，例如，在药品制造和进口方面，《国家药品政策和药品管制法(National Drug Policy and the Drugs Control Ordinance)》(1982年)对外国医药公司实行区别对待；进口商品在做电视广告时，需缴纳60%的广告附加费。[①]

3. 商务活动

在孟加拉国开展商务活动首先要“准时”，包括去孟加拉国要事先发传真或打电话通知对方，许多公务人员或公司机构都喜欢到机场迎接客人。在会见时要按时到达，如果对方迟到或失约，不要抱怨，留下余地再做安排。在孟加拉国，商务机构的办公时间是：星期六至星期四，9:00—18:00(12:30—13:30 是午餐时间)。银行星期六至星期三 9:00—16:30，星期四 9:00—11:00，星期五关门。政府机构(在达卡)星期六至星期四 7:30—14:00；在达卡以外的地方是 9:00—17:00，星期五都是休息日。同时要“耐心”，由于基础设施落后，自然灾害频繁和慢节奏的生活，当地人养成了不争朝夕的习惯，工作效率不高，有时会让人很沮丧。如果打算按时完成任务，最好在时间上用点技巧，在计划的时间范围内提前告知对方比较稳妥。

孟加拉国人热情、友好、喜欢公平交易和自由讨价还价。在正式谈判前要准备好相关材料，让对方尽快了解自己的意图和计划。在寒暄时不要直呼其名，要称先生、夫人、小姐等，一般用姓。在谈判中孟加拉人一般不直接用“不”这个字，而是用含糊其辞的方法或给一个建议表示不同意。在签订协议或合同时要注意细节，有关事项和有争议的问题要写清楚，以免产生纠纷导致不必要的麻烦。孟加拉国也是关系导向型社会，因此建立良好的人际关系对顺利进行商务活动是十分重要的。在商务活动中要有跨文化的知识和交往技巧，避免“自我文化中心主义”，以理解、宽容、以诚相待的态度进行交往，将会获得更好的效果。

本章小结

尽管孟加拉国是世界上最贫穷的国家之一，自然灾害频繁，工业不发达，但丰富的自然资源、劳动力资源、潜在的巨大市场、政府推行贸易和投资自由化政策以及与中国的良好关系，为开展双边的商务活动提供了大量机会。然而，孟加拉国基础设施薄弱、政治环境动荡、法制不健全、劳动力文化素质低等因素有碍于商务活动的广泛开展。此外，在与其商人进行商务往来时，一定要相互尊重，平等互利，尊重对方的宗教习俗，掌握适当的谈判技巧。

思　考　题

1. 在孟加拉国经商、旅游、从事公务活动应遵循的主要规矩、注意事项和禁忌是什么？
2. 格莱珉银行对我国农村金融体系改革有何借鉴意义？
3. 外国在孟加拉国投资面临哪些投资机会和风险？

① 上海国际商会境外投资网，“亚洲—孟加拉”。

第 18 章

斯里兰卡

斯里兰卡全称为斯里兰卡民主社会主义共和国(The Democratic Socialist Republic of Sri Lanka)。

18.1 简　　史

斯里兰卡是个历史悠久的国家，有文字记载的历史长达 2 000 多年，古称“悉诃罗底巴”，意为“狮族之岛”。根据斯里兰卡古代历史文献记载，2 500 年前，来自北印度的雅利安人移民至锡兰岛建立了僧伽罗王朝，但关于僧伽罗人的民族起源没有一个确切的说法，很多学者倾向于把斯里兰卡历史的起源定在公元前 483 年，理由是史传中记载的僧伽罗人的祖先——维阇耶(Vijaya)王子及其随从在这一年登上了斯里兰卡土地。

从僧伽罗国家的开拓到西方殖民主义入侵，斯里兰卡经历了 6 个王朝，即维阇耶王朝、兰巴建纳和摩利耶王朝、波隆纳鲁瓦王朝、檀巴德尼耶王朝、甘波罗王朝和罗依伽摩王国时期、科提王朝。

公元前 247 年，印度孔雀王朝的阿育王派其子来岛弘扬佛教，受到当地国王的欢迎，从此僧伽罗人摈弃婆罗门教而改信佛教。公元前 2 世纪前后，南印度的泰米尔人也开始迁徙并定居锡兰岛。从公元 5 世纪直至 16 世纪，僧伽罗王国和泰米尔王国之间征战不断，16 世纪起斯里兰卡先后被葡萄牙和荷兰人统治，18 世纪末成为英国殖民地。1948 年 2 月 4 日独立，定国名锡兰；1972 年 5 月 22 日改称斯里兰卡共和国；1978 年 8 月 16 日改国名为斯里兰卡民主社会主义共和国，仍属于英联邦成员国。1983 年起僧、泰两族矛盾恶化，暴力事件增多，反政府的泰米尔猛虎组织一直在斯里兰卡北部和东部地区与政府军作战，试图建立独立的泰米尔国家。连年内战已使数万人丧生，数十万人流离失所，在国际反恐斗争形势的压力下，猛虎组织放弃了建立独立泰米尔国的要求，并于 2002 年 2 月与统一国民阵线政府签订了永久性停火协议，但停火协议名存实亡，冲突仍在继续。2008 年 1 月 2 日，斯里兰卡政府宣布退出与猛虎组织签署的停火协议，并于2009年5月在军事上彻底摧毁了“泰米尔猛虎组织”，至此，斯里兰卡结束了长达26年的内战历史。

18.2 自然环境

1. 位置及面积

斯里兰卡是印度洋上的美丽岛国，素有“印度洋上的珍珠”之称，其国土面积为65 606平方千米。

斯里兰卡四面环海，地处亚洲和非洲的中间位置，西北隔保克海峡与印度半岛相望，扼印度洋北部东西航道要冲，保克海峡最窄处的距离只有30千米左右；东北部濒临孟加拉湾和中南半岛；东部与马来西亚、新加坡、印度尼西亚等东南亚国家隔海相望；西北部绕过印度半岛即可到达阿拉伯海。斯里兰卡地理位置十分重要，自古以来就是东西方经济文化交流的中转站和海上贸易中心。

2. 地形、地貌、气候和降水

斯里兰卡地形以平原为主，约占国土的80%，中、南部地势较高，北部地势较低，全国2/3的国土是平均海拔300米左右的高原，最高峰皮杜鲁塔拉格勒山海拔2 524米。斯里兰卡河流以中央高地为中心，呈辐射状分布，主要有马哈韦利河等，境内还有多条运河和湖泊，最长的运河是托普—普塔拉姆运河，最大的湖泊为巴蒂卡洛湖。

斯里兰卡靠近赤道，终年如夏，无四季之分，受海洋性热带季风气候影响大。根据海洋源流的转换、风向的变化和雨水的多少，分为旱季和雨季两个季节，年平均气温28℃，各地年平均降水量为1 283～3 321毫米。

3. 资源禀赋

斯里兰卡具有丰富的矿产资源和动植物资源。

(1) 矿产资源。斯里兰卡矿产资源的种类并不丰富，但盛产宝石和珍珠，自古以来就享有“宝岛”的美誉，宝石的种类多，蕴藏量大，已有2 000多年的开采历史。世界上许多宝石珍品都是在斯里兰卡发现的，如“东方巨蓝”(Blue Giant of Orient，重466克拉)、“罗根蓝宝石”(Logan Blue Sapphire，重423克拉)和“霍普猫眼石”(Hope Cat’s Eye，重500克拉以上)等。宝石出口一直是斯里兰卡出口创汇的重要项目之一(图18.1)。除了宝石之外，斯里兰卡最主要的矿藏还有石墨、钛铁矿、石灰石、石英、云母和磷酸盐等。

18.1 工人们正在挖宝石

(2) 动植物资源。斯里兰卡植物种类极其丰富，有“绿色王国”和“植物王国”之美誉，分布有多种名贵树种，如麻栗树、檀树、柚树、铁树等。热带经济作物繁多，主要是茶叶、橡胶、椰子和香料等，这些作物是斯里兰卡的主要出口作物，尤其是橡胶和香料，是斯里兰卡出口换汇的主要产品。斯里兰卡也是一个动物资源丰富的国家，有着自己独特的动物种群，分布有大量的哺乳动物、爬行动物、鱼类、鸟类、蝴蝶等，许多种动物都是世界上其他国家或地区所没有的。

4. 人口及行政区划

斯里兰卡现有人口 2 033 万(2011 年)，其中僧伽罗族(Sinhalese)占 75%，属印度雅利安人种；泰米尔族(Tamils)占 16%，与印度次大陆的泰米尔人同属达罗毗荼人种；摩尔族(Moors)占 9%，其祖先是在大约 8～15 世纪到斯里兰卡来从事贸易活动的阿拉伯商人；其他民族约占 1%。

斯里兰卡行政区共划分为 9 个省，分别是西方省、中央省、南方省、西北省、北方省、北中央省、东方省、乌瓦省和萨巴拉加穆瓦省(Sabaragamuwa)。各省下设行政区，共有 25 个行政区；行政区下设 256 个分区秘书办公处，全国共分为 156 个选区。

科伦坡(Colombo)一直是斯里兰卡的首都，位于斯里兰卡人口稠密的西南海岸，素有“东方十字路口”之称，是斯里兰卡的行政、商业和文化中心，也是世界上重要的港口之一。斯里兰卡的主要城市还有科伦坡、马哈努沃勒(康提)、贾夫纳、加勒、亭可马里、拉特纳普拉等。1982 年斯里兰卡议会迁址到斯里·贾亚瓦德纳普拉·科特(Sri Jayewardenapura Kotte)。

18.3 政治环境

1. 政治体制

斯里兰卡是实行共和制政体的议会民主制国家，实行三权分立。现行宪法于 1978 年 9 月 7 日生效，是斯里兰卡历史上第四部宪法，1982 年后多次修改宪法。根据现行宪法的规定，立法权由民选议员组成的议会行使，议会为一院制议会，设有 225 个席位，按比例由民选产生，任期 6 年。总统既是国家元首，又是政府首脑和武装部队总司令，行使行政权，由民选产生，任期 6 年，可连选连任，但最多不得超过两届。总理和内阁其他成员均由总统任命，总统有权解散议会。司法权由议会通过法院和其他司法机构行使。宪法规定斯里兰卡所有官员包括议员在内，必须宣誓反对分裂主义，维护国家统一。

2010 年 1 月，斯里兰卡举行第六届总统选举。执政的自由党候选人拉贾帕克萨赢得连任。2011 年 11 月开始第二个总统任期，任期 6 年。4 月 21 日，拉贾帕克萨总统任命迪萨纳亚克·贾亚拉特纳(D. M. Jayaratne)为政府总理，同日宣誓就职。

2. 政治党派

斯里兰卡的主要政党有斯里兰卡自由党、统一国民党、泰米尔全国联盟、人民解放阵线、全国僧伽罗僧侣党、锡兰工人全党、高地人民阵线、伊拉姆人民民主党和斯里兰卡共产党等。

3. 司法体制

斯里兰卡司法体制由法院、司法部和司法委员会 3 部分组成。其中，法院包括最高法院、上诉法院、高级法院和地方法院等，最高法院是最高司法机构，也是一切刑事和民事案件的终审法院；上诉法院专门审理刑事案件中提起上诉的案件，审理案件时无须陪审团出庭；高级法院负责审理处罚金额超过 1 500 卢比，或判处监禁两年以上刑罚的案件；地方法院受理的案件包括所有由警官、公务员提起的诉讼和所有口头或笔头的诉讼。司法部负责司法行政工作，下设监狱部，负责管理所有监管机构，司法委员会负责法院人事和纪律检查。

4. 对外关系

斯里兰卡奉行独立和不结盟的外交政策，支持和平共处五项原则，反对各种形式的帝国主义、殖民主义、种族主义和大国霸权主义，维护斯里兰卡独立、主权和领土完整，不允许外国对斯里兰卡内政和外交事务进行任何干涉，其外交重点是在解决国内民族问题上寻求国际社会的理解和支持。①斯里兰卡关心国际和地区安全，主张建立国际政治、经济新秩序，全面彻底裁军，包括全球核裁军，坚决反对国际恐怖主义，呼吁加强国际反恐合作。

1998 年 1 月，斯里兰卡成为联合国反恐怖爆炸公约第一个签字国。斯里兰卡积极推动南亚区域合作，2007 年 7 月，成为东盟地区论坛(ARF)第 27 个成员国，该国还是联合国、不结盟运动和南盟等国际组织成员，现已同 136 个国家建立外交关系。

中斯友好交往历史悠久。历史上，中国称斯里兰卡为师(狮)子国或僧伽罗国。公元 410 年，中国晋代高僧法显从印度赴斯游学两年，取回佛教经典并著有《佛国记》一书。明代航海家郑和曾多次抵达斯里兰卡。15 世纪，斯里兰卡王子访问北京，回国途中在福建泉州定居，被明皇赐姓为世，其后代现仍在泉州和台湾定居。斯里兰卡沦为西方殖民地后，中斯关系一度中断。1957 年 2 月 7 日，斯里兰卡恢复与中国建交，此后，两国关系在和平共处五项原则的基础上顺利发展，政治往来不断，经济合作与贸易关系逐步加强。2005 年 4 月，时任总理温家宝访斯期间，两国宣布建立真诚互助、世代友好的全面合作伙伴关系。2013 年拉贾帕克萨总统对华进行国事访问期间，两国宣布建立真诚互助、世代友好的战略合作伙伴关系。2013 年 3 月，全国政协副主席罗富和访斯。5 月，拉贾帕克萨总统对中国进行国事访问，习近平主席、李克强总理、李源潮副主席等国家领导人会见。6 月，贾亚拉特纳总理访华并出席首届中国—南亚博览会。

18.4 经济环境

1. 经济发展状况

由于受到殖民统治的影响，早期斯里兰卡的经济畸形发展，除了种植园迅速膨胀扩张外，其他经济部门没有得到相应的发展，形成了单一出口的畸形经济，工业基础十分薄弱，经济结构单一。1978 年，开始实行经济开放政策，大力吸引外资，推进私有化，逐步形成市场经济格局。近年来，经济保持中速增长。2005—2008 年，国民经济增长率连续四年达到或超过 6%，为独立以来的首次。2008 年以来，受国际金融危机影响，斯外汇储备大量

① 内战平息后，斯里兰卡的外交重点将改变。

减少，茶叶、橡胶等主要出口商品收入和外国短期投资下降。斯国内军事冲突结束后，政府采取了一系列积极应对措施。国际货币基金组织向斯提供26亿美元临时信贷安排。当前斯里兰卡宏观经济逐步回暖，呈现出良好发展势头，2010年和2011年经济增长率均达到8%。2012年经济增长率为6.4%。2012年，斯里兰卡国内生产总值(GDP)为75 823亿卢比(约合592亿美元)，人均国内生产总值为2 923美元。

2. 经济结构

经过多年发展，斯里兰卡的经济结构发生了根本性变化，已经从单一种植园出口型经济转变为农工并重的外向型出口经济，产品朝着多样化的方向发展。农业仍是斯里兰卡的基础产业，茶叶、橡胶和椰子三大产品的出口是外贸出口的主要来源，但在国民生产总值中所占比重已明显下降。从1995年起，制造业在国内生产总值中所占的比重就已经超过了农业。2011年斯里兰卡国内生产总值为592亿美元，农业、工业和服务业占比分别为11.2%、29.3%和59.5%。服务业已发展为国民经济的主导产业，并已成为斯里兰卡经济增长的主要驱动力，特别是信息、通讯业异军突起，发展势头较猛。

从经济在国内种族流血冲突背景下持续稳定增长及结构不断优化可以看出，斯里兰卡各界政府的经济改革政策取得了巨大成功。

3. 经济基础设施

斯里兰卡交通发达，已建成海、陆、空立体交通体系。全国有公路约10万千米，其中11 079千米是A级和B级公路，公路以科伦坡为中心辐射全国。2011年，斯里兰卡第一条高速路南部高速(一期)建成并投入使用，二期工程预计2013年中期完成。铁路总长1 982千米，干线有8条，以科伦坡为中心，连接各大城市，铁路干线一般通往港口城市。国内航空网络以科伦坡卡图纳亚克机场为中心，向全国辐射。斯里兰卡有4个深水港口，分别是科伦坡、亭可马里、加勒和汉班托塔港。科伦坡港是斯里兰卡最大、最重要的海港，也是世界上著名的大型人工港之一和集装箱转运港，该港不仅承担着本国90%外贸进出口货物的海运任务，而且与世界各主要港口都有着频繁的业务往来，许多国家的船只都要从这里转口运输，拥有先进的货运管理系统。

近几年来，斯里兰卡的电信业也得到了一定的发展，设备不断升级换代。2011年，电话拥有总量(固定电话和移动电话)共2 190万部，电话普及率为每百人拥有105.1部，其中移动电话业务用户增长了6.1%，移动电话普及率达87.8%，固定电话业务用户增至360万户；互联网业务(含手机上网)比上年增长68.1%，网络普及率增长4%。随着数据交换和处理成本的降低，通信业将继续保持强有力的增长。

4. 贸易与投资

1) 对外贸易

对外贸易在斯里兰卡经济中占有突出的重要地位，但长期处于逆差地位，究其原因主要有：①早期的殖民经济造成的路径依赖；②经济结构单一，工业基础薄弱，出口后劲不足；③资源相对贫乏，不能满足发展工业所需的原料；④国内种族冲突导致政府对国外军火的大量需求以及国际石油价格上涨引起的外汇支出增加；⑤人口增长过快，粮食、药品、化肥等基本生活和生产资料不能自给自足；⑥国内实施大规模的经济发展计划而增加了进口需求等。经过各届政府长期的努力，贸易逆差的局面却依然没有改变，并呈现出进一步扩大的趋势，如图 18.2 所示。

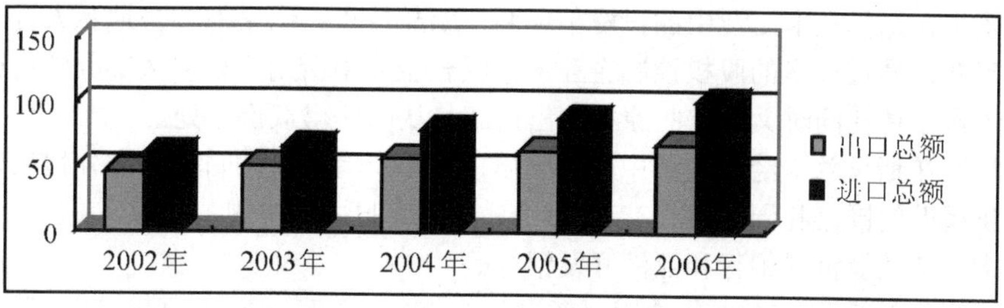

图 18.2 2002—2006 年进出口贸易状况 单位：亿美元

资料来源：www.lk.mofcom.gov.cn。

斯里兰卡在对外贸易政策方面执行的是自由贸易政策，除政府控制石油外，其他商品均可自由进出口。其出口的主要商品有纺织品、服装、茶叶、橡胶、椰子和石油等，主要的贸易伙伴是美国、印度、英国、中国香港、日本、新加坡、德国和中国大陆等。出口贸易主要面向西方国家，美国是斯里兰卡最大的出口市场，其次是英国、印度、德国和俄罗斯。在进口方面，斯里兰卡与亚洲国家的联系最为密切，进口的一半以上来自这一地区，主要是印度、中国、新加坡、日本等。经过多年发展，斯里兰卡出口贸易结构发生根本性变化，已由过去的农产品为主转变为以工业品为主。

斯里兰卡与中国之间的贸易长期以来稳步发展，近年来，双边贸易保持快速增长势头，但贸易不平衡问题严重，中国长期处于顺差地位。1995—2002 年，两国双边贸易额累计达 24.6 亿美元。2004 年，两国贸易额为 7.18 多亿美元，比上一年增长 36.9%。据中国海关统计，2005 年双边贸易额为 9.76 亿美元，2006 年增长为 11.4 亿美元。2012 年双边贸易额 31.68 亿美元，其中中方出口 30.07 亿美元，进口 1.62 亿美元。

2) 外商直接投资

斯里兰卡政府实行保护和吸引外资的政策，专门设立了投资促进局作为政府的外资批准和管理部门，在斯里兰卡引进外资过程中起着重要作用。该机构直接隶属于斯里兰卡总统，其总部设在科伦坡世界贸易中心。

斯里兰卡自 20 世纪 70 年代中期实行对外开放的经济政策以来，一直奉行鼓励外国投资的政策，积极引进外资和技术，大力发展出口加工业，先后建立了 12 个出口加工区和工业园区，全国已建立 4 个自由贸易区。过去，因纺织品出口到欧美需配额，曾一度引来了不少中国香港、韩国、新加坡以及中国大陆的从事服装加工出口的投资企业。但随着纺织品配额取消以后，当地的成本高(尤其是电价高)、生产效率低及工会势力过大等因素，加之东南亚金融危机及国内长期以来种族冲突引发的安全局势不稳定等因素，直接影响到外国投资者的热情。近年来，随着国内安全局势的改善及外资申请程序的进一步简化、投资政策和法律法规透明度的进一步提高，斯里兰卡的外国投资明显增长，2011 年、2012 年外国直接投资(FDI)分别为 10.7 亿美元和 12 亿美元，包括外国政府提供的优惠贷款，投资主要来自新加坡、英国、日本、韩国、中国香港、澳大利亚、瑞典、美国、德国、印度和中国大陆等国家和地区。投资领域主要集中在服务业和服装业，近几年对能源、电信和港口的直接投资也在增加。

外国资本在斯里兰卡工业中的投资呈现两个明显特点：①采取与当地私人资本开办联合企业的形式，通过较多的股权控制企业；②联合企业中所用原材料大部分依靠进口，合股的外国资本家往往同时又是这些原料的出口商，从而获得双份好处。

国外援助在斯里兰卡经济生活中作用突出，几乎所有大型项目均依靠外援兴建。向斯里兰卡提供援助的国家和国际组织有30多个，主要有日本、中国、德国、美国、英国、挪威、加拿大、荷兰及世界银行和亚洲开发银行等。

据中国商务部统计，2011年中国对斯里兰卡非金融类直接投资为8 123万美元；中国企业在斯里兰卡新签承包工程合同30份，合同金额15.26亿美元。

5. 金融与货币

斯里兰卡货币的基本单位是卢比(Sri Lanka Rupee)，1卢比等于100分。纸币有10、20、50、100、200、500和1 000卢比7种面值，硬币有1、2、5、10卢比和5、10、25、50分8种面值。汇率(2006年平均值)：1美元=113.90卢比(2011年)。

斯里兰卡金融体系主要由中央银行、国有商业银行、商业性银行、保险公司、私人银行、农村发展银行、储备银行、外国银行机构及债权和证券市场等构成。两家最大的国营银行——锡兰银行和人民银行，国营银行在存款和贷款方面大约占56%的市场份额，银行集中度较高。

在金融业对外开放方面，斯里兰卡政府取消了对外国银行开办分支机构的限制，放宽对外资的限制，将商业银行中外国资产净值的限额提高到60%，允许外国独资银行不受限制地经营分支机构，外资在保险公司的最高限额提高到90%，允许外国投资信托和股票经纪等。

18.5 社会环境

1. 人民生活

斯里兰卡人均国内生产总值为3 280美元(2013年)。政府长期以来实行大米补贴、免费教育和全民免费医疗等福利措施，医疗卫生支出总数占GDP比重为4.1%(2005年)；每千人拥有医生数、护士与接生员分别为0.6和1.7，每千人拥有病床数为3.1，人均寿命男性为70.7岁，女性为75.4岁；获得改善水源的人口占总人口的79%；劳动参与率男性为76%，女性为35%；人口就业率为52%(2006年)。[①]

2. 教育

长期以来，国家在教育方面居于主导地位，政府实行强制教育和免费教育，公立学校居大多数。免费教育不仅免学费，政府还免费提供课本、午餐和校服。

① 占15岁及以上人口的百分比。

民族矛盾对斯里兰卡教育领域的影响很大。20 世纪 70 年代初期，斯里兰卡政府在教育方面制定了一系列对泰米尔人不利的政策，引起了泰米尔人的强烈抗议，导致了民族矛盾的激化。僧伽罗人虽然是斯里兰卡的主体民族，但在受教育和就业方面总体上不如泰米尔人，究其原因主要是斯里兰卡独立早期将英语作为升大学的考试用语，而泰米尔人聚集地区由于传教士的原因，推行英语教育的时间比较早，因此泰米尔人的受教育水平要高于南部的僧伽罗人。为改变这种局面，斯里兰卡的教育政策一再变革，执行不利于泰米尔人的教育政策，这进一步加重了两个民族原本对立的情绪。尽管如此，泰米尔人中学生和大学本科生的比例都要超过僧伽罗人。

斯里兰卡的大学全部为公立大学。除了政府办的学校以外，各个宗教在宣扬宗教思想的同时，也积极参与教育事业。其中，佛教教育占有重要地位，佛教机构办的佛教学校称为“佛学院”，全国的佛学院有 300 所左右，佛学院还附设中学。基督教会在办学方面也很积极，仅罗马天主教教会就开办了几百所教育机构，从幼儿园到中学应有尽有。穆斯林也有自己的学校。

3. 新闻出版与传媒

斯里兰卡全国有报刊 200 余种，出版 5 种日报、3 种星期日日报和 10 多种周刊。主要报刊有：《每日新闻》是斯里兰卡最大的英文日报；《每日太阳报》是最大的僧伽罗文日报之一。报业系统有 4 个，分别为锡兰联合报业公司、乌帕里集团报业公司、维贾亚报业公司、快报报业公司。

斯里兰卡没有国家通讯社，只有 1978 年由几家报业公司联合创办的半官方新闻机构——兰卡通讯社。负责全国广播的是官方斯里兰卡广播公司(原名锡兰电台)及其在全国各地设立的 11 座转播台。1982 年，斯里兰卡国家电视台开播，它是斯里兰卡最大的电视台，每天用英、僧伽罗、泰米尔 3 种语言播出。

18.6　文化环境

1. 民族

斯里兰卡是多民族国家，主要民族有僧伽罗族、泰米尔族、摩尔族。斯里兰卡的土著民族是现在已人数不多的维达人，他们信奉万物有灵论，崇拜祖先。

斯里兰卡民族划分的一个显著特点是民族、宗教和语言的同一性，即除信仰天主教的人外，基本上是信仰同一宗教的人讲同一种语言。各民族之间基本上不混居、不交往，属于内向型封闭民族群体。

2. 宗教

斯里兰卡是个多宗教的国家，居民大多信奉佛教、印度教、伊斯兰教、基督教和天主教。宗教无论在历史上还是在现实生活中，对国家的政治、经济、社会发展和文化艺术教育等方面都有着重要影响，已成为维系民族团结和统一的纽带。

斯里兰卡的佛教信徒大约占其居民人口的 70.2%。殖民统治时期，佛教遭受沉重打击，失去了教育和文化上的统治地位，但仍然是僧伽罗人民族精神的象征，在凝聚民族力量反抗殖民统治方面起到了巨大作用。1948 年，斯里兰卡国家的独立带来了佛教的复兴，并于 1972 年通过宪法确立了佛教在斯里兰卡的特殊地位，同时，这也为僧伽罗人与泰米尔人之间不可调和的民族矛盾埋下了隐患。时至今日，斯里兰卡佛教不仅在国内活跃，在国际佛教界的影响也很大(图 18.3)。

图 18.3　丹不拉佛窟

印度教在斯里兰卡是仅次于佛教的第二大宗教，绝大多数斯里兰卡泰米尔人都信仰印度教。至今，斯里兰卡约有 12.6%的居民信奉印度教。

伊斯兰教是斯里兰卡仅次于佛教和印度教的第三大宗教，约有 9.7%的居民信奉伊斯兰教。在斯里兰卡人民争取独立的斗争中，穆斯林也发挥了巨大作用。

3. 语言与传统

僧伽罗语、泰米尔语同为官方语言和全国语言，上层社会通用英语。在传统上各个民族长期以来构成各自的内向型封闭民族群体，基本上不混居、不交往，各自都有自己的村庄，或分别居住在一个村庄的不同部分。在城市里，他们也都有各自专门的街区，每个民族都信奉自己的宗教，供奉自己的神灵，使用各自的语言，按照自己祖先的传统方式生活。持续了十几年的战争更加深了各民族之间的隔阂感，使民族关系更加复杂化。

4. 社会生活习俗

1) 服饰

僧伽罗人的传统服装是纱笼，男人和女人都穿纱笼。男人的纱笼是白色的，而妇女的纱笼是各色各样的，有时色彩很鲜艳。欧洲人来到斯里兰卡以后，僧伽罗男人开始穿中间带纽扣的白色竖领长上装。沿海地区的僧伽罗人经常穿衬衫，有时穿西服。泰米尔妇女穿纱丽。摩尔人与僧伽罗人和泰米尔人的服饰差别不大，妇女也穿纱丽，男人下身也穿纱笼，上身是西式衬衫，衣襟散露在外面；不同的是，摩尔人戴帽子、穿鞋，妇女们一般都有很多首饰。

进入宗教场所时，斯里兰卡人都要穿戴整齐，赤身露体进入寺庙的现象是没有的。不仅如此，进入这些场所必须脱鞋、摘帽子，以示虔诚。斯里兰卡禁止无上衣日光浴。

2) 饮食

斯里兰卡人以食用大米为主。在不产稻谷的地方，人们主要食用龙爪稷、玉米、木薯等。

椰子是斯里兰卡人饮食中必不可少的，椰子肉的脂肪含量很高，是斯里兰卡人脂肪的重要来源；椰汁是一种重要调料，几乎所有菜肴都需用这种调料。僧伽罗人椰子的消耗量相当大，在各种食品中仅次于大米。

食辣是僧伽罗人饮食的一大特色，人们从很小的时候就开始吃辣，红辣椒每餐必用，此外还要加上大量的调料，如肉桂、咖喱粉、小豆蔻、丁香、柠檬、番红花等，吃起来口味很重。

吃饭的时候，一般是用手抓。用右手的 3 个手指搅拌均匀，捏成小团放入口中。就餐时，要为每个人准备一碗清水和一杯凉开水，清水是用来洗手的，凉开水是在吃饭时饮用的。如果不想喝这杯水，可以用手轻轻碰一下杯子，表示婉拒。按照习惯，妇女一般不和家人一起用餐，等丈夫、孩子吃完饭以后再自己吃。

喝红茶是斯里兰卡人的一大嗜好，茶里要放些糖，有时还加牛奶。人们还有嚼槟榔的习惯，僧伽罗人喜爱甜食，尤其是喜庆的日子都要制作甜食。

3) 礼仪

斯里兰卡人在传统上没有握手的习惯，与人相见或告别的时候，双手合十，即双手在胸前合拢，微微弯腰颔首，表示敬意。妇女行合十礼时，腰弯得要比男人更低一些。

僧伽罗人左右手分工明确。他们认为右手是纯洁的，只能用来做高尚、纯洁的事，而左手则是不洁的，只能用来做下贱、污秽的事。吃饭一定要用右手；与人握手，必须伸出右手，如果伸出了左手，则是不礼貌的，会被看成是对别人的侮辱。向别人赠送礼品、递交东西时，或者用双手，或者用右手，绝对不能只用左手。用右手递东西时，要用左手轻轻托住右手小臂。宾客临门，主人要送上一叠蒟酱叶和几片槟榔，有时还要为客人戴上花环，表示尊敬。

斯里兰卡人相互交往时，往往彬彬有礼地摇头。他们表示敬意的礼俗是向左摇头则表示赞同、尊重或认可；点头则表示不同意。这恰恰与中国的“摇头不算点头算”相反。

僧伽罗人是虔诚的佛教信徒，对僧侣十分尊敬，这一点在他们的日常生活中也充分表现出来。在比较正式的场合，要让和尚先行，不能与和尚抢路；在公共汽车上设有和尚专座，举行重要集会或庆典，要请和尚出席，并为其设专座。

4) 婚姻

僧伽罗人在传统上实行种姓内婚，即一个种姓的人只能和本种姓的人结婚，如果违反种姓内婚就要受到严厉惩罚，甚至被逐出种姓，成为被遗弃的人。历史上有因为与其他种姓的人通婚而被处死的事件发生。现在，随着社会的不断进步和人们思想的逐渐开化，种姓观念已经有所淡化，种姓已不是人们决定婚姻关系时唯一看重的条件，但无疑仍然起着很大作用。知识阶层对不同种姓之间的婚姻比较宽容。

5. 主要节日

斯里兰卡是世界上节假日最多的国家，实行 5 天工作制，每周星期六和星期日休息。

图 18.4　泰米尔族人的节日宗教活动

此外还有公共节日 4 个，宗教节日 21 个，商业节日 2 个，职工可休假 14 天，可请事假 7 天，病假 21 天，这样斯里兰卡人每年的非工作日在 150 天以上。除国庆日、五一节、民族英雄日、新年等节假日外，佛教、印度教、伊斯兰教和基督教都有各自的节日，基本上每个月的月圆日都是节日。但由于许多宗教节日都是按佛历计算，因此，每年的具体节日日期都不完全一致。斯里兰卡主要的宗教节日有穆斯林开斋节、泰米尔收获节、杜鲁土游行、湿婆神节、维莎迦节、普桑节、迦多罗伽摩节、康提佛牙节、泰米尔灯节和圣诞节等(图 18.4)。

18.7　商业环境

1. 市场准入

随着国内和平进程的加快，斯里兰卡政府加大了引进外资的力度，积极改善投资环境，重视双边和多边的区域合作，积极发展与周边国家的经济合作关系。斯—印和斯—巴自由贸易协定也已付诸实施。在自由贸易协定下，当产品增值达到 35%时，一国向另一国出口时享受关税优惠待遇。根据不同的商品和产业政策，关税消减幅度达 25%、50%和 100%等。斯里兰卡现为 WTO、联合国贸发会议、国际咖啡协会、国际天然橡胶协会和天然橡胶生产国协会的成员。此外，还参加了一些区域性的贸易互惠组织，如曼谷协定、南亚五国关税互惠贸易协定等。

斯里兰卡对外国投资进行管理的机构为企业发展和投资促进部属下的投资局(BOI)。为了方便外商投资，加快项目审批进程，投资局为投资者提供“一条龙”服务，在投资的各个环节提供咨询和帮助。审批程序采用流水线方式，以简化手续，增加政策的透明度。BOI 主要提供以下服务：为投资者提供信息和指导；向投资者介绍合适的斯里兰卡合作伙伴；帮助选择项目厂址；帮助筹建项目，对工厂厂房建设及水、电、通信设施的配置提供参考意见；通过投资局的有关机构，为在出口加工区内的投资者办理进出口清关手续和签证；为投资者提供雇工方面的建议和帮助等。

通过加强国际合作和简化企业设立程序，斯里兰卡解除了大量的贸易限制，成为东南亚、南亚投资约束较少的国家之一。一般情况下，在斯里兰卡设立企业程序比较简便，只需向投资局提出申请，获得批准后，即可到注册局办理注册登记手续。

2. 投资相关法律

斯里兰卡推行经济自由化以后，加大了对私人投资和外国投资的法律保护。目前已经与包括中国在内的 24 个国家和地区签订了双边投资保护协议。投保协议有效期通常为 10

年，如无任何一方提出终止，将继续生效。即使投保协议被终止，但已实施的投资仍将受到10年的保护。

斯里兰卡宪法和相关法律规定私人和外国投资不容侵犯，其中规定：保护外国投资不被国有化；必要时对外国投资国有化，将给予及时足额的赔偿；确保投资和利润的自由汇出；可通过国际投资纠纷解决公约(ICSID)处理争端。

斯里兰卡是多边投资保护组织(MIGA)的创始成员之一，还与20多个国家和地区签署了避免双重征税的协议，同意在斯里兰卡的投资争端也可使用国际商会的条款予以仲裁。

斯里兰卡还积极推行《进出口管制法》和《对斯里兰卡进出口商保护法》。对违反合同的外商列黑名单，不发放与其做生意的许可证，直至该外商用行动证明对所违规行为予以纠正，方可恢复对斯贸易。除此之外，斯里兰卡政府正在进行消费者保护法、知识产权保护法、反倾销/反补贴措施/保护措施法、估价法的制定和完善工作。

3. 鼓励外国投资的政策

自20世纪90年代起，斯里兰卡政府在投资政策方面做了一系列调整，鼓励发展私营经济，对国有企业实行私有化，对外国投资实行更优惠的政策，降低卢比利率，放松外汇管制，降低和减免部分产品的关税，为投资者创造一个更好的投资环境。

在关税和税收政策方面，依据投资的规模、产品出口比例、就业的人数以及投资领域，斯里兰卡政府给予外资企业(包括独资和合资)程度不等的关税和税收优惠。这些优惠主要有：外国投资公司的股份可在境内外自由转让并免征股份转让税；公司红利可自由汇出，无须纳税，不受外汇管制的限制；公司进口的原材料、设备和出口产品程度不同的关税减免；5～20年不等的免税期和让税期。

在土地优惠政策方面，外国投资者可以购买或租借土地兴建企业。目前政府已取消非本国公民购买土地应按实价100%赋税之规定，外国投资者同样可享有国民待遇。

在投资领域方面，除个别领域不得外资介入外，绝大多数领域对外资开放，对外资限入的领域分为禁止进入、有条件进入以及许可进入领域。禁止外资进入的领域为资金借贷、典当业、投资低于100万美元的零售业、沿海渔业、出口行业或旅游业外的人才服务、14岁以下儿童的教育、授予当地教育学历。有条件进入的领域包括：斯里兰卡本国出口、且有外国配额限制的产品的生产加工；茶叶、橡胶、椰子、可可、水稻、糖以及香料的种植和初级加工；不可再生资源的开采和加工；使用当地木材的木材加工业；深海捕鱼；大众传媒、教育、货运、旅游代理以及船运代理、空运、沿海船运、军工、生化制品以及造币等敏感行业；大规模机械开采宝石；彩票业等。鼓励外资进入的重点领域和产业有公路、桥梁、电力、供排水等基础设施建设、信息技术产业、农业发展、畜牧和水产养殖业、扩大出口和充分挖掘斯—印和斯—巴自由贸易协定的潜力的领域、信息技术产业、电子软件以及电信业等。

本章小结

斯里兰卡地理位置优越，自然资源、人力资源较为丰富，吸引外资的优惠政策为开展经济合作奠定了良好的基础，但多年来内战对经济的破坏、自然灾害、国库空虚、财政赤字巨大、债务严重等因素给斯里兰卡经济发展带来重重困难。尽管如此，由于政府积极推行自由竞争和对外开放的经济政策，加之得到国际社会慷慨捐款资助，斯里兰卡经济继续保持着良好发展势头并创造出有利于投资和经济增长的经商政策环境，使斯里兰卡成为亚太地区最具吸引力的投资地之一。在斯里兰卡开展商务活动时，必须注意尊重当地居民的风俗习惯。此外，随着斯里兰卡内战的结束，国内经济开始走上和平发展的道路，政府工作的重心将转向经济发展，经济前景看好。然而，不容忽视的是，斯里兰卡民族矛盾问题的根源尚未彻底消除，开展商务活动依然存在着一定的政治风险。

思 考 题

1. 导致斯里兰卡僧伽罗人与泰米尔人之间长期民族冲突的历史原因是什么？
2. 斯里兰卡在促进外商直接投资方面采取了哪些积极措施？
3. “后猛虎时代”的斯里兰卡面临着哪些机遇和挑战？

第19章 尼泊尔

尼泊尔全称为尼泊尔联邦民主共和国(the Federal Democratic Republic of Nepal)。原名为尼泊尔王国(The Kingdom of Nepal)，2006年8月改称为尼泊尔，2008年5月28日，再次改为尼泊尔联邦民主共和国。[①]

19.1 简　史

尼泊尔是一个有着悠久历史和古老文化的国家。相传在公元前若干世纪，尼泊尔谷地先后出现过戈帕勒王朝、阿比拉王朝和基拉蒂王朝。约在公元250年，北印度的李查维人迁入尼泊尔，逐渐在尼泊尔取得统治地位，建立李查维王朝，尼泊尔有记录的历史从此开始，但年代准确、史料翔实的记载始于公元1769年沙阿王朝征服尼泊尔谷地三国之后。18世纪末，英国殖民者以印度为基地开始向北进犯尼泊尔，并于1816年3月4日迫使尼泊尔与其签订了萨高利条约，将尼泊尔南部1万平方千米的大片平原据为己有，在尼泊尔享有各种特权，最终使尼泊尔沦为英国的附庸国。1846年，亲英的廓尔喀军人忠格·巴哈杜尔·拉纳发动政变，自封首相，统治了尼泊尔。

1923年，英国承认尼泊尔独立，并与尼泊尔签订了《永久和平条约》。1950年，尼泊尔人民掀起了声势浩大的反对拉纳家族专政的群众运动和武装斗争，国王特里布文和王储马亨德拉在印度的支持下，通过谈判恢复王权，1951年2月18日，特里布文国王颁布临时宪法，宣布实行君主立宪制，结束拉纳家族105年的世袭统治，权力重新回到沙阿家族。1959年，沙阿王朝举行了尼泊尔历史上第一次大选，大会党取胜，组建内阁。1960年12

---

① 尼泊尔一词来自尼泊尔谷地(即加德满都谷地)的名称，它在传统上主要是指加德满都所在的地区，到18世纪以后才逐渐被用来代表尼泊尔王国目前所管辖的全部领土。据学者的研究，从藏文和锡金的词源学来说，“尼泊尔”(Nepal)是“羊毛之乡”和“洞穴之地”的意思，最早见于笈多王朝(公元前335—公元75年)阿拉哈巴德的崖石铭刻上。

月，沙阿国王(马亨德拉国王)宣布取缔政党，实行无党派评议会制，宪法规定“尼泊尔是印度教君主制国家”、“尼泊尔的主权属于国王”。1962 年，国王建立一党制，即评议会制度，并沿用了 28 年。

1990 年，一党制被推翻，沙阿国王宣布实行多党议会制，并通过颁布新宪法，明确规定尼泊尔是一个“君主立宪制王国”、“主权属于人民”，尼泊尔进入多党争权时代。1996 年，尼泊尔共产党激进派宣布退出议会，成立尼共(毛主义)，开展“人民战争”。2001 年 6 月 1 日发生了震惊世界的“王室惨案”，2001 年 6 月 4 日，贾南德拉国王即位。2006 年 4 月，尼泊尔七党联盟领导了尼泊尔历史上第二次人民运动，国王被迫交出部分权力。2008 年 5 月 28 日，尼泊尔制宪会议通过决议，正式废除君主制，成为联邦民主共和国，至此，延续了 240 年的尼泊尔沙阿王朝宣告终结。

19.2 自 然 环 境

1. 位置与面积

尼泊尔位于喜马拉雅山南麓，以喜马拉雅山王国著称，是一个山地内陆国，北部与中国西藏自治区接壤，东、南、西三面与印度相连，边境线全长 2 400 千米，国土面积 147 181 平方千米。

2. 地形、地貌、气候与降水

尼泊尔地形北高南低，从北面海拔 8 000 多米的世界屋脊经过中部高山、丘陵地带，到南部海拔 200 米的平原，在 200 千米的距离内形成了自北向南高差不等的四大阶梯状地貌，即喜马拉雅高山区、山地河谷区、低山丘陵区和平原区。

尼泊尔海拔 5 200 米以上的地区终年积雪，是喜马拉雅(意为“雪之家”)山区。全世界海拔在 8 000 米以上的 10 座高山中，有 8 座位于尼泊尔境内。世界最高峰珠穆朗玛峰①就位于尼泊尔与中国两国边境最高点。在这些高山之间的峡谷中由于冰雪融化形成的河流冲击形成天然山口，这些山口就成为中国和尼泊尔人民往来的通道，在中尼边境这种山口有 20 多个(图 19.1)。山地河谷区一般海拔在 1 500～3 000 米之间，这一区域的特点是山峦重叠、岭谷交错、河流纵横、森林密布。在山地河谷区有许多山间盆地，其中著名的有加德满都谷地和博卡拉谷地。低山丘陵区是山区到平原的过渡区，一般海拔为 300～1 500 米之间，在缓缓的坡地上森林密布，

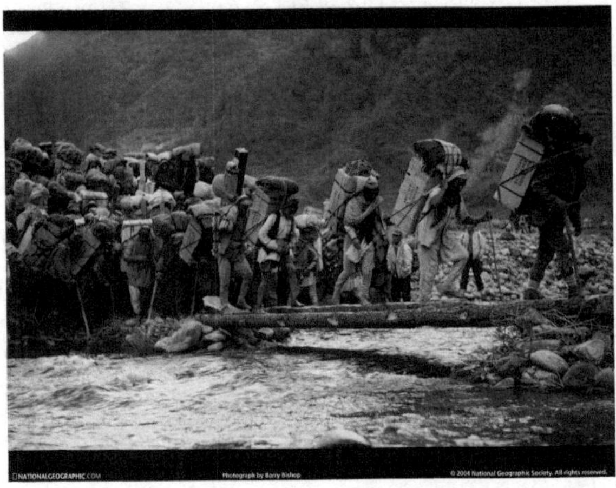

图 19.1　珠穆朗玛峰的挑夫正在为探险队员搬运物资

① 尼泊尔将每年的 5 月 29 日定为“国际珠穆朗玛峰日”。

栖息着各种野生动物，尼泊尔著名的野生动物园就在这一地区。低山丘陵以南地区是一片绿洲，在尼泊尔称为“莱特”，是平原的意思，这里是尼泊尔的粮仓，全国60%以上的耕地都集中在这里，由于河流纵横、地势平坦、交通方便，“莱特”成为尼泊尔工业和农产品加工的基地和经济中心。

尼泊尔的气候和降雨量主要受其地势和来自印度洋的季风影响，气温随地势的变化而变化。从北向南气候大致依次分为高寒气候、寒冷气候、温带气候和亚热带气候。尼泊尔全国降雨量在 1 500～3 500 毫米之间，季风雨占全年降水的 75%以上。北部冷季最低气温为-41℃，南部夏季最高气温为 45℃。年平均降雨量：南部约 2 300 毫米，中部约 1 500 毫米，北部仅有 500～600 毫米。全年 90%的降雨量集中于雨季。

3. 资源禀赋

尼泊尔有多种的矿物资源、动植物资源和水能资源：①矿物资源，尼泊尔目前已发现的金属矿产资源有铁、铜、锌、铅、镍、钴、钼、钨、金、钛等，非金属矿有菱美石、石灰石、白云石、大理石、石榴石、云母、石墨、陶土、磷矿、硅石、宝石等，能源资源有石油、天然气、地热、铀等，大都具有较高的开采价值；②动植物资源，尼泊尔由于地势高低不同，气候差异大，形成了热带、亚热带、温带、寒带等多样性的植被，具有丰富的动植物资源；③水能资源，尼泊尔水电蕴藏量达 8 300 万千瓦，约占世界水电蕴藏量的 2.27%，相当于美国和加拿大水电发电潜力的总和，其中 2 700 万千瓦可发展水力发电，尼泊尔政府积极鼓励水电资源开发。

4. 人口及行政区划

尼泊尔总人口 3099 万人(2014 年统计)。人口主要分布在中部丘陵区(约 44.2%)和南部莱特平原(约 48.5%)。人口城市化率为 17%。

尼泊尔全国共分为 5 个发展区(即东、南、西、北、中发展区)、14 个专区、36 个市、75 个县、3 995 个村。

尼泊尔的首都是加德满都(Kathmandu)(图 19.2)，自 1768 年成为尼泊尔首都以来，加德满都一直是全国政治、经济、文化的中心和交通枢纽，也是主要产粮区之一，还是联合国教科文组织列入亚洲重点保护的 18 座古城之一，人口约 500 万人，主要居民为尼瓦尔人。尼泊尔的其他主要城市有拉利德布尔(帕坦)、博卡拉、比腊特纳加和伯甘吉等。

图 19.2 加德满都

19.3 政治环境

1. 政治体制

2008 年 5 月 28 日，尼泊尔宣布废除君主制，将国体改为联邦民主共和国，设立宪法总统，总理拥有行政权，总统、副总统、总理由制宪会议简单多数选举产生。制宪会议为最高立法机构，主要职责是制定新宪法。

2. 政府

2008 年 4 月 10 日，尼泊尔举行了议会选举，曾被美国界定为恐怖组织的、最大的反对党——尼泊尔共产党(毛主义)在选举中获胜，但由于未能达到单独组阁所需席位，只能与其他政党组成执政联盟。同年 7 月 19 日，尼泊尔议会举行了总统选举，第二大党尼泊尔大会党的总统候选人拉姆•亚达夫当选首任总统。同年 8 月 15 日，制宪会议举行了总理选举，尼共(毛主义)领导人普拉昌达当选为尼泊尔共和国首任总理，新议会主席则由尼共(联合马列)领导人苏巴斯 • 内姆邦担任。

2012 年 4 月，尼政府正式接管联合尼共(毛)营地和武器库，整合工作全面展开，历时 6 年的和平进程接近尾声。由于各党未能就新宪法涉及的联邦划分等关键问题达成共识，制宪会议历经 4 次延期仍未能完成制宪工作，于 5 月 28 日到期解散。

2013 年 3 月，尼主要政党同意组建以首席大法官为首的临时政府，领导新的制宪会议选举。3 月 14 日，基尔 • 拉杰 • 雷格米(Khil Raj Regmi)宣誓就任部长委员会主席(政府首脑)。6 月，尼临时政府宣布于 2013 年 11 月 19 日举行新的制宪会议选举。

2014 年 2 月 10 日，大会党主席苏希尔 • 柯伊拉腊当选新一届总理。2 月 18 日，前议长、尼共(联)领导人内姆旺再次当选制宪会议主席。

3. 政治党派

尼泊尔有 70 多个政党，其中，联合尼泊尔共产党(毛主义)、尼泊尔大会党、尼泊尔共产党(联合马列)等政党影响最大。

4. 司法体制

尼泊尔司法体制由国家审判机关(法院)、国家法律监督机关(检察院)、行使司法职能的行政机关及社会团体构成，设首席法官和总检察长各 1 名，尼泊尔司法机构分为最高法院、上诉法院和县法院三级。

5. 外交关系

尼泊尔政府在外交上遵守联合国宪章的原则和宗旨，奉行平等、互利、相互尊重和不结盟的政策。尼泊尔政府在和平共处五项原则基础上同世界各国发展友好关系，并高度重视和发展与中国、印度两大邻国的关系，积极加强与南亚国家间的合作，在促进南亚区域合作联盟发展方面发挥巨大作用。与此同时，尼泊尔政府从国内经济发展的要求出发，积极拓展外交空间，努力发展同西方国家的关系，争取西方的经济援助和投资。目前已同 113

个国家建立了外交关系。1992 年后，尼泊尔签署了加入世界贸易组织的协定，也成为南亚自由贸易区和孟加拉湾多层次经济技术合作机制成员。

1955 年 8 月 1 日，尼泊尔与中国建交，建交以来两国人民之间的传统友谊和友好合作关系不断发展，高层往来不断，建立了世代友好睦邻伙伴关系。

19.4 经 济 环 境

1. 经济计划与发展状况

尼泊尔是一个山地内陆农业国，经济发展受地理和资源以及其他诸多因素的制约，至今仍较落后，人均 GDP 最近几年始终徘徊在 300 美元左右，属世界最不发达的 49 个国家之一。尼泊尔为了发展经济和实现国家经济的现代化，一直采取国家直接干预和政府指导的经济政策，实行公私并举的混合经济体制。从 1955—1956 年开始，尼泊尔已经实行了 9 个五年计划和一个三年计划。

历年的经济发展计划及发展战略主要集中在：①农业发展战略，主要解决温饱问题，为工业发展提供原料和市场；②工业和贸易发展战略，实施进口替代政策和贸易多元化，增强经济的独立性，主要是摆脱对印度的经济贸易依赖；③满足人民基本需求的战略，20 世纪 80 年代以后政府提出满足人民基本需求的基本纲领，即保证人民每天能摄入 2 250 大卡热量的食品，每年为每个公民提供 11 米的布匹和衣料，每一户人家平均有 30 平方米的住宅，在教育方面，保证 6～10 岁的儿童能够受到初等教育，加强成人教育和提高全民的识字率，将人口出生率控制在 2%以下，将平均寿命提高到 65 岁以上；④经济自由化战略，20 世纪 80 年代末尼泊尔政府进行积极的改革，引进市场机制，在国际机构的支持下，在 20 世纪 90 年代出台了以经济自由化为中心的改革计划，积极引进外资，实施“自由、开放和出口型经济的政策”。1990—2003 年间经济增长率为 4.6%，其中农业 2.8%，工业 6.0%，服务业 5.5%。2012 年，GDP 总量为 219 亿美元，人均 GDP 为 742 美元，外汇储备 60.2 亿美元。尼泊尔地区间发展不平衡，谷地和平原地区相对发达，山区极度贫困，贫困人口近 40%。

2. 经济结构

从 1956 年实行经济发展计划以来，经过 50 多年的努力，尼泊尔的经济结构发生了巨大变化，主要表现在产业结构变化、就业结构变化、分配结构变化等方面。

2011—2012 财年，尼泊尔的农业产值 31.2 亿美元，增长 4.9%，农业人口占总人口约 80%，耕地面积为 325.1 万公顷；工业基础薄弱，规模较小，机械化水平低，发展缓慢，主要有制糖、纺织、皮革制鞋、食品加工、香烟和火柴、黄麻加工、砖瓦生产和塑料制品等，工业产值达 12.69 亿美元，增长 1.6%，占 GDP 的 10%；尼泊尔经济发展中最有特色的是旅游业，旅游业是尼泊尔经济发展的支柱产业，其产值约占全国 GDP 的 29%，由于尼泊尔独特的地形地貌和丰富的旅游资源，每年都有大量的外国游客前来旅游。2012 年，接待航空游客 59.53 万人，增长 18.9%。赴尼旅游的主要为亚洲游客，其中以印度、中国游客居多，其次为西欧和北美游客。

3. 经济基础设施

尼泊尔的经济基础设施主要由公路、航空、铁路、索道、无轨电车和通信设施组成。交通运输以公路和航空为主。公路基本上四通八达，实现了县县通公路，公路建设得到世界银行和亚洲开发银行的大量援助。截至 2012 年 3 月中旬，公路总长 23 454 公里，其中沥青路面 5 977 公里。尼泊尔除首都有一个国际机场外，其余均为简易机场，国内主要城镇有班机通航。此外，尼泊尔还拥有铁路 51 千米、索道 42 千米、无轨电车 13 千米。

尼泊尔基本建成了完整的邮电和电信体系，邮电局遍布全国主要地区，全国 41 个城市开通了特快专递邮件业务，与世界上 23 个国家有邮件业务联系。尼泊尔电信业开创于 1816 年，经过多年发展，目前已建成能覆盖全国主要城市的电信网络系统。2003 年，尼泊尔每千人拥有电话干线为 16 条，每千人拥有移动电话 2 部，每千人拥有个人计算机 3.7 台，互联网用户普及率为 3‰。

4. 贸易与投资

在 20 世纪 90 年代以前，尼泊尔政府基本上执行的是贸易保护主义政策，限制进口以保护民族工业发展。1992 年尼泊尔政府推行经济自由化政策，对外贸政策进行了调整，鼓励私人和外国投资者发展出口型企业，给予政策性优惠。2003 年，尼泊尔以最不发达国家身份加入 WTO，并与南亚各国签订了《双边自由贸易协定》。尼泊尔进出口贸易长期不平衡发展，贸易赤字大。2011—2012 财年，外贸总额为 5 359.3 亿卢比，出口额 742.6 亿卢比，同比增长 15.4%；进口额 4 616.7 亿卢比，同比增长 16.5%。贸易赤字 3 874.1 亿卢比，同比增长 16.7%。主要贸易伙伴有印度、美国、中国、欧盟等。主要进口商品是煤、石油制品、羊毛、药品、机械、电器、化肥等，主要出口商品是蔬菜油、铜线、羊绒制品、地毯、成衣、皮革、农产品、手工艺品等。

在对外经济贸易关系方面，由于地理原因尼泊尔与印度的经贸关系十分密切。长期以来印度对尼泊尔提供大量的援助，尤其是在基础设施建设方面。尼泊尔与印度之间有 23 个边境贸易出入点，印度给予尼泊尔产品免税进入印度的优惠待遇。20 世纪 60 年代以前尼泊尔的贸易几乎都是与印度进行的。20 世纪 90 年代推行经济自由化后，尼—印贸易只占尼泊尔贸易的 40%左右。印度是尼泊尔的最大贸易伙伴，2005—2006 财年，尼泊尔与印度贸易额为 21 亿美元，其中进口 15.3 亿美元，对印出口 5.7 亿美元，分别占尼泊尔进出口总额的 67%和 68%。中国现为尼第二大贸易伙伴，据中国海关统计，2006 年双边贸易额为 2.68 亿美元，约占尼泊尔对外贸易总额的 9%。

在投资方面，尼泊尔经济发展对国外援助和贷款的依赖性较大。尽管尼泊尔制定了一些吸引外资的优惠政策，绝大部分行业对外开放，但由于政局不稳、吏治腐败等原因，外国直接投资停滞不前。2011—2012 财年，新增 220 个外国直接投资项目，协议项目总额 71.4 亿卢比，主要投资国为中国、印度、韩国、美国。从投资领域来看，制造业、能源业、服务业是外国投资的主要领域，也是尼泊尔政府积极鼓励引进外商直接投资的主要领域。尼泊尔对外投资的国别主要是印度、巴基斯坦和孟加拉等国，投资金额很小。

尼泊尔与中国的经济贸易关系自 1955 年建交以来一直积极稳步发展，1956 年签订了《中华人民共和国和尼泊尔王国保持友好关系以及中国西藏地方和尼泊尔之间的通商和交通协定》，1960年和1964年又分别签订了经济援助和贸易协定，据此协定中国将长期向尼泊尔提供无偿经济援助。1974年双方又签订了《中尼贸易协定》。1978年双方在北京签订了《中尼两国民用航空协定》，1987年双方草签了“加德满都—拉萨国际航线”协定，2009年9月，昆明至加德满都的国际航线开通。截至目前，中国广州、成都、拉萨和昆明4地有直通尼泊尔的航班，极大地方便了两国间的经贸往来。从20世纪90年代开始在加德满每年都举行“西藏商品博览会”，并于1995年开通了中国西藏与尼泊尔之间的国际公路运输，拓宽了中国与尼泊尔之间的经济贸易联系。2000年中国西藏与尼泊尔之间正式采用银行结算体制，为双边经济贸易注入了活力。目前尼泊尔与中国西藏自治区的边境通商口岸已经有6个。1956年以来，中国向尼泊尔提供了大量的无偿援助。中国与尼泊尔的贸易主要由西藏地区、香港和内地3个部分组成。2001—2006年中尼双边贸易情况如图19.3所示。2011年，中尼双边贸易额11.95亿美元，同比增长60.9%，其中中方出口11.81亿美元，同比增长61.5%；中方进口0.14亿美元，同比增长21.4亿美元。

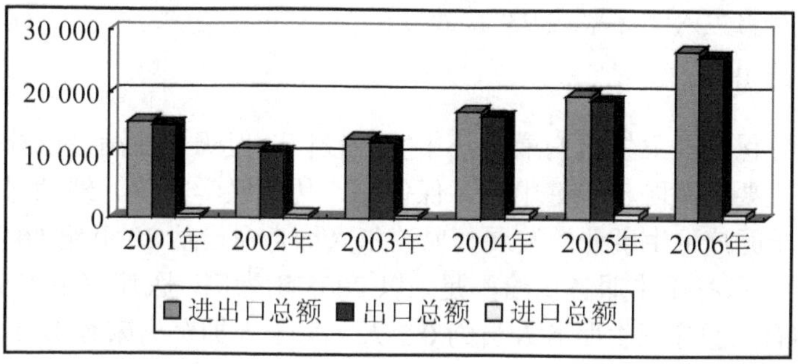

图19.3 2001—2006年中尼双边贸易情况(单位：万美元)

资料来源：根据中国驻尼泊尔大使馆商务参赞处提供资料整理。

樟木口岸目前是中国通向南亚次大陆最大的开放口岸，位于喜马拉山中段南坡，东、南、西三面与尼泊尔接壤，是国家一级公路——中尼公路的咽喉。樟木口岸距拉萨736千米，距加德满都120千米，是中国和尼泊尔之间进行政治、经济、文化交流的主要通道，对内辐射中国西藏及相邻省区，对外辐射尼泊尔及毗邻国家和地区。口岸交通方便，能源、通信等基础设施完善，海关、银行、工商、联检、公安等管理机构健全。目前，通过樟木口岸完成的年商品交易额突破2亿元，已成为中国西藏目前最大的边贸中心口岸。

5. 金融与货币

尼泊尔金融业从20世纪90年代开始逐步结束了由国家银行和财政部双重控制的银行体系，并放松了外汇管制，允许私人开设银行。尼泊尔的银行体系由尼泊尔国家银行、尼泊尔商业银行、尼泊尔工业发展银行、农业发展银行和农村发展银行组成，尼泊尔国家银行是中央银行。1984年尼泊尔金融领域对外国银行分支机构开放后，美国、英国、阿联酋、印度等国在尼泊尔设立了银行分支机构。此外，1981年尼泊尔还开办了国家证券交易中心(非金融机构)，由尼泊尔国家银行和尼泊尔工业发展银行控制，1994年正式组建尼泊尔证券交易所。

尼泊尔货币单位是尼泊尔卢比(Napalese rupee)，辅币单位是拜沙。货币由票面金额分别为1、2、5、10、20、50、100、500、1 000卢比9种纸币和1、2、5、10卢比及5、10、25、50、50拜沙8种硬币组成，货币换算1卢比等于100拜沙。

19.5 社会环境

1. 基本情况

尼泊尔是世界上最贫困国家之一，收入分配极不平衡，基尼系数为0.47，远远超过国际警戒线，突出表现在社会治安状况较差，政局不稳定、贪污腐败严重等方面。人口城市化率极低，2006年该比率仅为16%。

2. 人民生活

2012/2013财年，尼泊尔人均国民生产总值为704美元，是世界上最不发达国家之一，人民生活极为贫困，全国超过40%的人口处于贫困线以下。儿童营养不良和体重不足状况占5岁以下儿童的百分比为38.8%；实现初等教育毕业率为76%；基本实现性别平等，小学和中学的女生与男生入学比率达93%。[①]

3. 医疗卫生保健

尼泊尔的医疗保健及卫生机构最近几年发展较快，但仍不能满足全社会的需要。医疗保健及卫生体系主要由医院、保健中心、保健站、传统医学医院、辅助保健站、初级保健中心等构成。由于医疗卫生事业的发展，尼泊尔人均寿命已从20世纪50年代的27.6岁上升到目前的57岁。医疗卫生服务供给不足，以2005年为例，医疗卫生支出占GDP比重为1.6%，每千人拥有的医疗卫生服务人员为0.5人，每千人拥有病床数不足0.2。

4. 教育科研

尼泊尔的教育发端于古代，在寺院中一直有梵文教学传统，传授梵文和宗教经典。尼泊尔的西式教育开始于1850年，当时德拉纳家族的第一任首相访问英国回来后有感于西方教育模式，于1853年开设了一所英式学校，学校开设英语、梵语、印地语、历史、地理、逻辑学、算数等多门课程，后来学校还开设了孟加拉语、波斯语和汉语。1919年在昌德拉·苏姆谢尔首相任职期间建立了尼泊尔历史上第一所学院，并隶属于加尔各答大学。1961年尼泊尔全国教育委员会成立，引进美国大学学制，将各个学院并入特里布文大学，并增加了教育经费，教育经费达到政府财政支出的10%以上。尼泊尔现行教育体制为：初等教育(1～5年级，小学)；初级中学(6～8年级，初中)；中等教育(9～10年级，高中)；高级中等教育(11～12年级，也叫作“10+2”，或大学预科)；高等教育(本科3年、硕士2年、博士3年)。此外，尼泊尔还有学前教育(6岁以前)、校外教育(为6～14岁未入学儿童提供的教育)、成人教育、职业教育、女童教育、远程教育和开放教育等多种形式的教育。尼泊尔实行1～10年免费教育。

1957年皇家学院成立，紧接着又建立了尼泊尔皇家科学技术学院，统管科技规划和研究事业，该院是国家拨款的自治组织。1992年政府成立了科学技术部，目前已经制订了国家科技发展规划，但是由于科技人力资源缺乏，科学研究主要集中在发展替代能源、农业科技、传统手工艺改造、植物资源研究、环境保护研究、无线电通信研究、高原科技等领

① 数据来源于世界银行，《世界发展指标2008》。

域。主要的科研机构有特里布文大学应用科技研究中心、尼泊尔农业研究委员会、皇家药品研究实验室、小型工业局、水利能源委员会、勘察局等。1983 年，由联合国教科文组织、德国、瑞士和尼泊尔联合成立了“山地综合开发中心”(ICIMOD)，旨在合作研究开发喜马拉雅—兴都库什山区的经验和技术，该中心有来自各国的 100 多名专家和教授参加工作，对尼泊尔的科学研究起到积极推动作用。

5. 新闻出版和传媒

尼泊尔的新闻出版是从 1898 年出版第一份尼泊尔语文学刊物《甘露》和 1901 年发行《廓尔喀新闻》开始的。20 世纪 50 年代以后新闻出版业有了长足的发展，尤其是 20 世纪 90 年代以后新闻出版事业进入了“快车道”。截至 2007 年，尼泊尔注册发行的报刊有 4 614 份，其中有日报 340 份、周报 1 661 份、双周刊 319 份、月刊 1 397 份。①

尼泊尔国家通讯社(RSS)成立于 1962 年 12 月，是尼泊尔唯一的通讯社，由新闻和通讯部管理，以尼泊尔文和英文两种文字发稿，目前尚无国外分社和驻外记者，国际新闻主要采用法新社、美联社、路透社、共同社和新华社的消息。

尼泊尔于 1947 年在加德满都建立第一家广播电台，主要播放音乐和宗教节目。1951 年尼泊尔广播电台成立，是官方唯一的广播电台；1997 年以后私人也建立了许多广播电台；尼泊尔广播电台基本覆盖全国。尼泊尔电视台(NTV)成立于 1985 年 2 月，节目目前可以覆盖全国 32%的地区和 42%的人口，电视台的新闻来源主要是尼泊尔国家通讯社，国际新闻主要接受美国有线新闻网(CNN)和英国广播公司(BBC)节目。目前，尼泊尔共有 7 家电视台，其中 5 家为私营电视台。

6. 文化基础设施

20 世纪 50 年代以来，尼泊尔逐步建立了一系列的文化基础设施，主要由尼泊尔皇家学院、尼泊尔文化公司、考古局、尼泊尔国家档案馆、博物馆以及各类演出、展示、影剧院、艺术演艺团体和艺术学校等组成。

19.6 文 化 环 境

1. 民族

尼泊尔是一个多民族国家，民族大致由 3 个来源组成：第一种是自古以来就居住在尼泊尔的民族；第二种是从中国西藏迁移来的民族；第三种是中世纪以来从印度迁徙而来的民族。主要的民族有尼瓦尔、马嘉、古隆、塔鲁、逊瓦尔、林布、拉伊、菩蒂亚、谢尔巴、塔卡利、多尔波、洛米、罗巴、巴拉高莱、卡斯族等。1996 年尼泊尔政府成立了一个专门工作小组对尼泊尔民族进行了调查和鉴别，按其报告的标准和定义，尼泊尔没有任何一个民族人口超过全国总人口的半数，也就是说没有一个民族是主体民族，因此在尼泊尔没有少数民族的概念。一般将尼泊尔民族分为印度教社会民族，即信奉印度教并按印度教种姓制度和社会习俗生活的居民，主要是卡斯族，这一部分人口约占尼泊尔全国总人口的 32%～37%；另外是非印度教社会民族，正式承认和确认的非印度教社会共有 61 个民族和部族，这些民族和部族大都

① 资料来源于《2008 年亚洲年鉴》。

是尼泊尔的原住民，他们大都信仰藏传佛教、苯教或万物有灵论的地方性宗教，人口约占全国人口的 43%，总体上处于社会发展的边缘；还有 35 个民族没有被确认，其人口约为全国总人口的 20%。虽然尼泊尔民族问题十分复杂，但是从国家社会生活的主流来看，印度教社会民族的影响较大，卡斯族起到主导性的作用，在当今的尼泊尔统治阶层中大部分来自这一民族，长期在尼泊尔的政治、经济和文化生活中起着主导和中枢性作用。

2. 宗教

尼泊尔以“寺庙之国”著称，流行多种宗教，主要的有印度教、佛教、伊斯兰教、基督教、耆那教和其他宗教。

印度教大约在公元 5 世纪传入尼泊尔，经过 8 世纪印度教对佛教的打击和 14～15 世纪马拉王朝大力推行印度教的统治，印度教在尼泊尔成为主流宗教，信奉的人口最多，信徒分布广泛，影响最大。信奉印度教的人口约占总人口的 86%，由于信奉印度教的人口众多，尼泊尔《1990 年宪法》中曾宣布尼泊尔为印度教国家，但这一规定在 2006 年 5 月 18 日议会下院通过的决议中得以废除。

佛教在尼泊尔历史悠久，由公元前 543 年出生在尼泊尔境内南部平原卢潘德希县蓝毗尼的释迦牟尼创立，后来分化为大乘佛家和小乘佛教(图 19.4)。大乘和小乘佛教在尼泊尔均有一定数量的信徒。佛教徒约占总人口的 7.8%。

图 19.4　四眼天神庙——苏瓦扬布拿佛塔(Swayanbhunath)①

伊斯兰教大约在 12 世纪传入尼泊尔。目前大约有 3.5%的人口信奉伊斯兰教。

基督教是西方殖民者带来的宗教，在尼泊尔的信徒大约有 4 万多人，尼泊尔也有少数的耆那教、锡克教、苯教、萨满教的信徒。

3. 语言

尼泊尔语为国语，它是由梵语派生的，字母用梵文，天城体。英语也是尼泊尔重要的商业语言。尼泊尔民族众多语言也十分复杂，据尼泊尔政府人口普查报告，尼泊尔全国约有 60 余种语言，其中使用人口最多的有 11 种。从语言学上来划分，尼泊尔语言分别属于印欧语系、汉藏语系、南亚语系和达罗毗荼语系等四大语系。印欧语系的印度雅利安语族，约占尼泊尔总人口的一半，主要包括了 10 种语言；汉藏语系的语言约占总人口的 40%，也有 10 多种方言；南亚语系包括了蒙达尔语族的萨塔尔语和桑塔尔语两种；达罗毗荼语系主要是北库鲁克语族的唐格达语，流行于特莱平原地区。另外，有 720 万印度移民讲印地语。

① 加德满都最著名的两座佛教道场之一，被联合国教科文组织列为共同维护的世界级古迹，有 2 500 多年的历史。已在 2015 年 4 月的尼泊尔大地震中被毁。

4. 社会生活习俗

尼泊尔有着历史悠久和丰富多彩的民族习俗，众多民族在饮食、服饰、婚丧嫁娶、生活习俗等方面差异较大。在饮食方面，尼泊尔人习惯一日两顿正餐，三次奶茶。尼泊尔人十分好客，常常会以奶茶、小吃招待客人。尼泊尔人见面时双手合十于胸前，说“纳马斯代”(Namasta)或“纳马斯卡”(Namaskar)，意为“你好”。人与人之间的称谓，一般对王族、婆罗门和令人尊重的学者、教授称呼“何祖拉”(Hejura)，意思是“老爷”，佣人也称主人为“何祖拉”。在说话时，平辈之间用“递米”(你)，或直呼其名。对长辈或客人用“塔巴伊”(您)。学生称老师“古鲁”，现在一般称老师“瑟尔”(Sir)。在生活习惯方面，尼泊尔人清早梳洗完毕，首先敬神或佛，无论在家或在外，进寺庙礼拜都必须空腹。用餐时，先拿一点食物放在桌子上，以示对神的尊重，吃饭要用右手不能用左手，递食物给别人要用右手，其他物品可用双手，以表示礼貌。进寺院和内室都要脱鞋，不能用手触摸神像和佛像，只能用头触摸神像或佛像的脚。尼泊尔人禁忌宰杀黄牛，公黄牛是印度教湿婆神的坐骑，黄母牛是财富女神的象征。尼泊尔人忌讳外人进入自己家的厨房、佛堂和神舍，不宰杀母畜母禽，不食用其肉，不吃剩饭。

尼泊尔人的婚姻有多种形式，这与其他社会有较大不同，但是婚姻仍然是尼泊尔人一生中最重要的事情。尼泊尔有一夫一妻、一夫多妻、姐妹共夫、一妻多夫、姑表结亲和童婚等婚姻形式。在结婚仪式上各民族各有不同，有的十分复杂。

尼泊尔人生孩子要举行一套隆重的庆祝仪式，此外，第一次喂食大米、第一次剃头、圣线典礼、[①]成年礼等都要举行仪式。

尼泊尔人的丧葬仪式比较特别。父亲死后，儿子或其他亲属要将尸体焚化，同时全家须服丧，服丧期共 13 天。服丧的人穿白孝服，子女一年内须穿白孝服。人们认为死人会使家里受到不同程度的污染，因此要举行一系列仪式来清除污染。这些仪式包括斋戒、沐生祭、赠送礼品和宴请祭司等。服丧不能用皮革制品，寡妇不能穿红色或鲜艳的衣服，须穿白孝服，不能佩戴手镯、脚镯。

5. 重要节日

尼泊尔不仅以“寺庙之国”著称，也以“节日之邦”闻名。一年到头，每个月都有几个全国性重大节日，各民族的地方性节日更是数不胜数，节日大都与宗教或神话传说有关，是尼泊尔人民群众生活中重要的组成部分。

尼泊尔较为重要的传统节日主要有德赛节、光明节、春节、湿婆诞辰节、酒红节、赛马节等。

5 月 28 日为尼泊尔共和日，于 2008 年开始设立。

6. 历法

尼泊尔同时采用 5 种不同的日历，包括公历、西藏历、释迦历、尼瓦历。此外，官方、报章等还采用维克拉姆历。[②]

---

① 如果孩子出身于婆罗门或刹帝利种姓，要在满 12 岁后举行“圣线”礼。

② 该历法由北印度传奇人物维克拉姆帝亚国王而得名，维克拉姆历从公元前 57 年 2 月 23 日开始，所以公历 2004 年是维克拉姆历的 2060 年。

尼泊尔新年约在公历的4月中旬，跟公历一样，全年共365天、12个月且1周分7天，只是在名称上有区别，但每周的星期六才是休息日。

19.7 商业环境

1. 市场准入

1990年以来，尼泊尔制定了自由开放的经济政策，鼓励私营企业发展和公营企业私有化，吸引外国直接投资，减少国家对经济的干涉。由于经济基础薄弱，政府还制定了以优先发展工业的政策，注重中小型工业和加工工业发展，并给予工业发展政策和税收方面的优惠。

尼泊尔政府允许外国企业在绝大部分工业领域进行投资，并可占有100%的股份。投资形式可采用独资、合资、合作和技术转让。从保护民族工业的角度出发，政府更鼓励技术转让，而且没有行业限制。

尼泊尔优先发展的工业包括：农林产品加工、机械设备生产、节油和减少污染、废水处理、道路、桥梁、缆车、铁路、有轨电车、隧道、天桥的建设和运营、医院、冷冻冷藏、传统医药、残疾辅助工具、自燃灾害救助工具等。

尼泊尔鼓励外资投资的行业主要有水力发电、水利灌溉、电网工程、旅游、化工医药、草药加工、蘑菇生产、水果加工、茶叶种植加工、桑蚕养殖和丝织业、奶品业、纺织业、地质勘探开采、电子工业，皮革制品业、IT业、珠宝业等。

2. 投资政策与法规

尼泊尔鼓励工业发展的主要政策有《工业企业条例1992》、《外国投资和技术转让1992》、《工业政策1992》和《外国投资及一个窗口政策》等。这些政策的主要内容包括：通过健康竞争利用国家优势发展工业；通过关税和按计划实施工业保护；利用本国劳动力、技术和资源发展工业；鼓励出口加速经济增长；重点发展小型、农村和农业为基础的工业，增加就业；引进外资，重点是技术转让和先进的管理经验。在私有化方面，尼泊尔政府已将一些企业实行了私有化，如造纸厂、黄麻厂、皮革厂和砖瓦厂等，私人可以自由进入工业、金融和民航业。

尼泊尔通过实施一个窗口的政策，确保向外国投资者提供所有基础设施，其主要内容包括：奖励利润再投资企业；传统手工业企业和小型企业的所有权为尼泊尔企业家所有，外国投资者只能转让技术；对传统手工业给予免除消费税、营业税和所得税；对国有企业逐步实行私有化，不再新建国有企业；除了国防、公共医疗和环境有关的企业外，取消对设立其他企业办理许可证的要求；有关政府部门，自收到申请30日内，给申请者明确答复。对制造业、能源工业、以林业和农业为基础的工业以及采矿业，自开业之日起5年内免征所得税(烟草、酒精、印度酥油、电子配件和锯木企业除外)；对国家优先发展的企业，7年内免除所得税；对雇佣600人以上的企业两年内免征所得税；对出口型企业其出口的原材料和中间产品，自收到申请60天内，根据出口数量，对关税、营业税和消费税给予退税。

3. 新商贸政策

2009 年 4 月，尼泊尔政府宣布“2009 商贸政策”取代君主制时期制定的商贸政策，商贸政策将发生重大变化，这一政策更加符合国际贸易惯例，有助于减少尼泊尔的贸易逆差。新政策将通过提供可靠商业信息、调整关税、运输和标准认证协助，帮助提高私营部门参与国际贸易的能力。为促进出口，政府将成立由商业和供应部长领导的包括该部秘书、中央银行行长、私营出口商和专家的贸易促进机构。这些变革预示着尼泊尔的商贸政策将发生重大变化。

本章小结

尼泊尔绚丽多彩的文化资源、丰富的自然资源、独特的地形地貌、优越的地理位置、日趋完善的交通基础设施和经济的稳步发展等条件为在尼泊尔开展商务活动提供了良好的机遇，但国内政治局势不稳定、工业基础薄弱、行业门类不全、市场相对狭窄、劳动力素质低下、一定程度的贸易保护主义政策、政府行政服务效率低下等问题使得在尼泊尔开展商务活动面临一定的风险。我国企业到尼泊尔开展商务活动前一定要对尼泊尔的商务环境进行认真分析，科学地做出评估并谨慎决策。

尼泊尔“2009 商贸政策”的出台，将会引起对外经济贸易政策的重大变化，在与尼泊尔的经济合作中要密切关注相关政策动向，以确保合作的成功开展。

思 考 题

1. 尼泊尔“新商贸政策”有哪些特点？
2. 在尼泊尔开展商务活动面临哪些主要的政治风险？

第20章

不　丹

不丹全称为不丹王国(The Kingdom of Bhutan)。

20.1 简　史

公元7世纪起，不丹曾为吐蕃王朝属地，9世纪成为独立部落。17世纪初，西藏噶举派高僧阿旺·纳姆加尔来到不丹，将当地几个小而独立的部落统一，建立了政教合一的神权统治，1907年建立君主世袭制的不丹王国。18世纪后期起遭英国入侵，1910年1月英国同不丹签订《普那卡条约》，规定不丹对外关系接受英“指导”。印度独立后，于1949年8月英国同不丹签订《永久和平与友好条约》，规定不丹对外关系接受印“指导”。1961年以来，不丹国王多次公开表示要保持自己国家的主权和独立。1971年不丹加入联合国，1973年成为不结盟运动成员，1985年成为南亚区域合作联盟成员。1989年，为反对西方和印度文化对不丹的侵蚀，不丹推行了“振兴传统文化”运动。1998年以来实行政治体制改革，到2008年结束了长期实施的君主制，改为议会民主制的君主立宪国家。

20.2 自然环境

1. 地理位置及面积

不丹是南亚次大陆北部一个“袖珍型”的喜马拉雅山内陆王国，其边界与中国西藏、印度的西孟加拉邦和阿萨姆邦接壤，面积约3.8万平方千米。不丹是喜马拉雅山脉地区自然环境最好的国家，也是世界公认的十大环保国之一。2005年，不丹获得联合国环保署的“地球卫士”奖。

2. 地形、地貌、气候及河流水系

不丹山地占全国总面积的 95%以上，素以山国著称。其北部大喜马拉雅高山区的多数山峰海拔高度都在 6 000～7 000 米以上，许多山峰终年积雪，人迹罕至，气候寒冷；中部为气候温和的喜马拉雅山河谷地区，面积约占不丹总面积的 1/2，是国家重要的经济文化中心；南部杜瓦尔丘陵平原地区湿热多雨，属亚热带气候，该区最低海拔为 150 米。

不丹主要有阿莫诃、旺河、普纳昌河和玛纳斯河四大河流水系，全境河流密布，降水丰富，河水补给充足。

3. 资源禀赋

全境森林覆盖率达到 72%，为世界之首，有"绿色王国"之称(图 20.1)。境内野生动物多达 165 种以上，多系珍禽异兽，每平方千米就有植物 3 281 种，已建成 6 个国家公园和 9 个生态保护区。

图 20.1　最后的"香格里拉"

调查结果表明，不丹丰富的矿藏资源中不少极具经济价值，如石灰石、大理石、白云石、石膏、石墨、铜、锌、铅、云母、煤等。

4. 人口及行政区划

不丹人口约 75 万(2013 年)人口增长率约为 1.8%。2003 年全国划分为 4 个行政区、20 个宗。不丹首都为廷布(Thimphu)，其主要城市还有普拉卡宗、帕罗宗。

20.3　政治环境

1. 政治体制

2008 年 3 月 24 日，不丹举行了历史上第一次真正的民主选举，31.8 万不丹选民参加了投票。选举后的不丹将结束君主制，成为民主的君主立宪政体国家。不丹议会实行两院制，由国王、国家委员会(上院)、国民议会(下院)组成，拥有立法权。上院由 25 名议员组成，均为非党派人士，其中 20 名由各宗选举产生，其余 5 名由国王任命知名人士担任。下院由 47 名议员组成，由选民直接选举产生。两院议员任期 5 年。现国王吉格梅·凯萨尔·纳姆耶尔·旺楚克仍然是政府和武装部队的最高元首(图 20.2)，但议会拥有对国王进行弹劾的权力，只要有 2/3 的多数票同意，国王就必须下台。宪法草案还规定，国王到 65 岁就必须“退休”。国民议会为不丹最高立法机构，由政府代表、地方代表和喇嘛代表组成，主要负责制定法律、审批政府高级职员的任命和对国家重大问题向国王或政府提出建议等。

图 20.2　国王吉格梅·凯萨尔·纳姆耶尔·旺楚克接受朝拜

2. 政府

根据不丹宪法，在国民议会选举中获多数议席的政党领导人将由国王任命担任首相，负责组阁。首相任期不得超过两届，各政府部门大臣人选通过首相推荐由国王任命。经三分之一以上议员同意，国民议会可对政府提出不信任动议，如动议获国民议会三分之二以上投票通过，则国王有权解散政府。不丹政府的 10 个部门是：外交部、工程和住宅部、信息和交通部、贸易工业部、财政部、卫生部、教育部、农业部、内政部、劳工和人力资源部。11 个直属机构是：皇家文官委员会、国家计划委员会、国家环境委员会、国家劳动局、皇家货币局、国家技术培训局、皇家管理学院、法律事务局、不丹研究中心、地方发展委员会、国家文化事务委员会。

3. 政治党派

不丹正式注册的政党有 5 个，主要政党有繁荣进步党和人民民主党。政府由大选中得票最多的政党组阁，其他政党则成为反对党。2013 年 7 月 13 日，在不丹第二次全国性大选中，原在野党人民民主党赢得国民议会 47 个议席中的 32 席，击败执政党繁荣进步党登上执政舞台。人民民主党主席策林·托杰出任首相。两党治国理念虽有不同，但政治纲领没有太大的区别，都坚持老国王以“不丹模式”为基础的五年发展计划。

背景知识

不丹模式

所谓“不丹模式”，就是不丹在社会经济建设中注重、强调物质和精神的平衡发展，将环境保护和传统文化的保护置于经济发展之上，其衡量发展的标准是“国民幸福总值”(Gross National Happiness, GNH)。该概念于 1970 年经不丹前国王吉格梅·辛格·旺楚克提出，由四大支柱组成：社会经济均衡发展、保护自然环境、坚持传统文化和实行善治良政。国王认为，“人生基本的问题是如何在物质生活和精神生活之间保持平衡”，国家政策制定依据应考虑“在实现现代化的同时，不要失去精神生活、平和的心态和国民的幸福”。幸福不一定与国民的货币收入、物质财富的多寡成正比，不一定与 GDP 有关。在这种执政理念的指导下，人均 GDP 仅为 700 多美元的不丹，人民却感觉生活很幸福。30 余年来，追求“国民幸福总值”最大化是不丹政府的奋斗目标，其结果是：政通人和，国泰民乐。

4. 司法体制

高等法院为最高司法机构，但国王拥有最高司法权力，包括受理最高上诉案件。高等法院包括首席法官在内共有 8 名法官，其中 2 名由国民议会选出，任期 5 年；其余由国王指派，任期由国王决定。各宗设有地方法院，由国王任命的宗长和地方法官负责处理地方诉讼案件。不丹法规，尤其是民法和刑法仍保留了佛教的传统戒律的实质精神。

5. 对外关系

不丹奉行不结盟政策，主张大小国家一律平等，在和平共处的基础上同所有国家发展友好合作关系。维护独立和主权、实现经济自力更生是不丹对外政策的两大目标。不丹是联合国及 75 个国际组织的成员国，已同印度等 52 个国家及欧盟建立外交关系。但不丹目前与联合国安理会五大常任理事国还没有建交。1998 年不丹成为 WTO 的观察员，现申请成为正式成员。

不丹与印度关系独特密切。印度是不丹最大的贸易伙伴、援助国和债权国，控制着不丹的经济命脉并提供安全保障。双方实行开放边界，自由通商。2007 年 2 月 8 日，不印签署经过修订的《2007 印度—不丹友好条约》。根据新条约，印度对不丹的外交“指导”取消，而不丹不能损害印度的国家安全和利益。条约体现了印不关系的平等相待和经贸方面的互利合作，而不是如过去那样，只对印度单方面有利。[①]

不丹虽与中国尚未建交，但两国关系友好。双方边界长约 600 公里，虽从未正式划定，但边境地区长期保持安宁。1998 年，中不签署了第一个边界和平协议，其后双方经过了 20 轮边界会谈，对两国共同的利益和合作交换了意见，对所取得的谈判成果表示满意。2012 年 6 月，时任中国总理温家宝同不丹首相在联合国可持续发展大会期间举行了首次历史性会晤，就两国关系、边界问题和不丹竞选非常任理事国席位等事宜交换了意见，从而对近年停滞不前的边界谈判起到了极大的推动作用。

---

①《人民日报》，2007 年 2 月 22 日。

20.4 经济环境

1. 经济计划及发展状况

不丹是南亚地区一个比较封闭的内陆农业型国家，1961年开始实施五年计划经济发展，1971年提出“实现全面自给自足”的战略目标，20世纪80年代末开始推行“国民幸福计划”。到2007年，不丹成功完成了9个五年计划，2006—2007年度GDP增长率达到了15.4%，远远超过上年度6.5%的水平，2005—2006年度人均GDP达到1 245美元。[①]十五计划(2008—2013年)预计总投资约1 480亿努，主要目标是进一步贯彻“国民幸福总值”(Gross National Happiness，GNH)理念，保持9%左右的经济增长率，到2013年使贫困率由2007年的23.3%降至15%，实现经济和环境、社会、文化均衡可持续发展。第11个五年计划估计预算为2 010亿努，较第10个五年计划预算多530亿努，计划目标是“自力更生和包容性的绿色社会经济发展。”

“自力更生”意味着不丹到2018年年底，计划在没有官方发展援助的情况下也能够满足其所有国家发展需要；“包容性”意味着减少不平等，提高生活水平和生活质量；“绿色”意味着低碳可持续发展。尽管上述目标并不一定转化为有效的减贫和改善生活质量的措施，但经济增长这一目标必须实现。

2. 经济结构

随着现代部门的出现，不丹农业生产在国内生产总值中所占的比重逐年下降，工业(包括能源、矿业和建筑)在国内生产总值中所占的比重逐年上升，电力、旅游业和集邮成为不丹外汇收入的重要来源。2010年，农业约占GDP的16.8%，同比增长9%。农业人口占总就业人口的60%。第二、三产业分别占GDP的42.7%和40.5%。其中第三产业发展最快，其次分别为制造业、电力和建筑业，水电及相关建筑业已成为拉动经济增长的主要因素。

3. 外资和外援

为了进一步加大对工业的投入，不丹政府于2002年12月3日制定了新的工业政策，允许外国在不丹直接投资。新政策规定，不丹向外国直接投资开放一切经济领域，外国投资者在制造业和服务业方面可控股70%。在制造业的投资资金不得少于100万美元，主要包括矿产、农业产品加工、以家畜为基础的服务、电子和电力等行业；在服务业的投资不得少于50万美元，主要包括信息技术和旅游业，并鼓励外资参与基础设施建设。此外，不丹政府还鼓励发展私营工业企业，希望私企通过使用资金、技术和市场来推动国家工业的发展。

外援在不丹经济建设中起着极其重要的作用。自20世纪60年代以来，不丹通过科伦坡计划组织从发达国家获得各种机械、设备、车辆、家畜和种子等援助，也从国际组织和

---

① 《人民日报》，2007年3月30日。朱在明、唐明超、宋旭如编著，《不丹》，社会科学文献出版社2004年12月第1版，第190～194页。俞文岚主编，《南亚报告：2007—2008》，云南大学出版社2008年6月第1版，第140、142页。

外国志愿者处接受各类经济和技术援助。2010年，不丹接受外援(净额)22.15亿努。其中，印度是最大援助方。此外，不丹还接受来自日本、丹麦、联合国开发计划署、奥地利、荷兰、瑞士、亚洲开发银行、世界银行等方面的援助。

4. 基础设施

经过40多年的建设，不丹发生了历史性的变化。截至2011年，全国公路总里程达8 366.2公里，拥有机动车辆54 123辆(2010年)。1983年不丹航空公司成立，拥有距首都65公里的帕罗国际机场及布姆塘宗巴特帕拉塘、扎西岗宗扬普拉和吉列普3个国内机场，航线包括从帕罗至新德里、加尔各答、加德满都、达卡、曼谷和仰光，无国内航线。2010年载客量13.26万人次。2006年，不丹与印度、泰国和孟加拉国分别签署关于加强航空联系的谅解备忘录；不丹邮政网络相当完善，全国所有行政区首府、人口稠密区和商业中心全都建立了现代电信通信业务，农村的电信覆盖面已达80%，各大城市间均可进行电报业务往来；1999年，不丹建成全国计算机互联网，拥有自己的域名后缀，并成立因特网服务商Druknet。2010年，共有固定电话26 361部，手机165 452部。到2012年6月，不丹全国20个宗联通了高速传输电缆，光纤网络已联通131个格窝，其余70个格窝在2012年12月底或2013年6月联通。到2013年10月之前所有20个宗行政办公室、201个格窝、201个社区中心，不丹皇家大学机构和中心医院都联通光纤网络，不丹进入了真正的国家网络时代。该国电力供应充足，78%的农村人口用上了自来水。

5. 金融货币

不丹政府的金融机构主要有皇家货币局(中央银行)和不丹银行。非银行系统的金融机构有不丹皇家保险公司、不丹信托公司、政府雇员救济基金等。1996年，不丹政府允许金融部门公开发行股票，并与亚洲开发银行和花旗银行签署协定，允许它们购买不丹国家银行(Bhutan National Bank)不超过40%的股份。为加强投资重点，政府还考虑建立工业和农业银行。

1974年不丹财政部正式发行官方货币努扎姆(Ngultrum)，简称努(NU.)，与印度卢比等值，即一卢比兑换一努。2010年1美元约兑换45.73努。2009—2010财年，不丹国家财政收入为156.3843亿努，同比增长4.4%。

2009年，不丹外债574.25亿努(其中55%为印度卢比债务)，同比增长18.6%。

6. 外贸外汇

外贸在不丹国民经济中占有较大比重，但其对外贸易主要在南盟成员间进行。印度是不丹最大的贸易伙伴，与其签有自由贸易协定。不丹的进口贸易分为3级，即政府、地区和私人。皇家政府负责重要配额商品的进口，配额以外的商品大多由地区直接进口，一些零星商品则允许私人公司进口。

2010年，不丹进口额390.84亿努，出口额为293.24亿努。不丹对印进、出口额分别占总进、出口额的75%和89%。其他主要贸易伙伴有韩国、泰国、新加坡、日本、中国等。其中，不丹与孟加拉国之间签有优惠贸易协定。2012年，中国成为不丹第三大贸易伙伴。

不丹主要出口产品为电力、化学制品、木材、加工食品、矿产品等。主要进口产品为燃料、谷物、汽车、机械、金属、塑料等。

不丹同中国内地之间还没有建立正式的贸易关系，2007年，中不双边贸易额仅500万美元，2008年达到800万美元，增长56.9%。[①]2011年双边贸易额为1 700万美元，同比增长8.9倍。不丹对中国香港的出口较大，2005—2006年出口额为1 903万美元，到2006—2007年就增长到了6 285万美元。

旅游业是不丹外汇的重要来源，但该国对旅游业控制较严，一般只接受团体旅游。出于环保考虑，政府对境外游客每人每天收取165至200美元的最低消费费用。从1987年7月起，寺院、宗教圣地不对外开放。2012年，入境游客105 407人次，同比增长64.62%。

2009年，不丹外汇储备395.75亿努(约8.2亿美元)。

20.5 社会环境

1. 基本情况

不丹没有战乱，社会安宁，生态环境良好，生活节奏缓慢悠闲，人民安居乐业，国民对物质财富的享受远远低于精神上的追求，迄今普通家庭的三大件仍是手表、收音机和电饭煲。

2. 人民生活

虽然用“经济GDP”来衡量不丹，其发展水平不算高，2013年，在联合国发展署发表的全球人类发展报告中，不丹排名第140位。但用“幸福GDP”来衡量，不丹无疑名列世界前茅。2006年英国公布的调查报告称，不丹在“全球快乐排行榜”中名列第8，仅次于人民生活以高福利、高收入、高税收、高消费为特征的瑞士及北欧诸国。[②]

3. 社会保障

不丹国民享受政府有效的免费医疗卫生服务，超过人口的95%，2/3的国民可进行定期体检，一旦国内医疗水平无法治愈公民的疾病，政府会送他们去国外免费治疗。2010年，不丹有各类医疗机构730家，其中医院31家，医生187名。婴儿死亡率为40‰。到2007年，全国基本医疗覆盖率增加到95%以上，90%以上的儿童接受了预防接种，平均寿命达到66.3岁，婴儿死亡率降到60.5‰，农村食用自来水人口达到78%，环境卫生覆盖率达到88%；[③]饮水供应和道路使用也都免费。1998年，不丹即在日内瓦建立世界首个健康信托基金，保证提供基础医疗用的疫苗和基本药物。

4. 教育和科研

不丹实施儿童免费教育。1961年起学校实行双语制，不丹语“宗卡”为必修课。强调职业技术教育，以适应社会需要。2003年6月，不丹建立第一所大学不丹皇家大学。2012年7月第一所医科大学正式开学。到2010年，全国有各类学校1 582所，教员8 947名，在校学生194 587名。适龄儿童入学率为92%。国民识字率约为53%(2005年)。但其科学技

---

① 商务部亚洲司网站http://yzs.mofcom.gov.cn，2008年2月1日、2009年2月5日。

② 《环球时报》，2007年4月28日。《人民日报》，2007年7月11日。

③ 朱在明、唐明超、宋旭如编著，《不丹》，社会科学文献出版社2004年12月版，第267页。

术研究十分落后，国家的一些科研活动主要由政府各部门自行负责，研究领域仅局限于农业、畜牧业、林业、医疗卫生和部分社会历史研究方面。

5. 艺术舞蹈

不丹人擅长绘画、雕刻、铸造、建筑和手工纺织，其艺术风格与西藏十分相似。能歌善舞是不丹人民的一大特点，其音乐和舞蹈往往结合在一起，旋律优美。不丹舞蹈主要有宗教面具舞(图 20.3)、牦牛舞、化装舞、古代剑舞等。

图 20.3　不丹传统面具舞蹈

6. 体育

体育运动深受不丹人民喜爱，项目有射箭、赛马、掷圆石、摔跤、拔河、赛牦牛等。

7. 出版和展馆

《昆色尔》周报为不丹国家正式出版报纸，并在互联网上更新。2006 年，两份私人报纸《不丹时报》和《不丹观察家报》开始发行。另有《德鲁克·洛塞尔》季刊，用宗卡、英语和尼泊尔语出版。全国只有不丹皇家政府一家出版社。国家图书馆和国家博物馆分别设在首都廷布和帕罗市。

8. 传媒

不丹政府设有不丹新闻与广播机构，负责全国广播、电视事务。1973 年，不丹成立广播公司，用不丹语、英语、尼泊尔语等广播。1999 年，不丹广播公司开通电视服务。全国广播电台覆盖率达 90%，估计有 10 万多个电视用户。

20.6 文化环境

1. 民族及民族主义

不丹的主要民族是不丹族，占全国总人口的 50%，基本是中国西藏人血统和印蒙血统的后裔以及土著人的后裔；其次是尼泊尔族，约占 30%～35%；还有 15%的部分土著人和移居者。1989 年，不丹实行“复兴传统文化运动”，强行推行一个国家“一个民族、一种语言、一种宗教、一种服饰”的“四个一”政策，把大量非不丹族的印度、中国西藏和尼泊尔移民驱逐出境，迄今这些留居印度和尼泊尔境内的难民仍是不丹政府必须解决的一个棘手问题。

2. 宗教语言

不丹是个宗教王国，不丹族普遍信奉藏传佛教(噶举派)，并定为国教；尼泊尔族居民信奉印度教。“宗卡语”为国语，英语为官方语言，南部尼泊尔人则使用洛昌语(其前身是尼泊尔语)。

3. 生活习俗

不丹人尊奉宗法制，崇尚几代合住的大家庭。妇女在家操持家务，从事农活；男子外出做工、经商、当兵。在不丹东西部，唯长子有继承权，中部唯长女有继承权。不丹的男子有出家当喇嘛的习俗。

1980 年，不丹颁布《婚姻法》，宣布实行一夫一妻制，废除一妻多夫和一夫多妻制，禁止童婚，允许离婚。

4. 穿着打扮

不丹人的服饰与中国藏族相似，男人穿称“果”的过膝长跑，腰佩短剑，头戴牦牛帽；妇女通常穿一种从肩拖到踝关节的，称“克拉”的服装。不丹人喜欢佩戴珠宝饰物，戴戒指、手镯和耳环。

高级军官除穿军服外，一般穿红黄两色相间的长袍；僧人一般穿一种深紫红色长袍。长袍的一角松松地搭在左肩上，裸露右臂。除了高级僧人，现在多数僧人仍打赤脚。在集会或宗教仪式等正式场合，人们往往穿一种皮底绣花布帮传统长鞋。

尼泊尔族人则习惯穿衬衫、裤子、纱丽、罩衫等。

不丹人一般喜爱蓄短发，其中包括大多数妇女。蓄长发被认为是不成体统，会受到惩罚。

5. 饮食习惯

饮食与中国藏族基本相同，主要以小麦、青稞炒面为主，多食牛、羊肉，也吃猪肉、奶酪，爱喝酥油茶和青稞酒。

不丹人热情好客，待人很有礼貌。无论是富人还是穷人，主人总是非常热情地招待客人。他们喜食槟榔，待客先献茶，客人一般不应拒绝饮第二杯茶，以表示愿意做主人的朋友。

6. 礼节

宾主第一次见面时，主人习惯向客人献哈达。欢迎宾客的普通形式是主人面向客人，上半身向前弯曲，同时伸出双臂。

7. 历法

不丹的历法由中国西藏的历法演变而成，属阴阳历。纪年法是 60 年为一周期，年号由

“木、火、土、铁、水”与“鼠、牛、虎、兔、龙、蛇、马、羊、猴、鸡、狗、猪”十二属相组合而成。组合方法是一个天干配两个地支交替使用，如“木鼠”、“木牛”为第一、二个年号，则“火牛”、“火虎”就为第三、四个年号。

吉利日一般是每月的初八、十五和三十(即每月最后一天)，一年的吉祥日是夏至、降雨节(一般在 9 月)、冬至、如来佛的诞辰日、如来佛第一次讲经日及如来佛为其母讲解“达摩”日。

8. 节日

不丹的节日可分为传统节日、非宗教节日和宗教节日 3 大类。最著名的节日有国庆日(12 月 17 日)、国王生日(2 月 21 日)、加冕日(11 月 6 日)等，此外，不丹还有各种各样的宗教节日。每逢节日，不丹人通常都要举行祈祷仪式和进行宗教舞蹈、戏剧表演。

20.7 商业环境

不丹在推动现代化的进程中，为保持独特的文化传统和自然环境优势，没有把“经济列车”的“油门”开到最大，而是采取了一种“限制性发展和渐进式开放”的发展模式。因此，目前不丹的市场开放有限，商务环境还不发达，投资准入限制较多。以其最重要的创汇产业旅游业来看，其发展也是受到严格控制的。时至今日，不丹在对外接待中还坚持了两项重要措施，一是旅游只对团体开放，禁止零星游客进入不丹，同时对参观场所尤其是寺庙做了严格的规定；二是所有的旅游点必须由政府指定，其他地方不得擅自接待游客。为保护环境、提高旅游质量，不丹将每年进入不丹的游客人数计划控制在一定数量之内，同时提高消费门槛，规定游客每天最少要消费 240 美元，包括基本的吃、住、行等项目，由政府认可的旅行社一手安排，全程陪同，力图打造一种低流量、低破坏、高价值的旅游经济。

不丹也没有把“发财”的希望寄托在丰富的林木资源上面，山民每砍一株树都需要特别许可，国有林区伐木必须经过严格审批。除了适度开发外，对老百姓正常生活和基础设施建设所需的木材，政府每年还从国外进口，以加强对国内森林资源的保护。政府还规定每年 6 月 2 日为全国植树日，要求所有公民都参加植树，绿化祖国。即使不丹人喜好的茶叶，政府也不毁林栽种，而是从国外进口。

1999 年，不丹政府宣布该国为无塑料国家，人们用手工藏纸来包装东西。2004 年，不丹全面禁止烟草的销售，成为世界上第一个全面禁烟的国家。

本章小结

不丹素有世界上“最后的香格里拉”的美誉，生态环境十分优良，社会安宁有序，政权稳固有加，经济处于稳步发展的阶段。不丹在保护第一、限制性发展的前提下，采取了渐进式开放、适度开发的“中间道路”，努力在发展现代化和保护生态环境两者之间寻找“平衡点”，试图将经济活动对环境破坏的程度降至最低程度。“限制性发展使不丹在保持经济增长的同时，有效地保护了生态环境，从而为可持续发展创造条件。而渐进式开放则使不丹在融入世界的同时，又坚持了自己独特的生活方式、浓重的民族风情、单一的传统文化”。[①]

思　考　题[①]

1. 不丹在经济社会现代化的建设进程中强调“国民幸福总值”的意义是什么？

2. 不丹为何不大幅度开放旅游市场，以“最后的香格里拉”的绝佳资源、美誉来换取丰厚的商业利润？

① 《人民日报》，2007 年 3 月 30 日。

第21章

马尔代夫

马尔代夫全称为马尔代夫共和国(The Republic of Maldives)，中国史籍称其为“伏在水下的山脉(流沙)”，或“溜山国”、“溜洋国”。

21.1 简 史

公元12世纪马尔代夫建立伊斯兰教苏丹国，全民信仰伊斯兰教。中国明代郑和曾两度率船队到过马尔代夫，其间马尔代夫苏丹王优素福也数次遣使来中国。中国史籍记载和马尔代夫首都马累博物馆陈列的中国瓷器和钱币，反映了历史上双方的友好往来和贸易关系。

从16世纪起，马尔代夫先后遭受葡萄牙、荷兰殖民者的入侵和统治，1887年沦为英国的保护国，1932年改行君主立宪制，1952年成为英联邦内的共和国，1954年又恢复君主立宪制，1965年7月26日宣布独立，1968年3月废除苏丹制，同年11月11日建立马尔代夫共和国，实行总统制。

21.2 自然环境

1. 位置与面积

马尔代夫位于印度洋上的马尔代夫群岛上，距离印度南部600千米、斯里兰卡西南部约640千米。该国南北长约800千米，东西宽约130千米，总面积9万平方千米(含领海面积)，陆地面积298平方千米。

2. 地形、地貌、气候与降水

马尔代夫是印度洋上的群岛国家。全国由26组自然环礁、1 192个珊瑚岛组成，分布在9万平方千米的海域内，其中有202个岛屿上有人居住。地势低平，平均海拔1.2米。

由于接近赤道，马尔代夫全年气温为 28～30℃，日夜温差不大。受印度洋季风影响，5—10 月气候较湿润，雨水较多，11—次年 4 月气候较干燥，相对雨水较少，全年平均降水量为 2 143 毫米。

3. 人口及行政区划

2010 年，马尔代夫全国人口 32 万，年均人口增长 2.95%，人口结构为：0～14 岁的占 45.3%；15～64 岁的占 51.7%；65 岁以上者占 3%。2010 年人口为 32 万。全国分 21 个行政区，包括 19 个行政环礁及马累和阿杜两个市。首都马累(Male)是全国政治、经济中心，也是贸易港口，2009 年人口 10.8 万。

4. 资源禀赋

马尔代夫拥有丰富的海洋资源，有各种热带鱼类及海龟、玳瑁和珊瑚、贝壳之类的海产品。其上千个形状各异的珊瑚岛成为全年均可观光旅游的地方(图 21.1)。

图 21.1 马尔代夫旅游胜景

21.3 政治环境

1. 政治体制

马尔代夫实行总统内阁制。现行宪法于 2008 年生效，规定马尔代夫是完全独立的主权国家，伊斯兰教为国教。立法、行政、司法权分别归属人民议会、总统和法院。人民议会为最高立法机构，任期 5 年，由 48 人组成，议会以简单多数通过法案。总统候选人由人民议会提名，全体选民过半数选举产生，任期 5 年，议员均有权利参加总统竞选。

新宪法保护穆斯林，规定“马尔代夫人在法律面前人人平等”。强调不得违反伊斯兰教法和马尔代夫法律。年满 21 岁的马尔代夫公民有选举权。公民必须学习阿拉伯文和迪维希语，背诵古兰经。

2005 年 6 月马启动宪政改革后，人民议会通过实行多党民主制度的议案。马内政部陆续接受多个政党的注册，包括民主党(Maldivian Democratic Party)、人民党(Dhivehi Rayyithunge Party)、正义党、伊斯兰民主党、社会民主党、国民大会党、共和党、国家联盟、人民联盟、迪维希国家党、减轻贫困党、社会自由党、国家党等。

2. 政府

在马尔代夫，总统为国家元首、政府首脑和武装部队统帅，拥有全部行政和指定副总统权力，有权批准法律，召开国民议会特别会议、颁布临时法令、实行大赦、任命部长。总统任期不得超过两届。内阁由副总统、部长和总检察长组成。

3. 司法机构

马尔代夫宪法规定司法权归属最高法院、高等法院和审判法庭。首席法官由总统任命，首都设有高等法院和其他专门法院。马尔代夫外岛还设有地方法院。

4. 对外关系

马尔代夫奉行独立、自主和不结盟的外交政策，同一切尊重马尔代夫独立和主权的国家友好，传统上重视发展和印度、斯里兰卡、日本以及阿拉伯国家的关系；积极参与不结盟运动和南亚区域合作联盟；支持建立国际经济新秩序；主张全面裁军，包括禁止核试验和彻底核裁军；维护世界和平，已同162个国家建交。

马尔代夫是“小岛屿国家联盟”(AOSIS)主要代表国，特别提倡维护小国安全，强调气候变化事关小岛屿国家的生存权，极为关注全球气候变暖使海平面上升对马造成的威胁。签署《气候变化和生物多样性公约》、《京都环保议定书》、《保护海洋生物议定书》等。2009年10月，马在水下召开内阁会议，并于11月举办“气候脆弱性论坛”，呼吁国际社会采取行动应对全球变暖。

马尔代夫既是英联邦成员，也是联合国、南亚区域合作联盟、世界银行、国际货币基金组织、亚洲开发银行、世界贸易组织等众多国际组织的成员。

1972年10月14日马中建交后，双方关系稳步发展，政府领导人多次互访。马前总统加尧姆曾与中国签署了《中华人民共和国和马尔代夫共和国经济技术合作协定》和《中华人民共和国外交部和马尔代夫共和国外交部合作协议》。此后，中国一直向马提供无偿援助，援建了马外交部大楼、马国家博物馆等项目。双方期望能进一步加强经济和贸易间的联系。

21.4 经济环境

1. 经济概况及发展战略

马尔代夫陆地资源匮乏，经济单一，技术落后，原材料和生活必需品严重依赖进口。20世纪90年代以来，马尔代夫实行经济改革和加大开放，提高进口、放宽私人企业的出口限制，允许更多外资进入，加快经济状况改善。尤其在旅游业的带动下，建筑、通信、交通、服装加工、手工艺等产业有较大发展。为进一步促进经济社会发展，马尔代夫实行小规模开放型经济政策。坚持在保护环境的基础上，发挥自身资源优势，积极吸收国外资金与援助，加快经济发展。该国设定了在2020年跻身中等收入富裕国家的目标。为此，其

2020 远景规划主要承诺包括：在 2020 年前实现全民至少 10 年的正规学校教育，男女平等，形成节能环保型的生活方式，另外还要建立高质量的医疗体系；在经济发展方面，将建立起最有利于商业发展的经济环境，实现商业繁荣、经济活跃，并成为区域性自由贸易中心；此外，马尔代夫的经济将更加多元化，拥有出口导向型的服务和工业贸易。①

2012 年马尔代夫 GDP 为 211.6 亿拉菲亚(约 13.74 亿美元)，人均 GDP 为 3 936 美元，经济增长率 4.3%。

2. 经济结构

旅游业、渔业和船运业是马尔代夫的三大支柱产业。旅游业对 GDP 的贡献多年保持在 30%左右，现有 97 个旅游岛，2.5 万张床位，入住率达 70.4%，人均在马停留时间 6～7 天。2012 年旅游收入 60.61 亿拉菲亚，占 GDP 的 30.2%。赴马游客 95.8 万人次，同比增长 3%；2012 年渔业产值为 2.52 亿拉菲亚，占 GDP 的 1.2%。2011 年运输通信业产值约 39.33 亿拉菲亚，占 GDP 的 18.6%；工业仅有小型船舶修造厂、海鱼和水果加工、编织、服装加工等，2012 年工业产值为 29.57 亿拉菲亚，占 GDP 约 14.7%。农业十分落后，主要生产椰子、玉米、香蕉和木薯等，2011 年农业产值为 3.63 亿拉菲亚，占 GDP 约 1.7%。随着旅游业的扩大，蔬菜和家禽养殖业开始发展。

3. 外资和外援

马尔代夫外国投资较少，2003 年两个旅游投资项目的进入，使该国资本账户增加了 5 500 万美元。近年来，马尔代夫政府坚持在保护环境的基础上，通过发挥自身的资源优势，积极吸收国外资金与援助，加快经济发展。2006—2008 年，该国吸引外资分别为 450 万、860 万和 870 万美元。同期接受无偿援助 740 万、870 万和 490 万美元。

自 1972 年起，中国一直坚持向马尔代夫提供无偿援助。仅 2000 年，中国就向马尔代夫提供了 1 000 万元人民币的无偿援助。此外，从 1985 年开始，中国公司进入马尔代夫承包工程市场和劳务市场，截至 2006 年年底，中国公司在马承包劳务合同额累计达 6 062 万美元，完成营业额 5 354 万美元。

4. 基础设施

马尔代夫对经济发挥作用的基础设施主要是海运、航空运输和电信业。海运业主要经营中国香港到波斯湾和红海地区及国内诸岛间的运输业务，拥有 250 多艘商船。马尔代夫国家船运有限公司拥有极其发达的船运网络，它是进口产品的唯一运送商，也是旅游产业的生命线。

马尔代夫民航事业较落后，该国有 5 个机场，其中 2 个为未铺筑的简易机场。马累国际机场每年接待游客 70 万，服务所有政府所属的国内机场，经营着 13 条包机线路和 12 条固定航线。每周平均有 35 架飞机抵达机场。印度、斯里兰卡、新加坡、阿联酋、南非和欧洲一些国家均有定期航班飞往马累。马尔代夫空中出租车公司是世界上最大的水上飞机运营商之一，拥有 22 架飞机，每天可运送 3 000 名乘客(图 21.2)。为应对旅游需求的增长，马尔代夫政府将新建 4 座新机场并扩建现在的国际机场。该国南部的第二个国际机场在 2008 年落成启动。

---

①《商业周刊/中文版》，2006 年第 12 期，第 58 页。

图 21.2 马尔代夫海上“出租车”——水上飞机

马尔代夫陆上交通局限于首都马累，自行车为主要交通工具，其公路总长 88 千米，其中 60 千米在首都马累。

电信业最近几年发展较快，固定电话和移动电话已经覆盖全国，其国内主要电信运营商 Dhiraagu 公司投资 2 800 万美元铺设的海底光纤电缆网络于 2007 年 1 月投入使用，能覆盖南部偏远但有人居住的岛屿。2007 年，全国范围内的宽带网络也进一步扩容。

5. 财政金融货币

2004 年印度洋海啸灾后重建使马尔代夫财政支出急剧扩大，财政状况十分严峻，2005 年以来该国经常账户赤字占 GDP 的比例始终在 30%以上，虽然政府主要通过吸引国外私人资本流入来弥补经常账户赤字，却导致外债负担特别是私人部门外债负担不断加重，2007 年总外债已高达 GDP 的 70%。2012 年马政府财政收入 98.32 亿拉菲亚，财政支出 141.46 亿拉菲亚，财政赤字 43.14 亿拉菲亚。2012 年外汇储备 3 亿美元，同比减少 3%。外债 8.46 亿美元。

马尔代夫银行是唯一的国有银行，有 20 家分支机构遍布全国，该银行在全世界拥有 250 家合作银行。

马尔代夫货币名称为拉菲亚(Rufiyaa，Pff，又称为卢菲亚)，与美元汇率为 1∶12.8。

6. 对外贸易

进出口贸易一直是马尔代夫国民经济的重要部门，主要出口商品为海产品和成衣，进口纺织品、石油产品、食品和生活用品。美国、泰国、斯里兰卡、新加坡、英国、日本是马尔代夫的主要贸易伙伴。

马尔代夫外贸长期处于逆差状态。2001—2005 年出口额分别为 9.37 亿、11.6 亿、14.5 亿、15.72 亿、13.34 亿拉菲亚；进口额分别为 47.41 亿、50.1 亿、60 亿、82 亿、95 亿拉菲亚；逆差分别为 38.04 亿、38.5 亿、45.5 亿、66.28 亿、81.66 亿拉菲亚。2010—2012 年三年出口额分别为 1.99 亿、3.46 亿、3.14 亿美元，进口额分别为 10.95 亿、14.65 亿、15.54 亿美元，逆差额为-8.96 亿、-11.19 亿、-12.4 亿美元。

自 2006 年中国对马尔代夫部分产品实施零关税政策起，中国自马进口贸易额剧增，2005 年自马进口仅 2.7 万美元，2006 年进口额达到 60 万美元。据中国海关总署统计，2006

年中马双边贸易总额为1 600万美元。[①]2012年，中马双边贸易额更达7 667万美元，其中中国出口7 649万美元，进口19万美元，同比分别增长21.2%和36.9%。[②]

21.5 社会环境

1. 人民生活

马尔代夫大部分居民以鱼、椰子和木薯为主食，近年来粮食食品有所增加。该国医疗卫生较落后，全国有22家医院，176个卫生中心，最大的医院在马累，有94张床位。2005年全国有医生400人，护士1 000人。1998年世界卫生组织宣布马为无疟疾国家。2012年婴儿年死亡率为11‰，人均寿命男性为72.6岁，女性为74.4岁。

2. 教育

马尔代夫实行免费教育。2011年成人识字率为97%。2012年共有在校学生73 798人，教师6 856人。有229所学校，其中公立学校219所，私立学校10所。马尔代夫国立大学是马唯一大学。各环礁设有一个教育中心，主要向成年人提供非正规文化教育。

3. 新闻出版

全国有两种日报和少量周刊，系迪维希语，主要在首都马累发行。还有一份双周刊英文报纸。“马尔代夫之声”电台建于1962年，用英文和迪维希语对全国广播。马尔代夫电视台于1978年3月建成启用，同年修建了卫星通信站，可通过卫星转播世界各地的节目。

21.6 文化环境

1. 民族

马尔代夫全国均为马尔代夫族。

2. 宗教

马尔代夫以伊斯兰教为国教，岛上的居民均属于伊斯兰教的逊尼派。

3. 语言

马尔代夫官方语言为迪维希语，是斯里兰卡僧伽罗语的一种方言，其上层社会通用英语。

4. 家庭与社会生活

马尔代夫人一般按伊斯兰教社会的习俗和要求组织家庭，个人的社会行为规范必须符合伊斯兰教教义，同时强调社会平等。马尔代夫妇女在社会中地位较高，社会阶层的身份

---

① 中华人民共和国商务部网站 http://www.mofcom.gov.cn/，2008年2月1日。

② 中华人民共和国外交部网站 http://www.fmprc.gov.cn/mfa_chn/gjhdq_603914/gj_603916/yz_603918/1206_604402/sbgx_604406/，2013年7月。

变化是可以变通的，一个人可以通过政治、财富和教育获得的学位和能力获得相应的社会地位及尊重。

5. 习俗

尽管在各处景点可以购买和饮用酒水，但将酒精饮品、猪肉制品或其他伊斯兰教忌讳的东西带入马尔代夫都是非法的。裸体也是严厉禁止的行为，并且禁止在公开场合宣扬伊斯兰教以外的教义。

21.7 商业环境

马尔代夫把实现经济多元化和促进经济进一步发展的希望寄托在私营部门，并制定了许多激励政策以吸引投资者。该国政府正与世界银行合作制定新的法律，以促进公共部门和私人部门的合作，提供投资保障和资金扶持。马尔代夫没有个人所得税、企业所得税和房地产税，外国投资者可以将全部利润抽调回国而不必纳税，他们还可以拥有对企业100%的所有权。该国教育部公开招标进行学校教育私营化，欢迎私营企业或个人参与学校的管理、运营。其政府还正在考虑向外国投资者开放机场领域。可以说，确定外国投资者可以参与的部门、让其在真正平等的基础上和马尔代夫旅游发展公司合作是马国家战略规划的一部分。

为吸引更多的外国工作人员和管理人员到马尔代夫工作，政府准备出台新的激励和优惠政策，并改革现有的土地租用制度，把目前35年的租用权延至更长。

目前，马尔代夫政府对外提供多类投资项目，具体包括：机场(6家)、医院(14家)、公共设施运营(12家)、媒体(6家)、娱乐行业(5家)等。[①]

本章小结

作为印度洋上的岛国，马尔代夫丰富的海洋资源及自然形成、各具特色的海岛美景成就了该国最大的产业——旅游业。然而投资旅游业并非马尔代夫唯一的“理想方向”。在马尔代夫2020年的远景规划中，提出要利用其区位优势，把其建成南亚区域性的自由贸易中心，届时要使马尔代夫的经济更加多元化，并拥有出口导向型的服务和工业贸易。[②]但随着全球气候变暖，马尔代夫正面临着棘手的“气候之忧”。

背景知识

“气候之忧”。根据联合国报告的预测，由于全球变暖导致冰川融化，海平面到2100年将比现在上涨25～58厘米。届时，包括近1200个珊瑚礁岛的马尔代夫大部分国土仅比海平面高出1.5米，这一形势将令整个国家岌岌可危。因为马尔代夫全国最高的两座岛屿离海平面也只有2.4米。新上任的总统纳希德表示，如果水位按现在速度提高，马尔代夫将有可能被海水淹没，届时38万国民会纷纷变成“环

① 中华人民共和国商务部驻斯里兰卡经参处网站 http://www.mofcom.gov.cn/，2009年4月21日。

②《商业周刊/中文版》，2006年第12期，第58页。

境难民”。为防患于未然，纳西德认为必须在其他地方购买土地，为马尔代夫人民寻找新的家园。目前他已与多国就此事进行过商讨，对方的反应是“乐意接受的”。纳希德心中的首选目标是文化习俗相近的印度、斯里兰卡，或者地广人稀的澳大利亚。

思考题

1. 马尔代夫值得关注的投资领域主要有哪些方面？
2. 全球气候变暖会对马尔代夫造成什么影响？

第22章 南亚地区经济一体化及区域合作

22.1　一体化初期表现——南亚区域合作联盟建立

20 世纪 70 年代以来，随着世界科学技术的不断创新进步和国际经济合作及贸易的迅速扩大，世界经济步入了全球化和区域一体化的发展进程。在欧共体成功合作及东盟不断发展壮大的示范刺激作用下，渴求尽快摆脱贫困状况的南亚各国领导人开始意识到顺应世界潮流，开展区域合作，以加强国际经济竞争力，尽快缩小与发达国家之间经济差距的重要性。

1980 年 5 月，孟加拉国前总统齐亚·拉赫曼率先提出开展南亚区域合作的倡议并迅速得到该地区各国首脑的积极响应。经过 5 年多的协商和准备，南亚七国首脑于 1985 年 12 月 6 日在孟加拉国首都达卡举行会议，一致通过了《南亚区域合作宣言》(以下简称《达卡宣言》)和《南亚区域合作联盟宪章》(以下简称《宪章》)，宣布“南亚区域合作联盟”正式成立(图 22.1)。

图 22.1　南盟组织徽标

南盟《宪章》声称，其目标是：①促进南亚各国人民的福利并改善其生活质量；②加速区域内的经济增长、社会进步和文化发展，并向每个人提供体面的生活和发挥他们全部潜力的机会；③促进和加强南亚国家间的集体自力更生；④为相互信赖、理解和正确评价彼此的问题做出贡献；⑤促进在经济、社会、文化、技术和科学领域的积极合作和相互支持；⑥加强与其他发展中国家的合作；⑦就共同关心的问题加强在国际讲坛上的合作；

⑧与具有类似目标和目的的国际和区域组织进行合作。

《宪章》将南盟最高决策机构的首脑会议制度化，每年举行一次，必要时可随时召开，轮流在各成员国举行，并成立了部长理事会、常务委员会、技术委员会、秘书处、特别部长会议、经济合作委员会和区域中心等必要的机构，以保证有关决定得以贯彻实施。但《宪章》规定，如果成员国中任何一国拒绝参加，会议将不能举行。

《宪章》规定运行和基本的管理工作原则如下。

(1) 各级决议应在协商一致的基础上做出。

(2) 不审议双边有争议的问题。

(3) 联盟框架内的合作应给予尊重主权平等、领土完整、政治独立、不干涉别国内政和互利的原则。

(4) 联盟框架内的合作不应取代双边和多边合作，而是它们的补充。

(5) 合作不应与双边和多边义务相抵触。

目前南盟成员国有印度、巴基斯坦、孟加拉国、尼泊尔、不丹、斯里兰卡、马尔代夫和阿富汗(2005 年 11 月被吸收为新成员)8 个国家(图 22.2)，总面积约 483 万平方千米，人口约 15 亿，GDP 约 6 000 多亿美元。在总人口中约 1/3 为贫困人口。中国、日本、美国、欧盟、韩国、澳大利亚和缅甸均为南盟观察员。

图 22.2　南亚区域联盟组织 8 国领导人会议

南盟成立 20 多年来，经过曲折和徘徊，已经在多个方面取得进展，积累了不少宝贵经验，并在消除贫困、农业、旅游、交通、能源、通信、教育、卫生、环境、气象、文化、体育、妇女儿童等领域开展了广泛且行之有效的合作。2005 年，南盟在成立 20 年之际的第十三届首脑会议上，就发展区域经济、消除贫困、反恐、应对自然灾害等方面加强合作再次制定了 50 多条措施，宣布 2006—2015 年为南盟“减贫十年”。

但总体来看，作为南盟核心内容的经贸合作仍发展缓慢。在南盟成立后的 10 年间，南盟区内贸易占七国对外贸易总额的比重只从 3%稍稍上升至 3.7%。而在欧共体，这个比重高达 60%，在东亚和太平洋地区为 30%，拉丁美洲也达到 20%。[①]

22.2　一体化提速——建立自由贸易区

为进一步加强南盟各国在经济和贸易领域里的合作，推动地区经济社会发展，加速融入经济全球化和区域经济一体化的世界潮流，南盟在 1990 年提出了建立自由贸易区的设

① 牛鸿斌主编，《走向新世纪的中国与南亚——中国与南亚问题学术讨论会论文集》，云南省南亚学会、云南省社科院南亚研究所 2003 年 9 月版，第 46 页。

想，并于 1995 年 5 月第八次南盟成员国会议正式通过了原则上建立自由贸易区的《南盟特惠贸易安排协定》(SAPTA)。同年 12 月，南盟七国外长在新德里聚会，再次讨论了促进南亚区域合作的有关问题，一致同意到 2005 年建立一个自由贸易区。

2002 年 1 月 6 日，南亚七国领导人在尼泊尔加德满都首脑会议上宣布，“七国将在今年年底敲定南亚自由贸易协定稿本，将逐步取消关税与非关税壁垒，以便建立自由贸易区，并锐意扩大贸易和金融活动网络。七国还主张成立跨政府的贸易自由化组织，并让这个组织早日开始运作。”[①]到 2003 年，南盟各成员国共降低了约 3 000 种商品的关税，减让的幅度约在 10%～60%之间，主要是一些小商品，大宗的贸易商品还没有进入减税的目录。

2004 年 1 月 6 日，在南盟第 12 届首脑会议上，七国领导人签署了《南亚自由贸易协定框架条约》。在 25 条框架条约规定中，涉及宗旨、基本原则、自由贸易计划、原产地规则、制度安排、磋商与争端解决程序、保障措施及其他共识等，为南亚区域自由贸易发展制定了宏伟蓝图。

2005 年 11 月 13 日，在孟加拉国首都达卡举行的南盟第 13 届首脑会议上，七国领导人在经济合作领域达成三项协议：《避免双重征税协议》、《海关协议》和《成立南盟仲裁委员会协议》，同时南盟各国还同意在本地区简化签证程序，以推动地区内人员的交往。分析认为，三项协议的签署，将成为实现南亚自由贸易区远景目标的重要步骤。

2006 年 1 月 1 日，《南亚自由贸易协定框架条约》正式生效。缔约国同意以下关税削减措施：除最不发达国家以外，其他成员国的关税在协定生效的两年后，从第三年开始，在两年内将关税减少至 20%；最不发达国家的关税，在协定生效的两年后，从第三年开始，在两年内将关税减少至 30%；从协定生效后的第三年开始，除最不发达国家以外，其他成员国的关税应在 5 年内从 20%或 20%以下减至 0～5%，斯里兰卡的时间为 6 年；从协定生效后的第 3 年开始，最不发达国家的关税应在 7 年内从 30%或 30%以下削减至 0～5%，鼓励最不发达国家逐年进行削减，但每年应不低于 10%。

对于特殊商品，缔约国可以不采用上述关税削减计划。具体特殊商品的名录、数量限额由缔约国确定。最不发达缔约国采取特殊措施，以维护其出口利益。特殊商品的审核每 4 年一次，或者根据南亚自由贸易区部长会议确定。[②]

按照南盟计划，该组织拟通过分阶段削减关税以及建立共同货币等措施，到 2014 年 1 月 1 日组建一个有别于传统自由贸易区的新型自由贸易区，到 2015 年七国要形成关税同盟，2020 年实现地区经济一体化。

22.3　与一体化进程相应的各类区域经济合作

为顺利铺平自由贸易目标实现的道路，促进南亚地区经济一体化的快速发展，南盟国家自 20 世纪 90 年代以来不断提升区内外的经贸合作水平，其中印巴两个南亚大国的表现尤为突出。

---

① [泰]《世界日报》，2002 年 1 月 7 日。

② 杨翠柏、谢代刚，等著，《南亚国家贸易与环境保护法律问题探讨》，四川出版集团巴蜀书社 2008 年 12 月第 1 版，第 19～20 页。

1. “南亚增长四角”经济合作

1997 年 4 月，印度、孟加拉、尼泊尔和不丹四国宣布成立次区域合作组织，定名为“南亚增长四角”，旨在加强四国在经济领域中例如自然资源的开发和利用、运输、通信、能源等一些特定项目上的互利合作，以推动本地区经济全面发展。

2. 印度“向东看”

20 世纪 90 年代，东盟巨大的成功为复兴印度—东盟互动关系打开了新的机会之门。1992 年，印度拉奥政府正式制定“东向”政策，以期全方位拓展、加强与东盟国家的合作关系。2004 年曼莫汉·辛格任总理后也多次出访东盟(图 22.3)。诚如印度外交部一份出版物所描述的：“双方之间有利益的汇合点。新的世界秩序、伴随着‘向东看’政策的印度经济改革，与东盟‘向西看’和区域化驱动力不谋而合。”①

图 22.3　印度总理曼莫汉·辛格出访东盟

1) 环孟加拉湾“孟印缅斯泰经济合作组织”(BIMST-EC)成立

1997 年，印度、孟加拉国、斯里兰卡、缅甸、泰国五国成立合作组织，成为南亚和东南亚国家之间第一个环孟加拉湾地区的区域性经济合作组织。该组织成立宣言表示，将以平等和伙伴关系的精神，在贸易、投资和工业、科学技术、人力资源开发、旅游、渔业和农业、能源、基础设施和交通等方面开展合作，促进本地区的和平、进步与繁荣。泰国副外长比塔在签字仪式上致辞说，“今天，我们开始建立连接南亚和东南亚的桥梁，我们签署了在我们地区寻求可靠的和平、繁荣和稳定的宣言。”“印度官员把它看成联系东盟的桥梁，促进孟加拉湾地区贸易和旅游发展的工具”。②

2004 年 7 月，印、孟、斯、缅、泰五国经济合作组织在曼谷召开会议，吸收尼泊尔和不丹两个国家入盟，使该组织进一步扩大为七国。会议签署了七国建立自由贸易区协议的草案，决定将贸易出口商品分为进入自贸区“快速通道”和“普通通道”两类商品。其中，进入自贸区“快速通道”的商品关税将直接降至 0～5%，进入“普通通道”的商品将根据时间表逐步实施减让关税计划。

所有成员国都同意交换本国准备进入“快速通道”的 10%的商品名单，这些商品的关税将在 4 年内降为零。会议还决定，为今后的谈判准备一份投资促进和保护协议草案，并交换成员国开放服务领域的名单。2005 年 12 月 19 日，在达卡召开的环孟加拉湾经济合作组织外长会议一致同意，2006 年年中将签署建设环孟加拉湾经济合作组织自贸区的协议。担任会议主席的孟加拉国外长说，建立自贸区可使环孟加拉湾经济合作组织成员国间的贸

① [印]桑贾亚·巴鲁著，黄少卿，译，《印度崛起的战略影响》，中信出版社 2008 年 4 月第一版，第 159 页。

② [美]斯蒂芬·科亨著，刘满贵，等译，《大象和孔雀：解读印度大战略》，新华出版社 2002 年 10 月版，第 275 页。

易总额达到600亿美元。同时，7个成员国同意从2006年7月起，在为期10年的过渡期内逐步实施商品自由贸易计划，最终到2017年将关税减至零。另外从2007年7月起逐步实施服务和投资自由贸易计划。[①]

印度认为，扩大了的"印孟斯缅泰尼不"组织将使加尔各答位于七国的心脏地区，因而可以重新整合各国市场，有助于推进南盟自由贸易区的建设，成为其经济合作的催化剂，给了印度除南亚地区合作联盟之外的另一种利益选择。如果南盟和孟印缅斯泰经合组织达成贸易协定，则加尔各答便成为地区商贸中心，这不仅对加尔各答左翼阵线政府，而且对西孟加拉邦乃至整个南亚次大陆东部地区的发展都是一个前所未有的机会。[②]

2) 恒河—湄公河合作计划

2000年11月，在印度的提议下，印度和柬埔寨、老挝、缅甸、泰国、越南五国成立了"恒河—湄公河流域合作组织"，以加强印度与东盟成员国在交通、文化、教育和旅游等领域的合作。2001年7月，在河内召开的该组织各国部长第二次会议上，通过了有关湄公河—恒河区域合作的河内行动计划及旅游、文化、人力资源开发及交通通信等领域合作的协议文本，提出了共同行动的框架。[③]

21世纪伊始，以前总理瓦杰帕伊访问东南亚国家开始，标志着印度的"东进"政策实施进入了"快车道"。2001年1月8日，瓦杰帕伊抵达河内，成为自1994年以来首次访越的印度领导人，双方不仅签署了文化和旅游交流、原子能开发、信息产业合作等一系列文件，还就21世纪共同打击恐怖主义、继续加强在地区和国际论坛等方面的合作达成广泛一致。从2001年1月10日起，瓦杰帕伊还开始了14年来印度领导人对印度尼西亚的首次访问，揭开了21世纪两国关系的新篇章。双方在国防、贸易、工业、技术、农业及文化等领域签署了多项协定，确立了两国领导人定期会晤机制。[④]2002年4月9日，瓦杰帕伊出席"新加坡21世纪论坛"，以"印度对东盟和亚太地区的观点"为题发表演说，指出目前是加强印新两国关系的有利时机。2001年4月11日，瓦杰帕伊在对柬埔寨进行正式访问后双方签署了联合公报，强调了两国将继续巩固和加强相互之间的传统友谊和友好合作关系，承诺将进一步在资讯技术、农业、文化、贸易、旅游等方面进行合作。[⑤]

在恒河—湄公河流域合作计划的推动下，印度与东南亚国家的基础设施合作项目取得不小进展。

2001年，在印度出资10亿卢比(约合2 200万美元)的帮助下，缅甸修通了缅甸西北边境地区德穆—葛利瓦长160千米、宽5.5米的一条柏油公路。这条公路从缅甸西北边境通往印度曼尼普尔邦的边境城市莫里，西南从缅甸亲敦江畔的葛利瓦延伸至缅甸第二大城市曼德勒，沟通了印度通往东南亚的陆上通道，该通道最终将成为拟商议中的欧亚大陆桥亚洲公路的关键部分。

2002年4月，印度、缅甸和泰国三国外长又在仰光会议上达成协议，拟在两年内修建

① 中国驻缅甸大使馆经济商务参赞处新闻，http://mm.mofcom.gov.cn。

②《印度教徒报》，2004年7月16日。

③ [越]《西贡解放日报》，2001年7月30日。

④ [越]《西贡解放日报》，2001年1月10日、1月20日。

⑤ [泰]《世界日报》，2002年4月10日，[越]《西贡解放日报》2002年4月12日。

一条长 1 448 千米贯通三国的国际公路。该公路即从印度曼尼普尔邦的边境城市莫里通往缅甸蒲甘的蛹伍市，然后直达泰国。一旦印、缅、泰三国高等级公路建成，将使该地区内人民过境交往便利，使泰国北碧府到缅甸土瓦深水码头连接印度海港的船运业快速发展，商品流通速度加快，技术转移合作加强，人力资源的开发合作力度加大，从而促成贸易投资和旅游业的迅速发展，使之成为贯通南亚和东南亚地区的交通枢纽。

印度工业联合会的官员说，“这条高速公路不仅可以帮助印度通过陆路抵达东南亚，还使印度到东南亚的海上路程减少一半。公路经过缅甸深水港土瓦，可使印度出口到东盟的货物先经陆路运输，再装船运输到泰国、新加坡和越南，从而减少运费，提升印度产品的竞争力。”

2003 年 9 月，印度更在新德里对东盟十国的经济部长宣布，印度将在 10 年内斥巨资与东盟共同修通从新德穿越缅甸、泰国、老挝、柬埔寨等国直达越南河内的铁路，并将其纳入亚洲大陆桥东南线方案。这条拟商议中的铁路旨在为印度与湄公河区域国家的合作开辟一个新的贸易走廊，使其能够与更大范围的泛亚铁路网相连，从而在很大程度上改变印度在湄公河流域竞争中的“后发”态势。

目前，印度“东向”政策中第一阶段全面恢复与东盟接触的目标基本达到。第二阶段将进一步向东扩大到从东北亚的中、日、韩到澳大利亚和新西兰等广大地区，核心仍是通过东盟这个平台与亚太大国加强互动。此点已为 2005 年 12 月印度参加第一次东亚峰会所证明，印度总理曼莫汉 • 辛格总理在峰会结束后表示，东亚峰会为印度的“东进”提供了“难得的机遇”。2012 年以来，印度在美国加紧重返亚太的大背景下，继续加强与缅甸、越南、柬埔寨、马来西亚、新加坡等东盟国家的联系，5 月 27 日，印度总理曼莫汉 • 辛格访问缅甸，这是印度总理自 1987 年以来的首次访缅；印度还与越南合作，在中越有争议的地区勘探油气；同年印度总理出席了在柬埔寨举行的东亚峰会；12 月，为纪念印度与东盟建立对话关系 20 周年，在新德里举行的印度—东盟峰会上，印度与东盟关系升级为“战略合作伙伴关系”，以加强政治、安全、经济、社会及文化等方面的合作。所有这一切均表明了印度“向东看”的决心和不断加快的步伐。

3. 形形色色的双边自由贸易协定

在推动贯彻南盟自由贸易区计划的同时，南盟区内外的双边自由贸易协定签署也层出不穷。

1) 印斯自由贸易协定

1998 年 12 月 28 日，印度与斯里兰卡首次签订自由贸易协定，到 20 世纪 90 年代末，双方已有 900 项商品开始免税，至 2002 年协定生效后，又有 1 000 项商品进入免税范围，其他除禁止贸易的商品外，均减税 50%。目前，印度已上升为斯里兰卡的第二大贸易国。到 2002 年年底，印度对斯出口额达到 8.31 亿美元，斯里兰卡对印出口额达到 1.17 美元。斯对印出口增长了 136.9%，同时印度对斯出口也增长了 37%。

2) 印泰自由贸易协定

2004 年上台的新一届印度曼莫汉 • 辛格政府加快了印度与东盟合作的步伐。2004 年 8 月 30 日，印度和泰国签订了双边贸易协定书，规定从 2004 年 9 月 1 日起，将两国双边贸易项下 82 项产品的进口关税降至当前税率的 50%；2005 年 9 月 1 日起降至当前税率的 25%；

从 2006 年 9 月 1 日起，82 种商品的进口关税完全减免，到 2010 年完成印度与泰国自由贸易区建成的目标。

印泰自由贸易协定的签订对双边关系来说是一个历史性的里程碑，它使印度的“向东看”政策迈出了一大步。印度工商部长卡马尔·纳兹说，“除了和泰国签订自由贸易协定之外，印度还同新加坡、东盟、孟印缅斯泰经济合作组织谈判签订了自由贸易协定，以加强经济合作。我们相信，我们和泰国的双边自由贸易协定将会加快我们同东盟、孟印缅斯泰经济合作组织签订自由贸易协定的进程。”

3) 印度—东盟自由贸易协定

2009 年 8 月 13 日，东盟与印度双方经济部长在泰国曼谷签署了印度—东盟自由贸易协定，宣告了一个约 17 亿人口的庞大“自由贸易区”的诞生。协定将在 2010 年 1 月生效，届时将对包括汽车零部件、家电产品在内的 5 000 种交易产品中的 90%实施关税减让，其中，包括电视、塑料产品、橡胶产品、宝石、贵金属在内的约 4 000 种交易产品的关税将于 2016 年之前分阶段取消；汽车零部件、水泥、摩托车等 350 种交易产品的关税将在 2016 年之前降至 5%；作为例外保护的 489 种交易产品的关税保持不变，其中与农业相关的有 302 种、纺织行业 81 种、机械和汽车行业 52 种、化工行业 32 种。越、老、柬、缅等后加入东盟的四国将可以享受 5 年的延缓期。2012 年，双方在服务贸易和投资领域的谈判进入到最后阶段，即将签署协议，拖延已久的印度与东盟自由贸易谈判取得了突破性的进展。双方设定，到 2015 年印度与东盟的贸易额目标要达 1 000 亿美元。

4) 斯巴自由贸易协定

2005 年 2 月 9 日，斯里兰卡与巴基斯坦签署自由贸易协定，随着协定从 2005 年 6 月份的开始执行，将从深度和广度上扩大双方现有的贸易基础。届时巴基斯坦将对众多的斯里兰卡商品给予高达 30%的进口关税减免，而斯里兰卡国内市场也将获得更多巴基斯坦优质廉价的工业产品和日用百货商品。

5) 中巴自由贸易协定

2006 年 11 月 24 日，中国与巴基斯坦在巴基斯坦首都伊斯兰堡签署了《中华人民共和国政府和巴基斯坦伊斯兰共和国政府自由贸易协定》。

中巴自由贸易协定的目标是：①加深缔约双方相互之间的友谊；②鼓励缔约双方间贸易的扩大和多样化；③取消缔约双方间货物贸易壁垒，并便利缔约双方间货物的跨境移动；④为缔约双方间的贸易提供公平的竞争条件；⑤建立进一步双边经济合作的机制以扩大和增强本协定的效益。

根据协定，中巴计划于 2007 年 7 月 1 日起对全部货物产品分两个阶段实施降税。第一阶段，双方将在协定生效后 5 年内对各自税目总数 85%的产品按照不同的降税幅度实施降税，其中，36%的产品关税将在 3 年内降为零。中方降税产品主要包括畜产品、水产品、蔬菜、矿产品、纺织品等，巴方降税产品主要包括牛羊肉、化工产品、机电产品等。第二阶段从协定生效第六年开始，双方将在对以往情况进行审评的基础上，对各自产品进一步实施降税。目标是在不太长的时间内，在照顾双方各自关注的基础上，使各自零关税产品占税号和贸易量的比例均达到 90%。

除货物贸易自由化外，协定就与投资有关的定义、投资促进与保护、投资待遇、征收、损害补偿和投资争端解决等事项作了规定。

有关服务贸易的内容，双方从 2008 年开始磋商。

中巴签署自由贸易协定，将为两国的经贸关系发展提供制度性保障，从而提升经贸合作水平：①有助于扩大出口；②有助于实现市场多元化；③有助于减少消费者的开支，降低生产者的成本；④有助于吸引外资，承接国际产业转移；⑤有助于带动相关产业的发展，创造新的就业机会。

中巴寄希望于在未来 5 年内，使双边贸易额增长到 150 亿美元。①

对中巴自贸协定的签署及对双方经贸合作带来的推动，两国都寄予了厚望。因为巴基斯坦是南亚第一个与中国签署自贸协定、货币互换协议的国家，是中国在南亚地区最大的投资目的地。中国是巴基斯坦第二大贸易伙伴和第四大出口目的地。两国在能源、基础设施、电信、金融等领域合作方面有着广泛的合作空间。2013 年 5 月 23 日，李克强总理在巴基斯坦参议院的演讲中特别强调：“我们要拓展中巴务实合作。双方要继续用好两国自由贸易协定，推动第二阶段第二轮中巴自贸区降税谈判，不断提升中巴经贸关系，使两国贸易规模不断扩大并在动态中实现平衡。”在其后签署的《中华人民共和国和巴基斯坦伊斯兰共和国关于深化两国全面战略合作的联合声明》中，“双方同意，实施好《关于延长中巴经贸合作五年发展规划的补充协议》和《中巴自由贸易协定》，加快推进《五年发展规划》中列出的有关项目，进一步提升两国贸易自由化水平，推进中巴经贸一体化进程。”②

4. 中国与南亚的合作

1) 孟中印缅地区合作论坛

当南亚国家加快一体化进程并实施各类双边自由贸易计划之际，一个对该地区的经贸合作与社会发展有着积极意义，对南亚区域经济一体化有重要影响和推进作用的“孟中印缅地区经济合作”论坛(BCIMF)应运而生。

1999 年 8 月，第一次“孟中印缅地区经济合作与发展国际研讨会”在昆明召开，会议结束后形成的《昆明倡议》提出，“要在和平共处五项原则的基础上强调平等互利、可持续发展、优势互补，采用国际标准来发展基础设施建设，以加强联系、促进最大可能的区域经济合作”。

拟议中的孟中印缅地区经济合作区域包括云南，印度东部的比哈尔邦、西孟加拉邦和东北部的有关邦，以及缅甸和孟加拉国。整个合作区域面积 165 万平方千米，4.3 亿人口。如今后进一步扩大，其范围将包括 4 个国家的全部，面积 1 340 万平方千米，人口 25.3 亿。这一区域地处东亚、东南亚、南亚三大市场的连接地带，区位条件优越，自然资源丰富、发展潜力巨大。

---

① 赵伯乐主编，《南亚概论》，云南大学出版社 2007 年 10 月第一版，第 242 页。

②《光明日报》，2013 年 5 月 23 日。

从 1999 年第一次论坛会议开始，孟中印缅四国每年一次轮流在彼此间的首都或省会城市召开会议(图 22.4)，商讨经贸合作事宜，到 2013 年已开过 11 次论坛会，主要成果如下。

图 22.4　孟中印缅地区经济合作论坛第五次会议开幕

发表了《昆明倡议》、《达卡宣言》，并在此基础上于 2004 年在新一轮昆明论坛会议上通过了《昆明合作宣言》，主要内容如下。

(1) 加强经贸合作。充分发挥本地区资源丰富和经济互补性强的优势，鼓励开展贸易和投资便利化合作。建设孟中印缅地区商贸连接。

(2) 加强交通合作。积极探讨开展本地区公路和铁路运输合作，改善区内交通基础设施。举办自驾游活动和汽车拉力赛，开辟直达航线，增进本地区人员和贸易往来。

(3) 加强旅游合作。充分利用本地区丰富的旅游资源，通过建立孟中印缅旅游专线，促进旅游业和旅游设施的发展，旅游设施更新信息的交流。

(4) 促进文化交流。鼓励开展各种形式的文化与艺术交流活动。

(5) 拓展合作领域，探讨开展农业、科技、信息通信、人力资源开发、环保、投资、减灾等领域的合作，逐渐形成多层次、多形式、宽领域的地区合作框架。

《昆明合作宣言》坚信，经过各方共同努力，孟中印缅地区经济合作论坛将会更加务实、深入发展，必将为深化本地区的互利合作，促进本地区的繁荣与发展做出贡献。

十余年来，尽管论坛仍属于“二轨”层面，还没有被全盘纳入到四国国家政府直接操作的“一轨”，但四国合作区涉及的地方政府显然为合作做了大量的工作。主要表现为该论坛常设机构——协调办公室于 2004 年昆明会议上正式挂牌。该协调办公室将以平等协商、互利互惠为原则，以促进孟中印缅地区经济合作为宗旨，以建立孟中印缅地区的政府间合作为目标，开展合作研究、争取政府支持、筹集经费、进行实质性项目合作等工作，积极推动论坛从民间“二轨”层次向政府间“一轨”层面发展。

为把孟中印缅地区经济合作尽快全面向实质性合作阶段推进，“论坛协调办公室”将率先以交通、贸易、旅游、环境保护、反贫困、文化合作等为先导，快速启动“昆明—加尔各答汽车拉力赛”和公路试运输、联合进行“孟中印缅地区经贸考察”、开通加尔各答—达卡—仰光—昆明空中航线、开展“孟中印缅地区旅游合作”等一批具有实质性的重大合作项目，在深入合作中加快建立四国的四方城市间的友好关系，即：孟加拉国吉大港、中国昆明、印度加尔各答和缅甸曼德勒间四姐妹城市。①

2006 年 12 月 27 日，在中孟两国的大力支持下，由中国东方航空公司首创开通的昆明至达卡国际定期航空货物运输包机航线正式开通；2007 年 4 月 26 日，中国腾冲至缅甸密支那全长 176 千米的腾密二级公路正式通车；当年 11 月，由昆明直飞印度加尔各答的航线也正式通航；2008 年 11 月 19 日，中国和缅甸政府就修建中缅油气管道项目达成协议，该

① 《云南日报》，2004 年 2 月 23 日。

项目包括一条输油管道和一条输气管道，两条管道的起点都起于缅甸的皎漂港，建成后将把来自中东、非洲的石油和孟加拉湾的天然气输往终点——中国昆明；2013 年 2 月，筹划多年的首届孟中印缅四国汽车拉力赛终于途径孟加拉国达卡、印度英帕尔、缅甸曼德勒、中国瑞丽、腾冲、大理等城市，行程 2 800 多千米，最后到达昆明，为未来四国利用此线路开展旅游、贸易、经济、文化交流合作拉开了良好的序幕。

对孟中印缅地区经济合作，2013 年 5 月首访印度的李克强总理在与印度共同发表的联合声明中正式表示："双方对孟中印缅地区合作论坛框架下的次区域合作进展表示赞赏。鉴于 2013 年 2 月孟中印缅汽车拉力赛的成功举行，双方同意与其他各方协商，成立联合工作组，研究加强该地区互联互通，促进经贸合作和人文交流，并倡议建立孟中印缅经济走廊。"很显然，建立"孟中印缅经济走廊"把孟中印缅地区合作从地区层面提到了国家的层面，从"二轨"进入了"一轨"，未来不但对四国地区合作是一个利好的刺激，而且对南亚地区经济一体化也会产生积极的影响。

2) 中国—南亚商务论坛

与"孟中印缅地区经济合作论坛"相呼应，首届"中国—南亚商务论坛会"(China-South Asia Business Forum，CSABF)也于 2004 年在昆明成功举办，为南亚地区的经贸合作和一体化进程更添动力。

2004 年 12 月 21 日至 23 日，由中国国际贸易促进委员会、云南省人民政府和南亚联盟工商会共同主办的首届中国—南亚商务论坛会在昆明召开，这是中国与南亚各国工商界第一次开创举办的大规模团体性高规格的隆重集会，围绕"交流、合作、发展、共赢"的主题，来自中国和印度、巴基斯坦、孟加拉国、不丹、尼泊尔、斯里兰卡、马尔代夫七国的近 300 位政府官员、工商界人士共同对中国与南亚区域间的经济贸易、投资及建立适当的经济合作机制等问题进行了有益的探索。

会议签署了首份中国与南亚国家的《中国贸促会与南亚联盟工商会合作协议》，还签署了《中国贸促会与孟加拉国工商会合作协议》。作为主办方的云南也在会上签署了首份与印度工商会开展合作的协议——《中国贸促会云南省分会与印度工商会合作协议》，这些协议将为两地工商界人士提供经济合作、项目合作、信息、投资与贸易、人力资源培训等各方面的综合服务。

中国贸促会会长万季飞对论坛在昆明举办最好的诠释是："机会就在邻邦，何必舍近求远"。

参加此次论坛会的南亚七国驻华使节、各国工商领导人与中国外交部、贸易促进委员会在一个开放的平台上共同表达了一种心声：无论是地缘文化沟通，还是市场经济力量，这两个世界人口最大的经济区域应深入交流与合作，共谋互利发展，共同促进亚洲地区的繁荣与稳定。

2006 年 12 月 20 日第二届中国—南亚商务论坛会的主题是"相互开放、务实合作、互利共赢、和谐发展"，与会代表围绕"企业活力与地缘优势的有机结合"、"制造加工——中国—南亚双向投资的前景所在"等议题进行了热烈的讨论，还就金融、进出口、农业、医药、纺织、电子等诸多门类的项目进行了实质性的洽谈。本届论坛会正式成立了"中国—南亚商务理事会"，以此形成一种常年运转的机制。理事会将通过这个平台把企业组织起来，提供综合性服务，为企业在与南亚合作中碰到的困难排忧解难，同时也要让更多的南亚客商认识到中方这个平台，寻找合作领域，确定合作方向。

2008 年 6 月 5 日第三届中国—南亚商务论坛就“全球化视野中的中国—南亚经济合作”、“优化投资环境，促进产业合作商协会”、“贸促机构在促进贸易便利化和区域经济合作中的作用和途径”，以及“中国—南亚国际交通物流建设”等议题进行了热烈的讨论(图 22.5)。

图 22.5　第三届中国—南亚商务论坛会议

中国贸促会会长万季飞在致辞中说道，中国与南亚国家开展贸易意义重大，双方如何合作和怎样合作值得深入探讨，中国与南亚国家是友好邻邦，共计 27 亿人口，市场潜力巨大。时任云南省副省长罗正富在致辞中也强调，在经济全球化的背景下，开展地区合作越来越重要，作为中国与南亚相连的云南省，是双方进行合作的理想地区，尤其是在发挥互补优势，开展贸易和旅游领域的合作方面，云南具有得天独厚的便利和优势条件。

2009 年 6 月 5 日，第四届中国—南亚论坛会再次在昆明召开，与会代表围绕“金融危机下的中国—南亚经贸合作”主题，具体讨论了如何建立商务合作长效机制、新兴市场的拓展、服务贸易业等议题。

作为致力于发展区域合作而建立的机制，中国—南亚商务论坛会的成功举办，其成效不断显现，其功能和作用也不断得到中国与南亚各国参会机构与代表的肯定，并且对话与合作正走向具体与深化。

通过近年来的努力，论坛已从最初的一种设想，变成了一个中国与南亚各国工商界人士商务合作的，大区域性的最高层次商务盛会，并达到了 4 个目的：①增进了各国企业之间的联系；②推动了双边的、多边的经贸合作，不只促进了中国和南亚的合作，还有南亚各国之间的合作也通过这个平台得到了推进，中国和南亚八国贸易额现已达到 660 亿美元，比 2002 年增长了近 12 倍；③通过双方之间的交往，多边体制已经建立起来，特别是中国和南亚各国的投资体制和投资信任已经建立起来；④2008 年金融危机爆发后，中国的出口、贸易都受到了很大影响，2009 年要保持增长，就要寻找新的突破口，寻找新的合作领域，中国和南亚各国建立的新的合作关系、新的平台，可帮助中国解决、面对、应对金融危机。[①]

目前，“中国—南亚商务论坛”秘书处和“中国—南亚商务理事会”中方秘书处两机构已落户云南，将对帮助中国企业及南亚企业走进双方市场，推进中国与南亚开展经贸合作，明确云南在中国与南亚开展合作中的作用和地位起到积极效果。

3) 中国—南亚商品博览会

2013 年 6 月 10 日，历时 5 天的首届中国—南亚博览会暨第 21 届中国昆明进出口商品交易会在昆明圆满结束，取得了丰硕的成果。展会实现累计外经贸成交 174.66 亿美元，同比增长 116.5%。其中与南亚国家实现外贸成交 4.16 亿美元，同比增长 39.6%，与东盟国家

①《春城晚报》，2009 年 6 月 6 日。

实现外贸签约和成交42.94亿美元，同比增长196.2%。[①]签约项目涵盖旅游、能源开发、基础设施、商贸、教育、环保、现代物流等领域。

首届南博会以“促进中国—南亚全面合作与发展”为宗旨，以“相互开放、务实合作、互利共赢、和谐发展”为主题，力争打造及商品贸易、服务贸易、投资合作、旅游合作和文化交流等为一体的高水平综合性展会，成为中国与南亚国家互利合作的重要桥梁，成为中国和南亚国家扩大与其他国家和地区经贸交流的重要平台。展会共设置南亚国家展区、东盟及其他国家和地区展区、机电展区和生物资源展区4个室内展区，标准展位2 420个。其中南亚国家展区748个标准展位，其他国家和地区展区663个标准展位，机电展区506个标准展位，生物资源展区503个标准展位，同时还设置了家具建材和大型机械两个室外展区，占地面积7 000平方米。

据统计，共有1 200多家境内外企业参加首届展会，除东盟10国和南亚8国外，还有来自约旦、土耳其、伊朗、以色列、津巴布韦、坦桑尼亚、南非、澳大利亚、哈萨克斯坦、法国、意大利等国家以及中国台湾、香港和澳门地区的企业参展，境外参展国家和地区总数达到42个。

展会期间，第8届中国—南亚商务论坛、商品采购大会、中国—南亚经贸高官论坛、第3届中国—南亚友好组织论坛、中国—南亚智库论坛、投资促进会、第4届中国·东南亚·南亚电视艺术周、第5届GMS经济走廊活动周、第11届东盟华商投资西南项目推介会暨亚太华商论坛、第7届昆交会杯国际商务高尔夫球邀请赛、第4届中国—东盟行业合作昆明会议、第3届马中企业家大会推介及媒体见面会、部分省区市经贸推介会等系列活动同时进行，近10万人次的境内外参展商和采购商到会。外资签约项目中，1亿美元以上的项目超过10个。

首届南博会的隆重召开及圆满举办，对提升云南对外开放水平，打造中国面向西南开放桥头堡的地位，加大和南亚、东南亚等国家的经贸合作力度意义重大。这意味着，在中国国务院的批准下，已有5年会展基础的南亚国家商品展自2012年正式升格为中国—南亚商品博览会后，将从2013年起每年在中国昆明举办一届。这不但使南博会“花落昆明”，提升昆明对外开放的知名度，而且也将成为云南省，成为中国与南亚，甚至更广泛国家和地区进一步相互了解、增进友谊、扩大合作与交流的重要窗口和平台。诚如中共中央政治局委员、国务院副总理马凯在开幕式上致辞中表示，“中国—南亚博览会是中国与世界特别是南亚各国交流合作的广阔平台。我们愿与包括南亚国家在内的各国一道，增进理解，凝聚共识，坚持与时俱进，不断开拓创新；坚持包容开放，促进全面发展；坚持团结协作，共建和谐世界。”他强调，“各国各地区应加强配合，密切协作，努力优化贸易和投资结构，培育经贸合作新亮点和新经济增长点，要积极创造合作机会，拓展合作空间，让各国人民共享合作成功。”[②]与中国一道共享合作机遇。

无疑，在未来的发展进程中，南博会将继广西东博会和成都市的财富论坛之后，成为

① 《光明日报》，2013年6月12日。

② 《人民日报》，2013年6月7日。

云南对外开放的一道亮丽的风景线。它将和东博会、财富论坛一起形成中国西南对外开放的三大名片，构成三足鼎立之势，对加快云南桥头堡的建设、加大中国西南地区与南亚地区的经贸合作力度产生巨大的推动力和影响力。

22.4　对南亚经济一体化的评述

进入 20 世纪 90 年代，受世界各大洲区域经济一体化浪潮深入的影响，南亚地区的经济一体化进程也在历经多年缓慢曲折的发展后，进入了自由贸易区建设的快车道，翻开了南亚国家经贸合作新的一页。纵观南亚国家 20 世纪 90 年代以来区内区外频频展开的各式经济合作表现，无不体现了对实现经济一体化的急盼与渴求，符合该地区广大人民的利益与希望。“目前全世界 12 亿贫困人中有 43%居住在南亚地区，该地区成为世界上贫困人口最多的地区之一。巴基斯坦有 40%的人口生活在贫困线以下，而印度生活在贫困线以下的人口也占总人口的 1/4。通过自由贸易，应该能够增加就业，扩大生产，提高本地区居民的生活水平。”①

然而，鉴于南亚地区国家经济发展存在的客观差异和各式纷繁复杂矛盾的一时难以彻底解决，决定了南盟自由贸易区的建立和南亚地区经济一体化的进程道路并不平坦，任务依旧艰巨。原因在于以下几点。

(1) 南亚国家除印度经济门类较全外，大部分都是以农业为主的国家，而且这一地区的贫困面较大，经济总量、人均 GDP、贸易额都很低，贸易扩张的幅度较小。

(2) 南亚自由贸易协定对非关税限制措施基本没有涉及，这就给深化贸易合作带来问题，如果农业补贴、商品配额限制、其他非关税措施、服务贸易、金融货币、劳动力流动、知识产权等问题得不到解决，要达到自由贸易区的目标就很困难。

(3) 印度和巴基斯坦都是南亚举足轻重的大国，分别占南盟经济实力的 80%和 11%。多年的教训表明，双方之间的紧张关系不仅迫使两国把有限的财力用于军事建设而非经济发展，阻碍了两国的贸易往来和外国投资，而且直接影响了南亚整个地区的经济合作。两国之间的冲突以及政治互信关系不稳定，将始终是影响自由贸易区形成的重要因素。

(4) 长期以来，南盟成员国的贸易主要与西方大国进行，其内部之间却没有太多的贸易交往。统计数据表明，南盟国家的总贸易额中只有 5%是来源于成员国之间的相互贸易，贸易额每年只有 3 亿美元，还不到各国与南盟之外其他国家贸易额的 5%。②如果南亚自由贸易区一再因各种矛盾而进展缓慢，就必然会降低区内国家的合作兴趣，而转向区外与其他国家进行双边经贸合作或签署双边自由贸易协定，从而形成贸易转向，降低本区域内的贸易和经济凝聚力。

(5) 印度在南亚虽位居无可争议的强势地位，但按其经济实力看，还难以带动全地区发展。按印度设想，南亚区域合作应当以欧盟为参照模式，在不远的将来实现其希望的五

① 杨翠柏、谢代刚，等著，《南亚国家贸易与环境保护法律问题探讨》，四川出版集团巴蜀书社 2008 年 12 月第 1 版，第 27 页。

② 杨翠柏、谢代刚，等著，《南亚国家贸易与环境保护法律问题探讨》，四川出版集团巴蜀书社 2008 年 12 月第 1 版，第 26 页。

大目标，即在南盟国家内部实现自由贸易、开放边界、统一货币、建立共同市场，并最终通过各国在经济上的共同发展达到在政治上建立更密切关系的目的。印度通过经济合作来密切政治关系的愿望能否获得其他南亚国家的赞同暂且不论，就以当前南盟 8 个成员国的经济发展水平看，其整体水平都还比较低下，均属于全球贫困国家，这样一种经济发展水平要在短期内达到印度心目中的欧盟榜样看来并不容易。

尽管困难重重，但是开展区域经济合作，建立自由贸易区，走经济一体化的道路毕竟代表了当代经济全球化和区域经济一体化的发展潮流，符合南亚地区的实际需要，是南亚地区国家和人民的共同利益选择。纵观自 2006 年《南亚自由贸易协定框架条约》正式生效以来的情况，南盟在其后举行的历届首脑会议上，都为落实自由贸易协定，推动地区经济一体化进程进行了不懈的努力。在第十四届会议上，通过了涉及减贫、能源合作、环境保护、自由贸易、文化交流和打击恐怖主义等多项内容的宣言；第十五届会议签署了南盟发展基金宪章、南亚地区标准组织协议、司法互助公约和阿富汗加入南亚自贸区议定书；第十六届会议通过了《南盟服务贸易协定》；第十七届会议更强调了要加强区域联通，加强金融资本流动和区域内长期投资，早日落实南盟自由贸易协定，推动地区经济一体化。诚如第十七届会议闭幕式上主席纳希德所言：“本次会议成果丰硕，与会各国一致同意加快南亚区域一体化进程，努力实现区域贸易、交通和投资便利化……”

作为对南亚地区和南盟组织均产生重要影响的印度和巴基斯坦，更对推进该地区自由贸易和经济一体化做出了积极的努力。2011 年 11 月 15 日，双方在第六轮会谈后发表声明，提出了两国贸易关系正常化的时间表。第一阶段，巴基斯坦将把从印度进口产品的肯定清单转变为否定清单。到 2012 年 2 月，巴基斯坦将批准一份数目较小的否定清单，没有出现在否定清单上的商品可以自由地从印度向巴基斯坦出口。第二阶段，否定清单将被逐步淘汰，淘汰过程在 2012 年年底前完成。巴基斯坦目前通过肯定清单仅允许从印度进口 1 946 种商品，而两国间进行贸易的商品约有 8 000 种，将推出的否定清单预计仅包括几百种商品。

双方同意继续在南亚自由贸易区框架下推进特惠贸易安排。双方表示，将在前一阶段推动贸易自由化的基础上进一步尝试扩展经贸合作领域。到 2017 年，双方限制进口产品项目将不超过 100 项，商品关税将维持在 5%以下。分析认为，一旦印巴两国在贸易自由化方面取得实质性进展，两国贸易额有望在三年内从目前的不足 25 亿美元飙升至 150 亿美元。[①]

印度还单方面承诺，自 2008 年起向阿富汗、孟加拉国等最不发达国家开放市场，对这些国家进口商品实行零关税政策，并提出建立“南亚经济同盟”的倡议。在 2007 年 4 月新德里举行的第 14 届南亚区域合作联盟首脑会议上，印度总理辛格再次呼吁建立“从喜马拉雅山到太平洋开放的一体化市场”。

目前，南盟国家合作领域已从传统的经济领域扩展到了水利、农业、旅游、交通、科技、教育卫生等很多方面，初步形成了全方位、宽领域的合作态势。除南亚国家的共同努力外，前述一系列围绕这一地区展开的各式自由贸易协定签署，各种区域经济合作形式，也对南亚地区经济一体化产生了重要的促进和影响，均可视为对南亚地区经济一体化的支持，或者一体化发展进程中的阶段性积极成果表现。

① 转引自中国经济网《经济日报》，http://biz.xinmin.cn/2013/05/28/20460582.html，2013 年 5 月 28 日。

由此可见，在各种利好因素和情况的促进下，21 世纪的南亚地区国家显然会紧紧依靠南盟组织，通过对《南亚自由贸易协定框架条约》的贯彻和执行，来加快自由贸易区的建设，“通过最有效地利用南亚国家的人力和物力资源加速各自国家的经济和社会发展进程，从而促进该地区各国人民的福利和繁荣，并改善他们的生活质量”，为最终实现地区经济一体化，实现《南亚区域合作联盟宪章》所设定目标的历史宏愿，做出不懈的努力。

思　考　题

1. 南亚地区经济一体化的主要内容及其阶段性发展表现。
2. 中国参与南亚地区的区域合作形式。
3. 南亚国家各类区内外的区域合作对其一体化进程的支持与促进。

参考文献

[1] [澳]约翰·芬斯顿．东南亚政府与政治[M]．北京：北京大学出版社，2007.
[2] [美]罗兹·墨菲．亚洲史[M]．黄磷，译．海口：海南出版社，2004.
[3] [澳]米尔顿·奥斯本．东南亚史[M]．郭继光，译．北京：商务印书馆，2012.
[4] 古小松．东南亚：历史、现状、前瞻[M]．广州：世界图书出版广东有限公司，2013.
[5] 刘仁伍．东南亚经济运行报告(2008)[M]．北京：社会科学文献出版社，2008.
[6] 刘稚．东南亚概论[M]．昆明：云南大学出版社，2007.
[7] 赵伯乐．南亚概论[M]．昆明：云南大学出版社，2007.
[8] 雷著宁．云南蓝皮书 东南亚报告(2013—2014) [M]．昆明：云南大学出版社，2014.
[9] 陈利君．云南蓝皮书 南亚报告(2013—2014) [M]．昆明：云南大学出版社，2014.
[10] 吕星． GMS 研究[M]．昆明：云南大学出版社，2008.
[11] 2014 年世界发展指标[M]．世界银行，2014.
[12] 古小松．东南亚民族[M]．南宁：广西民族出版社，2006.
[13] 中华人民共和国商务部．国别贸易投资环境报告(2013) [M]．2013.
[14] 世界知识出版社. 世界知识年鉴[M]．北京：世界知识出版社，历年最新版.
[15] 施本植．东盟国家投资贸易壁垒及对策研究[M] 北京：科学出版社，2013.
[16] 王成家. 新版各国概况：亚洲[M]．北京：世界知识出版社，2002.
[17] 北京 WTO 事务中心. 年度研究报告——经济危机与贸易保护主义[R]．北京:北京大学出版社，2010.
[18]《亚洲年鉴》编辑委员会. 亚洲年鉴 2008[M]．北京：世界知识出版社，2009.
[19] 王永静．异域风情从书—东南亚：缅甸，泰国[M]．北京：中国水利水电出版社，2002.
[20] 古小松．越南国情报告[M]．北京：社会科学文献出版社，2008.
[21] 任佳．南亚国家经贸指南[M]．昆明：云南出版集团公司，云南人民出版社，2010.
[22] 朱在明，唐明超，宋旭如．不丹[M]．北京：社会科学文献出版社，2004.
[23] 李德昌．巴基斯坦经济发展[M]．成都：四川大学出版社，1992.
[24] [新加坡]贝辛．文化震撼之旅新加坡[M]．赵菁，译．北京：旅游教育出版社，2008.
[25] 蔡磊．新加坡共和国经济贸易法律选编[M]．北京：中国法制出版社，2006.
[26] 曹兴．僧泰冲突与南亚地缘政治[M]．北京：民族出版社，2003.
[27] 陈翰笙．印度和巴基斯坦经济区域[M]．北京：商务印书馆，1983.
[28] 陈铁军，牛鸿斌．孟中印缅地区经济合作研究[M]．昆明：云南民族出版社，2005.
[29] 陈云东．菲律宾共和国经济贸易法律指南[M]．北京：中国法制出版社，2006.
[30] 程瑞声．南亚的热点：克什米尔[M]．北京：国际文化出版公司，2007.
[31] 崔英，高福来．中国周边国家和地区经济[M]．北京：首都经济贸易大学出版社，1999.
[32] 国际复兴开发银行/世界银行．2008 年世界发展指标．2008.
[33] [瑞士]海蒂·穆纳．文化震撼之旅——马来西亚[M]．车宁薇，译．北京：旅游教育出版社，2008.
[34] 贺圣达，李晨阳．列国志：缅甸[M]．北京：社会科学文献出版社，2006.
[35] 贺圣达．当代缅甸[M]．成都：四川人民出版社，1993.
[36] 胡才，汤家麟．当代菲律宾[M]．成都：四川人民出版社，1994.
[37] 黄毅，熊清华．聚焦南亚[M]．昆明：云南人民出版社，2004.
[38] 孔远志．印度尼西亚-马来西亚文化探析[M]．香港：南岛出版社，2000.
[39] 雷启淮．当代印度[M]．成都：四川人民出版社，2000.
[40] 李家禄，严琪玉．马来西亚[M]．重庆：重庆出版社，2004.
[41] 李荣林，宫占奎．中国东盟自由贸易区研究[M]．天津：天津大学出版社，2007.

[42] 梁惠琼，杨凤研．马来西亚[M]．北京：中国水利水电出版社，2007.
[43] 林承节．南亚卷[M]．北京：北京大学出版社，1999.
[44] 林良光，叶正佳，韩华．当代中国与南亚国家关系[M]．北京：社会科学文献出版社，2001.
[45] 刘仁伍．东南亚经济运行报告(2006 年)[M]．北京：社会科学文献出版社，2006.
[46] 陆水林．巴基斯坦 Pakistan[M]．重庆：重庆出版社，2004.
[47] 吕元礼．新加坡为什么能(上卷)[M]．南昌：江西人民出版社，2007.
[48] 吕元礼．新加坡为什么能(下卷)[M]．南昌：江西人民出版社，2007.
[49] 罗祖栋．当代尼泊尔[M]．成都：四川人民出版社，2000.
[50] [美]马克·杜茨．释放印度的创新潜力[M]．张传良，译．北京：中信出版社，2009.
[51] 马燕冰，黄莺．列国志·菲律宾[M]．北京：社会科学文献出版社，2007.
[52] [澳]Lonely Planet 公司．马来西亚、新加坡和文莱[M]．闵楠，等译．北京：三联书店，2007.
[53] 潘正秀，刘新生．文莱[M]．北京：社会科学文献出版社，2005.
[54] 祁希元．马来西亚经济贸易法律指南[M]．北京：中国法制出版社，2006.
[55] 任佳，陆德明，张荐华，等．中国与印度经贸合作新战略[M]．昆明：云南人民出版社，2003.
[56] 上海财经大学世界经济发展报告课题组．2007 世界经济发展报告[M]．上海：上海财经大学出版社，2007.
[57] 尚会鹏．种姓与印度教社会[M]．北京：北京大学出版社，2001.
[58] 世界银行． 08 世界发展指标(中译本)[M]．北京：中国财政经济出版社，2008.
[59] 孙培钧，华碧云．印度国情与综合国力[M]．北京：中国城市出版社，2001.
[60] 孙士海，等．列国志-巴基斯坦[M]．北京：社会科学文献出版社，2003.
[61] 孙士海，等．列国志-印度[M]．北京：社会科学文献出版社，2003.
[62] 孙士海．南亚的政治、国际关系及安全[M]．北京：中国社会科学出版社，1998.
[63] 唐慧．印度尼西亚历届政府华侨华人政策的形成与演变[M]．北京：世界知识出版社，2006.
[64] 唐孟生，孔菊兰．巴基斯坦文化与社会[M]．北京：民族出版社，2006.
[65] 田禾，周方冶．列国志-泰国[M]．北京：社会科学文献出版社，2009.
[66] 王宏纬，鲁正华．尼泊尔民族志[M]．北京：中国藏学出版社，1990.
[67] 王宏纬．列国志·尼泊尔[M]．北京：社会科学文献出版社，2004.
[68] 王宏纬．尼泊尔—人民和文化[M]．北京：昆仑出版社，2007.
[69] 王介南，王全珍．世界列国国情习俗丛书·缅甸[M]．重庆：重庆出版社，2007.
[70] 王兰．列国志·斯里兰卡[M]．北京：社会科学文献出版社，2004.
[71] 王勤．东盟国际竞争力研究[M]．北京：中国经济出版社，2007.
[72] 韦红．新加坡精神——万国精神丛书[M]．武汉：长江文艺出版社，2000.
[73] 魏炜．李光耀时代的新加坡外交研究[M]．北京：中国社会科学出版社，2007.
[74] 文富德，陈继东．世界贸易组织与印度经济发展[M]．成都：巴蜀书社，2003.
[75] 武文侠，陆春林．印度尼西亚[M]．北京：世界知识出版社，2001.
[76] 亚洲开发银行网站．http://www. adb. org.
[77] 晏世经，陈继．中国西南对印度贸易问题研究[M]．成都：四川大学出版社，1998.
[78] 杨翠柏，刘成琼．巴基斯坦[M]．北京：社会科学文献出版社，2005.
[79] 杨翠柏，谢带刚．南亚国家贸易与环境保护法律问题探讨[M]．成都：四川出版集团巴蜀书社，2008.
[80] 杨浩勇．印度能超越中国吗[M]．北京：中国财政经济出版社，2009.
[81] “财政制度国际比较”课题组印度财政制度[M]．北京：中国财政经济出版社，1999.
[82] 文富德．印度经济发展[M]．成都：四川大学出版社，1994.
[83] 赵鸣歧．印度之路——印度工业化道路探析[M]．上海：学林出版社，2005.
[84] 余文岚．南亚报告 2007—2008[M]．昆明：云南大学出版社，2008.

[85] 俞亚克．当代印度尼西亚经济[M]．昆明：云南大学出版社，2000.
[86] 云南省商务厅．投资东盟：缅甸[M]．昆明：云南教育出版社，2008.
[87] 云南省商务厅．投资东盟：泰国[M]．昆明：云南教育出版社，2008.
[88] 王士录．东南亚报告 2003—2004[M]．昆明：云南大学出版社，2004.
[89] 余文岚．南亚报告 2007—2008[M]．昆明：云南大学出版社，2008.
[90] 张青．新加坡—创造经济奇迹[M]．香港：香港城市大学出版社，2004.
[91] 张淑兰．印度拉奥政府经济改革研究[M]．北京：新华出版社，2003.
[92] 张锡镇．当代东南亚政治[M]．南宁：广西人民出版社，1995.
[93] 张小济．走向世界市场：30 年对外开放回顾[M]．北京：中国发展出版社，2008.
[94] 张蕴岭，魏燕慎．简明东亚百科全书(下卷)[M]．北京：中国社会科学出版社，2007.
[95] 李文．印度经济数字地图 2011[R]．北京：科学出版社，2012.
[96] 中华人民共和国国务院新闻办公室．中国－巴基斯坦[M]．北京：五洲传播出版社，2004.
[97] 中国商务部网站．http://www.mofcom.gov.cn.
[98] 中华人民共和国驻斯里兰卡大使馆经济商务参赞处网站．http://lk.mofcom.gov.cn.
[99] 印尼大使馆网站．www.indonesiaembassy.org.uk/Indonesia.
[100] 印尼政府网站．www.ri.go.id.

北京大学出版社本科财经管理类实用规划教材（已出版）

财务会计类

序号	书 名	标准书号	主 编	定价	序号	书 名	标准书号	主 编	定价
1	基础会计（第2版）	7-301-17478-4	李秀莲	38.00	27	公司理财原理与实务	7-81117-800-5	廖东声	36.00
2	基础会计学	7-301-19403-4	窦亚芹	33.00	28	审计学	7-81117-828-9	王翠琳	46.00
3	会计学	7-81117-533-2	马丽莹	44.00	29	审计学	7-301-20906-6	赵晓波	38.00
4	会计学原理（第2版）	7-301-18515-5	刘爱香	30.00	30	审计理论与实务	7-81117-955-2	宋传联	36.00
5	会计学原理习题与实验（第2版）	7-301-19449-2	王保忠	30.00	31	会计综合实训模拟教程	7-301-20730-7	章洁倩	33.00
6	会计学原理与实务（第2版）	7-301-18653-4	周慧滨	33.00	32	财务分析学	7-301-20275-3	张献英	30.00
7	会计学原理与实务模拟实验教程	7-5038-5013-4	周慧滨	20.00	33	银行会计	7-301-21155-7	宗国恩	40.00
8	会计实务	7-81117-677-3	王远利	40.00	34	税收筹划	7-301-21238-7	都新英	38.00
9	高级财务会计	7-81117-545-5	程明娥	46.00	35	基础会计学	7-301-16308-5	晋晓琴	39.00
10	高级财务会计	7-5655-0061-9	王奇杰	44.00	36	公司财务管理	7-301-21423-7	胡振兴	48.00
11	成本会计学	7-301-19400-3	杨尚军	38.00	37	财务管理学实用教程（第2版）	7-301-21060-4	骆永菊	42.00
12	成本会计学	7-5655-0482-2	张红漫	30.00	38	政府与非营利组织会计	7-301-21504-3	张 丹	40.00
13	成本会计学	7-301-20473-3	刘建中	38.00	39	预算会计	7-301-22203-4	王筱萍	32.00
14	管理会计	7-81117-943-9	齐殿伟	27.00	40	统计学实验教程	7-301-22450-2	裘雨明	24.00
15	管理会计	7-301-21057-4	形芳珍	36.00	41	基础会计实验与习题	7-301-22387-1	左 旭	30.00
16	会计规范专题	7-81117-887-6	谢万健	35.00	42	基础会计	7-301-23109-8	田凤彩	39.00
17	企业财务会计模拟实习教程	7-5655-0404-4	董晓平	25.00	43	财务会计学	7-301-23190-6	李柏生	39.00
18	税法与税务会计	7-81117-497-7	吕孝侠	45.00	44	会计电算化	7-301-23565-2	童 伟	49.00
19	初级财务管理	7-301-20019-3	胡淑姣	42.00	45	中级财务会计	7-301-23772-4	吴海燕	49.00
20	财务管理学原理与实务	7-81117-544-8	严复海	40.00	46	中级财务会计习题集	7-301-25756-2	吴海燕	39.00
21	财务管理学	7-5038-4897-1	盛均全	34.00	47	会计规范专题(第2版)	7-301-23797-7	谢万健	42.00
22	财务管理学	7-301-21887-7	陈 玮	44.00	48	基础会计	7-301-24366-4	孟 铁	35.00
23	基础会计学学习指导与习题集	7-301-16309-2	裴 玉	28.00	49	信息化会计实务	7-301-24730-3	杜天宇	35.00
24	财务管理理论与实务	7-301-20042-1	成 兵	40.00	50	会计学原理	7-301-24872-0	郭松克	38.00
25	税法与税务会计实用教程（第2版）	7-301-21422-0	张巧良	45.00	51	现代审计学	7-301-25365-6	杨 茁	39.00
26	财务管理理论与实务（第2版）	7-301-20407-8	张思强	42.00					

工商管理、市场营销、人力资源管理、服务营销类

序号	书 名	标准书号	主 编	定价	序号	书 名	标准书号	主 编	定价
1	管理学基础	7-5038-4872-8	于干千	35.00	29	市场营销学：理论、案例与实训	7-301-21165-6	袁连升	42.00
2	管理学基础学习指南与习题集	7-5038-4891-9	王 珍	26.00	30	市场营销学	7-5655-0064-0	王槐林	33.00
3	管理学	7-81117-494-6	曾 旗	44.00	31	国际市场营销学	7-301-21888-4	董 飞	45.00
4	管理学	7-301-21167-0	陈文汉	35.00	32	市场营销学（第2版）	7-301-19855-1	陈 阳	45.00
5	管理学	7-301-17452-4	王慧娟	42.00	33	市场营销学	7-301-21166-3	杨 楠	40.00
6	管理学原理	7-5655-0078-7	尹少华	42.00	34	国际市场营销学	7-5038-5021-9	范应仁	38.00
7	管理学原理与实务（第2版）	7-301-18536-0	陈嘉莉	42.00	35	现代市场营销学	7-81117-599-8	邓德胜	40.00
8	管理学实用教程	7-5655-0063-3	邵喜武	37.00	36	市场营销学新论	7-5038-4879-7	郑玉香	40.00
9	管理学实用教程	7-301-21059-8	高爱霞	42.00	37	市场营销理论与实务（第2版）	7-301-20628-7	那 薇	40.00
10	管理学实用教程	7-301-22218-8	张润兴	43.00	38	市场营销学实用教程	7-5655-0081-7	李晨耘	40.00
11	通用管理知识概论	7-5038-4997-8	王丽平	36.00	39	市场营销学	7-81117-676-6	戴秀英	32.00
12	管理学原理	7-301-21178-6	雷金荣	39.00	40	消费者行为学	7-81117-824-1	甘瑁琴	35.00
13	管理运筹学（第2版）	7-301-19351-8	关文忠	39.00	41	商务谈判（第2版）	7-301-20048-3	郭秀君	49.00
14	统计学原理	7-301-21061-1	韩 宇	38.00	42	商务谈判实用教程	7-81117-597-4	陈建明	24.00
15	统计学原理	7-5038-4888-9	刘晓利	28.00	43	消费者行为学	7-5655-0057-2	肖 立	37.00
16	统计学	7-5038-4898-8	曲 岩	42.00	44	客户关系管理实务	7-301-09956-8	周贺来	44.00
17	应用统计学（第2版）	7-301-19295-5	王淑芬	48.00	45	公共关系学	7-5038-5022-6	于朝晖	40.00
18	统计学原理与实务	7-5655-0505-8	徐静霞	40.00	46	非营利组织	7-301-20726-0	王智慧	33.00
19	管理定量分析方法	7-301-13552-5	赵光华	28.00	47	公共关系理论与实务	7-5038-4889-6	王 玫	32.00
20	新编市场营销学	7-81117-972-9	刘丽霞	30.00	48	公共关系学实用教程（第2版）	7-301-25557-5	周 华	42.00
21	公共关系理论与实务	7-5655-0155-5	李泓欣	45.00	49	跨文化管理	7-301-20027-8	晏 雄	35.00
22	质量管理（第2版）	7-301-24632-0	陈国华	39.00	50	企业战略管理	7-5655-0370-2	代海涛	36.00
23	企业文化理论与实务	7-81117-663-6	王水嫩	30.00	51	员工招聘	7-301-20089-6	王 挺	30.00
24	企业战略管理	7-81117-801-2	陈英梅	34.00	52	服务营销理论与实务	7-81117-826-5	杨丽华	39.00
25	企业战略管理实用教程	7-81117-853-1	刘松先	35.00	53	服务企业经营管理学	7-5038-4890-2	于干千	36.00
26	产品与品牌管理	7-81117-492-2	胡 梅	35.00	54	服务营销	7-301-15834-0	周 明	40.00
27	东方哲学与企业文化	7-5655-0433-4	刘峰涛	34.00	55	运营管理	7-5038-4878-0	冯根尧	35.00
28	市场营销学	7-301-21056-7	马慧敏	42.00	56	生产运作管理（第2版）	7-301-18934-4	李全喜	48.00

序号	书　名	标准书号	主　编	定价	序号	书　名	标准书号	主　编	定价
57	运作管理	7-5655-0472-3	周建亨	25.00	79	企业经营ERP沙盘应用教程	7-301-20728-4	董红杰	32.00
58	组织行为学	7-5038-5014-1	安世民	33.00	80	项目管理	7-301-21448-0	程　敏	39.00
59	组织设计与发展	7-301-23385-6	李春波	36.00	81	公司治理学	7-301-22568-4	蔡　锐	35.00
60	组织行为学实用教程	7-301-20466-5	冀　鸿	32.00	82	管理学原理	7-301-22980-4	陈　阳	48.00
61	现代组织理论	7-5655-0077-0	岳　澎	32.00	83	管理学	7-301-23023-7	申文青	40.00
62	人力资源管理（第2版）	7-301-19098-2	颜爱民	60.00	84	人力资源管理实验教程	7-301-23078-7	畅铁民	40.00
63	人力资源管理经济分析	7-301-16084-8	颜爱民	38.00	85	社交礼仪	7-301-23418-1	李　霞	29.00
64	人力资源管理原理与实务	7-81117-496-0	邹　华	32.00	86	营销策划	7-301-23204-0	杨　楠	42.00
65	人力资源管理实用教程（第2版）	7-301-20281-4	吴宝华	45.00	87	企业战略管理	7-301-23419-8	顾　桥	46.00
66	人力资源管理：理论、实务与艺术	7-5655-0193-7	李长江	48.00	88	兼并与收购	7-301-22567-7	陶启智	32.00
67	人力资源管理教程	7-301-24615-3	夏兆敢	36.00	89	统计学（第2版）	7-301-23854-7	阮红伟	35.00
68	政府与非营利组织会计	7-301-21504-3	张　丹	40.00	90	广告策划与管理：原理、案例与项目实训	7-301-23827-1	杨佐飞	48.00
69	会展服务管理	7-301-16661-1	许传宏	36.00	91	客户关系管理理论与实务	7-301-23911-7	徐　伟	40.00
70	现代服务业管理原理、方法与案例	7-301-17817-1	马　勇	49.00	92	市场营销学（第2版）	7-301-24328-2	王槐林	39.00
71	服务性企业战略管理	7-301-20043-8	黄其新	28.00	93	创业基础：理论应用与实训实练	7-301-24465-4	郭占元	38.00
72	服务型政府管理概论	7-301-20099-5	于干千	32.00	94	生产运作管理（第3版）	7-301-24502-6	李全喜	54.00
73	新编现代企业管理	7-301-21121-2	姚丽娜	48.00	95	统计学	7-301-24750-1	李付梅	39.00
74	创业学	7-301-15915-6	刘沁玲	38.00	96	企业文化理论与实务(第2版)	7-301-24445-6	王水嫩	35.00
75	公共关系学实用教程	7-301-17472-2	任焕琴	42.00	97	项目管理	7-301-24823-2	康　乐	39.00
76	现场管理	7-301-21528-9	陈国华	38.00	98	统计学	7-301-25180-5	邓正林	42.00
77	现代企业管理理论与应用（第2版）	7-301-21603-3	邸彦彪	38.00	99	统计学原理（第2版）	7-301-25114-0	刘晓利	36.00
78	服务营销	7-301-21889-1	熊　凯	45.00	100	人力资源管理原理与实务（第2版）	7-301-25511-7	邹　华	39.00

经济、国贸、金融类

序号	书　名	标准书号	主　编	定价	序号	书　名	标准书号	主　编	定价
1	宏观经济学原理与实务（第2版）	7-301-18787-6	崔东红	57.00	25	东南亚南亚商务环境概论（第2版）	7-301-25823-1	韩　越	42.00
2	宏观经济学（第2版）	7-301-19038-8	蹇令香	39.00	26	证券投资学	7-301-19967-1	陈汉平	45.00
3	微观经济学原理与实务	7-81117-818-0	崔东红	48.00	27	证券投资学	7-301-21236-3	王　毅	45.00
4	微观经济学	7-81117-568-4	梁瑞华	35.00	28	货币银行学	7-301-15062-7	杜小伟	38.00
5	西方经济学实用教程	7-5038-4886-5	陈孝胜	40.00	29	货币银行学	7-301-21345-2	李　冰	42.00
6	西方经济学实用教程	7-5655-0302-3	杨仁发	49.00	30	国际结算（第2版）	7-301-17420-3	张晓芬	35.00
7	西方经济学	7-81117-851-7	于丽敏	40.00	31	国际结算	7-301-21092-5	张　慧	42.00
8	现代经济学基础	7-81117-549-3	张士军	25.00	32	金融风险管理	7-301-20090-2	朱淑珍	38.00
9	国际经济学	7-81117-594-3	吴红梅	39.00	33	金融工程学	7-301-18273-4	李淑锦	30.00
10	发展经济学	7-81117-674-2	赵邦宏	48.00	34	国际贸易理论、政策与案例分析	7-301-20978-3	冯　跃	42.00
11	管理经济学	7-81117-536-3	姜保雨	34.00	35	金融工程学理论与实务（第2版）	7-301-21280-6	谭春枝	42.00
12	计量经济学	7-5038-3915-3	刘艳春	28.00	36	金融学理论与实务	7-5655-0405-1	战玉峰	42.00
13	外贸函电（第2版）	7-301-18786-9	王　妍	30.00	37	国际金融实用教程	7-81117-593-6	周　影	32.00
14	国际贸易理论与实务（第2版）	7-301-18798-2	缪东玲	54.00	38	跨国公司经营与管理（第2版）	7-301-21333-9	冯雷鸣	35.00
15	国际贸易（第2版）	7-301-19404-1	朱廷珺	45.00	39	国际金融	7-5038-4893-3	韩博印	30.00
16	国际贸易实务（第2版）	7-301-20486-3	夏合群	45.00	40	国际商务函电	7-301-22388-8	金泽虎	35.00
17	国际贸易结算及其单证实务	7-5655-0268-2	卓乃坚	35.00	41	国际金融	7-301-23351-6	宋树民	48.00
18	政治经济学原理与实务（第2版）	7-301-22204-1	沈爱华	31.00	42	国际贸易实训教程	7-301-23730-4	王　茜	28.00
19	国际商务（第2版）	7-301-25366-3	安占然	39.00	43	财政学	7-301-23814-1	何育静	45.00
20	国际贸易实务	7-301-20919-6	张　肃	28.00	44	保险学	7-301-23819-6	李春蓉	41.00
21	国际贸易规则与进出口业务操作实务（第2版）	7-301-19384-6	李　平	54.00	45	中国对外贸易概论	7-301-23884-4	翟士军	42.00
22	金融市场学	7-81117-595-0	黄解宇	24.00	46	国际经贸英语阅读教程	7-301-23876-9	李晓娣	25.00
23	财政学（第2版）	7-301-25914-6	盖　锐	34.00	47	管理经济学（第2版）	7-301-24786-0	姜保雨	42.00
24	保险学原理与实务	7-5038-4871-1	曹时军	37.00	48	矿业经济学	7-301-24988-8	李　创	38.00

法律类

序号	书　名	标准书号	主　编	定价	序号	书　名	标准书号	主　编	定价
1	经济法原理与实务(第2版)	7-301-21527-2	杨士富	39.00	6	金融法学理论与实务	7-81117-958-3	战玉锋	34.00
2	经济法实用教程	7-81117-547-9	陈亚平	44.00	7	国际商法	7-301-20071-1	丁孟春	37.00
3	国际商法理论与实务	7-81117-852-4	杨士富	38.00	8	商法学	7-301-21478-7	周龙杰	43.00
4	商法总论	7-5038-4887-2	任先行	40.00	9	经济法	7-301-24697-9	王成林	35.00
5	劳动法和社会保障法（第2版）	7-301-21206-6	李　瑞	38.00	10	政治经济学	7-301-24891-1	巨荣良	38.00

电子商务与信息管理类

序号	书　名	标准书号	主　编	定价	序号	书　名	标准书号	主　编	定价
1	网络营销	7-301-12349-2	谷宝华	30.00	4	电子商务案例分析	7-301-16596-6	曹彩杰	28.00
2	数据库技术及应用教程（SQL Server版）	7-301-12351-5	郭建校	34.00	5	管理信息系统	7-301-12348-5	张彩虹	36.00
3	网络信息采集与编辑	7-301-16557-7	范生万	24.00	6	电子商务概论	7-301-13633-1	李洪心	30.00

序号	书　名	标 准 书 号	主　编	定价
7	管理信息系统实用教程	7-301-12323-2	李　松	35.00
8	电子商务概论（第 2 版）	7-301-17475-3	庞大莲	42.00
9	网络营销（第 2 版）	7-301-23803-5	王宏伟	36.00
10	电子商务概论	7-301-16717-5	杨雪雁	32.00
11	电子商务英语	7-301-05364-5	覃　正	30.00
12	网络支付与结算	7-301-16911-7	徐　勇	34.00
13	网上支付与安全	7-301-17044-1	帅青红	32.00
14	企业信息化实务	7-301-16621-5	张志荣	42.00
15	电子商务法	7-301-14306-3	李　瑞	26.00
16	数据仓库与数据挖掘	7-301-14313-1	廖开际	28.00
17	电子商务模拟与实验	7-301-12350-8	喻光继	22.00
18	ERP 原理与应用教程	7-301-14455-8	温雅丽	34.00
19	电子商务原理及应用	7-301-14080-2	孙　睿	36.00
20	管理信息系统理论与应用	7-301-15212-6	吴　忠	30.00
21	网络营销实务	7-301-15284-3	李蔚田	42.00
22	电子商务实务	7-301-15474-8	仲　岩	28.00
23	电子商务网站建设	7-301-15480-9	臧良运	32.00
24	网络金融与电子支付	7-301-15694-0	李蔚田	30.00
25	网络营销	7-301-22125-9	程　虹	38.00
26	电子证券与投资分析	7-301-22122-8	张德存	38.00
27	数字图书馆	7-301-22118-1	奉国和	30.00
28	电子化国际贸易	7-301-17246-9	李辉作	28.00
29	商务智能与数据挖掘	7-301-17671-9	张公让	38.00
30	管理信息系统教程	7-301-19472-0	赵天唯	42.00
31	电子政务	7-301-15163-1	原忠虎	38.00
32	商务智能	7-301-19899-5	汪　楠	40.00
33	电子商务与现代企业管理	7-301-19978-7	吴菊华	40.00
34	电子商务物流管理	7-301-20098-8	王小宁	42.00
35	管理信息系统实用教程	7-301-20485-6	周贺来	42.00
36	电子商务概论	7-301-21044-4	苗　森	28.00
37	管理信息系统实务教程	7-301-21245-5	魏厚清	34.00
38	电子商务安全	7-301-22350-5	蔡志文	49.00
39	电子商务法	7-301-22121-1	郭　鹏	38.00
40	ERP 沙盘模拟教程	7-301-22393-2	周　菁	26.00
41	移动商务理论与实践	7-301-22779-4	柯　林	43.00
42	电子商务项目教程	7-301-23071-8	芦　阳	45.00

物流类

序号	书　名	书号	编著者	定价
1	物流工程	7-301-15045-0	林丽华	30.00
2	现代物流决策技术	7-301-15868-5	王道平	30.00
3	物流管理信息系统	7-301-16564-5	杜彦华	33.00
4	物流信息管理	7-301-16699-4	王汉新	38.00
5	现代物流学	7-301-16662-8	吴　健	42.00
6	物流英语	7-301-16807-3	阚功俭	28.00
7	第三方物流	7-301-16663-5	张旭辉	35.00
8	物流运作管理	7-301-16913-1	董千里	28.00
9	采购管理与库存控制	7-301-16921-6	张　浩	30.00
10	物流管理基础	7-301-16906-3	李蔚田	36.00
11	供应链管理	7-301-16714-4	曹翠珍	40.00
12	物流技术装备	7-301-16808-0	于　英	38.00
13	现代物流信息技术(第2版)	7-301-23848-6	王道平	35.00
14	现代物流仿真技术	7-301-17571-2	王道平	34.00
15	物流信息系统应用实例教程	7-301-17581-1	徐　琪	32.00
16	物流项目招投标管理	7-301-17615-3	孟祥茹	30.00
17	物流运筹学实用教程	7-301-17610-8	赵丽君	33.00
18	现代物流基础	7-301-17611-5	王　侃	37.00
19	现代企业物流管理实用教程	7-301-17612-2	乔志强	40.00
20	现代物流管理学	7-301-17672-6	丁小龙	42.00
21	物流运筹学	7-301-17674-0	郝　海	36.00
22	供应链库存管理与控制	7-301-17929-1	王道平	28.00
23	物流信息系统	7-301-18500-1	修桂华	32.00
24	城市物流	7-301-18523-0	张　潜	24.00
25	营销物流管理	7-301-18658-9	李学工	45.00
26	物流信息技术概论	7-301-18670-1	张　磊	28.00
27	物流配送中心运作管理	7-301-18671-8	陈　虎	40.00
28	物流项目管理	7-301-18801-9	周晓晔	35.00
29	物流工程与管理	7-301-18960-3	高举红	39.00
30	交通运输工程学	7-301-19405-8	于　英	43.00
31	国际物流管理	7-301-19431-7	柴庆春	40.00
32	商品检验与质量认证	7-301-10563-4	陈红丽	32.00
33	供应链管理	7-301-19734-9	刘永胜	49.00
34	逆向物流	7-301-19809-4	甘卫华	33.00
35	供应链设计理论与方法	7-301-20018-6	王道平	32.00
36	物流管理概论	7-301-20095-7	李传荣	44.00
37	供应链管理	7-301-20094-0	高举红	38.00
38	企业物流管理	7-301-20818-2	孔继利	45.00
39	物流项目管理	7-301-20851-9	王道平	30.00
40	供应链管理	7-301-20901-1	王道平	35.00
41	现代仓储管理与实务	7-301-21043-7	周兴建	45.00
42	物流学概论	7-301-21098-7	李　创	44.00
43	航空物流管理	7-301-21118-2	刘元洪	32.00
44	物流管理实验教程	7-301-21094-9	李晓龙	25.00
45	物流系统仿真案例	7-301-21072-7	赵　宁	25.00
46	物流与供应链金融	7-301-21135-9	李向文	30.00
47	物流信息系统	7-301-20989-9	王道平	28.00
48	物料学	7-301-17476-0	肖生苓	44.00
49	智能物流	7-301-22036-8	李蔚田	45.00
50	物流项目管理	7-301-21676-7	张旭辉	38.00
51	新物流概论	7-301-22114-3	李向文	34.00
52	物流决策技术	7-301-21965-2	王道平	38.00
53	物流系统优化建模与求解	7-301-22115-0	李向文	32.00
54	集装箱运输实务	7-301-16644-4	孙家庆	34.00
55	库存管理	7-301-22389-5	张旭凤	25.00
56	运输组织学	7-301-22744-2	王小霞	30.00
57	物流金融	7-301-22699-5	李蔚田	39.00
58	物流系统集成技术	7-301-22800-5	杜彦华	40.00
59	商品学	7-301-23067-1	王海刚	30.00
60	项目采购管理	7-301-23100-5	杨　丽	38.00
61	电子商务与现代物流	7-301-23356-6	吴　健	48.00
62	国际海上运输	7-301-23486-0	张良卫	45.00
63	物流配送中心规划与设计	7-301-23847-9	孔继利	49.00
64	运输组织学	7-301-23885-1	孟祥茹	48.00
65	物流管理	7-301-22161-7	张佺举	49.00

如您需要更多教学资源如电子课件、电子样章、习题答案等，请登录北京大学出版社第六事业部官网 www.pup6.cn 搜索下载。

如您需要浏览更多专业教材，请扫下面的二维码，关注北京大学出版社第六事业部官方微信（微信号：pup6book），随时查询专业教材、浏览教材目录、内容简介等信息，并可在线申请纸质样书用于教学。

感谢您使用我们的教材，欢迎您随时与我们联系，我们将及时做好全方位的服务。联系方式：010-62750667，wangxc02@163.com，pup_6@163.com，lihu80@163.com，欢迎来电来信。客户服务 QQ 号：1292552107，欢迎随时咨询。